KB064954

譯註

退溪全書

3

특수고전협동번역사업 1차 연도 사업 연구진

연구책임 : 송재소(宋載卲)

책임교열 : 이상하(李相夏)

연 구 원 : 이관성(李灌成), 강지희(姜志喜), 김성훈(金成勳), 김영죽(金玲竹)
남성우(南誠佑), 서사봉(徐士奉), 조창록(曺蒼錄), 오보라(吳寶羅)

연구보조원 : 장연수(張硯洙)

이 책은 2021년도 정부(교육부)의 재원으로 한국고전번역원의 지원을 받아
수행된 특수고전협동번역사업(난해서) 1차 연도 사업의 결과물임.

This work was supported by Institute for the Translation of Korean Classics - Grant funded by the Korean Government.

譯註

退溪全書

3

李滉 著

詩

別集 卷1 ~ 外集 卷1

일러두기

1. 본서는 사단법인 퇴계학연구원에서 2022년에 간행한 《定本 退溪全書》 총 15책을 대본으로 삼았다.
2. 번역문은 원의(原義)에 충실하게 하되, 이해를 돕기 위해 의역(意譯) 또는 보충역(補充譯)을 한 부분도 있다. 또한, 한국학중앙연구원(구 한국정신문화연구원)에서 간행한 《국역 퇴계시》(신호열 역주) 총 2책과 퇴계학연구원에서 간행한 《退溪全書》(이가원 외 역주) 총 29책, 영남대학교 출판부에서 간행한 《퇴계시 풀이》(이장우, 장세후 역주) 총 9책을 참고하였다.
3. 본서의 주석은 각주로 처리하였다. 각주에서는, 한국문집총간 제31집에 수록된 유도원(柳道源, 1721~1791)의 《退溪先生文集攷證》은 완역하되 필요에 따라 출전 및 원문을 보충하고 【攷證】으로 표시하였다. 계명대학교에서 간행한 퇴계학문헌전집 권22 이야순(李野淳, 1755~1830)의 《要存錄》은 필요에 따라 번역하되 【要存錄】으로 표시하였다. 【攷證】으로 미흡한 부분은 역자 주로 보충하되 【譯注】로 표시하였다. 【攷證】의 오류를 수정하거나 보충할 사항이 있는 경우 해당 내용을 적고 【校解】로 표시하였다.
4. 작품의 저작 연대는 퇴계학연구원에서 간행한 《退溪先生年表月日條錄》(정석태 편저) 총 4책을 참고하였다.
5. 주석의 표제어에서 필요한 경우 본문에 없는 한자를 병기하였다.
6. 운문은 원문을 병기하였다.
7. 맞춤법과 띄어쓰기는 한글 맞춤법과 표준어 규정을 따랐다.
8. 작품에 부여된 고유번호는 사단법인 퇴계학연구원에서 간행한 《定本 退溪全書》에 의거하였다.
9. 본서에서 사용한 부호는 다음과 같다.

【 】: 각주의 유형을 구분하거나, 제목에서 작품의 창작 시기, 장소를 표기한다.
( ) : 번역문과 음이 같은 한자를 묶는다.
〔 〕: 번역문과 뜻이 같으나 음이 다른 한자를 묶는다.
“ ” : 대화 등의 인용문을 묶는다.
‘ ’ : “ ” 안의 재인용 또는 강조 문구를 묶는다.
《 》: 책명 및 각주의 전거(典據)를 묶는다.
〈 〉: 책의 편명 및 운문·산문의 제목을 묶는다.
- - : 본문에서 소자(小字) 원문 주(註)의 처음과 끝에 사용한다.

차례

퇴계선생문집 별집 권1

퇴계선생문집 외집 권1

퇴계선생문집

별집 권1

KBP0538(詩-別卷1-1)

죽령[1]을 지나면서 비를 만나다 【계사년(1533, 중종28, 33세) 이전 추정. 죽령(竹嶺)】

竹嶺途中遇雨

험준한 죽령 그 길 걸어갈 수 없으니	嶺路巉巖不可行
높은 재 오를 일 걱정하며 우뚝한 산 바라본다	愁攀鳥道望崢嶸
드넓고 높은 하늘에 구름 기운 피어나고	高天萬里騰雲氣
울창한 참대 숲속에 빗소리 들려오누나	苦竹千林送雨聲
세상사 걸핏하면 길 막혀 견디기 어려우니	世事難堪多梗阻
공연히 허비한 나그네 걸음 그 세월 얼마인가	客行空費幾陰晴
어찌하면 -원문 2자 결락- 쪼개고 뚫어	何因劃抉□□破
밝은 낮에 사뿐히 날아 서울로 올라갈까	白日飄然上玉京

1 죽령(竹嶺) : 【譯注】 경북 풍기(豐基)와 충북 대강(大崗)의 경계에 있다.

KBP0539(詩-別卷1-2)

봄날에 한거하면서 우연히 흥취가 일다 【계사년(1533, 중종28, 33세) 이전 추정. 장소 미상】

春日閒居偶興

아침 되어도 정원은 여전히 조금 싸늘한데	朝來庭院尙輕寒
해 떠오른 빈 숲에 새 울음이 한가롭다	日出空林鳥韻閒
이름 모를 잔풀은 공연히 일이 많으니	細草無名多事在
봄바람 불자 푸른 풀이 섬돌 사이에 가득하네	春風吹綠滿階間

KBP0540(詩-別卷1-3)

여주에서 낮에 쉬다 【계사년(1533, 중종28, 33세) 이전 추정. 여주(驪州)】

驪州午憩

연빈관[2]에서 나그네가 걸음 멈추었는데　　延賓館裏客停行
내 이름 아는 이 없으니 정말 기쁘구나　　自喜無人知姓名
한바탕 봄바람에 낮잠이 깨니　　一陣東風醒午夢
눈처럼 하얀 배꽃 빈 뜰에 가득하여라　　梨花如雪滿空庭

2 연빈관 : 【攷證 卷8 延賓館】《신증동국여지승람(新增東國輿地勝覽)》 권7 〈경기(京畿) 여주목(驪州牧)〉에 "여주 객관의 동쪽에 있다."라고 하였다.

KBP0541(詩-別卷1-4)

월계[3]협의 저물녘 풍경 【계사년(1533, 중종28, 33세) 이전 추정. 장소 미상】

月溪峽暮景

뱃전에 기대 읊조리며 나지막한 먼 산 바라보니	倚船吟望遠山低
희미하게 떠가는 배들 모두 서쪽에서 온다	隱隱征颿總自西
저물녘 이내 낀 물결 천만리 펴져 있으니	日暮烟波千萬里
끝없는 모래톱에 풀이 무성하구나	芳洲無限草萋萋

3 월계 : 【攷證 卷8 月溪】 한강 상류에 있다.

KBP0542(詩-別卷1-5)

저물녘에 충주 만경루[4]에 투숙하다 【계사년(1533, 중종28, 33세) 이전 추정. 충주(忠州)】

暮投忠州萬景樓

서교 밖 물가에서 저녁밥 지어 먹고 暮炊傍水西郊外
느린 나귀 세게 몰아 관아 향해 가는데 强策蹇驢指府城
사방의 누런 구름[5] 가을인데도 거둬지지 않고 四際黃雲秋未卷
한쪽의 하얀 비단[6] 먼 곳에 있어도 선명하다 一邊素練遠猶明
유서 깊은 탄금대엔 가야금 소리 없고[7] 琴聲寂寞琴臺古
비껴있는 월악산엔 달빛이 퍼지는데 月色蒼茫月岳橫
만경루 앞 외딴 객관에 있노라니 萬景樓前孤館裏
이내 낀 풀 속의 이슬 맞은 귀뚜리 그 울음에 어찌 마음 가눌까 露蛩烟草若爲情

4 만경루 : 【攷證 卷8 萬景樓】 충주(忠州) 서쪽 3리 지점에 있다.

5 누런 구름 : 【攷證 卷8 黃雲】 누렇게 익은 벼를 가리킨다.

6 하얀 비단 : 【攷證 卷8 素練】 강물을 가리킨다.

7 유서……없고 : 【攷證 卷8 琴聲寂寞琴臺古】 탄금대(彈琴臺)는 견문산(犬門山)에 있다. 이곳은 푸른 절벽이 깎아지른 듯하고 소나무와 참나무가 울창한데, 신라의 우륵(于勒)이 가야금을 타던 곳이다. 후대 사람이 이로 인해 이곳을 탄금대라고 명명하였다. 《新增東國輿地勝覽 卷14 忠淸道 忠州牧》【校解】《고증》에 '犬'이 '大'로 되어 있는데, 《신증동국여지승람》에 의거하여 수정하였다.

KBP0543(詩-別卷1-6)

가야산[8]을 바라보다 계사년(1533, 중종28, 33세) 【2월 3~4일 추정. 합천(陜川)】

望伽倻山 癸巳

고가야[9] 지역에 있는 가야산	伽倻山在古伽倻
겹겹으로 이어진 봉우리 높이 솟았는데	連峯疊嶂高嵯峨
넘실넘실 푸른 기운이 하늘 꼭대기에 닿으니	縹氣漫漫接紫霄
성모[10]께서 푸른 구름 타고 오르는 듯	疑是聖母凌蒼霞
신령의 기이한 자취 세상에서 찾아보니	靈神異跡訪遺俗
옛 기록에 전해진 말 참과 거짓 알 수 없고	古記相傳莽眞訛
듣자니 산속에 해인사[11] 있는데	山中聞有海印寺
금당과 옥실은 참으로 신선의 거처라지	金堂玉室眞仙家
최선[12]이 떠난 지 일천 년	崔仙去後一千載

8 가야산 : 【攷證 卷8 伽倻山】 합천군(陜川郡) 야로현(冶爐縣) 북쪽 30리 지점에 있다. 《新增東國輿地勝覽 卷30 慶尙道 陜川郡》 여기에 있는 홍류동(紅流洞)과 무릉교(武陵橋)는 바로 신라 시대 최치원(崔致遠)이 노닐던 곳인데, 시를 지어 새겨 놓은 석벽이 있기 때문에 후인들이 그 석벽 때문에 치원대(致遠臺)라고 명명하였다.

9 고가야 : 【攷證 卷8 古伽倻】 살펴보건대, 합천·김해(金海)·함안(咸安)·함창(咸昌)·고령(高靈)·성주(星州)·고성(固城)이 모두 가야국에 속했는데, 여기서는 합천을 가리킨다.

10 성모 : 【攷證 卷8 聖母】 살펴보건대, 해인사(海印寺)에 정견천왕사(正見天王祠)가 있는데, 세속에 전하는 말이 대가야국의 왕후인 정견이 죽어서 산신이 되었다고 한다. 여기서 말한 성모는 정견을 가리키는 듯하다.

11 해인사 : 【攷證 卷8 海印寺】 신라 애장왕(哀莊王)이 802년에 창건한 사찰이다.

12 최선(崔仙) : 【譯注】 신라 시대 최치원(857~?)으로, 자는 고운(孤雲)·해운(海雲),

흰 구름만 고요히 산비탈에 머무는데 白雲寂寂留山阿

옛 누각엔 훌륭한 전적만 많이 보관되어 있고[13] 古閣唯餘藏灝噩

현단[14]에선 더 이상 영지(靈芝)와 단사(丹砂) 만들지 않지

玄壇不復養芝砂

지금은 푸른 등불 아래 원숭이와 새 울고[15] 至今猿鳥嘯靑熒

돌길은 무수한 푸른 이끼에 묻혀 있구나 石徑埋沒蒼苔多

나는 원하노라, 남쪽 지리산 찾아 지극한 도 묻고

我欲南尋智異問至道

시호는 문창후(文昌侯)이다. 당(唐)나라에 유학하여 874년 과거에 급제하고, 885년 귀국하여 여러 직책을 역임하고 아찬(阿飡)이 되었다. 그 후 난세를 비관하며 각지를 유랑하다가 가야산 홍류동에 들어가 여생을 마쳤다.

13 옛……있고 : 【攷證 卷8 古閣藏灝噩】 당나라 한유(韓愈)의 〈등주 북쪽에서 양양 절도사인 상공 우적(于頔)에게 부친 편지〔鄧州北寄上襄陽于相公書〕〉에서 한(漢)나라 양웅(揚雄)의 《법언(法彦)》〈문신(問神)〉의 내용을 인용하여 "《서경》의 〈상서〉는 뜻이 끝없이 광대하고〔商書灝灝爾〕, 〈주서〉는 논조가 엄숙하고 솔직하다.〔周書噩噩爾〕"라고 하였다. ○ 고려 때에 대장경 및 역대의 실록을 기록하여 모두 해인사에 보관했기 때문에 이렇게 말한 것이다.

14 현단 : 【譯注】 도교의 사원이다. 【攷證 卷8 玄壇】 살펴보건대, 주(周)나라 목왕(穆王)이 신선술을 숭상하여 윤궤(尹軌)와 두충(杜沖)을 불러 윤 진인(尹眞人)의 초루(草樓)에 거처하게 했기 때문에 그곳을 누관(樓觀)이라고 불렀는데, 수(隋)나라 양제(煬帝)가 현단이라고 개명하였다. 《事物紀原 卷7 道觀》 당나라 두보(杜甫)의 〈현도단가. 원 일인에게 부치다〔玄都壇歌寄元逸人〕〉 시에 "집 앞에 있는 태곳적 현도단, 고요한 푸른 돌엔 항상 바람만 싸늘하네.〔屋前太古玄都壇, 靑石漠漠常風寒.〕"라고 하였는데, 송(宋)나라 채몽필(蔡夢弼)의 주석에 "현도단은 한(漢)나라 무제(武帝)가 지은 것이다." 라고 하였다. 【校解】 《고증》에 '杜沖'이 '杜仲'으로 되어 있는데, 《사물기원》에 의거하여 수정하였다.

15 원숭이와 새 울고 : 【譯注】 은거하던 사람이 떠났다는 뜻이다. 남조 시대 제(齊)나라 공치규(孔稚圭)의 〈북산이문(北山移文)〉에 "혜장이 텅텅 비자 밤에 학이 원망하고, 산인이 떠나자 새벽에 원숭이 슬피 우네.〔蕙帳空兮夜鶴怨, 山人去兮曉猿惊.〕"라고 하였다.

돌아와 산복사꽃[16] 제때 보고는　　　　　　　　歸來及見山桃花
홍류동[17]에서 푸른 대나무 지팡이 짚은 채　　　　紅流洞裏青竹杖
최 신선 부르면 월궁의 많은 선녀 대동하리니　　喚起崔仙從以萬素娥
가야금[18] 타며 구름 속 달 희롱하고　　　　　　彈倻琴弄雲月
천일주[19]에 한번 취해 무하[20]에서 노닐기를　　　　一醉千日遊無何

---

16 산복사꽃 : 【攷證 卷8 山桃花】 살펴보건대, 다리의 이름이 무릉이고 골짜기의 이름이 홍류이기 때문에 이에 근거하여 도삭산(度索山)의 반도(蟠桃) 고사를 사용한 것이다. 【校解】 도삭산은 동해에 있는 전설상의 산으로, 그 꼭대기에 큰 복숭아나무가 있어 반도가 열리는데, 반도는 신선이 먹는 복숭아로 삼천 년마다 한 번 열매를 맺으며 이것을 먹으면 불로장생한다고 한다. 《論衡 訂鬼》《太平廣記 卷3》

17 홍류동 : 【譯注】 가야산에 있는 계곡으로, 이곳 벼랑에 최치원의 〈가야산 독서당에 대해 쓰다〔題伽倻山讀書堂〕〉 시가 새겨져 있다.

18 가야금 : 【攷證 卷8 倻琴】 신라 진흥왕(眞興王) 때 가야국의 악사 우륵(于勒)이 악기를 가지고 신라로 망명하자, 지법(智法)·계고(階古)·만덕(萬德)에게 명하여 가야국의 12곡을 전수받게 하였다. 우륵은 12줄로 된 금(琴)을 만들고 가야금이라고 명명하였다. 《三國史記 新羅本紀4》

19 천일주 : 【譯注】 한 번 마시면 천 일 동안 취하는 술이다. 중산(中山) 사람인 적희(狄希)가 천일주(千日酒)를 잘 만들었는데, 유현석(劉玄石)이 그 술을 한 번 마시고는 천 일 동안 취했다가 무덤 속에서 술이 깨어 일어났다. 《博物志 卷10 雜說下》

20 무하 : 【譯注】 무하유지향(無何有之鄕)으로, 유무와 시비 등 모든 대립적 요소가 사라진 이상향 혹은 선경(仙境)을 이른다. 《莊子 應帝王》

KBP0544(詩-別卷1-7)

의령의 우택 동헌에 있는 시에 차운하다[21] 【계사년(1533, 중종28, 33세) 2월 5~10일 추정. 의령】

宜寧寓宅東軒韻

매화가 비에 젖어 옥 같은 꽃 떨어지니　　雨中梅蘂落瓊英
먼 하늘의 해를 묶을 밧줄[22] 누가 빌려줄까　　誰借長空繫日纓
새는 사람을 부르려고 울음소리 더욱 정답고　　鳥爲喚人啼更款
꽃은 저녁을 기롱하려고 안 보이다 다시 보인다　　花因欺暮暗還明

21 의령의……차운하다 : 【譯注】 '우택(寓宅)'은 퇴계 선생의 첫 번째 장인인 진사 허찬(許瓚)이 창계(滄溪) 문경동(文敬仝)의 사위가 되어 처향(妻鄕)인 영주(榮州) 초곡(草谷)으로 이주하기 전에 거주했던 의령군(宜寧郡) 가례면(嘉禮面)의 옛 거처이다. 이 시는 이황이 1533년 1월 하순부터 4월 상순까지 두 달 남짓 의령·합천(陜川)·마산(馬山)·함안(咸安)·진주(晉州)·곤양(昆陽) 등 남도의 여러 지역을 유람할 때 이곳에 들렀다가, 예전에 이곳에서 연회를 베풀 때 처외조부인 문경동이 지었던 시에 차운한 것이다. 문경동이 지은 시는 《창계집(滄溪集)》 권2에 〈좌랑 김영지와 상사 허원보의 「연회석」 시에 차운하다……〔次金佐郎瑛之許上舍元輔讌席韻……〕〉, 〈앞 시에 다시 차운하다〔復次前韻〕〉라는 제목으로 실려 있다. 【要存錄 別集 宜寧寓宅東軒韻】 초고의 수본(手本)에는 제목이 〈문창계 공과 김영지 공이 함께 이곳에 들렀을 때 지어서 남긴 시에 차운하다〔滄溪文公與金公瑛之同過題留韻〕〉라고 되어 있다.

22 해를 묶을 밧줄 : 【攷證 卷8 繫日纓】 당(唐)나라 이백(李白)이 "긴 끈으로 밝은 해를 묶네.〔長繩繫白日〕"라고 하였다. 【校解】 진(晉)나라 부현(傅玄)의 〈구곡가(九曲歌)〉에 "세밑에 시간 흘러 모든 풍광 사라졌으니, 어찌하면 긴 끈으로 밝은 해를 묶을 수 있을까?〔歲莫景邁羣光絶, 安得長繩繫白日?〕"라고 하고, 당나라 백거이(白居易)의 〈호가행(浩歌行)〉에 "이미 밝은 해를 묶을 긴 끈도 없고, 또 젊은 얼굴 유지할 단약도 없구나.〔旣無長繩繫白日, 又無大藥駐朱顔.〕"라고 하였는데, 청(淸)나라 주학령(朱鶴齡)의 《이의산시집주(李義山詩集注)》 권2의 주석에서는 부현의 시를, 왕기(王琦)의 《이태백집주(李太白集注)》 권36 〈외기(外記)〉에서는 백거이의 시를 이백의 시라고 하였다.

창태 낀 정원 울타리에 봄은 적막하고 蒼苔院落春岑寂

푸른 풀 돋은 지당에 물은 가득하누나 碧草池塘水滿盈

객지 생활의 이 심정 누가 알 수 있으랴 客裏情悰誰會得

쓰러질 듯 흠뻑 취해 앞 처마[23]에 눕노라[24] 頹然一醉臥前榮

---

23 앞 처마 : 【攷證 卷8 前榮】《예기》〈상대기(喪大記)〉의 '동영(東榮)'에 대한 한(漢)나라 정현(鄭玄)의 주석에 "지붕의 날개〔屋翼〕이다."라고 하였으니, 지붕의 처마 양 끝의 솟아오른 부분을 '영'이라고 한다.《韻府羣玉 卷7 東榮》

24 쓰러질……눕노라 : 【要存錄 別集 頹然一醉臥前榮】 초고의 수본(手本)에는 '아득히 이따금 다시 남쪽 처마 떠오르네.〔杳然時復憶南榮〕'라고 되어 있다.

KBP0545(詩-別卷1-8)

전임 의령 현감 오공[25]의 죽재[26] 【계사년(1533, 중종28, 33세) 2월 11~14일 추정. 함안(咸安)】

前宜寧吳公竹齋

죽재는 함안(咸安)의 후곡(後谷)[27]에 있다.

벽옥 같은 천 그루 대나무가 푸른 산 에워싸니	碧玉千竿匝翠微
무더운 유월에도 맑은 바람에 창문이 시원하지	清風六月灑窓扉
퇴직하여 편히 지내시며 별다른 일 없으니	退閒高臥無餘事
네 벽 가득 도서로 스스로를 에워싸셨네	滿壁圖書自繞圍

25 오공 : 【攷證 卷8 吳公】 오석복(吳碩福, 1455~1533)으로, 본관은 고창(高敞), 호는 삼우당(三友堂)이다. 서울에 있다가 함안(咸安)의 모곡(茅谷)에 와서 거주하였다. 의령 현감(宜寧縣監)을 역임하였다. 【校解】 이황의 숙부 이우(李堣)의 사위인 오언의(吳彦毅)의 부친이다.

26 전임……죽재 : 【譯注】 같은 때에 지은 시가 《정본 퇴계전서》 권3에 〈모곡에 있는, 의령 현감 오공의 죽재〔茅谷吳宜寧公竹齋〕〉라는 제목으로 실려 있다.

27 후곡 : 【攷證 卷8 後谷】 모곡으로, 함안현 동쪽 10리 지점에 있다.

KBP0546(詩-別卷1-9)

전임 의령 현감 오공[28]의 삼우대[29] 【계사년(1533, 중종28, 33세) 2월 16일 추정. 함안(咸安)】

吳宜寧公三友臺

'삼우대'는 당(唐)나라 이백(李白)의 〈달빛 아래 홀로 마시다〔月下獨酌〕〉 시의 '술잔 들어 밝은 달 맞이하니, 그림자 마주하여 세 사람 되었네.〔擧杯邀明月, 對影成三人.〕'에서 의미를 취하여 명명한 것이다.

오랜 시간 두문불출 출타하지 않으시니	長年臥不出
푸른 이끼 자라서 문 모서리에 올라온다	綠苔上門隅
시끄러운 거마 소리 진즉에 없어졌으니[30]	旣無車馬喧
애오라지 정자[31]의 무리가 되셨네	聊爲靜者徒
뜰에 작은 삼우대 지으셨으니	中庭作小臺
우리 벗인 달이 허공으로부터 와서	我友自虛無
아득히 먼 십오야 보름밤에	遙遙三五夜
밝은 빛으로 외로운 마음 위로하누나	皎皎慰情孤

28 오공(吳公) : 【譯注】 오석복(吳碩福, 1455~1533)으로, 본관은 고창(高敞), 호는 삼우당(三友堂)이다.

29 삼우대 : 【攷證 卷8 三友臺】 함안현(咸安縣) 모곡(茅谷)의 사정(射亭) 아래에 있다.

30 시끄러운……없어졌으니 : 【攷證 卷8 旣無車馬喧】 진(晉)나라 도연명(陶淵明)의 〈술을 마시다〔飮酒〕〉 시 중 제5수에 "사람들 사는 곳에 오두막 지었으나, 수레와 말의 시끄러움 없구나.〔結廬在人境, 而無車馬喧.〕"라고 하였다.

31 정자(靜者) : 【譯注】 청정(淸靜)의 도를 깊이 체득하여 세속에 얽히지 않은 채 편안하고 고요하게 지내는 사람으로, 대부분 은자·승려·도사 등을 가리킨다. 《여씨춘추(呂氏春秋)》 〈군수(君守)〉에 "도를 얻은 자는 반드시 고요하게 되고, 고요하게 되면 알음알이를 내지 않는다.〔靜者無知〕"라고 하였다.

환하게 바다에서 솟아올라　　粲然出海來
바람 앞에서 술병을 재촉하는데　　臨風催玉壺
내 곁에 있는 검은[32] 그림자　　黶然在吾傍
움직일 때마다 나와 함께 한다　　俛仰與之俱
나와 더불어 세 사람 되었으니　　併我作三人
좋은 기약은 진실로 변치 않는 법　　佳期良不渝
술잔 들어 완연히 너를 마주하니　　擧酒宛相對
때에 맞춘 행락이 즐겁고 말고　　及時行樂娛
내가 마시면 달이 또 내게 권하고　　我飮月爲勸
내가 취하면 그림자가 나를 부축하는데　　我醉影爲扶
나는 인간 세상에서 너는 푸른 하늘에서　　人間與碧落
품은 마음 각각 다 쏟아내누나　　有情各盡輸
얼근히 취해 노래하며 너를 향해 손 흔드니　　酣歌且揮手
누가 너이고 누가 나인가　　孰爲彼與吾
너와 막역지우 영원히 맺으니　　永結莫逆友
말 없어도 도는 이미 서로 부합한다　　無言道已符
봄꽃이 맑은 대나무와 어우러지고　　春花映淸竹
가을 이슬이 큰 오동에 떨어지는 곳　　秋露滴高梧
이곳에서 문득 너를 맞이했으니　　玆焉輒相邀
참된 즐거움 어찌 그 취향이 다르랴　　眞樂豈異趨
세인들은 제멋대로 아무렇게나 어울리면서　　世人恣徵逐
벗을 잘못 취했다고 나를 의심하니　　疑我取友迂

32 검은 : 【攷證 卷8 黶】 '黶'은 독음이 어(於)와 염(琰)의 반절이다.

적선인이 있지 않았다면	不有謫仙人
나의 말은 거의 거짓이 되었을 테지[33]	我言幾成誣

33 적선인(謫仙人)이……테지 : 【譯注】 당(唐)나라 이백(李白)이 〈달빛 아래 홀로 마시다〔月下獨酌〕〉 시를 지어 달과 벗하는 정취를 읊었기 때문에 이황 자신이 달을 벗하는 것이 허황된 일은 아니라는 뜻이다.

KBP0547(詩-別卷1-10)

청곡사[34]에 들르다 【계사년(1533, 중종28, 33세) 3월 26일 추정. 진주(晉州)】
過青谷寺

청곡사는 월아산(月牙山)[35]에 있다. 예전 정묘년(1507, 중종2)에 숙부님[36]께서 진양 목사(晉陽牧使)로 계실 때, 형님 언장(彦章)[37]과 경명(景明)[38]이 부친을 여읜 고아[39]를 데리고 따라가 이 사찰에서 독서하였다. 그로부터 27년이 지난 지금 내가 이곳에 들르니, 만나고 헤어지며 죽고 사는 인생사가 나로 하여금 도저히 마음을 가눌 수 없게 하기에 절구 1수를 읊는다.

-이때 언장 형님은 세상을 떠나신 지 1년이 되어 가고,[40] 경명 형님은 조정에서 관직 생활을 하다가 어머니를 뵈러 고향에 오셨다는 소식을 들었는데 나는 남쪽 지역 고을에 체류하고 있으니 제때 귀향하여 만나지 못할 듯하기에 이렇게 말한 것이다.-

34 청곡사 : 【攷證 卷8 青谷寺】 진주읍(晉州邑) 동쪽 20리 지점에 있다.

35 월아산 : 【攷證 卷8 月牙】 진주 동쪽 20리 지점에 있다.

36 숙부님 : 【譯注】 이우(李堣, 1469~1517)로, 본관은 진성(眞城), 자는 명중(明仲), 호는 송재(松齋)이다.

37 언장 : 【攷證 卷8 彦章】 퇴계 선생의 셋째 형님 이의(李漪, 1494~1532)의 자이다. 【校解】《고증》에 '字'가 '子'로 되어 있는 것은 오류이다.

38 경명(景明) : 【譯注】 이황의 넷째 형님 이해(李瀣, 1496~1550)로, 자는 경명, 호는 온계(溫溪), 시호는 정민(貞敏)이다.

39 부친을 여읜 고아 : 【譯注】 이황 본인을 이른다. 이황의 부친 이식(李埴)은 1502년(연산군8)에 세상을 떠났다.

40 언장……가고 : 【譯注】 이의는 1532년(중종27) 7월 28일에 세상을 떠났다. 《響山集 卷15 從先祖忠順衛府君墓碣銘》

금산[41]을 지나는 길에 저물녘 비를 만나니　　金山道上晚逢雨
청곡사 앞에 차가운 시냇물 쏟아져 흐른다　　青谷寺前寒瀉泉
여기는 눈 진펄에 기러기 발자취[42] 남은 곳이기에　　爲是雪泥鴻跡處
존망과 이합 생각하자 눈물이 줄줄 흐르누나　　存亡離合一潸然

---

41 금산 : 【攷證 卷8 金山】 경상우도에 속한다. 군명으로 금릉(金陵)이라고도 한다.

42 눈……발자취 : 【譯注】 덧없는 인생을 비유한다. 【攷證 卷8 雪泥鴻跡】 송나라 소식(蘇軾)의 〈아우인 자유 소철(蘇轍)의 「민지에서 옛일 추억하다」 시에 화답하다〔和子由澠池懷舊〕〉 시에 "인생살이에 이르는 곳 무엇과 같은 줄 아는가? 날아가는 기러기가 눈 진펄 밟는 것과 같지. 진펄 위에 우연히 발톱 자국 남기지만, 기러기 날아가면 어찌 다시 동쪽과 서쪽 따지랴.〔人生到處知何似? 應似飛鴻踏雪泥. 泥上偶然留指瓜, 鴻飛那復計東西.〕"라고 하였다.

KBP0548(詩-別卷1-11~26)

곤양[43]에서 어관포[44] 득강 의 〈동주도원. 절구 16수〉 시[45]에 차운하다 【계사년(1533, 중종28, 33세) 3월 28일~4월 초순 추정. 곤양】

昆陽次魚灌圃 得江 東州道院十六絶

어 선생께서 일찍이 흥해 군수(興海郡守)로 재직할 때 〈동주도원. 절구 16수〉 시를 지으셨는데, 이 시에 화답시를 지은 분들이 모두 유명인사였다. 내가 어 선생을 곤양에서 뵈었는데, 어 선생께서 이 시를 보여주면서 화답시를 지으라고 하시기에 내가 감히 사양하지 못하고 지었으나, 이른바 동주도원에 대해서는 어 선생과 여러 공들께서 그 시에서 이미 자세히 말씀하셨다. 지금 어 선생께서 곤양에 부임하셨는데, 곤양의 한적하고 외진 경계가 흥해에 뒤지지 않으니 도원이라는 명칭을 곤양으로 옮기는 것이 어찌 불가하겠는가. 잘 모르겠으나 어 선생께서는 어떻게 생각하실까.

(詩-別卷1-11)

이미 동해에서 남해로 오셨으니[46]	已從東海臨南海

43 곤양 : 【攷證 卷8 昆陽】 경상우도에 속한다. 군명으로 곤남(昆南)·철성(鐵城)이라고도 한다.

44 어관포 : 【譯注】 어득강(魚得江, 1470~1550)으로, 본관은 함종(咸從), 자는 자순(子舜)·자유(子游), 호는 관포당(灌圃堂)·혼돈산인(渾沌山人)이다.

45 동주도원(東州道院)……시 : 【譯注】 어득강이 흥해 군수(興海郡守)로 있을 때 지은 시로, 《관포시집(灌圃詩集)》에 실려 있다.

46 동해에서 남해로 오셨으니 : 【譯注】 동쪽에 있는 흥해에서 남쪽에 있는 곤양으로 왔다는 뜻이다.

천선을 원치 않고 지선이 되신 거지[47] 不願天仙作地仙
무엇보다 공의 마음엔 계교하는 일 적으니 最是公心機事少
가는 곳마다 해구가 따라와 공에게 다가오누나[48] 海鷗隨處近人前

(詩-別卷1-12)

군수 인장 차고 미질[49]을 다스리실 때 一綰銅章彌秩郡
노닐던 곳에서 무심코 붓 들어 시 지으셨지 偶將遊戲管城毛
지금 화답하려는데 재주 바닥나 부끄러우니 如今屬和慙才盡
양춘백설가[50]의 높은 수준 이제야 알겠구나 始覺陽春白雪高

-미질은 바로 흥해이다.-

---

47 천선을……거지 : 【譯注】 동해에 신선이 산다는 삼신산(三神山)이 있으니 계속 흥해에 있었으면 천선(天仙)이 되었을 테지만, 그것을 원치 않고 남쪽 곤양으로 와서 한가롭게 자연을 즐기는 지선(地仙)이 되었다는 말이다.

48 해구가……다가오누나 : 【譯注】 어득강은 기심(機心)이 없기 때문에 해구(海鷗)가 두려움 없이 가까이 다가온다는 뜻이다. 어떤 사람이 바닷가에 살면서 매일 갈매기와 노니, 갈매기들이 그를 피하지 않았다. 그의 아버지가 "내일은 갈매기를 한 마리 붙들어 가지고 오너라."라고 하여 다음 날 바닷가에 나가니 갈매기가 멀리 피하고 오지 않았다. 이는 갈매기를 붙들겠다는 기심이 있기 때문이었다. 《列子 皇帝》

49 미질 : 【攷證 卷8 彌秩】 살펴보건대, 고려 시대 태조 13년(930) 북미질부(北彌秩夫)의 성주(城主)인 훤달(萱達)이 남미질부의 성주와 함께 와서 항복했으므로 두 미질부를 합하여 흥해군(興海郡)으로 만들었다. 《新增東國輿地勝覽 卷22 慶尙道 興海郡》

50 양춘백설가 : 【譯注】 매우 뛰어나 화답하기 어려운 시를 이르는데, 여기서는 어득강의 〈동주도원. 절구 16수〉 시를 이른다. 영(郢) 땅에서 노래하는 나그네가 처음에 〈하리가(下里歌)〉와 〈파인가(巴人歌)〉를 노래하자 이 노래에 이어 화답하는 자가 수천 명이고, 〈양아가(陽阿歌)〉와 〈해로가(薤露歌)〉를 노래하자 화답하는 자가 수백 명이며, 〈양춘가(陽春歌)〉와 〈백설가(白雪歌)〉를 노래하자 화답하는 자가 수십 명이며, 인상(引商)과 각우(刻羽)에 유치(流徵)를 섞어 노래하자 화답하는 자가 몇 명뿐이었으니, 그 노래의 수준이 높을수록 화답하는 자가 더욱 적어졌기 때문이다. 《文選 卷45 對楚王問》

(詩-別卷1-13)

청한한 곳 좋아하는 건 은자의 오랜 습성이니　野人結習在淸閒
관리가 산수 좋아할 수 있다는 걸 믿지 않았지　不信居官能愛山
누가 알랴, 곤양의 관리는 관리답지 않아　誰識昆陽吏非吏
해마다 뺨에 수판 괴고 우뚝한 산 마주하는 걸[51]　年年拄笏對孱顔

(詩-別卷1-14)

마음이 번잡하면 은둔도 속진의 일이요　心煩野事爲塵事
기심이 없으면 관청이 바로 도관이지　機靜官家卽道家
눈길 가는 곳에 아름다움 없을 수 있으랴　目擊可能無妙處
이에 관사에 매화를 심게 하셨지　爲令官閣種梅花

-어관포 공은 홍해에 있을 때도 관사에 매화를 심었다.-

(詩-別卷1-15)

곤양이라는 한 고을 자못 한적하고 외지니　昆山一郡頗閒僻
관리 되었는데 되레 임하에서 쉬시는 듯　作吏還如林下休
관사와 저잣거리 곳곳에 매화가 있으니　官閣市橋梅樹遍
군수께서 어찌 다시 동주를 생각하시랴　使君那復憶東州

---

51 수판……걸 : 【譯注】 관직에 있으면서 한정(閑情)과 흥취를 누리거나 유연히 자득한 모습을 이른다. 진나라 왕희지(王羲之)가 업무를 보라는 상관의 말에 대꾸도 하지 않은 채 수판으로 턱을 괴고서〔以手版拄頰〕 "서산에 아침이 오니, 상쾌한 기운 이는구나."라고 하였다. 《世說新語 簡傲》

(詩-別卷1-16)

방장이라 신선산이 경내에 우뚝 높고　　方丈仙山高壓境
그 가운데 신선의 거처와 누대가 있다　　中間玉室與瓊樓
단사가 나는 구루현[52]에 가지 않더라도　　不緣句漏丹砂地
남쪽 바닷가에서 시선을 만날 수 있지　　能得詩仙瘴海頭

-'방장'은 바로 두류산(頭流山)이다.-

(詩-別卷1-17)

지극한 말은 절대 아름답게 꾸미지 않고　　至言眞不加雕琢
신선의 약[53]은 원래 환으로 제조하지 않는 법　　大藥元非事劑丸
시 짓는 오묘한 법 기꺼이 알려주시더라도　　肯授風騷三昧法
호리병 속 넓은 천지[54] 엿보기 어렵겠지　　難窺天地一壺寬

-시선(詩仙)을 말한다.-

---

52 단사가 나는 구루현 :【譯注】 진(晉)나라 갈홍(葛洪)이 혼란한 세상을 피해 남쪽으로 내려가려다가 교지(交趾)에서 단사(丹砂)가 나온다는 말을 듣고 구루 현령(句漏縣令)을 자청해 나가 연단(鍊丹)을 하였다. 《晉書 葛洪列傳》

53 신선의 약 :【攷證 卷8 大藥】 당(唐)나라 두보(杜甫)의 〈이백에게 주다〔贈李白〕〉 시에 "괴롭게도 선약의 재료 부족하니, 숲속은 쓸어낸 듯 씨가 말랐네.〔苦乏大藥資, 山林迹如掃.〕"라고 하였는데, 송나라 황학(黃鶴)의 주석에 "단사와 황금이 선약의 재료이다."라고 하였다.

54 호리병……천지 :【譯注】 신선 세계의 별천지를 이르는데, 여기서는 어득강의 문학적 능력이 크다는 뜻이다. 한(漢)나라 비장방(費長房)이 시장에서 약을 파는 선인(仙人)인 호공(壺公)의 총애를 받아 그의 호리병 안에 들어갔는데, 그 안에 해와 달이 걸려 있고 별천지가 펼쳐져 있었다. 《後漢書 費長房列傳》

(詩-別卷1-18)

서쪽 바라보니 군성은 산비탈에 의지해 있고　郡城西望倚山巓
즐비하게 여염집은 대로변에 늘어서 있다　屋舍熙熙官道邊
방장산의 신선들은 알려나　方丈羣仙知得未
이곳 풍경이 그곳보다 갑절이나 아름다운걸　此邦風采倍華鮮

(詩-別卷1-19)

월영대[55] 앞의 바다는 소라 껍데기로 잴[56] 만큼 얕고　月影臺前螺測淺
법륜사[57] 너머 바다는 대롱으로 보는 듯 안 보였지　法輪寺外管窺難
공을 따라 노닐어 바다가 넓음을 비로소 알았으니　從公始識滄溟闊
마음먹고 바닷가 산을 높이 오르리라　作意高攀海上山

-예전에 월영대와 법륜사 등지에서 바다를 바라본 적이 있는데, 모두 우물 안에서 하늘을 바라보는 격이었다. 어관포 공이 다음날 곤양군의 남산에 올라 바다를 구경하자고 약속했기에 이렇게 말한 것이다.-

(詩-別卷1-20)

서계의 물 같은 완사계[58]의 물길 따라　浣紗溪似西溪水
흥얼대며 청천 바라보며 작은 가마에 앉았노라　吟望靑天坐小輿

55 월영대(月影臺) : 【譯注】 경남 창원시 마산합포구에 있는데, 최치원(崔致遠)이 제자들을 가르치던 곳이다.

56 소라 껍데기로 잴 : 【攷證 卷8 螺測】 '나(螺)'는 나(蠡)와 같다.

57 법륜사 : 【攷證 卷8 法輪寺】 청곡사(靑谷寺)이다. 【校解】 청곡사는 경남 진주시 월아산(月牙山)에 있는 사찰이다.

58 완사계(浣紗溪) : 【譯注】 곤양의 덕천강(德川江)을 이른다.

뜬구름 다시 밟고 푸른 산에 오르니　　更躡飛雲昇翠巘
천지[59]에서 북해의 물고기[60] 보려는 거지　　天池要看北溟魚

-'완사계'는 곤양성의 동쪽에 있고, '서계'는 홍해군에 있다.-

(詩-別卷1-21)

풍운의 제회(際會)[61]라 성상께서 외롭지 않으시니　　風雲不是孤明主
성상의 은혜 유독 많이 받아 노신은 편안하지　　雨露偏承佚老臣
만사에 무심했던 남곽자[62]요　　萬事無心南郭子
평생 기심(機心) 없었던 한음의 노인[63]이로다　　一生用力漢陰人

---

59 천지(天池) : 【譯注】 남쪽의 큰 바다를 이른다. 《장자(莊子)》 〈소요유(逍遙遊)〉에 "남명이라는 것은 천지이다.〔南冥者, 天池也.〕"라고 하였다.

60 북해의 물고기 : 【譯注】 거대한 물고기를 이른다. 《장자》 〈소요유〉에 "북쪽 바다에 물고기가 있으니〔北冥有魚〕, 그 이름이 곤(鯤)인데, 그 크기가 몇천 리인지 모른다."라고 하였다.

61 풍운의 제회(際會) : 【譯注】 현명한 임금과 충직한 신하가 서로 만나는 것을 이른다. 《주역》 〈건괘(乾卦) 문언전(文言傳)〉에 "구름은 용을 따르고 바람은 범을 따른다.〔雲從龍, 風從虎.〕"라고 하였다.

62 남곽자 : 【譯注】 춘추 시대 초(楚)나라 은자인 남곽자기(南郭子綦)로, 자가 자기이고 남곽에 은거하면서 물아(物我)의 경계를 잊고 살았는데, 여기서는 어득강을 비유한다. 《莊子 齊物論》

63 한음(漢陰)의 노인 : 【譯注】 기심이 없고 성실히 노력하는 어득강을 비유한다. 공자의 제자 자공(子貢)이 초나라를 유람하고 진(晉)나라로 가면서 한수(漢水) 남쪽을 지나다가 몹시 힘들게 농사일하는 노인을 만나 용두레의 사용 방법을 알려주자, 그가 "기계가 있으면 반드시 꾀를 부리는 일이 있게 되고, 꾀를 부리는 일이 있으면 반드시 꾀를 부리는 마음이 생긴다."라고 하였다. 《莊子 天地》

(詩-別卷1-22)

지리산의 연하 경치 읊으신 날 얼마인가　　智異烟霞吟幾日
곡강의 청풍명월 꿈에 보신 날 많겠지　　曲江風月夢多時
흉년에 백성 돌보느라 마음이 힘드실 테니　　荒年撫字心應悴
세금 독촉 제대로 했는지는 따지지 말라　　莫問催科宜未宜
-'곡강'은 흥해군에 있다.-

(詩-別卷1-23)

아전이 동네에 안 오니 삽살개가 조용하고[64]　　里胥不到村尨靜
아이가 정말 어지니 들꿩이 날아오누나[65]　　童子能仁野雉飛
서울에는 공의 벗들 많을 텐데　　京華故人多少在
그들의 서신 드물게 와도 아랑곳하지 않으시지　　任他書信到來稀

(詩-別卷1-24)

쌍계사[66]라 명승지는 신선이 노닐던 곳이니　　雙溪形勝仙遊地

---

64 아전이……조용하고 :【譯注】어득강이 정사를 잘 펼쳐 마을에 세금을 독촉하러 오는 아전이 없다는 뜻이다. 당(唐)나라 유종원(柳宗元)의 〈포사자설(捕蛇者說)〉에 "흉포한 아전이 우리 마을에 와서〔悍吏之來吾鄕〕 동쪽과 서쪽에서 고함치고 남쪽과 북쪽에서 소란을 피워대 사람들을 놀라게 하면 닭이나 개조차 편안할 수 없습니다.〔雖雞狗不得寧焉〕"라고 하였다.

65 아이가……날아오누나 :【譯注】어득강의 인정(仁政)에 백성들이 감화되어 착하게 되었다는 뜻이다. 한나라 노공(魯恭)이 중모(中牟)의 수령으로 부임하여 선정을 베풀자, 고을마다 막대한 피해를 끼친 누리 떼가 이 지역에만 나타나지 않았다. 하남 윤(河南尹) 원안(袁安)이 비친(肥親)을 파견해 조사하게 하였는데, 가까이 다가온 꿩을 잡지 않는 아이를 보고는 그 이유를 묻자, "꿩이 새끼를 데리고 있기 때문입니다."라고 하였다. 《後漢書 魯恭列傳》

편지 보내 부르신 건 나를 속이신 게 아니지　　尺素招尋不我欺
되레 부끄럽구나, 속진의 일에 내몰려　　還愧塵緣驅使在
심사가 변할 수 있다는 것이　　能令心事有遷移

-지난해 겨울 어관포 공이 편지로 나를 불러 쌍계사를 유람하자고 권하셨다. 지금 이곳에 온 것은 본래 그 때문이었는데, 일이 생겨 결국 계획대로 하지 못하였다.-

(詩-別卷1-25)

노랑과 삼포[67]엔 농어와 방어 그 값이 싸니　　露梁三浦賤鱸魴
북쪽에서 온 나그네 날마다 남방 요리 맛본다　　北客南烹逐日嘗
오상[68]의 태수께선 즐거운 일 많으니　　太守遨牀多樂事
자신이 그 옛날 남만의 고장에 있는 줄 모르시네　　不知身在古蠻鄉

-'노량'과 '삼포'는 모두 곤양군의 땅으로 바닷가에 있다.-

(詩-別卷1-26)

남해 끝 궁벽한 곳의 군수(郡守)도 충분한 은택이지만
　　瘴海窮邊雖足澤
조정의 요직에는 훌륭한 신하 필요한 법이지　　玉堂金闕要名臣

---

66 쌍계사 : 【攷證 卷8 雙溪】 사찰 이름으로, 지리산에 있는데 최치원이 독서했던 곳이다.

67 노랑과 삼포 : 【譯注】 노량(露梁)은 곤양군 남쪽 45리 지점에 있다. 《新增東國輿地勝覽 卷31 慶尚道 昆陽郡》 【要存錄 別集 三浦】 삼포는 곤양군 서쪽 30리 지점에 있다.

68 오상 : 【譯注】 《성도기(成都記)》에 "태수가 출타하여 연회를 베풀 때 남녀가 목상(木牀)에 줄지어 앉아 구경했는데, 이를 오상(遨牀)이라고 한다. 그러므로 태수를 오두(遨頭)라고 한다."라고 하였다. 《佩文韻府 卷49》

옛 산의 원숭이와 학은 괴이하게 여기지 말라[69] 舊山猿鶴休相怪
조정에 있든 강호에 있든 같은 분일 뿐이니[70] 廊廟江湖只一身

69 옛……말라 : 【譯注】 어득강이 은둔에 버금가는 지방관 생활을 그만두고 조정으로 돌아간다고 해도 비판하지 말라는 뜻이다. 남조 시대 제(齊)나라 공치규(孔稚圭)의 〈북산이문(北山移文)〉에 "혜장이 텅텅 비자 밤에 학이 원망하고, 산인이 떠나자 새벽에 원숭이 슬피 우네.〔蕙帳空兮夜鶴怨, 山人去兮曉猿惊.〕"라고 하였다.

70 조정에……뿐이니 : 【譯注】 어득강은 조정에서 벼슬하든 지방관이든 임금과 백성을 걱정한다는 뜻이다. 송(宋)나라 범중엄(范仲淹)의 〈악양루기(岳陽樓記)〉에 "옛사람들은 높은 묘당에 있을 때는 백성을 걱정하고, 먼 강호에 있을 때는 임금을 걱정하였다.〔居廟堂之高, 則憂其民; 處江湖之遠, 則憂其君.〕"라고 하였다.

KBP0549(詩-別卷1-27)

곤양에서 어관포[71]를 모시고 작도[72]에서 노닐다. 이날 밀물과 썰물에 대해 논하다 【계사년(1533, 중종28, 33세) 3월 28일~4월 초순 추정. 곤양(昆陽)】

昆陽陪魚灌圃 遊鵲島 是日論潮汐

작도는 손바닥처럼 납작한데	鵲島平如掌
오산[73]이 멀리서 마주하여 우뚝하다	鰲山遠對尊
온종일 토론해도 조수의 깊이 헤아리지 못하니	終朝深莫測
예로부터 이치는 탐구하기 어려운 법	自古理難原
조수가 물결칠 땐 땅이 입구가 되고	呼吸地爲口
밀려오고 빠질 땐 두 산이 문이 되네[74]	往來山作門
예나 지금이나 조수를 설명한 말 많은데	古今多少說
과연 누구의 말이 정곡을 찔렀을까	破的竟誰言

---

71 어관포 : 【譯注】 어득강(魚得江, 1470~1550)으로, 본관은 함종(咸從), 자는 자순(子舜)·자유(子游), 호는 관포당(灌圃堂)·혼돈산인(渾沌山人)이다.

72 작도 : 【攷證 卷8 鵲島】 곤양군(昆陽郡) 남쪽 10리 지점에 있다.

73 오산 : 【譯注】 금오산(金鰲山)으로 곤양군 서쪽 20리 지점에 있는데, 병요산(甁要山)이라고도 한다. 《新增東國輿地勝覽 卷31 慶尙道 昆陽郡》

74 두……되네 : 【要存錄 別集 作門】 작도의 남쪽에 두 산이 문처럼 마주 보고 서 있다.

KBP0550(詩-別卷1-28)

성주를 지나며 말 위에서 우연히 읊다 【계사년(1533, 중종28, 33세) 4월 초순 추정. 성주(星州)】

星州馬上偶吟

새벽하늘에 노을 흩어지고 해가 막 떠오르니	曉天霞散初昇日
물빛과 산빛이 그림 같은 풍경 속에 빛난다	水色山光畫裏誇
말 머리에 날리는 향기로운 꽃 온통 하얀 눈 같으니	馬首吹香渾似雪
눈물 같은 영롱한 이슬이 야당화에 맺혀 있네	泣殘珠露野棠花

KBP0551(詩-別卷1-29)

양화역 앞을 지나다[75] 【계사년(1533, 중종28, 33세) 4월 29일경 추정. 여주(驪州)】

過楊化驛前

먼 산 은은히 비치고 가까운 산 그 빛 짙으며　　遠山隱映近山濃
상류 여울 세차게 흐르고 하류 여울 트였어라　　上灘奔流下灘通
밤에 여강[76]에서 묵으니 밤기운 온통 맑고　　夜宿驪江氣全淸
아침에 양화역 지나니 해가 희미하게 붉다　　朝經楊化日微紅
까마귀들 나무 맴도니 어찌 뜻이 없으랴　　羣鴉繞樹豈無意
큰 물고기 물결 일으키니 의도가 있는 듯　　大魚翻波如有試
며칠 동안 일던 풍랑 이제야 잠잠해지니　　數朝風浪今更息
배에서 꼿꼿이 앉아 있자 시상이 일어나누나　　兀坐舟中撩詩思

75 양화역 앞을 지나다 : 【譯注】《정본 퇴계전서》 권3에 같은 제목의 7언 절구 1수가 실려 있다. 【攷證 卷8 楊化驛】 '양화역'은 여주(驪州) 서쪽 15리 지점에 있는데, 경안역(慶安驛)에 예속된 역이다.

76 여강(驪江) : 【譯注】 한강의 상류로, 여주 북쪽에 있다.

KBP0552(詩-別卷1-30)

단월역 누대에 걸려 있는 점필재 시에 차운하다[77] 【계사년(1533, 중종28, 33세) 7월 2일. 충주(忠州)】

丹月驛樓佔畢齋韻

무더위 속에 걸어 비리촌[78] 지날 때　　觸熱行過笓籬村
맑은 강에 비낀 햇살 역참 문에 비치는데　　斜日淸江映郵門
강 옆에 따로 솟은 우뚝한 누대에서　　臨江別起一高樓
청산을 마주하고 앉아 답답한 마음 씻노라　　坐對靑山滌煩昏
하얀 물결이 모래톱에 일어 풍광이 하얘지고　　波生洲渚風色白
푸른 산빛이 난간에 떨어져 의대가 파래지는데　　翠滴闌干衣帶碧
충주와 영남의 지세 맞닿아 있으니　　形勝中原嶺海衝
나그네는 몇 번이나 저물녘 피리 소리에 시름겨웠을까
幾度遊人愁晩笛
점필재 선생의 좋은 시구 문미에 남아 있으니　　先生妙語留楣間
우연히 장난삼아 지은 글 하늘의 비밀 드러냈지[79]　　偶然戲劇破天慳

77 단월역……차운하다 : 【攷證 卷8 丹月驛】 '단월역'은 충주(忠州) 남쪽 10리 지점에 있는데, 연원도(連原道)에 예속된 역이다. 【校解】 '누대'는 단월역 남쪽에 있는 계월루(溪月樓)이다. '점필재(佔畢齋)'는 김종직(金宗直, 1431~1492)의 호로, 본관이 선산(善山), 자가 계온(季昷)·효관(孝盥), 시호가 문충(文忠)·문간(文簡)이다. 그가 지은 시는《점필재집(佔畢齋集)》권17에 〈10월 15일 단월역 계월루에서 태허 조위(曺偉)의 시에 차운하다〔十月十五日丹月驛溪月樓次大虛韻〕〉라는 제목으로 실려 있다.

78 비리촌 : 【要存錄 別集 笓籬村】 조령(鳥嶺) 서쪽 산허리에 있다.

79 점필재……드러냈지 : 【譯注】 김종직이 시를 지어 이곳의 아름다운 경치를 제대로 표현했다는 뜻이다.

새가 하늘에서 사라지듯 영웅들 가버렸으니	英雄過去鳥沒空
문을 나서며 한 번 웃자 온 천지가 한가하구나	出門一笑天地間

KBP0553(詩-別卷1-31)

용추[80] 【계사년(1533, 중종28, 33세) 7월 3일 추정. 문경(聞慶)】

龍湫

큰 바위는 울퉁불퉁 구름은 뭉게뭉게	巨石贔屭雲溶溶
산속의 계곡물 내달리니 흰 무지개 같다	山中之水走白虹
성난 물결 벼랑 입구에서 떨어져 웅덩이 되니	怒從崖口落成湫
이 속에는 태곳적부터 교룡이 숨어 있지	其下萬古藏蛟龍
푸르디푸른 고목이 해를 가리니	蒼蒼老木蔽天日
더운 유월인데도 나그네는 빙설을 밟는 듯	行人六月踏冰雪
용추 옆 대로가 서울 향해 뻗어 있으니	湫邊官道走玉京
날마다 수레와 말 왕래가 끊이지 않누나	日日輪蹄來不絶
즐거운 일 괴로운 일 그 얼마였던가	幾成歡樂幾悽苦
웃으며 천지를 바라보고 고금의 일 생각하노라	笑撫乾坤睨今古
크게 '용추'라는 글자를 흥건히 바위에 썼으니	大字淋漓寫巖石
내일 밤엔 틀림없이 비바람 치리라	後夜應作風和雨

80 용추 : 【攷證 卷8 龍湫】 조령(鳥嶺)의 동화원(東華院) 서북쪽 1리 지점에 있는데, 사면과 바닥이 모두 돌이고 그 깊이를 헤아릴 수 없다. 《新增東國輿地勝覽 卷29 慶尙道 聞慶縣》

KBP0554(詩-別卷1-32)

낙동강 관수루[81] 【을미년(1535, 중종30, 35세) 6월 하순 추정. 상주(尙州)】

洛東觀水樓

을미년 여름 호송관(護送官)이 되었을 때[82]이다.

우리나라 남쪽의 낙동강은	洛水吾南國
모든 강의 으뜸으로 존귀하지	尊爲衆水君
누대의 이름에서 오묘한 이치를 알고[83]	樓名知妙悟
땅의 형세에서 웅장한 나뉨을 보노라	地勢見雄分
넓은 들에는 이내 서린 나무들	野闊烟凝樹
맑은 강에는 비 걷힌 구름들	江淸雨捲雲
서둘러 역마를 재촉하니	匆匆催馹騎
공문 처리할 시기에 맞춰야 해서라네	要爲趁公文

81 관수루 : 【攷證 卷8 觀水樓】 낙동강(洛東江) 동편 언덕에 있다.

82 을미년……때 : 【譯注】《퇴계선생연보》 권1에 "을미년 6월에 선생이 호송관에 차임되어 왜노(倭奴)를 동래(東萊)로 전송하였다."라고 하였다.

83 누대의……알고 : 【譯注】 '관수(觀水)'라는 누대의 이름에서 성인(聖人)의 학문은 근원이 있으니 기초를 다져야 진보할 수 있음을 알 수 있다는 뜻이다. 【校解】《맹자》 〈진심 상(盡心上)〉에 "물을 관찰할 때는 방법이 있으니, 반드시 여울을 보아야 한다.〔觀水有術, 必觀其瀾.〕"라고 하였는데, 송(宋)나라 주희(朱熹)의 주석에 "여울물을 보면 그 근원에 근본이 있음을 알게 된다."라고 하였다.

KBP0555(詩-別卷1-33~34)

병신년 7월 그믐 형님[84]과 함께 서재에서 묵었는데, 이때 나는 의령으로 가려는 참이라 만남과 이별의 세상사에 감회가 일었다. 소자유의 〈소요당〉 시[85] 2수의 운자를 사용하여 짓다 【병신년(1536, 중종31, 36세) 7월 30일 예안(禮安)】

丙申七月晦日 與兄同宿西齋 時余將往宜寧 感念離合之故 用蘇子由逍遙堂詩韻

(詩-別卷1-33)

비바람 치는 밤 서재에서 함께 자게 되었거늘[86] 對牀風雨西齋夜
무슨 일로 되레 애끊는 소리를 내는가 何事還爲腸斷聲
눈물이 영원에 떨어져[87] 슬픔 다하지 않았건만 灑淚鴒原悲不盡

84 형님 : 【譯注】 이황의 넷째 형님 이해(李瀣)이다.

85 소자유의 소요당 시 : 【攷證 卷8 子由逍遙堂詩】 송(宋)나라 소자유(蘇子由 소철(蘇轍))의 〈소요당에서 만나 함께 묵다〔逍遙堂會宿〕〉 시 중 제1수에 "소요당 뒤 천길 나무, 한밤중에 비바람 소리 길게 보낸다. 침상 마주하고 옛 약속 다진 걸 잘못 기뻐했으니, 떠돌며 팽성에 있을 줄 몰랐던 거지.〔逍遙堂後千尋木, 長送中宵風雨聲. 悞喜對床尋舊約, 不知漂泊在彭城.〕"라고 하였다. ○ 살펴보건대, 소자유는 어릴 때부터 그의 형님 소동파(蘇東坡 소식(蘇軾))를 따라 독서 하면서 하루도 떨어지지 않았는데, 사방으로 떠돌며 벼슬살이를 하게 되었을 때 당(唐)나라 위 소주(韋蘇州 위응물(韋應物))의 시를 읽고는 슬퍼하면서 일찍 관직에서 물러나 한가롭게 지내는 즐거움을 누리자고 약속하였다. 이후에 전주(澶州)와 복주(濮州) 사이에서 만나 이전의 약속을 추억하면서 이 시를 지었다. 《逍遙堂會宿 序》

86 비바람……되었거늘 : 【譯注】 형제가 다시 만나 회포를 풀게 되어 즐겁다는 뜻이다. 【攷證 卷8 對牀風雨】 당나라 위응물의 〈심전진(沈全眞)과 원상 조항(趙伉)에게 보이다〔示全眞元常〕〉 시에 "어찌 알았으랴 비바람 치는 밤에, 다시 여기서 침상 마주해 자게 될 줄을.〔寧知風雨夜, 復作對牀眠.〕"이라고 하였다.

헤어져 또 초나라 남쪽 성에 가려 하네[88] 分飛又向楚南城

-올해 봄에 큰형님[89]이 세상을 떠나셨다.-

(詩-別卷1-34)

청산 속에 늙어가자 함께 약속했으니 共約青山映黃髮

어느 때나 관작을 진흙인 양 버릴까[90] 何時官爵棄如泥

괴이하구나, 오늘 밤 함께 자는 이곳에 怪來今夜同眠處

바람 더욱 쓸쓸해지고 빗소리 더욱 처량한 것이 風轉蕭蕭雨轉淒

---

87 눈물이 영원에 떨어져 : 【譯注】 '영원(鴒原)'은 들판에 있는 할미새라는 뜻으로, 우애 있는 형제를 비유하니, 이는 형제의 사망을 이른다. 《시경》 〈소아(小雅) 상체(常棣)〉에 "할미새가 들판에 있으니, 급하고 어려운 일 형제가 도와주네.〔鶺鴒在原, 兄弟急難.〕"라고 하였다.

88 헤어져……하네 : 【攷證 卷8 分飛南城】 장차 의령(宜寧)으로 가려 하였기 때문에 소철의 〈소요당에서 만나 함께 묵다〉 시의 '팽성(彭城)'이라는 말을 사용한 것이다. 【校解】 '남쪽 성'은 팽성을 가리킨 것으로, 이는 중국의 남쪽 지역에 있는데, 이황이 가려는 의령이 남쪽에 있기 때문에 이렇게 말한 것이다.

89 큰형님 : 【譯注】 충순위(忠順衛) 이잠(李潛)이다.

90 관작을……버릴까 : 【攷證 卷8 官爵棄如泥】 송나라 소식의 〈시승인 중소 왕경순(王景純)에게 주다〔贈王仲素寺丞〕〉 시에 "호연지기의 함양은 아이 기르듯, 관작 버리기는 진흙 버리듯.〔養氣如養兒, 棄官如棄泥.〕"이라고 하였다.

KBP0556(詩-別卷1-35)

영호루[91] 【병신년(1536, 중종31, 36세) 8월 초순 추정. 안동(安東)】

映湖樓

길손의 시름 빗속에 깊어지는데	客中愁思雨中多
가을바람마저 부니 마음 더욱 슬퍼진다	況値秋風意轉加
홀로 누대에 올라 되레 온종일 머무니	獨自上樓還盡日
술만 있다면 집 생각 잊을 수 있지	但能有酒便忘家
제비는 집에 가려 정답게 벗을 부르고	慇懃喚友將歸燕
꽃은 저물녘에 고요히 깊은 정 품누나	寂寞含情向晩花
한 곡조 맑은 노래 숲에 울리니	一曲淸歌響林木
이 마음 어찌 메마른 나뭇가지와 같으랴	此心焉得似枯槎

91 영호루 : 【攷證 卷8 映湖樓】 안동부(安東府) 남쪽 5리 지점에 있다. 고려 시대 공민왕(恭愍王)이 남쪽으로 와서 사냥하며 유람하고, 서울로 돌아간 뒤에 현판의 글씨를 써서 주어 걸게 하였다. 《新增東國輿地勝覽 慶尙道 安東大都護府》 ○ 살펴보건대, 이 시는 고려 시대 성균관 좨주를 역임했던 우탁(禹倬)의 시운을 사용하여 지은 것이다. 【校解】 우탁의 시는 《동문선(東文選)》 권15에 〈영호루〉라는 제목으로 실려 있다.

KBP0557(詩-別卷1-36)

8월 18일, 의령에서 돌아오는 길에 비를 만나 신번현에서 유숙하다 【병신년(1536, 중종31, 36세) 8월 18일. 의령(宜寧)】

八月十八日 還自宜寧 雨留新蕃縣

1수는 내집에 보인다.[92]

바람이 나뭇잎에 몰아쳐 앞산을 흔들고	風號木葉撼前山
비가 서쪽 창문 때려 저물녘에 추워지네	雨打西窓作暮寒
길손은 말안장 풀며 꼴 한 다발 구하고	旅客解驂求茱束
촌동은 송아지 부르며 사립문에 들어오누나	村童呼犢入柴關
뜰에 자라는 잔풀은 새로 다시 무성해지고	庭生細草新還密
벽에 그려진 흰 매는 오래되어 지워지려 한다	壁畫奇毛舊欲漫
오늘은 날이 궂으나 용공[93]이 돌아가 칩거한다면	可是龍公歸蟄臥
내일 돌아가는 말 위에 나그네 옷 가뿐하리	征衫明日快歸鞍

92 1수는 내집에 보인다 : 【譯注】《정본 퇴계전서》 권1에 〈비를 만나 신번현에서 머물다〔雨留新蕃縣〕〉라는 제목으로 실려 있다.

93 용공 : 【譯注】 눈과 비를 관장하는 용신(龍神)이다. 송(宋)나라 소식(蘇軾)의 〈취성당의 눈〔聚星堂雪〕〉 시에 "창 앞에 은은한 소리 메마른 잎 울리더니, 용공이 솜씨 부려 첫눈을 쏟아내네.〔窓前暗響鳴枯葉, 龍公試手行初雪.〕"라고 하였다.

KBP0558(詩-別卷1-37)

애일당[94] 뒤의 누대에서 이 부윤[95] 현보 을 모시고 노닐며 경치를 감상하다. 이때 공께서는 경주 부윤을 사직하고 집에 계셨다 【병신년(1536, 중종31, 36세) 9월 1~5일 추정. 예안(禮安)】

愛日堂後臺上 陪李府尹 賢輔 遊賞 時公辭慶尹家居

벼랑 가 경사진 돌길에 애일당 지었으니	結屋崖邊石磴斜
난간에 기대자 신선의 집에 있는 듯	憑闌如在羽人家
공은 사직하고 일찍 낙향할 수 있었으니	公能解紱歸田早
나도 술병 들고 찾아와 자주 경치 감상하지	我亦攜壺賞景多
나뭇잎 모두 진 가을 모습 강엔 돌이 드러나고	瘦盡秋容江出石
곱게 단장한 저녁 경치 속에 국화꽃 피었어라	粧成晚意菊添花
높이 나는 고니 괜스레 부러워하게 하니	令人坐羨冥飛鵠
저 새는 인간 세상에 새그물 있는 줄 모르누나	不信人間有網羅

94 애일당(愛日堂) : 【譯注】 이현보(李賢輔)가 46세 때인 1512년(중종7) 휴가를 받아 귀향하여 부친 이흠(李欽)을 위해 지은 건물이다.《聾巖先生年譜 卷1》 애일당은 예안(禮安) 분천리(汾川里) 낙동강 지류 가에 있었는데, 지금은 도산면(陶山面) 가송리(佳松里) 농암 종택 내부에 있다.

95 이 부윤(李府尹) : 【譯注】 이현보(1467~1555)로, 본관이 영천(永川), 자가 비중(棐仲), 호가 농암(聾巖)·설빈옹(雪鬢翁), 시호가 효절(孝節)이다.

KBP0559(詩-別卷1-38)

독서당에 도착하여 홍문관 민 저작 경열[96] 기 를 기다리다

신축년(1541, 중종36, 41세) 【7~8월 추정. 서울】

到書堂 待閔著作景說 箕 ○ 辛丑

동호[97]의 물결이 가을비 내린 뒤 불어났는데 東湖水漲秋雨餘
강가 모래밭에 말 달리니 시름이 사라진다 騎馬沙汀皺眉舒
우거진 푸른 숲 지나고 졸졸 시냇물 건너 行穿翠密度潺湲
높은 독서당 우러러보니 신선의 집 같아라 仰見雲屋如仙居
문에 들어서니 고요히 인적이 드물고 入門寂寂人蹤稀
푸른 창 아래 오궤에는 금과 책이 놓여 있네 碧窓烏几橫琴書
가만히 앉아 그대 오기를 기다리니 超然坐待君欲來
뜰 나무에 바람 일고 바위에 어둠이 내려오기 시작한다 庭樹風生巖暝初

96 민 저작 경열 : 【譯注】 민기(閔箕, 1504~1568)로, 본관이 여흥(驪興), 자가 경열(景說), 호가 관물재(觀物齋)·호학재(好學齋), 시호가 문경(文景)이다. 《중종실록》에 근거하면, 1540년(중종35) 10월 8일 이황은 홍문관 교리에, 민기는 홍문관 저작에 임명되었다.

97 동호(東湖) : 【譯注】 두모포(豆毛浦)라고도 하는데, 도성 동남쪽 10리 지점에 있다. 《新增東國輿地勝覽 卷3 漢城府》 현재 중랑천과 한강 본류가 만나는 지점을 중심으로 압구정동과 옥수동 사이의 한강 지역을 이르는데, 이곳에 동호독서당(東湖讀書堂)이 있었다.

KBP0560(詩-別卷1-39)

민경열[98]의 〈독서당〉 시에 차운하다 【신축년(1541, 중종36, 41세) 7~8월 추정, 서울】

次韻景說書堂

세상과 단절된 호수와 산 천고에 감춰졌더니	絶境湖山千古秘
어느 해에 금지[99]가 독서당으로 변하였나	何年金地化茲堂
천광이 편액에 비치니[100] 문미가 찬란하고	天臨揭額楣纚彩
귀신이 장서를 보호하니 네 벽이 환하구나	神護藏書壁透光
뱉는 침방울[101] 때때로 달빛 어린 이슬 내린 듯	咳唾有時霏月露
전적으로 글공부하는 건 왕업을 빛내기 위한 것	研劘專事賁王皇
예전에 한 공부 다시 익히고 새로운 공부 더하니	溫尋舊學加新趣
그 맛이 옥장[102]을 실컷 마신 것과 정말 같으리	一味眞如飫玉漿

98 민경열 : 【譯注】 민기(閔箕, 1504~1568)로, 본관은 여흥(驪興), 자는 경열(景說), 호는 관물재(觀物齋)·호학재(好學齋), 시호는 문경(文景)이다.

99 금지 : 【攷證 卷8 金地】 원(元)나라 음시부(陰時夫)의 《운부군옥(韻府群玉)》 권13에 "금지는 사찰이다."라고 하였다.

100 천광이 편액에 비치니 : 【攷證 卷8 天臨揭額】 임금이 직접 쓴 편액이 있었던 듯하다. 【校解】 1492년(성종23) 용산(龍山)에 있는 빈 사찰을 대폭 수리한 뒤에 독서당(讀書堂)이라는 편액을 하사하였고, 1517년(중종12) 두모포(豆毛浦)에 독서당을 지었는데, 이때부터 용산의 독서당을 남호독서당(南湖讀書堂), 두모포의 독서당을 동호독서당(東湖讀書堂)이라고 불렀다. 동호독서당의 편액이 남호독서당에 있었던 것인지 또 다른 것인지는 미상이다.

101 뱉는 침방울 【譯注】 다른 사람의 말이나 시문을 찬미하는 말이다. 공자(孔子)가 행단(杏亶)에서 어보에게 "제가 하위에서 기다리니 해타(咳唾)의 소리를 듣게 해주어 저에게 도움이 되기를 바랍니다.'"라고 하였다. 《莊子 漁父》

-독서당이 옛날에는 월송암(月松菴)[103]의 터에 있었다.-

102 옥장 : 【譯注】 전설상 신선이 먹는 음료수이다.

103 월송암 : 【攷證 卷8 月松菴】 용산사(龍山寺)에 속한 암자 이름인 듯하다.

KBP0561(詩-別卷1-40)

제주 목사로 나간 조계임[104] 사수 이 독서당으로 앵무라[105]를 부쳐주었다. 이때 조계임은 이미 서울에 돌아와 있었다[106]

【신축년(1541, 중종36, 41세) 7~8월 추정. 서울】

趙季任 士秀 出牧濟州 寄鸚鵡螺書堂 時季任已還京

절해고도 아득하여 한 점 소라 같은데	絶島茫茫似點螺
천연의 괴물들이 벌레와 모래로 변했네[107]	天然精怪化蟲沙
교묘한 말솜씨[108] 아닌데도 사람에게 잡혔으니	雖非巧舌嬰身禍
헛된 무늬가 화려한 기물에 적합하기 때문이지	應坐虛文合器華

104 조계임 : 【譯注】 조사수(趙士秀, 1502~1558)로, 본관이 양주(楊州), 자가 계임(季任), 호가 송강(松岡), 시호가 문정(文貞)이다.

105 앵무라 : 【攷證 卷8 鸚鵡螺】 당(唐)나라 두보(杜甫)의 〈중승인 백무림(柏茂琳) 공을 모시고 장군과 사졸에게 베푼 연회를 참관하다〔陪柏中丞觀宴將士〕〉 시 중 제1수에 "취객은 앵무배에 입술 적시고, 미인은 봉황금을 탄다.〔醉客霑鸚鵡, 佳人指鳳凰.〕"라고 하였는데, 송나라 두전(杜田)의 주석에 다음과 같이 말하였다. "앵무라는 술잔이다. 《남해이물지(南海異物志)》에 '앵무배는 구하배(九霞杯)와 모양이 비슷하다. 그 모양이 새와 같은데, 머리가 복부를 향하고 있어 앵무새와 비슷하기 때문에 이렇게 명명한 것이다.' 라고 하였다." ○ 앵무라는 우도(牛島) 및 대정현(大靜縣)의 가파도(加波島)에서 나온다. 《新增東國輿地勝覽 卷38 全羅道 濟州牧》

106 이때……있었다 : 【譯注】 《중종실록》에 근거하면, 조사수는 1540년(중종35) 9월 9일 제주 목사에 임명되고, 1541년 6월 19일 참의로서 성절사(聖節使)의 장계에 대한 논의에 참여하였으니 1541년 6월 19일 이전에 서울로 돌아왔을 것이다.

107 벌레와 모래로 변했네 : 【攷證 卷8 化蟲沙】 주(周)나라 목왕(穆王)이 남쪽으로 정벌할 때 일군(一軍)이 모두 죽었는데, 군자는 원숭이와 학이 되고 소인은 벌레와 모래가 되었다. 《抱朴子 釋滯》

108 교묘한 말솜씨 : 【攷證 卷8 巧舌】 앵무새를 가리켜 한 말이다.

좋은 종이[109]에 쓴 아름다운 시도 받았으니 併荷蠻牋投玉韻

독서당에 남겨 두어 신선의 집 안정시키려네 擬留瓊館鎭仙家

동호[110]의 달빛이 씻은 듯 새로우니 東湖月色新如洗

다시 독서당에 오면 구하주[111] 마시길 잊을 수 있으랴 重到能忘酌九霞

---

109 좋은 종이 :【攷證 卷8 蠻牋】 송(宋)나라 한보(韓溥)의 〈촉 땅의 종이를 아우인 한계에게 부치다〔以蜀箋寄弟洎〕〉 시에 "익주에서 나는 열 가지 만전, 완화계(浣花溪) 가에서 새로 부쳐왔네.〔十様蠻箋出益州, 寄來新自浣溪頭.〕"라고 하였으니, 바로 촉 땅의 설도전(薛濤箋)이다.【校解】 '설도전'은 당나라 헌종(憲宗) 원화(元和) 연간에 원진(元稹)이 촉 땅에 사신으로 갔을 때 완화계 가에 살던 기생 설도가 만들어 준 종이이다. 《고증》에 '様'이 '樸'으로, '箋'이 '牋'으로 되어 있는데, 명(明)나라 진요문(陳耀文)의 《천중기(天中記)》 권17에 인용된 《담원(談苑)》에 의거하여 수정하였다.

110 동호 :【譯注】 도성 동남쪽 10리 지점에 있는 두모포(豆毛浦)로, 두모포(豆毛浦)라고도 하는데, 도성 동남쪽 10리 지점에 있다.《新增東國輿地勝覽 卷3 漢城府》 현재 중랑천과 한강 본류가 만나는 지점을 중심으로 압구정동과 옥수동 사이의 한강 지역을 이르는데, 이곳에 동호독서당(東湖讀書堂)이 있었다.

111 구하주(九霞酒) :【譯注】 신선이 마신다는 술이다.

KBP0562(詩-別卷1-41)

삭녕에 도착하다 【신축년(1541, 중종36, 41세) 9월 9일. 삭녕(朔寧)】

到朔寧

경기도 재상 어사(災傷御史)였을 때[112]이다.

슬프디슬픈 흉년이라 마음 편치 않으니	惻惻荒年意未寧
강가에 세운 말도 그 그림자 비틀비틀	江邊立馬影跉跰
잎은 서리 내린 밤 지나 모두 새빨갛고	葉從霜夜濃全赤
산은 가을 하늘에 솟아 반쯤 푸르다	山入秋空割半青
관사가 구름에 가려 있으니 산사에 이른 듯	官舍隱雲如到寺
관리가 땅을 밟으니 그림 병풍 속을 걷는 듯	吏人踏地似行屛
종이 찾아 시구 적는 게 무슨 소용이랴만	索牋題句知何用
뜰에 가득한 초승달 그 빛 어여뻐 한가히 읊을 뿐	新月閒吟愛滿庭

112 경기도……때 : 【譯注】 1541년(중종36) 9월 전국적으로 흉년이 들었을 때 이황은 경기도 재상 어사(災傷御史)에 임명되어 경기도 동북부 지역을 조사하였다. 《退溪先生年譜 卷1》

KBP0563(詩-別卷1-42)

의주 목사가 되어 떠나는 이중길[113] 윤경 을 보내다 【신축년(1541, 중종36, 41세) 10월 5일 추정. 서울】

送李重吉 潤慶 牧義州

이중길은 지난해에 순변사(巡邊使)의 종사관이 되었다.[114]

지난해 종사관 되었을 땐 바람이 검에 일더니	去年入幕風生劒
올해는 목사가 되니 옥관자가 갓에 반짝인다	今歲爲州玉映冠
수많은 전투 있었던 산하에 옛 성루 남아 있고	百戰山河餘古壘
한 방면 굳게 막은 빗장은 웅장한 관문이지	一方鎖鑰是雄關
중화인은 학문과 예법 안다고 여전히 자랑하고	華人尙詑知詩禮
오랑캐는 제왕의 지위 엿본다고 오히려 뻐기네[115]	毳俗猶誇睹鳳鸞
군영에 달이 고요하면 나를 생각해주려나	月靜轅門相憶未
날마다 평안을 기뻐하는 봉화 올려주시게	傳烽日日喜平安

113 이중길 : 【譯注】 이윤경(李潤慶, 1498~1562)으로, 본관이 광주(廣州), 자가 중길(重吉), 호가 숭덕재(崇德齋), 시호가 정헌(正獻)이다.

114 이중길은……되었다 : 【譯注】《중종실록》에 근거하면, 이윤경은 1540년(중종35) 10월 12일 평안도 순변사(平安道巡邊使) 우맹선(禹孟善)의 요청에 의해 그의 종사관이 되었다.

115 오랑캐는……뻐기네 : 【譯注】 1449년(세종31) 명(明)나라 영종이 와랄(瓦剌)을 정벌하러 나섰다가 토목보(土木堡)에서 패전하고 포로가 된 토목지변(土木之變)이 발생하고, 이후 또 다른 일족인 타타르의 달연한(達延汗)이 몽고 전체를 통일한 뒤 그 손자 엄답한(俺答汗)이 1541년 하북 지방의 침략을 시작으로 매년 침입하다가 1550년 북경을 포위하기도 하였다. 《史略 卷9 英宗獻皇帝》《明史 楊守謙列傳》

KBP0564(詩-別卷1-43)

꿈속에서 지은 시의 구절을 보충하다[116] 【임인년(1542, 중종37, 42세) 2월 21일. 서울】

足夢中作

임인년 2월 20일 밤, 꿈에 선성(宣城 예안(禮安))의 산수에서 노닐었다. 꿈의 마지막에 지금 거주하는 곳으로부터 고개 하나를 넘어서 어떤 시골집에 도착했는데, 그 고을 이름은 산후촌(山後村)이었다. 민가는 울타리가 말끔하고 닭과 개가 한가로우며, 관개용 방죽에는 물이 가득하고 새로 심은 볏모는 뾰쪽하게 두둑에 가득하였다. 마을을 지나 더 들어가니 산이 둘러싸고 물이 돌아 흐르는데 골짜기는 그윽하고 동부(洞府)[117]는 깊숙하며, 해는 밝고 초목은 푸르며, 복사꽃·살구꽃·두견화 따위가 곳곳에 만발하였다. 마침내 골짜기를 드나들면서 마음껏 경치를 구경하던 차에 '봄 저무는 산속에 따로 꽃이 피었네〔春晩山中別有花〕'라고 한 구절을 읊었는데, 꿈속에도 정신이 생생하였다. 한창 그 이하의 구절을 이으려고 하다가 갑자기 하품하면서 잠을 깨니 5경(更)을 알리는 북소리가 둥둥 울렸다. 나는 그곳이 어떤 곳인지, 이 꿈이 어떤 징조인지 알지 못한다. 구절을 보충하여 절구 1수를 완성하여 두 형님[118]에게 부치다.

---

116 보충하다 : 【攷證 卷8 足】 '足'는 독음이 자(子)와 우(遇)의 반절로, 무언가를 보충한다는 뜻이다. 《춘추좌씨전》 양공(襄公) 25년 조(條)에 "말로써 뜻을 보충한다.〔言以足志〕"라고 하였다.

117 동부(洞府) : 【譯注】 도교에서 신선들이 사는 지역을 일컫는 말인데, 여기서는 아름다운 골짜기를 이른다.

하명동[119]은 애초에 길이 없는데　　霞明洞裏初無路
봄 저무는 산속에 따로 꽃이 피어 있다　　春晩山中別有花
우연히 갔다가 좋은 곳 정말 찾게 되었으니　　偶去眞成搜異境
여생에는 되레 신선 집에서 살고 싶노라　　餘齡還欲寄仙家

---

118 두 형님 : 【譯注】 1542년(중종37) 당시 이황의 둘째 형님 이하(李河, 1482~1544), 넷째 형님 이해(李瀣, 1496~1550), 다섯째 형님 이징(李澄, 1498~1582)이 생존해 있었는데, 이해와 이징을 가리키는 듯하다. 이 시에 대한 이해의 차운시가 《온계일고(溫溪逸稿)》 권1에 〈이경호의 「꿈에 노닐다. 절구」 시에 차운하다〔次景浩夢遊絶句〕〉라는 제목으로 실려 있다.

119 하명동 : 【攷證 卷8 霞明洞】 자하봉(紫霞峯) 아래에 있다. 【校解】 안동시 도산면 토계리 하계(下溪) 마을로, 이황이 계상(溪上)에 자리 잡기 전에 먼저 이곳에 은거하려 했으나 뜻을 이루지 못하였다. 《退溪先生年譜 卷1》

KBP0565(詩-別卷1-44)

가형이 진휼경차관이 되어 경상도에 가셨는데[120] 그 김에 한식날 선산에 가서 성묘하신다는 소식을 들었으나, 나는 관직에 얽매여 서울에 있기에 도우러 갈 길이 없었다. 이에 생각해보니, 지난해 가을 내가 경기도 재상 어사로서 삭녕 등 여러 곳을 다닐 때[121] 9월 9일 중양절을 맞아 시 3수를 짓고[122] 이를 적어 오인원[123] 형에게 부쳤었는데, 오인원 형의 화답시가 서울에 도착한 때가 마침 한식날이기에 시를 읊으며 인간사를 생각하니 감회가 더욱 심해졌다. 이미 시를 지어 오인원 형에게 화답하였고[124] 다시 원시에 차운하여 삼가 형님에게 올리다[125] 【임인년(1542, 중종37,

120 가형이……가셨는데 : 【譯注】'가형'은 이황의 넷째 형님 이해(李瀣, 1496~1550)로, 자는 경명(景明), 호는 온계(溫溪), 시호는 정민(貞敏)이다. 그는 임인년(1542, 중종37) 1월에 경상도 진휼경차관(賑恤敬差官)에 임명되었다. 《溫溪先生年譜》

121 지난해……때 : 【譯注】 1541년(중종36) 9월 전국적으로 흉년이 들었을 때 이황은 경기도 재상 어사(災傷御史)에 임명되어 경기도 동북부 지역을 조사하였다. 《退溪先生年譜 卷1》

122 시 3수를 짓고 : 【攷證 卷8 作詩三首】 나머지 시는 《퇴계집》 속집 권1에 보인다. 【校解】 시 3수는 이 시와 《정본 퇴계전서》 권3의 〈형님이 진휼경차관이 되어 경상도에 가시다……차운하여 삼가 형님께 드리다. 2수〔家兄以賑恤敬差往本道……次韻奉呈家兄二首〕〉 시이다.

123 오인원 : 【譯注】 오언의(吳彦毅, 1494~1566)로, 본관은 고창(高敞), 자는 겸중(謙仲)·인원(仁遠), 호는 죽오(竹塢)이다. 이황의 숙부인 이우(李堣)의 사위로, 이황의 사촌 매형이다.

124 시를……화답하였고 : 【譯注】 이황이 오언의에게 화답한 시는 《정본 퇴계전서》 권3에 〈내가 지난해 삭녕 등지를 다닐 때 9월 9일 도중에 지은 시 3수에 오인원이 화답하여 보내왔기에 다시 차운하여 드리다〔吳仁遠和余去年朔寧等處九日途中作三首見寄復次韻呈似〕〉라는 제목으로 3수가 실려 있다.

42세) 3월 10일. 서울】

家兄以賑恤敬差往本道 聞寒食來家山澆奠 滉拘官在京 無計助參 因思去年秋 滉以京畿災傷御史行到朔寧等處 値九日作詩三首 錄寄仁遠 仁遠和詩來京 適値寒食 吟詩念事 情感倍劇 旣以詩答仁遠 復次元韻 奉呈家兄

하늘이 우리 임금 경계하여 그 덕이 날로 향상되니 天戒吾君德日昇
지방관은 백성이 굶어 죽을까 매번 전전긍긍 分憂溝壑每心兢
형님께서 봄에 천 리 길 가신 걸 생각하니 念兄春月行千里
내가 지난가을 백 겹 산 지났던 일 떠오른다 憶我秋山度百層
무례한 태도로 음식 주면[126] 사람 구원 못 하고 設粥嗟來難救士
솔잎 먹으며 고통 참으니 산속 승려보다 못하지 飡松耐苦不如僧
냉연절[127]이라 비바람 몰아치는 시절 冷烟時節風和雨
하늘 저편 고향 돌아보며 잠 못 이루노라 回首天涯忘寢興

125 가형이……올리다 : 【譯注】 이 시는 이해의 《온계일고(溫溪逸稿)》 권1에도 〈오인원에게 보낸 이경호의 시에 차운하다〔次景浩寄仁遠詩韻〕〉 시의 원운시로 실려 있다.

126 무례한……주면 : 【攷證 卷8 設粥嗟來】 춘추 시대 제(齊)나라에 큰 흉년이 들자, 검오(黔敖)가 길에서 밥을 지어〔爲食於路〕 굶주린 자를 기다리다가 먹였는데, "아, 불쌍하다. 와서 먹으라.〔嗟來食〕"라고 하니, 굶주린 자가 "나는 '아, 불쌍하니 와서 먹으라'고 하는 음식을 먹지 않아 이런 지경에 이르렀소."라고 하였다. 검오가 따라가 사과하였으나 그는 끝내 그 밥을 먹지 않고 죽었다. 《禮記 檀弓下》

127 냉연절 : 【譯注】 한식(寒食)을 이른다. 명(明)나라 노한(盧翰)의 《월령통고(月令通考)》 권4에 "동지(冬至)에서 105일이 지나면 거센 바람이 불고 심한 비가 내리는데, 이를 한식절·백오절(百五節)이라고 한다. 진(秦)나라에서는 숙식일(熟食日)이라고 하는데, 이는 이날 불을 때지 않고 익힌 음식을 미리 장만하여 한식절을 지낸다는 말이다. 제나라에서는 냉연절(冷烟節)·금연절(禁烟節)이라고 한다. 《荊楚歲時記 第二部佚文輯錄 寒食》

KBP0566(詩-別卷1-45)

전의현 남쪽으로 가다가 산골의 민가에서 굶주린 백성을 만나다 【임인년(1542, 중종37, 42세) 3월 24일. 전의(全義)】

全義縣南行 山谷人居遇飢民

충청도 구황척간 어사(救荒擲奸御史)일 때[128]이다.

지붕 뚫린 집 때 묻은 옷 새까만 얼굴[129] 屋穿衣垢面深梨
관청 곡식 바로 바닥나고 푸성귀조차 드물다 官粟隨空野菜稀
다만 사방의 산에 꽃 피어 비단 같으니 獨有四山花似錦
봄의 신이 어찌 백성의 굶주림 알 수 있으리오 東君那得識人飢

128 충청도……때 : 【譯注】 이황은 1542년(중종37) 3월 어사에 차임되어 충청도에 내려가 군읍(郡邑)에서 구황(救荒) 조치를 제대로 하고 있는지 조사하고 4월에 복명하였다. 《退溪先生年譜 卷1》

129 새까만 얼굴 : 【攷證 卷8 面深梨】 '리(梨)'는 '여(黎)'와 통하여 쓰니, 검은색이라는 뜻이다. 《시경》에 "즐거운 군자여, 어찌 장수하지 않으리오.〔樂只君子, 遐不黃耉.〕"라고 하였는데, 주자의 주석에 "'구(耉)'는 노인의 얼굴이 언 배의 빛깔〔凍梨色〕과 같은 것이다."라고 하였다. 《詩集傳 小雅 南山有臺》

KBP0567(詩-別卷1-46)

밤에 길을 가서 공주[130]에 들어가다 【임인년(1542, 중종37, 42세) 3월 24일. 공주】

夜行入公州

24일이다.

해 저물어 길가의 꽃 차츰차츰 안 보이나 日淪漸失道傍花
이따금 맑은 향기 코끝 스치고 지나간다 時有淸香撲鼻過
아득한 길에는 후우후우 지쳐버린 말 숨소리 長路悠悠欷倦馬
어두운 시내엔 개굴개굴 떼 지은 개구리울음[131] 暗溪閣閣吠羣蛙
왕성을 잠시 떠났는데 봄은 자꾸 저물어가고 王城蹔別春還暮
금수[132]를 장차 건너려니 밤은 더욱 더디 가누나 錦水將經夜更賒
임금님 염려[133] 반드시 풀 수 있는 건 아니기에 未必能紓九重念
말 달리며 괜스레 부끄러우니 이 백성을 어쩔거나 驅馳空靦爾民何

130 공주 : 【攷證 卷8 公州】 충청우도에 속한다. 군명으로 웅진(熊津)·회도(懷道)라고도 한다.

131 개굴개굴……개구리울음 : 【攷證 卷8 閣閣羣蛙】 당(唐)나라 한유(韓愈)의 〈잡시(雜詩)〉 4수 중 제4수에 "개구리울음은 아무 뜻도 없고, 개굴개굴 그저 사람만 귀찮게 하네.〔蛙黽鳴無謂, 閣閣祇亂人.〕"라고 하였다. 【校解】《고증》에 '黽'이 '鼃'로, '祇'가 '秖'로 되어 있는데, 통행본《한창려집(韓昌黎集)》에 의거하여 수정하였다.

132 금수 : 【攷證 卷8 錦水】 금강(錦江)이다.

133 임금님 염려 : 【譯注】 1542년(중종37) 전국적으로 기근이 든 것에 대한 염려이다. 이황은 3월 충청도 구황적간 어사(救荒擲奸御史)에 임명되어 군읍(郡邑)의 구황(救荒) 조치를 조사하였다. 《退溪先生年譜 卷1》

KBP0568(詩-別卷1-47)

새벽에 금강을 건너면서 배의 정자에 걸려 있는 시에 차운하여 임무백[134] 호신 에게 부치려 하다 【임인년(1542, 중종37, 42세) 3월 25일 추정. 공주(公州)】

早渡錦江 次船亭韻 擬寄任武伯 虎臣

역참 아전이 배를 불러 강을 건너려는 밤　　驛吏呼船夜渡江
꿈 깨자 남은 촛불 창가에 여전히 남아 있다　　夢回殘燭尙依窓
달리는 말이 바람에 쑥 날리듯 또 떠도니[135]　　征鞍又作風蓬轉
좋은 경치는 되레 옥두가 부서진 듯하구나[136]　　好景飜成玉斗撞
늘어진 버들은 다정히 나그네의 갈 길 막고　　垂柳有情遮客路
떨어지는 꽃은 괜스레 배의 돛대를 두른다　　落花多事遶帆杠
무슨 수로 함께 배 타서 맑은 강 굽어보며　　何緣共載臨明鏡
웃으며 봄 근심 삭이며 술 한 동이 바닥낼거나　　笑撥春愁盡一缸

---

134 임무백 : 【譯注】 '무백(武柏)'은 임호신(任虎臣, 1506~1556)의 자로, 본관이 풍천(豐川), 호가 지족당(知足堂), 시호가 정간(貞簡)이다. 그는 1542년(중종37) 1월 9일~2월 26일 사이에 충청도 진휼경차관(賑恤敬差官)에 임명되었다. 《中宗實錄》

135 달리는……떠도니 : 【譯注】 이황이 1542년(중종37) 3월 어사에 차임되어 충청도에 내려가 군읍(郡邑)에서 구황(救荒) 조치를 제대로 하고 있는지 조사하느라 여기저기 다닌다는 뜻이다. 《退溪先生年譜 卷1》

136 좋은……듯하구나 : 【譯注】 바삐 다니느라 경치를 제대로 감상하지 못한다는 뜻이다. 항우(項羽)와 유방(劉邦)이 홍문(鴻門)에서 회동했을 때 위험을 느낀 유방이 빠져나간 뒤에 유방의 모신 장량(張良)이 유방이 자리를 떠난 데 대해 해명하고, 항우에게 백벽(白璧) 한 쌍을 바치고 범증(范增)에게 옥두(玉斗) 한 쌍을 바쳤는데, 범증이 옥두를 땅에 놓고 칼로 내리쳐서 산산조각을 내고는 "천하를 빼앗을 자는 틀림없이 패공(沛公)일 것이다."라고 탄식하였다. 《史記 項羽本紀》

KBP0569(詩-別卷1-48)

4월 1일 천안[137] 관아의 동헌 【임인년(1542, 중종37, 42세) 4월 1일. 천안(天安)】

四月初一日 天安東軒

많은 백성 유리걸식하는데 나만 편안한 상황이니　民多流離我得安
길에서 굶주린 자 마주치면 오래도록 서성인다　道逢餓者久盤桓
몹시 피곤한 몸으로 유서 깊은 환성[138]에 투숙하니　疲極來投古歡城
산길과 물길 두루두루 남김없이 지나왔구나　歷盡山顚與水干
붉고 고운 산다화는 불꽃이 타는 듯　山茶紫艷攢火撚
희고 향긋한 옥매화는 이슬이 맺힌 듯　玉梅素香飄露溥
해 저무는 빈 뜰에 꽃 시샘 바람[139] 부니　日暮空庭妬花風
난간에 기대자 봄 지났어도 추위가 두려워라　春後憑闌猶怕寒

137 천안 : 【攷證 卷8 天安】 충청좌도에 속한다. 군명으로 임환(任歡)·환주(歡州)라고도 한다.

138 환성 : 【校解】 천안의 옛 이름으로, 백제 때 환성(歡城)이었다가 고려 태조 13년(930) 천안, 성종 때 환주, 현종 9년(1018) 천안으로 개칭하였다.

139 꽃 시샘 바람 : 【攷證 卷8 妬花風】 이십사번 화신풍(二十四番花信風)의 하나이다. 【校解】 '이십사번 화신풍'은 꽃 소식을 알리는 바람으로, 소한부터 곡우까지 120일 동안 5일마다 꽃 소식을 알리는 새로운 바람이 부는데, 그때마다 절후에 맞는 꽃이 차례로 핀다. 여기서는 춘분의 3신(信) 중 2번째인 이화풍(梨花風)을 이른다.

KBP0570(詩-別卷1-49)

강원도 도사가 되어 떠나는 오상지[140] 상 를 보내다 【임인년(1542, 중종37, 42세) 4~5월 추정. 서울】

送吳祥之 祥 赴關東幕

관동은 예로부터 신선이 노닐던 지역이고	關東自古仙遊地
계자[141]는 지금 시대 제일류의 명사로세	季子當今第一流
대궐을 잠시 하직하니 어버이 봉양할 수 있기 때문	闕下蹔辭緣得養
감영에 일없으니 계책 낼 일 -원문 1자 결락-	幕中無事□煩籌
수많은 봉우리에 눈 쌓이면 풍산[142]에서 학 타고	楓山鶴馭千峯雪
드넓은 물결에 가을 오면 경포에서 배 타겠지	鏡浦蘭舟百頃秋
바닷가에서 만일 신선이 주는 대추[143] 얻는다면	海上如逢神授棗
잘 봉하여 가끔 봉황지(鳳凰池)[144]로 보내 주시게	題封時寄鳳池頭

140 오상지 : 【攷證 卷8 祥之】 '상지'는 오상(吳祥, 1512~1573)의 자로, 본관은 해주(海州), 호는 부훤당(負暄堂)이다. 예조 좌랑 오예손(吳禮孫)의 아들이고, 이조 판서를 역임하였다.

141 계자 : 【攷證 卷8 季子】 상지의 성이 오씨이기 때문에 이렇게 말한 것이다. 【校解】 '계자'는 춘추 시대 오(吳)나라 임금 수몽(壽夢)의 넷째 아들 계찰(季札)로, 왕위를 전해 주려 해도 받지 않고 연릉(延陵)에 봉해진 뒤 여러 나라를 다니면서 현자들과 교유하였다. 《史記 吳太伯世家》

142 풍산 : 【攷證 卷8 楓山】 금강산(金剛山)의 또 다른 이름이 풍악(楓嶽)이다.

143 신선이 주는 대추 : 【譯注】 먹으면 무병장수한다는 대추이다. 한(漢)나라 무제(武帝) 때 방사(方士) 소군(少君)이 무제에게 "신이 일찍이 바닷가에서 노닐면서 신선 안기생(安期生)을 만났는데, 그는 크기가 오이만 한 대추를 먹고 있었습니다."라고 하였다. 《史記 封禪書》

144 봉황지(鳳凰池) : 【譯注】 당(唐)나라의 중서성(中書省)에 있던 못으로 중서성의

별칭인데, 이는 조선의 의정부에 해당한다. 이때 이황은 의정부 검상(議政府檢詳)으로 재직하고 있었다.

KBP0571(詩-別卷1-50)

와병 중에 더위에 지쳤는데, 금호자 임형수[145] 가 그리워 안상에서 오산록[146]을 가져와 읽고 그 뒤에 쓰다 【임인년(1542, 중종37, 42세) 5월 6~26일 추정. 서울】

臥病困暑 有懷錦湖子 林亨秀 案上取鰲山錄讀之 書其後

병들어 쇠잔한 몸 무더위에 괴로우니　抱病支離困鬱蒸
맑은 약수 세 사발에도 시름만 늘어날 뿐　瓊漿三椀只愁增
안상에서 나를 짝하는 건 그대의 아름다운 시　牀頭伴我有佳什
자리에서 그대 떠올리니 그대는 정말 좋은 벗　座上憶君眞好朋
운율 상쾌하니 골짝 울리는 바람 소리[147] 듣는 듯　韻爽似聞吟壑籟
기상 웅장하니 북명(北溟)을 요동치는 붕새[148] 타는 듯　氣雄如跨簸溟鵬

145 임형수(林亨秀) : 【譯注】 1504~1547. 본관은 평택(平澤), 자는 사수(士遂), 호는 금호(錦湖)이다.

146 오산록 : 【攷證 卷8 鰲山錄】 〈관서록(關西錄)〉인 듯하다. 【校解】 오산은 함경도 회령부(會寧府)의 진산(鎭山)으로, 임형수가 회령 통판(會寧通判)으로 가서 지은 장편시 〈오산가〉가 《금호유고》에 실려 있고, 〈관서록〉은 미상이다.

147 골짝……소리 : 【攷證 卷8 壑籟】 당(唐)나라 두보(杜甫)의 〈용문의 봉선사에서 노닐다〔遊龍門奉先寺〕〉 시에 "북쪽 골짝에선 바람이 일고, 달 아래 숲엔 맑은 그림자 흩어지네.〔陰壑生靈籟, 月林散淸影.〕"라고 하였다.

148 북명(北溟)을 요동치는 붕새 : 【譯注】 큰 물결을 일으키는 거대한 새를 이른다. 북쪽 바다에는 곤이라는 물고기가 있어 그 크기가 몇천 리나 되는지 알 수가 없고, 이 물고기가 변화하여 붕(鵬)이라는 새가 되는데, 붕새의 등 넓이는 또 몇천 리나 되는지 알 수가 없다. …… 붕새가 남쪽 바다로 옮겨 갈 때는 물결을 치는 것이 삼천리요, 회오리 바람을 타고 구만리를 올라가 여섯 달을 가서야 쉰다. 《莊子 逍遙遊》

훗날 나의 이 시 그대 책에 넣지 마시게 他時此語休編入
그대 시와 함께 전해져 수많은 입에 오를까 겁나니 卻怕同傳萬口騰

KBP0572(詩-別卷1-51)

성절사의 서장관이 되어 연경으로 가는 홍화중[149] 춘년 을 보내다 【임인년(1542, 중종37, 42세) 5월 27일 추정. 서울】

送洪和仲 春年 赴京書狀官

홍명중(洪明仲)[150]의 아우이다.

지난해엔 원방이 성절사 임무 전담했는데[151]	去歲元方專使節
올해는 계찰이 또 주나라 구경하게 되었구나[152]	今年季札又觀周
연경 가는 길에 이별의 아쉬움 거듭 더하고는	重添別恨燕山路
압록강 모래섬에서 이별의 정회 매번 생각했다네	每憶離懷鴨水洲
홍문관에 있던[153] 옛날 참으로 봉황을 토해내고[154]	玉署異時眞吐鳳

149 홍화중 : 【攷證 卷8 和仲】'화중'은 홍춘년(洪春年, ?~?)의 자로, 본관이 남양(南陽)이다. 예문관 대교(藝文館待敎) 홍계정(洪係貞)의 아들이고, 1572년(선조5) 강원도 관찰사가 되었다.

150 홍명중 : 【攷證 卷8 明仲】 홍춘경(洪春卿, 1497~1548)으로, 본관은 남양, 자는 명중, 호는 석벽(石壁)이고, 홍화중의 형이다.

151 지난해엔……전담했는데 : 【譯注】'원방(元方)'은 난형난제(難兄難弟) 고사의 주인공인 한(漢)나라 진기(陳紀)의 자인데, 여기서는 홍춘년의 형 홍춘경을 비유한다. 그는 1541년(중종36) 5월 1일 성절사가 되어 연경(燕京)으로 갔다가 10월 27일 귀국하였다. 《中宗實錄》

152 올해는……되었구나 : 【譯注】'계찰(季札)'은 춘추 시대 오(吳)나라 임금 수몽(壽夢)의 넷째 아들로, 노(魯)나라에 사신으로 가서 주(周)나라의 음악을 들은 적이 있다. 《春秋左氏傳 襄公29年》 여기서는 홍춘년이 중국에 가서 그 문물을 구경하게 되었다는 뜻이다.

153 홍문관에 있던 : 【譯注】 홍춘년은 1537년(중종32) 5월 4일 홍문관 저작(弘文館著作)에 임명되었다. 《中宗實錄》

154 봉황을 토해내고 : 【譯注】 시문을 매우 잘 지었다는 뜻이다. 【攷證 卷8 吐鳳】 한

성균관에 있던[155] 당시 정말 소를 노려보았지[156] 芹宮當日政窺牛
중국 조정에 어찌 수후와 화씨[157]의 안목 부족하랴 中朝詎乏隨和眼
훌륭한 형제 연이어 오니 그 아름다움에 놀라리라 雙美應聯詑瑞璆

-지난해 홍명중이 성절사(聖節使)로 연경에 갈 때 나는 자문점마(咨文點馬)로 갔다가 압록강 강변에서 그와 헤어졌다.-

---

(漢)나라 양웅(揚雄)이 〈감천부(甘泉賦)〉를 지었을 때 흰 봉황을 토해내는 꿈을 꾸었다. 《白孔六帖 卷23》

155 성균관에 있던 : 【譯注】 홍춘년은 1537년(중종32) 10월 21일 성균관 박사(成均館博士)에 임명되었다. 《中宗實錄》

156 소를 노려보았지 : 【譯注】 뛰어난 자질과 기상을 지녔다는 뜻이다. 《시자(尸子)》에 "범이나 표범의 새끼는 무늬도 이루기 전에 이미 소를 잡아먹을 기개〔食牛之氣〕가 있다." 라고 하고, 송(宋)나라 유항(劉沆)의 〈회포를 서술하다〔述懷〕〉 시에 "호랑이는 태어난 지 사흘 만에 소를 노려보니, 사냥해 먹는데 어찌 꼬리치며 구걸할 수 있으랴.〔虎生三日便窺牛, 獵食寧能掉尾求?〕"라고 하였다.

157 수후와 화씨 : 【攷證 卷8 隨和】 살펴보건대, 수(隨)는 수(隋)가 되어야 할 듯하니, 수후(隋侯)와 화씨(和氏)이다. 【校解】 수후는 '隋侯'로도 표기하고 '隨侯'로도 표기한다. 수후는 춘추 시대 한수(漢水) 동쪽에 있던 수(隋)나라 임금으로 뱀을 살려 준 보답으로 뱀에게서 명월주(明月珠)를 얻었고, 화씨는 춘추 시대 초(楚)나라의 변화(卞和)로 형산(荊山)에서 지름이 한 자나 되는 박옥(璞玉)을 얻었다. 《淮南子 覽冥訓》《韓非子 和氏》

KBP0573(詩-別卷1-52)

박중보 승임 가 시를 지니고 찾아오다[158] 【임인년(1542, 중종37, 42세) 5월 27일~7월 11일 추정. 서울】

朴重甫 承任 攜詩見過

나의 시 말하려 하자 부끄러워 얼굴도 붉어지니　　吾詩欲說面猶赬
당시 그대의 힘찬 필치 아직도 떠오른다　　尙憶當年筆勢橫
몇 번이나 원릉 향해 가며 야윈 말 읊조렸던가　　幾向園陵吟瘦馬
눈보라 칠 때면 찬 등잔 아래 대화한 걸 기억했지　　曾因風雪記寒檠
기러기 날아간 뒤 진창엔 발자국만 남은 격[159]　　鴻飛泥爪已陳跡
누에 늙어 몸이 실에 감긴 듯하니[160] 옛 마음 아니라네　　蠶老絲身非舊情

158 박중보가……찾아오다 : 【譯注】 '중보(重甫)'는 박승임(朴承任, 1517~1586)의 자로, 본관이 반남(潘南), 호가 소고(嘯皐)이다. 이 시는 박승임의 《소고집(嘯皐集)》 권1의 〈창릉의 제사를 주관하다. 시를 읊어 경릉 참봉인 정서 이원록(李元祿)에게 부치다〔典祀昌陵吟寄敬陵李廷瑞〕〉 시 중 제1수에 차운한 것이다.

159 기러기……격 : 【譯注】 인생이 덧없이 흘러갔다는 뜻이다. 【攷證 卷8 雪泥鴻跡】 송나라 소식(蘇軾)의 〈아우인 자유 소철(蘇轍)의 「민지에서 옛일 추억하다」 시에 화답하다〔和子由澠池懷舊〕〉 시에 "인생살이에 이르는 곳 무엇과 같은 줄 아는가? 날아가는 기러기가 눈 진펄 밟는 것과 같지. 진펄 위에 우연히 발톱 자국 남기지만, 기러기 날아가면 어찌 다시 동쪽과 서쪽 따지랴.〔人生到處知何似? 應似飛鴻踏雪泥. 泥上偶然留指瓜, 鴻飛那復計東西.〕"라고 하였다.

160 누에……듯하니 : 【譯注】 젊은 시절과 달리 현재는 근심과 걱정에 휩싸여 있다는 뜻이다. 【攷證 卷8 蠶老絲身】 당(唐)나라 백거이(白居易)의 〈금충 십이장〔禽蟲十二章〕〉 시 중 제4수에 "누에는 늙도록 고치 만드나 자신을 덮지 못하고, 벌은 굶주리며 꿀 만드나 다른 사람의 소유가 되네.〔蠶老繭成不庇身, 蜂飢蜜熟屬他人.〕"라고 하였다. 【校解】《고증》에 '繭'이 '絲'로 되어 있는데, 통행본 《백낙천시집(白樂天詩集)》에 의거하

감개에 젖어 그대 위해 짧은 시 적으니 感慨爲君書短句

오동에 떨어지는 비가 창 두드리는 소리를 누워서 들어 보세 臥聞桐雨打窓聲

-박중보의 시는 대부분 능제(陵祭)의 담당관으로 있을 때 지은 것이다.[161]-

여 수정하였다. 《고증》의 용례보다 송나라 소식(蘇軾)의 〈석지(石芝)〉 시에 "늙은 누에는 고치 틀었으니 어느 때 벗어날꼬, 꿈속에서 지인을 생각하니 괜스레 격렬해지네.〔老蠶作繭何時脫, 夢想至人空激烈.〕"라고 하였는데, 이 내용이 더 적합한 듯하다.

161 박중보의……것이다 : 【譯注】 박승임의 《소고집》 권1에 파주에 있는 성종의 비 한씨의 순릉(順陵), 양주에 있는 세조의 광릉(光陵), 고양에 있는 예종의 계비 한씨의 창릉(昌陵), 양주에 있는 문종의 현릉(顯陵) 등의 제사를 맡는 관리로 임명되어 가면서 지은 시가 실려 있다.

KBP0574(詩-別卷1-53)

12일. 천추사로 연경에 가는 권경우[162] 응창 을 보내다 【임인년(1542, 중종37, 42세) 7월 12일. 서울】

十二日 送權景遇 應昌 千秋使赴京

그대는 동방의 빼어난 인재로 夫子東方秀
나이 젊고 빼어난 기상 팔팔하니 妙齡氣俊銳
우뚝한 나라의 동량재요 嶷嶷廊廟具
풍운의 제회[163]에 감격하여라 感激風雲勢
준마가 먼 길을 달려가고 驊騮騁長路
봉황이 성세에 와서 춤추는 듯 鸑鷟儀盛世
임금의 기대 바야흐로 깊고 主眷佇方深
당시의 중망을 받고 있도다 時議重所繫
천조에서 태자께 경하드리고[164] 天朝賀重明
사명(使命)을 수행하여 나라의 폐백 받들리라 專對奉國幣

162 권경우 : 【譯注】 권응창(權應昌, 1505~1568)으로, 본관은 안동(安東), 자는 경우(景遇), 호는 지족당(知足堂)이다. 권응창은 1542년에 천추사(千秋使)로서 중국에 갔다.

163 풍운의 제회 : 【譯注】 현명한 임금과 충직한 신하가 서로 만나는 것을 이른다. 《주역》 〈건괘(乾卦) 문언전(文言傳)〉에 "구름은 용을 따르고 바람은 범을 따른다.〔雲從龍, 風從虎.〕"라고 하였다.

164 천조에서 태자께 경하드리고 : 【攷證 卷8 天朝賀重明】 명나라 황태자의 책봉을 축하하는 진하사(進賀使)를 겸했던 듯하다. 【校解】 명나라 황태자는 장경태자(莊敬太子)로 1539년에 태자로 책봉되었다. 이때 조선의 동지사가 황태자에게 진하하려 하자, 명나라 예부(禮部)에서 황태자에게 올리는 생신(生辰)·원조(元朝)·동지(冬至) 등의 진하는 책봉된 지 3년 뒤에 하라고 하였다. 《中宗實錄 34年 7月 21日·22日》 이 때문에 장경태자 책봉으로부터 3년이 지난 1542년에 진하사를 보내게 된 것이다.

교외의 전별연엔 장막 늘어서고　　餞郊排雲幕
가을 하늘은 기운 청명하여라　　秋旻氣澄霽
금 술동이엔 좋은 술 넘치고　　金尊漲濃綠
비단 깔개는 화려하게 펼쳐져 있으니　　綺席羅纖麗
백관이 온 마음을 기울여　　百僚意氣傾
천 잔 술로 떠나는 이를 전송하네　　千觴送行袂
가고 또 감에 선계에 오른 듯하니　　去去如登仙
관하가 저 멀리 아득하누나　　關河遠迢遞
황제 계신 도성이 오색구름 속에 있으니　　帝城五雲裏
뗏목을 타고 하늘 끝까지 올라가리[165]　　星槎九霄際
천상의 음악은 전에 들어 알 것이요　　天樂認前聞
주나라 의식 새로 거행하는 제도 보게 되리라[166]　　周儀覩新制
돌아보건대, 유주 연나라 땅[167]을　　顧惟幽燕地
연이은 오랑캐가 둘러싸고 있도다　　控帶連腥毳
당초에 도읍을 정한 뜻은　　厥初定鼎意
관문을 지켜 오랑캐 제압하려는 것이었지[168]　　當關扼狂猘

---

165 뗏목을……올라가리 : 【譯注】 외국에 사신으로 가는 것을 비유한 말이다. 한(漢)나라 장건(張騫)이 한 무제(漢武帝)의 명을 받들어 뗏목을 타고 황하(黃河)의 근원을 찾으러 가다가 은하수 위로 올라가서 하늘 궁궐을 구경했다는 전설이 있다. 《天中記 卷2》

166 주나라……되리라 : 【譯注】 명나라 황태자가 새로 책봉되어 의식을 치르는 것을 보게 되었으므로, 새로운 제도를 보게 된다고 한 것이다.

167 유주 연나라 땅 : 【譯注】 북경(北京)을 가리킨다. 【要存錄 別集】 북경 순천부(順天府)는 바로 옛 유주(幽州)로 전국 시대 연(燕)나라의 도읍이었던 곳이다.

168 당초에……것이었지 : 【要存錄 別集】 명나라 초기에 남경(南京) 응천부(應天府)에 도읍했는데, 명나라 성조(成祖)가 연왕(燕王)으로서 왕위를 이어받아 이로 인해 북경에

뛰어난 지세는 실로 천혜 요새이니 形勝實天府
에워싼 사예를 다스린다 撫臨環四裔
천자를 알현하는 수만 나라 중에 朝宗幾萬國
우리 동방이 가장 가까운 나라이니 吾東最近衛
천자의 교화가 먼저 미치는 곳이요 聲教所先漸
황제의 은총이 길이 변치 않으리라 寵渥永勿替
더구나 우리가 대국을 섬기는 예는 況我事大禮
지성스러우니 어찌 조금이라도 어긋나랴 至誠寧少戾
명 받들어 의례를 신중히 할지니 銜命愼其儀
나라의 체통이 사신에게 달렸도다 國體使乎係
중국 조정에 응당 훌륭한 인물 있어 漢庭應有人
높은 안목으로 환하게 감별하리라 眼高鑑無翳
이로 인해 알겠구나, 오나라 계찰(季札)처럼 현명하여 因知吳札賢
노나라 음악에 더욱 감탄할 줄을[169] 更歎魯邦藝
아, 나는 사방에 뜻 두었으나[170] 嗟我志四方
반평생 한쪽 구석에 머물렀으니 半世一隅滯

도읍을 정하여 북쪽 오랑캐의 흉포함을 제압했다.

169 오나라……줄을 : 【譯注】 권응창이 계찰(季札)처럼 사신의 임무를 훌륭히 수행하여 명나라의 문물을 잘 살필 것이라는 의미이다. 춘추 시대 오(吳)나라 계찰은 예악에 밝고 외교에 뛰어났는데, 노(魯)나라에 사신으로 가서 그곳에 전해지던 주(周)나라와 열국(列國)의 음악을 듣고 각 나라의 치란과 흥망을 정확히 알았다고 한다. 《史記 吳太伯世家》

170 사방에 뜻 두었으나 : 【譯注】 천하를 경영하려는 큰 포부를 갖는 것을 의미한다. 《예기》 〈사의(射儀)〉에 "남자가 태어나면 뽕나무 활과 쑥대 화살 여섯 개로 천지와 사방을 쏘니, 천지와 사방은 남자가 일할 곳이기 때문이다.〔天地四方者, 男子之所有事也.〕"라고 하였다.

초명(焦螟)[171]이 스스로 작다 여기지 않는 격이요	幺螟不自小
병든 학이 외롭게 울 뿐인 것과 같구나	病鶴但孤唳
전별하는 자리에서 뜻을 다하지 못하여	離筵意不盡
이별의 말을 공에게 이어서 하노라[172]	別語爲公綴
바라건대, 공은 빨리 돌아와	祝公早旋駕
넉넉한 견문으로 묵은 몽매함을 밝혀 주시오	餘光發宿蔽

171 초명(焦螟) : 【譯註】 눈에 보이지 않을 정도로 지극히 작은 벌레로, 모기 눈썹 위에 집을 짓고 새끼를 치고 사는데도 모기가 알아차리지 못한다고 한다. 진(晉)나라 갈홍(葛洪) 《포박자(抱朴子)》 외편 권3 〈자교(刺驕)〉에 "초명은 모기 눈썹 속에 살면서 하늘을 덮는 대붕을 비웃는다.〔蟭螟屯蚊眉之中, 而笑彌天之大鵬.〕"라고 하였다.

172 이어서 하노라 : 【攷證 卷8 綴】 '綴'은 독음이 '체(滯)'이니, 이어진다〔連〕는 뜻이다.

KBP0575(詩-別卷1-54)

학사 죽당 유숙춘[173] 진동 이 묵죽을 그리다 【임인년(1542, 중종37, 42세) 7~8월 추정. 서울】

竹堂柳叔春 辰仝 學士 畫墨竹

죽당 학사 풍진 속에서 늙어가나　竹堂學士老風塵
마음이 해곡[174]의 대나무와 신령하게 통했어라　肝膽通靈嶰谷身
눈앞에 번잡한 속물 따위 없으니　眼底紛綸空俗物
붓끝 놀리는 데 온 정신 다하였네　筆端遊戲盡精神
안개 낀 가지와 이슬 맺힌 잎은 산뜻하고도 굳세고　烟梢露葉新還勁
흰 마디와 서리 맞은 뿌리는 여위고도 더욱 참되구나　粉節霜根瘦更眞
천 년 전의 호주[175]를 조석으로 만난 듯하니[176]　千載湖州朝暮遇

173 죽당 유숙춘 : 【攷證 卷8 竹堂柳叔春】 유진동(柳辰仝, 1497~1561)으로, 자는 숙춘(叔春), 호는 죽당(竹堂)이고, 진주(晉州) 사람이다. 1531년(중종26)에 문과에 급제하여 공조 참판을 지냈다. 진사 유한평(柳漢平)의 아들로, 장상(將相)의 재질이 있었다. 대나무를 잘 그렸다.

174 해곡(嶰谷) : 【譯注】 곤륜산(昆侖山) 북쪽 골짜기 이름으로, 아름다운 대나무가 생산되는 곳이다. 《文選註 卷5 吳都賦》

175 호주 : 【攷證 卷8 湖州】 송(宋)나라 문여가(文與可)이다. 【校解】 여가는 문동(文同, 1018~1079)의 자로, 문동이 호주 자사(湖州刺史)를 지냈기 때문에 '문호주'라 불렸다.

176 조석으로 만난 듯하니 : 【譯注】 시대를 뛰어넘어 서로 감응하는 것을 비유한 말로, 여기서는 유진동의 그림이 문동의 그림에 필적함을 의미한다. 《장자》 〈제물론(齊物論)〉에 "만세가 지난 뒤라도 그 해답을 아는 대성인을 한번 만나게 된다면, 이는 마치 아침저녁 사이에 만나는 것과 같다.〔萬世之後, 而一遇大聖知其解者, 是旦暮遇之也.〕"라고 하였다.

이웃에 발싸개 재료가 모이는 것[177]을 응당 허락하겠지

襪材應許萃芳隣

177 발싸개……것 : 【譯注】 발싸개 재료는 그림의 밑바탕으로 쓰는 비단을 가리키는 말로, 유진동에게 그림 요청이 쇄도할 것이라는 의미이다. 【攷證 卷8 襪材萃】 살펴보건대, 문여가는 대나무를 잘 그렸는데, 비단을 가지고 와서 그림을 청하는 자들이 계속 이어지자 문여가가 이것을 싫증 내어 비단을 던지고는 "내 장차 이것으로 발싸개를 삼겠다."라고 하였다. 그 뒤 문여가가 소동파(蘇東坡 소식(蘇軾))에게 "근래 내가 사대부들에게 '나의 묵죽 일파가 가까이 팽성(彭城)에 있으니, 당신들은 그곳으로 가서 그림을 그려 달라고 하라.'라고 하였으니, 발싸개 재료가 마땅히 그대에게 모일 것이네.〔韈材當萃於子〕"라고 하였다. 《東坡全集 卷36 文與可畫篔簹谷偃竹記》

KBP0576(詩-別卷1-55)

평창군[178] 동헌에 '각' 자 운을 쓴 시가 있는데 그 시에 화운할 겨를이 없었다. 25일에 가는 도중에 그 운을 써서 본 것을 기록하다 임인년(1542, 중종37, 42세) 가을 【8월 25일. 평창(平昌)】

平昌郡東軒 有角字韻詩 無暇續貂 二十五日 途中 用其韻 紀所見 壬寅秋

강원도 재상어사(江原道災傷御史)가 되었다.

어지러운 봉우리 하늘을 찌를 듯 높이 솟아오르고	亂峯巉天勢騰踔
가을 숲은 잎이 다 져서 깎아지른 벼랑이 드러난다	秋容瘦盡露崖角
구름 돌아가는 골짜기는 고요하며 깊숙하고	雲歸洞壑窈而深
무수한 소나무 녹나무는 천 자 높이로 오래되었구나	無數松楠老千尺
푸른 시냇물 구불구불 몇 구비 건너가며	碧溪彎彎渡幾曲
배 안에서 고개 돌려 푸른 절벽 바라보노라	舟中回頭望青壁
벼슬 그만두고 고향으로 돌아갈 수 없으니	不能休官便歸去
여기서 이은 하는 것도 오히려 즐길 만하리	於玆吏隱猶堪樂

178 평창군 : 【攷證 卷8 平昌郡】 평창(平昌)은 강원도(江原道) 영서(嶺西)에 속해 있다. 군의 다른 이름은 노산(魯山)이다.

KBP0577(詩-別卷1-56)

소양강[179]을 지나며 〈춘일소양강행〉 시[180]에 차운하다 임인년(1542, 중종37, 42세) 8월 30일 【춘천(春川)】

過昭陽江 次韻春日昭陽江行 八月三十日

내가 길 떠나 열흘간 운무 뚫고 오니	我行十日穿雲烟
말머리에서 보이는 건 하늘을 가르는 고개 뿐이었지	馬頭惟看嶺拆天
오늘 아침 춘주[181]로 들어오자 시야가 활짝 트이니	今朝豁眼入春州
한 줄기 비단 같은 길이 앞에 비스듬히 놓여 있네	素練一道橫拖前
때는 맑은 서리 내리는 팔월 가을이니	是時霜淸八月秋
강가를 가고 또 가며 말 타고 시 읊조린다	行行江浦吟搖鞭
많던 시 모조리 없어졌으니 걸출한 인물 몇이던가	千篇一掃幾英雄
만고에 모두 사라지고 산천만 남았구나	萬古共盡餘山川
경치 남겨둔 것 적다[182]고 언짢아하지 말라	莫嫌物色少分留
본디 풍월은 도리어 예전 그대로 있는 것을	故應風月還依然
달 비치는 강에 조각배 띄우는 걸 마다하지 않고	扁舟不辭泛空明

179 소양강 : 【攷證 卷8 昭陽江】 소양강(昭陽江)은 춘천부(春川府)의 북쪽 5리 되는 곳에 있는데, 남쪽 강기슭에 소양정(昭陽亭)이 있다.

180 춘일소양강행 시 : 【攷證 卷8 昭陽江行】 통정(通亭) 강회백(姜淮伯)이 지은 것이다. 【校解】 강회백의 〈소양강행〉 시가 《진산세고(晉山世稿)》 권1에 수록되어 있다.

181 춘주 : 【攷證 卷8 春州】 바로 춘천이다.

182 경치……적다 : 【譯注】 이곳 풍경을 읊은 전대 시인들의 작품이 많이 남아있지 않다는 의미이다. 당(唐)나라 두보(杜甫)의 〈악록산사와 도림사 두 절에 가다〔岳麓山道林二寺行〕〉 시에 "송공이 쫓겨날 제 일찍이 벽에 시를 썼으니, 경치를 나눠 남겨두어 늙은 나를 기다려 주었네.〔宋公放逐曾題壁, 物色分留待老夫.〕"라고 하였다.

빙이[183]가 웃으며 춤추게 하고 상령이 비파[184]를 타게 하리라 笑舞馮夷奏湘絃
어찌하여 경물을 구경할 겨를 없는가 胡爲不暇景物役
올해 또다시 훗날을 기약하노라 今年又復期他年
고향에서 지낼 적에 손수 매화 심었고 故園當日手種梅
구학은 예전부터 좋아하는 마음 가졌지 丘壑從前有好懷
한 번 벼슬길에 나가 반생을 그르쳤으니 一行作吏誤半生
짚신 신고 야계의 이끼를 밟지 못하였네[185] 靑鞋不踏耶溪苔
하물며 빠듯한 노정에 공무를 생각함에랴 何況嚴程念靡盬
아름다운 경치에 어찌 눈길 돌릴 수 있으랴 佳處何緣靑眼回
다생의 오랜 습기(習氣) 산수에 있으니 多生結習在山水
병중에도 술 즐겨[186] 오히려 술잔을 드노라 病裏樂聖猶銜杯

183 빙이 : 【譯注】 전설 속 황하(黃河)의 신으로, 곧 하백(河伯)이다. 【攷證 卷8 馮夷】 '馮'은 독음이 '빙(凭)'이다. 《산해경(山海經)》 "빙이가 8월 상순 경일(庚日)에 황하를 건너다가 빠져 죽었는데, 천제가 그를 하백으로 임명했다.〔馮夷以八月上庚日, 渡河溺死, 天帝署爲河伯.〕"라고 하였다. 《古今事文類聚 前集 卷17 衆水 馮夷》

184 상령이 비파 : 【譯注】 상령(湘靈)은 전설 속 상수의 여신이다. 【攷證 卷8 湘絃】 전국 시대 초(楚)나라 굴원(屈原)의 《초사(楚辭)》 〈원유(遠遊)〉에 "상령이 비파를 타게 하고, 해약과 빙이를 춤추게 하네.〔使湘靈鼓瑟兮, 令海若舞馮夷.〕"라고 하였다. ○ 살펴보건대, 당나라 전기(錢起)의 〈상령이 비파를 타다〔湘靈鼓瑟〕〉 시에 "곡이 끝나자 사람은 보이지 않는데, 강가엔 두서너 봉우리 푸르네.〔曲終人不見, 江上數峯靑.〕"라고 하였다.

185 짚신……못하였네 : 【譯注】 속세를 떠나 은거하지 못했다는 의미이다. 야계(耶溪)는 중국 절강성(浙江省) 회계현(會稽縣)에 있는 시내인 약야계(若耶溪)로, 당나라 두보의 〈봉선현의 유 소부가 새로 그린 산수화 병풍을 읊다〔奉先劉少府新畫山水障歌〕〉 시에 "약야계요 운문사로다. 나만 홀로 어찌 속세에 묻혀 있으랴. 짚신과 베 버선 차림으로 이제부터 떠나련다.〔若耶溪, 雲門寺. 吾獨胡爲在泥滓? 靑鞋布襪從此始.〕"라고 하였다.

186 술 즐겨 : 【攷證 卷8 樂聖】 낙성(樂聖)은 주성(酒聖)을 말한다.

모름지기 세상 밖에서 찬란하게 실컷 봄 경치 구경하면서 會從物外爛占春
작은 이 세상[187]을 뿌연 먼지처럼 하찮게 보리라 杳視塵甕如浮埃
어찌 회계산에 술 실은 배 노 저어 갈 뿐이랴[188] 豈惟稽山棹酒船
녹문산에 오솔길 내어 찾아갈 만하네[189] 便可鹿門開徑萊
풍류 있는 곳이 환하게 더욱 빛나니 風流一境煥增色
이름난 이곳을 끝내 적막해지게 하지 마세 莫使名區終寂寞
시 완성되면 부디 속인에게는 전하지 말고 詩成愼勿俗人傳
모래톱의 해오라기[190] 한 쌍에게 전하라 報與沙頭雙雪客

-소양강이 청평산(淸平山)을 지나서 흘러오므로, 회계산(會稽山)과 녹문산(鹿門山)의 고사를 쓴 것이다.[191]-

---

187 작은 이 세상 : 【攷證 卷8 塵甕】 혜계옹(醯雞甕)을 가리킨다. 【校解】 혜계는 술단지 속에 생기는 작은 벌레로, 혜계옹이란 지극히 협소한 세계를 의미한다. 《莊子 田子方》

188 어찌……뿐이랴 : 【譯注】 청평산(淸平山)을 회계산(會稽山)에 비긴 것이다. 회계산은 당나라 하지장(賀知章)의 고향으로, 하지장이 만년에 벼슬을 그만두고 고향으로 돌아가자 당 현종(唐玄宗)이 하지장에게 회계의 경호(鏡湖) 한 굽이를 하사해 주었다. 《新唐書 賀知章列傳》 하지장이 세상을 떠난 뒤, 당나라 이백(李白)이 하지장을 그리워하며 지은 〈중억(重憶)〉 시에 "회계산에 하로도 없으니, 술 실은 배 노 저어 돌아올 수밖에.〔稽山無賀老, 却棹酒船回.〕"라고 하였다.

189 녹문산에……만하네 : 【譯注】 청평산을 녹문산(鹿門山)에 비긴 것이다. 녹문산은 한나라의 은자 방덕공(龐德公)이 처자식을 거느리고 들어가 은거한 곳이다. 《後漢書 龐公列傳》

190 해오라기 : 【攷證 卷8 雪客】 송(宋)나라 곽약허(郭若虛) 《도화견문지(圖畫見聞志)》 〈오객도(五客圖)〉에 "해오라기를 설객이라 한다.〔鷺鷥曰雪客〕"라고 하였다. 【校解】 《고증》에서 《도화견문지》를 《고금사문유취(古今事文類聚)》라고 한 것은 오류이다.

191 소양강이……것이다 : 【要存錄 別集】 청평산은 이자현(李資玄)이 거처했던 곳이니, 《정본 퇴계전서》 권1 〈청평산을 지나다가 감회가 일다〔過淸平山有感〕〉 시에 보인다.

【校解】 고려 시대 이자현이 부귀공명을 멀리하고 절개를 지키며 청평산에서 은거했으므로, 청평산을 하지장의 고향인 회계산과 방덕공의 은거지인 녹문산에 비유한 것이다.

KBP0578(詩-別卷1-57)

춘천에서 양구[192]로 향해 가는데 거의 5, 60리가 모두 벼랑 길이 강을 따라 나 있고 양 협곡이 바짝 붙어 서 있는데, 푸른 물결과 흰 돌에 단풍 숲이 섞여 있으니, 참으로 장관이다 【임인년(1542, 중종37, 42세) 8월 30일. 양구(楊口)】

春川向楊口 幾五六十里 皆崖路傍江 兩峽束立 蒼波白石 雜以楓林 眞奇景也

아래엔 푸른 강 흐르고 위에는 하늘 있으니　下有淸江上有天
신비로운 골짜기 쪼개져 강가 양쪽에서 에워싸고 있네　擘開神峽兩圍邊
이곳 백성 절반은 원숭이가 얼굴 찡그린 듯하고[193]　居民半似猿嚬面
괴이한 바위는 혹 사람이 주먹을 휘두르는 것 같네　怪石或如人奮拳
종일토록 강을 끼고 가니 차가운 강물 거울 같고　盡日傍行寒瀉鏡
목 늘이고 숲 바라보니 안개가 뭉게뭉게 피어나누나　一林延望爛生烟
산수가 도와준다는 것[194] 이제 알겠으니　邇來自覺溪山助

192 양구 : 【攷證 卷8 楊口】 양구(楊口)는 강원도(江原道) 영서(嶺西)에 속해 있으니, 군의 다른 이름은 양구(楊溝)이다.

193 원숭이가……듯하고 : 【譯注】 먼 지방 시골 사람들을 비유한 말이다. 【要存錄 別集】 당(唐)나라 한유(韓愈)의 〈강릉으로 부임하는 도중에……〔赴江陵途中……〕〉 시에 "먼 지역 가는 곳마다 기이하니, 관리와 백성은 원숭이 같네.〔遠地觸途異, 吏民似猨猴.〕"라고 하였다.

194 산수가 도와준다는 것 : 【譯注】 자연 풍경이 시인의 정취를 도와주어 좋은 시를 짓게 한다는 의미이다. 당나라 장열(張說)이 악주(岳州)로 쫓겨간 뒤에 시문이 더욱 좋아지자, 사람들이 "강산의 도움을 받았다.〔得江山助〕"라고 하였다. 《新唐書 張說列傳》

시의 풍골[195] 우뚝 솟고 붓끝에서 샘물 흘러나오는 듯

詩骨巉巉筆洒泉

195 시의 풍골 : 【攷證 卷8 詩骨】 송(宋)나라 황정견(黃庭堅)의 시에 "시골이 아닌 것 스스로 부끄럽네.〔自愧非詩骨〕"라고 하였다. 【校解】《고증》에 황정견의 시라고 하였으나, 작가와 출전 모두 미상이다.

KBP0579(詩-別卷1-58)

낮에 수인역[196]에서 쉬다 【임인년(1542, 중종37, 42세) 8월 30일. 양구(楊口)】

午憩水仁驛

역이 시내를 굽어보고 절벽을 마주하고 있으니, 방림역(芳林譯)[197]보다 훨씬 그윽하고 시원하다.

소리도 없고 물체도 없거늘 어디서 생겨났는가　　無聲無物自何生
깊숙한 골짜기 텅 빈 암혈을 우렛소리가 놀라게 하네[198]　　谷邃巖空雷轉驚
잠시 역의 정자에 앉아 시냇물과 돌 바라보니　　小坐驛亭看水石
이제까지의 세상 근심 한 번에 사라지누나　　向來塵慮一時淸

196 수인역 : 【攷證 卷8 水仁驛】 양구현(楊口縣) 남쪽 30리 되는 곳에 있으니, 은계도(銀溪道)에 속해 있다.

197 방림역(芳林譯) : 【攷證 卷8 芳林】 홍천현(洪川縣) 서쪽에 있으니, 보안도(保安道)에 속해 있다. 【校解】 《고증》에는 '保安'이 '安保'로 되어 있는데, 《세종실록》 권153 〈지리지(地理志) 강원도(江原道)〉에 의거하여 수정하였다.

198 깊숙한……하네 : 【譯注】 물이 돌에 부딪히며 흐르는 소리를 형용한 것이다. 당(唐)나라 위응물(韋應物)의 〈가릉강의 강물 소리를 듣고 심 상인에게 부치다〔聽嘉陵江水聲寄深上人〕〉 시에 "물의 성질은 본래 고요하고, 돌에도 본래 소리가 없는데, 어찌하여 둘이 서로 부딪쳐, 우렛소리가 빈 산을 놀라게 하는가.〔水性自云靜, 石中本無聲. 如何兩相激, 雷轉空山驚?〕"라고 하였다.

KBP0580(詩-別卷1-59)

흰 띠 풀을 읊다 【임인년(1542, 중종37, 42세) 9월 1일. 낭천(狼川)】

詠白茅

낭천(狼川)[199]의 산속에서.

산문 고요한데 사슴 화평히 울면서　山門寂寂鹿呦呦
임하에 아무도 없건만 버려진 밭의 풀을 뜯네[200]　林下無人食廢疇
가득한 구름처럼 자라난 여름 풀 같이 온 땅에 퍼져 있고
撲地似雲齊苗夏
눈처럼 흩날리는 가을 낙엽 같이 바람에 춤춘다　舞風如雪亂枯秋
어진 이는 단지 띠 풀을 뽑듯 나아가길 바라지만[201]　賢人但願拔能進
정숙한 여인은 어찌 띠 풀로 묶어 구하는 걸 용납하리오[202]
貞女何容束以求

---

199 낭천 : 【攷證 卷8 狼川】 강원도 영서(嶺西)에 속해 있으니, 군의 다른 이름은 화음(華陰)이다.

200 산문……뜯네 : 【譯注】《시경》〈소아(小雅) 녹명(鹿鳴)〉에 "평화로이 우는 사슴의 울음소리여, 들의 덩굴풀을 뜯도다.〔呦呦鹿鳴, 食野之苓.〕"라고 하였다. 〈녹명〉은 임금이 신하에게 연회를 베풀어주는 화락한 정을 읊은 시인데, 여기서는 〈녹명〉의 구절을 차용하여 띠 풀이 자라는 산속 풍경을 묘사한 것이다.

201 어진……바라지만 : 【譯注】 어진 이가 뜻에 맞는 이들과 함께 조정에 나아가는 것을 비유하는 말이다. 《주역》〈태괘(泰卦) 초구(初九)〉 효사(爻辭)에 "띠 풀의 엉켜있는 뿌리를 뽑는 것과 같으니, 동류들과 함께 감이 길하리라.〔拔茅茹, 以其彙征, 吉.〕"라고 하였다.

202 정숙한……용납하리오 : 【譯注】 절조를 지키는 사람은 강포(强暴)한 자를 거절한다는 의미이다. 《시경》〈소남(召南) 야유사균(野有死麕)〉에 "숲에 떡갈나무가 있으며, 들에 죽은 사슴이 있거늘, 흰 띠 풀로 묶으니〔白茅純束〕, 처녀가 옥처럼 아름답도다."라고 하였다.

등라로 지붕 얽은 곳[203]을 물어보았더니	試問牽蘿相補處
집 한 채 푸른 시냇가에 한가로이 서 있네	一區閒占碧溪頭

203 등라로……곳 : 【譯注】 당(唐)나라 두보(杜甫)의 시구를 차용하여 띳집을 읊은 것이다. 두보의 〈가인(佳人)〉 시에 "시중드는 여종이 패물을 팔아 돌아오고, 등라를 끌어와 띳집 지붕을 깁노라.〔侍婢賣珠迴, 牽蘿補茅屋.〕"라고 하였다.

KBP0581(詩-別卷1-60)

금강산 【임인년(1542, 중종37, 42세) 9월 3~4일 추정. 김화(金化)】

金剛山

큰 산이 동해가에 우뚝 서서	巨嶽臨東溟
웅장하게 허공에 솟아 있어라	雄雄半天出
해와 달이 번갈아 가려지고[204]	日月互蔽虧
신선이 어지러이 살고 있네	靈仙紛宅窟
나도 찾아가고 싶으나	我欲往問之
벼슬이 너무도 이 몸을 얽어매고 있네.	塵纓甚拘鬱
한스러워라, 단약 만드는 방술로	恨無丹竈方
날아가 신선 되어 오랜 바람 이루지 못하는 것이	飛去宿願畢

204 해와……가려지고 : 【譯注】 금강산이 해와 달을 가릴 정도로 하늘 높이 솟은 모습을 형용한 것이다. 당(唐)나라 맹교(孟郊)의 〈몽택행(夢澤行)〉 시에 "초산은 다투어 가려서 이지러뜨리니, 해와 달이 온전히 비추지를 못하네.〔楚山爭蔽虧, 日月無全輝.〕"라고 하였다.

KBP0582(詩-別卷1-61)

경포대 【임인년(1542, 중종37, 42세) 9월 3~4일 추정. 김화(金化)】

鏡浦臺

신선들이 십주[205]에서 노니니	羣仙游十洲
광활함은 좋아하는 바가 아니요	蕩蕩非所愛
이 거울 같은 호수 만들었으니	辦此一鑑流
옥 항아리[206] 속처럼 맑고 깨끗해서지	虛明玉壺內
내 생각건대, 늙은 안상이	我思老安詳
때때로 패옥을 울리며 왔으니	時來搖玉珮
풍류 있는 우리들을	風流我輩人
혹여 목란배에 실어주려나[207]	儻許蘭舟載

205 십주(十洲) : 【譯注】 신선들이 산다고 전해지는 전설상의 10개 섬이다. 《海內十洲記》

206 옥 항아리 : 【攷證 卷8 玉壺】 살펴보건대, "왕방평(王方平)이 옥 항아리 열두 개를 가졌다."라는 말이 있다. 《神仙傳 卷3 王遠》【校解】 왕방평은 한(漢)나라 때의 신선 왕원(王遠)이다. 왕원이 동해 사람이기 때문에, 경포대(鏡浦臺) 앞바다를 왕원의 옥 항아리에 비유한 것이다.

207 늙은……실어주려나 : 【譯注】 고려 시대 박신(朴信)이 강원도 안렴사(江原道按廉使)로 있을 때 기생 홍장(紅粧)을 사랑했는데, 박신이 임기를 마치고 떠날 때 조운흘(趙云仡)이 경포대에 홍장을 태운 배를 띄우고 뱃놀이하며 시를 지어 준 고사가 있다. 【攷證 卷8 老安詳云云】 살펴보건대, 영랑(永郞)·술랑(述郞)·안상(安詳)·남석(南石)은 모두 신라 시대의 화랑으로 관동(關東)을 두루 유람했으니, 세상에서 '사선(四仙)'이라 불렀다. 고려 시대 조운흘의 시에 "신라 태평성대의 안상 노인이, 천 년 전의 풍류를 아직 잊지 못했도다. 안렴사가 경포대에서 노닌다는 말 듣고, 목란배에 다시 홍장을 실어왔다오.〔新羅聖代老安詳, 千載風流尙未忘. 聞說使華遊鏡浦, 蘭舟聊復載紅粧.〕"라고 하였다. 《新增東國輿地勝覽 卷44 江陵大都護府》

KBP0583(詩-別卷1-62)

저물녘 날이 개어 석문령[208]을 넘어서 양주[209]로 들어가는 길에 【임인년(1542, 중종37, 42세) 9월 5일. 양주(楊州)】

晩晴 踰石門嶺 入楊州路上

석문령 서쪽 아래 길 아득히 멀고	石門西下路漫漫
지는 해 흐릿하니 산안개 봉우리 사이에 피어나네	落日蒼茫烟峀間
비가 푸른 하늘 씻어내자 서리 기운 매서워지고	雨掃碧空霜氣緊
바람이 누런 들에 불어오니 저녁 빛이 차갑다	風飜黃野暮光寒
벼 이삭 많은 곳에 기러기 먼저 모여들고	稻粱多處鴈先集
못이 텅 비니 물고기 돌아오지 않는구나	陂澤空來魚不還
묻노니, 초승달 뜨는 오늘 밤	爲問今宵新月色
이십사교[210]를 볼 수 있을거나	可能二十四橋看

208 석문령 : 【攷證 卷8 石門嶺】 석문령(石門嶺)은 양주(楊州) 동쪽 35리 되는 곳에 있다.

209 양주 : 【攷證 卷8 楊州】 경기우도(京畿右道)에 속해 있으니, 군의 다른 이름은 창화(昌化)이다.

210 이십사교 : 【譯注】 이십사교(二十四橋)는 중국 강소성(江蘇省) 양주에 있는 24개의 교량으로 당(唐)나라 때의 명승지인데, '양주'라는 지명이 같기 때문에 이십사교를 언급한 것이다. 【攷證 卷8 二十四橋】 당나라 두목(杜牧)의 〈양주의 한작 판관에게 부치다〔寄楊州韓綽判官〕〉 시에 "이십사교의 달 밝은 밤에, 어느 곳에서 옥인에게 퉁소를 불게 할거나.〔二十四橋明月夜, 玉人何處敎吹簫?〕"라고 하였다.

KBP0584(詩-別卷1-63)

응림[211] 김주 의 시에 차운하다 【임인년(1542, 중종37, 42세) 7월 추정. 미상】

次應霖 金澍

쏴쏴 서늘한 바람 불어 무더위 몰아내니 　　颯颯涼飇換鬱蒸
천기의 변화 끝내 누가 한 것인가 　　天機推變竟誰能
아침마다 턱 괴던 홀[212]을 잠시 던져 버리고 　　試抛拄頰朝朝笏
밤마다 책 비추던 등불을 도로 마주하노라 　　還對臨書夜夜燈
한 해 다 가도록 준수한 그대와 함께 지내리라 기약했으니 　　閱歲與君期共秀
내가 뭇사람들과 하늘 높이 오르길 뜻한 것은 아니었네[213] 　　刺天非我志羣騰
석 달 가을 동안 그저 심력을 쏟아서[214] 　　三秋秖可拚心力

211 응림 : 【譯注】 김주(金澍, 1512~1563)로, 본관은 안동(安東), 자는 응림(應霖), 호는 우암(寓庵)·만와(萬窩)이다. 대사헌·예조 참판 등을 지냈다.

212 턱 괴던 홀 : 【譯注】 홀로 턱을 괴는 것은 세속에 얽매이지 않는 초탈함을 나타내는 말로 주로 쓰이는데, 여기서는 관직 생활을 의미한다. 진(晉)나라 왕휘지(王徽之)가 환충(桓沖)의 기병 참군(騎兵參軍)으로 있을 때, 상관인 환충의 물음에 아무런 대꾸도 하지 않은 채 홀(笏)로 턱을 괴고 "서산이 이른 아침에 상쾌한 기운을 불러온다."라고 하였다. 《晉書 王徽之傳》

213 뭇사람들과……아니었네 : 【譯注】 남들과 더불어 명성과 지위가 높아지려 한 것은 아니라는 의미이다. 【攷證 卷8 刺天非我志羣騰】 당(唐)나라 한유(韓愈)의 〈제유자후문(祭柳子厚文)〉에 "한 번 폄척된 뒤엔 다시 복직하지 못하였고, 다른 사람들은 하늘을 찌를 듯이 높이 날아올랐네.〔群飛刺天〕"라고 하였다.

214 심력을 쏟아서 : 【攷證 卷8 拚心力】 송(宋)나라 주희(朱熹)의 〈백장산육영(百丈山

백척간두에서 조금씩 더 나아가야 하리[215]　　百尺竿頭寸寸登

六詠)〉 6수 중 제1수 〈석등(石磴)〉 시에 “힘을 다해 한 번 올라가니, 앞길에 장관이 펼쳐져 있네.〔努力一躋攀, 前行有奇觀.〕”라고 하였다. 【校解】《고증》에는 ‘一躋攀’이 ‘共躋拚’으로 되어 있는데, 《회암집(晦庵集)》에 의거하여 수정하였다.

215 백척간두에서……하리 :【譯注】 일정한 성취를 이루었더라도 보다 높은 경지를 향해 부단히 노력해야 한다는 의미이다. 당나라 초현대사(招賢大師)의 게송(偈頌)에 “백 척의 장대 끝에서 움직이지 않는 사람은, 비록 깨닫기는 했으나 참된 경지는 아니라네. 백 척의 장대 끝에서 모름지기 한 걸음 더 나아가야, 시방세계의 이치가 이 몸에 온전해지리라.〔百尺竿頭不動人, 雖然得入未爲眞. 百尺竿頭須進步, 十方世界是全身.〕”라고 하였다. 《景德傳燈錄 卷10》

KBP0585(詩-別卷1-64~65)

강가 동산의 정자에 우연히 나가, 황산곡의 〈병에서 일어나 동쪽 정원에서 노닐다〉 시[216]에 차운하다 【임인년(1542, 중종37, 42세) 9~12월 추정. 서울】

湖上園亭偶出 次山谷病起東園韻

(詩-別卷1-64)

봉지[217]에 어찌 졸렬한 몸을 둘 수 있으리오	鳳池豈藏拙
봉산[218]은 병을 조섭할 곳 아니라오	蓬山非養病
한가로이 지내는 것 성조에 부끄러우니	優閒愧聖朝
한적한 품성 시골에서 지내기에 알맞네	蕭散適野徑
한강 가에 원림 많으니	湖上多林園
맑고 트인 경치 내 천성에 맞아라	淸曠愜素性
멍하니 종일토록 앉아	嗒然坐終日
이 맑은 강의 고요함을 사랑하노라	愛此澄江靜

216 황산곡의……시 : 【譯注】 황산곡(黃山谷)은 송나라 시인 황정견(黃庭堅, 1045~1105)으로, 산곡은 그의 호이다. 황정견의 시는 《산곡집》 권6에 〈황빈로의 〈병에서 일어나 홀로 동쪽 정원에서 노닐다〉 시에 차운하여 답하다. 2수〔次韻答斌老病起獨游東園二首〕〉라는 제목으로 실려 있다.

217 봉지 : 【譯注】 위진 남북조(魏晉南北朝) 시대에 금원(禁苑)에 파 놓았던 연못인 '봉황지(鳳凰池)'로, 조정을 의미한다.

218 봉산 : 【譯注】 삼신산(三神山)의 하나인 봉래산(蓬萊山)으로, 한림원(翰林院)·비서성(祕書省) 등 청환(淸宦)의 관서를 비유한다.

(詩-別卷1-65)

물새들 수천 수백으로 무리지어	沙禽千百羣
날아와 모여들어 동류들끼리 반기네	翔集喜同氣
맑은 당 안에서	淡然一堂中
누구와 지취를 함께 하리오	誰與共臭味
밝은 해가 서쪽 창을 비추니	白日照西窓
티끌 조금도 땅을 가리지 않네	纖塵不掩地
문득 깊은 성찰 일어나니	無端發深省
솔바람이 고요한 중에 불어오누나	松風靜裏至

KBP0586(詩-別卷1-66)

죽산[219]을 지나가는 길에 【임인년(1542, 중종37, 42세) 12월 21일경 추정. 죽산(竹山)】

竹山途中

강추위가 맹위를 떨치고 새벽에 바람 불지 않으니	苦寒贔屭曉無風
동쪽 바다에 금아[220] 솟는 것 조금 기쁘구나	稍喜金鴉上海東
한 줄기 강물은 은빛 얼음을 끼고 굽이돌고	一水帶冰銀宛宛
뭇 산들은 옥빛 눈에 덮여 빼곡히 서 있네	衆山排雪玉叢叢
길손은 들판 푸른 이내 밖에서 밥을 먹고	征夫野食青烟外
말은 교외 흰 띠 풀 속에서 사냥하누나	獵騎郊搜白草中
가는 곳마다 관아의 한 잔 술맛이 좋건만	到處一杯官酒美
머나먼 타향이라 벗과 함께하기 어렵구나	天涯難與故人同

219 죽산 : 【攷證 卷8 竹山】 죽산(竹山)은 경기좌도(京畿左道)에 속해 있다. 군의 다른 이름은 음평(陰平)과 연창(延昌)이다.

220 금아 : 【攷證 卷8 金鴉】 당(唐)나라 한유(韓愈)의 〈승려 원혜를 보내다〔送惠師〕〉 시에 "금아가 이미 솟아오르니, 육합이 갑자기 맑고 새로워지네.〔金鴉旣騰翥, 六合俄清新.〕"라고 하였는데, 송(宋)나라 한순(韓醇)의 주석에 "금아는 태양이다."라고 하였다.

KBP0587(詩-別卷1-67)

문경을 지나가는 길에 눈을 만나다 【임인년(1542, 중종37, 42세) 12월 23일경 추정. 문경(聞慶)】

聞慶途中 遇雪

어지러운 구름이 삼켰다 토했다 산을 덮을 듯하고 亂雲呑吐欲埋山
세찬 눈발 매서운 바람이 말 안장에 휘몰아친다 急雪驚風撲馬鞍
은빛 눈 어지러이 떨어지는 수천 그루 나무를 바라보고 千樹望來銀錯落
옥빛으로 휘감아 흐르는 한 줄기 강을 지나가노라 一溪行盡玉彎環

KBP0588(詩-別卷1-68)

안곡역[221]에서 몹시 추워 길손을 걱정하다 【임인년(1542, 중종37, 42세) 12월 24일경 추정. 선산(善山)】

安谷驛苦寒 憫行旅

바람 소리 덜컹덜컹 창문이 울리니　　風聲叱吸窓扉語
연기 피어오르는 객사는 춥기도 하여라　　烟氣飄蕭客舍寒
살갗에 닿는 추위 어찌 사람마다 다르리오　　受凍肌膚寧異性
여우 갖옷 입은 이가 홑옷 입었단 네 하소연 가엾게 여기네　　狐裘憐汝訴衣單

221 안곡역 : 【攷證 卷8 安谷驛】 상주(尙州) 남쪽 40리 되는 곳에 있으니, 유곡도(幽谷道)에 예속되어 있다.

KBP0589(詩-別卷1-69)

25일에 합천[222]에서 삼가현을 향해 가는 길에 【임인년(1542, 중종37, 42세) 12월 25일. 합천(陜川)】

二十五日 陜川向三嘉途中

아침에 해 바라보며 가천을 따라가고 朝看旭日傍伽川
낮에 남정[223]을 지나 자색 안개 속으로 들어가네 午過南亭入紫烟
세상의 속박에서 온전히 벗어나려 했건만 欲把塵機渾脫累
어찌하여 세상일에 걸핏하면 끌려가는가 奈何世事動遭牽
입춘에 눈 녹은 지 겨우 사흘 지났고 新陽雪盡纔三日
예전에 묵었던 집 주인은 이미 여섯 해 전의 사람 아니구나 舊館人非已六年
아스라이 고향 산천 이제 또 멀어지니 杳杳家山今更遠
나그네 마음 서울에 치우쳤다 말하지 말라 羇心休道洛中偏

-23일이 입춘이었는데, 지금 3일이 지났다. 정유년(1537, 중종32)에 내가 의령(宜寧)에 왔었으니, 지금은 임인년(1542, 중종37)으로 꼭 6년이 되었는데, 세상사가 많이 변하였다. 백낙천(白樂天 백거이(白居易))의 〈상산으로 가는 길에 감회가 일다[商山路有感]〉 시에 "만 리 길이 길게 뻗어 있으니, 여섯 해가 지난 지금에서야 비로소 돌아왔노라. 지나온 곳에 예전에 묵었던 집 많은데, 그 태반은 예전 주인이 아니구나.[萬里路長在, 六年今始歸. 所經多舊館, 太半主人非.]"라고 하였다.-

222 합천 : 【攷證 卷8 陜川】 경상우도(慶尙右道)에 속해 있으니, 군의 다른 이름은 강양(江陽)과 대야(大倻)이다.

223 남정 : 【攷證 卷8 南亭】 남강원(南江院)이다. 유형원(柳馨遠)의 《동국여지지(東國輿地志)》 권4 〈경상도(慶尙道) 합천군(陜川郡)〉에 "남강원은 합천군 남쪽 5리 되는 곳에 있다."라고 하였다.

KBP0590(詩-別卷1-70~71)

삼가현의 쌍명헌[224]에서 【임인년(1542, 중종37, 42세) 12월 25일 추정. 삼가(三嘉)】

三嘉雙明軒

(詩-別卷1-70)

담황빛이 버드나무에 물드는 것 은연중 느낄 제　暗覺輕黃著柳時
아름다운 석양이 누각에 뉘엿뉘엿 저무네　夕陽明麗下樓遲
그 당시 눈 온 뒤 거닐며 시 읊조리던 곳에　當年雪後行吟處
예전 그대로 인가에 대나무 울타리 있구나　依舊人家有竹籬

-강진산(姜晉山)[225]의 〈삼가현의 쌍명헌〔三嘉雙明軒〕〉 시에 "옛 고을에 까마귀 울고 해 저물 제, 눈이 개자 강가 길이 가늘게 구불구불 이어지네. 곳곳에 인가가 숲속에 기대 있으니, 흰 널빤지 사립문이 대나무 울타리에 어우러져 있네.〔古縣鴉鳴日落時, 雪晴江路細逶遲. 人家處處依林樾, 白板雙扉映竹籬.〕"라고 하였다.-

(詩-別卷1-71)

처마에 눈 녹은 물 떨어지고 저물녘 서늘하니　滴殘簷雪暮凄凄
오래된 집에 연기 피어나 반쯤 낮게 깔렸네　古屋烟生一半低
본디 남쪽 고을에 아름다운 운치 있으니　自是南中有佳致
대나무 숲 많은 곳에 물총새가 우는구나　竹林多處翠禽啼

---

224 쌍명헌 : 【攷證 卷8 雙明軒】 객관(客館)의 동헌(東軒)이다.

225 강진산(姜晉山) : 【譯注】 강혼(姜渾, 1464~1519)으로, 본관은 진주(晉州), 자는 사호(士浩), 호는 목계(木溪)이다. 판중추부사·우찬성 등을 지냈다.

KBP0591(詩-別卷1-72)

영승촌에서 사락정[226]에 시를 지어 남기다 계묘년(1543, 중종 38, 43세) 1월 4일 【거창(居昌)】

迎勝村 留題四樂亭 癸卯正月初四日

영승촌(迎勝村)의 옛 이름은 영송(迎送)인데, 고아하지 않기 때문에 '송'을 '승'으로 고쳤으니, 그 음이 서로 비슷한 점을 취한 것이다. 마을에 산수의 빼어난 경관이 있고 또 이때 바야흐로 이른 봄이라 경물이 새로워졌다. 그러므로 '영승'이라 하였으니, 한 때의 승경을 기록한 것이다. 사락정은 시내를 굽어보는 곳에 새로 지었으니, 예전에 내가 이름을 짓고 시를 지어 부친 곳[227]이다.

영승촌에서 이른 봄을 맞이하니	迎勝村中迎早春
눈앞의 매화와 버들 이미 새로움을 다툰다	眼中梅柳已爭新
동풍은 불어오려 할 제 숲에 먼저 닿고	東風欲動先林杪
북쪽 기러기는 돌아가려 할 때 우선 물가에 있네	北鴈將歸且水濱
누가 월담에서 달 희롱한 사람인가	誰作月潭揮弄客
내가 일찍이 이 정자[228]에 시 써 부쳐준 사람일세	我曾雲構寄題人

226 사락정 : 【攷證 卷8 四樂亭】 안음현(安陰縣) 동쪽 30리 되는 곳에 있다.

227 예전에……곳 : 【譯注】 이황의 장인 권질(權礩)이 귀양에서 돌아와 영송촌(迎送村)에 정착한 뒤, 정자 하나를 얻어 이황에게 정자 이름을 짓고 시를 써주길 청하자, 이황이 정자 이름을 '사락(四樂)'이라 하고 오언율시 4수를 지어 주었다. 《定本 退溪全書 卷3 寄題四樂亭》

228 이 정자 : 【攷證 卷8 雲構】 당(唐)나라 사마정(司馬貞)의 《사기색은(史記索隱)》

술잔 앞에서 상대[229]의 일 말하지 말라　　尊前莫說霜臺事
야취가 바야흐로 내 마음에 흐뭇하구나　　野趣方欣愜素眞
-농월담(弄月潭)이 앞 시내에 있다.-

〈진시황본기(秦始皇本紀)〉에 "아방궁을 높이 지었다.〔阿房雲構〕"라고 하였다.

229 상대 : 【攷證 卷8 霜臺】《퇴계선생연보》 권1에 "선생이 계묘년(1543, 중종38) 2월에 사헌부 장령에 제수되었다."라고 하였다.

KBP0592(詩-別卷1-73)

수승대[230]에 부쳐 제하다 【계묘년(1543, 중종38, 43세) 1월 5~6일 추정. 거창(居昌)】

寄題搜勝臺

안음(安陰)의 고현(古縣)[231]에 시내를 굽어보는 바위가 있는데, 속명(俗名)은 수송대(愁送臺)로 산수가 가장 빼어나다. 내가 이번 길에 가서 볼 겨를이 없는 것을 안타깝게 여기고 또한 그 이름이 고아하지 않은 것을 싫어하여 '수승(搜勝)'이라 고치고자 하니, 공들이 모두 옳게 여겼다.

수승으로 이름을 새로 바꾸니　　搜勝名新換
봄을 만나 경치 더욱 아름답구나　　逢春景益佳
먼 숲엔 꽃이 피려 하건만　　遠林花欲動
깊은 골짜기는 눈이 아직 덮고 있다　　陰壑雪猶埋
찾아가 경치를 구경하지 못하니　　未寓搜尋眼
오직 상상하는 마음만 더할 뿐　　唯增想像懷
훗날 한 잔 술 마시고　　他年一尊酒
큰 붓으로 높은 벼랑에 써 보리라　　巨筆寫雲崖

230 수승대 : 【攷證 卷8 搜勝臺】 안음현(安陰縣)의 동쪽 40리 되는 곳에 있다. 임갈천(林葛川 임훈(林薰))이 점찍어 둔 곳이다.

231 고현(古縣) : 【攷證 卷8 古縣】 마을 이름이다. 【校解】 경상남도(慶尙南道) 거창군(居昌郡) 위천면(渭川面)의 고호(古號)이다.

KBP0593(詩-別卷1-74)

인일에 영승촌에서 동쪽으로 6, 7리를 가니 산수가 매우 빼어나 사랑스럽다 【계묘년(1543, 중종38, 43세) 1월 7일. 거창(居昌)】

人日 自迎勝村東行六七里 泉石甚奇絶 可愛

두 산 사이로 한줄기 물 흐르니　兩山束一水
산이 겹겹 둘러싸 문이 없는 듯하다　回複似無門
산의 암석 우뚝이 쌓여 있고　鑿鑿堆山骨
눈 덮인 냇물 맑게 쏟아지네　泠泠瀉雪源
흥취 일자 붓 들어 시 지으려 하고　興來思握管
그윽한 곳에 정원을 열고 싶노라　幽處欲開園
가는 것이 멈추지 않는 이치[232]를　逝者無停理
흐르는 강 굽어보며 누구와 논할거나　臨流誰與論

---

232 가는……이치 : 【譯注】 천지의 운행이 흐르는 물처럼 잠시도 멈추지 않는다는 의미이다. 공자가 시냇가에서 "가는 것이 이 물과 같구나. 밤낮으로 그치지 않는도다.〔逝者如斯夫, 不舍晝夜.〕"라고 하였는데, 송(宋)나라 주희(朱熹)의 주석에 "천지의 조화는 가는 것은 지나가고 오는 것이 이어져서 한순간도 그치지 않으니, 바로 도체(道體)의 본연이다."라고 하였다. 《論語集註 子罕》

KBP0594(詩-別卷1-75)

소지현[233]에서 【계묘년(1543, 중종38, 43세) 1월 7일 추정. 거창(居昌)】

所旨峴

진흙탕 미끈거리는 길 구불구불 이어지고　泥深滑滑路盤盤
골짜기에 들쑥날쑥 높이 솟은 나무 차갑다　洞壑杈枒雲木寒
양지바른 언덕에 해 뜨니 울긋불긋한 빛 겹겹이 더해지고
陽坡日上紫翠重
깊은 골짜기에 봄 왔으나 응달 눈은 녹지 않았네　幽谷春生陰雪殘
맹수는 몸을 사려 홀로 깊숙이 숨어 있고　猛獸存身獨深居
잽싸게 흩어져 다니는 원숭이 다람쥐[234]가 많아라　倏閃流離多狖鼯
아, 내가 어찌 고향에 돌아가지 않으리오　嗟我曷不歸故鄉
멀리 높은 산을 넘어가자면 마부가 고생하리　遠度關山愁僕夫

233 소지현 : 【攷證 卷8 所旨峴】 시 내용으로 보건대, 아마도 안음현(安陰縣) 근처에 있는 듯하다.

234 원숭이 다람쥐 : 【攷證 卷8 狖鼯】 '狖'의 독음은 '유(由)'이니, 원숭이〔猿〕와 비슷한데 코가 들창코이고 꼬리가 길다. '鼯'의 독음은 '오(吾)'이니, 오기서(五技鼠)로 사람처럼 서고 춤출 수 있으며 소리를 잘 낸다.

KBP0595(詩-別卷1-76)

황간현의 가학루[235]에서 【계묘년(1543, 중종38, 43세) 1월 10일. 영동(永東)】

黃澗駕鶴樓

지세는 높고도 탁 트였고　地勢高仍豁
산세는 내달리다가 또한 멈춘다　山形騖亦留
남아있는 눈은 석양에 밝게 빛나고　雪殘明夕照
떠다니는 갈매기는 봄 강물 위에 또렷하다[236]　鷗泛炯春流
멀리 바라보며 때때로 눈 비비고　望遠時揩眼
편액의 글 살펴보려 누차 고개 기울이노라　看題屢側頭
선학(仙鶴)은 말보다 빠르니　仙翎快於馬
어찌하면 구름 속에 노닐 수 있을거나　安得恣雲遊

235 황간현의 가학루 : 【譯註】 가학루(駕鶴樓)는 충청도 황간현(黃澗縣) 객관 남쪽에 있는 누각으로, 하담(河澹)이 황간 현감으로 있을 때 창건하였고 남재(南在)가 '가학'이라는 이름을 붙였다. 《東國輿地志 卷3 忠淸道左道 黃澗縣》

236 떠다니는……또렷하다 : 【攷證 卷8 鷗泛炯】 당(唐)나라 두보(杜甫)의 〈양수 서쪽에서 추운 날 바라보다〔瀼西寒望〕〉 시에 "원숭이가 나무에 매달리는 것 때로 서로 배우고, 갈매기 날아다님은 또렷이 타고난 듯하도다.〔猿挂時相學, 鷗行炯自如.〕"라고 하였다. 【校解】《고증》에는 '炯'이 '坰'으로 되어 있는데, 통행본《두소릉시집(杜少陵詩集)》에 의거하여 수정하였다.

KBP0596(詩-別卷1-77)

14일에 죽산의 동헌에서 【계묘년(1543, 중종38, 43세) 1월 14일. 안성(安城)】

十四日 竹山東軒

이때 서변(西邊)을 정벌하려 하였다.[237]

눈 내릴 듯한 아득한 하늘에 저녁 경치 새롭고 雪意蒼茫暮色新
소나무 끝에 서 있는 학은 고상한 사람 같네 松顚鶴立似高人
석 달 봄 중 이날은 대보름이니 三春此是上元節
네 해가 지난 지금 재차 여기 왔노라 四歲今爲再到賓
병으로 일찍 쇠했기에 이 몸 물러나야겠고 緣病早衰身可退
어리석은 소견 지나친 생각으로 계책 올리기 어렵구나 以愚過計策難陳
군사 일으켜 적과 싸우려면 좋은 장수 필요하니 興師敵愾須良將
지략이 귀신을 움직일 자 누구인가 智略誰堪動鬼神

237 이때……하였다 : 【譯注】 1543년(중종38) 1월 2일에 동지사(冬至使) 최보한(崔輔漢)이, 명(明)나라가 건주위(建州衛) 등지의 여진족을 정벌하기 위해 조선에 청병(請兵)하려 한다는 소식을 전했다. 그러자 중종은 명나라의 청병 요구에 어떻게 대비할 것인지 대신들과 여러 차례 논했다.《中宗實錄 38年 1月 2日·6日·7日·12日》

KBP0597(詩-別卷1-78~79)

산수도에 쓰다 【계묘년(1543, 중종38, 43세), 미상】

題山水圖

(詩-別卷1-78)

운산이 잠깐 사이에 붓끝에 가득하니	雲山頃刻滿毫端
취중에 끝없이 눈에 들어오네	醉裏無窮入眼看
어젯밤 빗소리 푸른 냇물에 더해지고	昨夜雨聲添碧澗
작은 다리 황량한 주막에 깃발만 쓸쓸히 있다	小橋荒店酒旗寒

(詩-別卷1-79)

인가는 쓸쓸하며 경치 어렴풋하고	人家寥落景依依
산은 하늘 높이 솟고 들 풍경은 희미하네	山色凌空野色微
낚시질 그만두고 돌아옴에 이슬이 흠뻑 내리니	罷釣歸來成露酌
푸른 하늘 밝은 달이 사립문을 비추누나	碧天明月照柴扉

KBP0598(詩-別卷1-80~87)

중구일에 홀로 북산에 올라 《영규율수》[238]의 〈구일〉 시[239]에 차운하여 임사수[240]에게 부치다 【계묘년(1543, 중종38, 43세) 9월 9일. 서울】

九日 獨登北山 次瀛奎律髓 九日詩 寄士遂

(詩-別卷1-80)

지난해 중양절엔	去歲重陽日
적막히 지내며 술잔 들지 못했지	寥寥不把杯
사람이 행역[241]에서 돌아오니	人從于役返
국화꽃이 작은 헌을 향해 피었구나	菊向小軒開
홀로 외로이 있으며 그리운 마음 그대로인데	落落心懷在
유유한 세월에 국화는 다시 피었구나	悠悠節物回
올해 또다시 저버리기 어려워	今年難再負

238 영규율수 : 【攷證 卷8 瀛奎律髓】 원(元)나라 방회(方回)가 편찬한 책이다.

239 구일 시 : 【譯注】《영규율수》에 수록된 중양절 관련 시문을 가리킨다. 이황이 차운한 순서대로 원운(原韻)의 제목을 제시하면 다음과 같다. 당(唐)나라 두보(杜甫)의 〈중구일〔九日〕〉 시 3수 중 제2수, 두보의 〈중구일에 재주성에 오르다〔九日登梓州城〕〉, 송(宋)나라 당경(唐庚)의 〈중구일에 아우를 생각하다〔九日懷舍弟〕〉, 두보의 〈높은 곳에 오르다〔登高〕〉, 송나라 소순(蘇洵)의 〈중구일에 한위공의 시에 화운하다〔九日和韓魏公〕〉, 송나라 진사도(陳師道)의 〈이 절도추관의 '중구일에 산에 오르다' 시에 차운하다〔次韻李節推九日登山〕〉, 송나라 진사도(陳師道)의 〈중구일에 진관에게 부치다〔九日寄秦觀〕〉, 송나라 유극장(劉克莊)의 〈임자년 중구일에〔壬子九日〕〉이다.

240 임사수 : 【譯注】 임형수(林亨秀, 1514~1547)로, 본관은 평택(平澤), 자는 사수(士遂), 호는 금호(錦湖)이다. 부제학·제주 목사(濟州牧使) 등을 지냈다.

241 행역 : 【攷證 卷8 于役】 강원도 재상어사(江原道災傷御史)를 가리킨다.

아름다운 곳에 홀로 올라왔노라	佳處獨登來

(詩-別卷1-81)

궁도에 이른 객이 되지도 못하고[242]	不作窮途客
세상 피한 늙은이를 따를 수도 없네[243]	難從避世翁
좋은 날 만나 속세 일 털어버리고	逢辰塵事擺
술 마시며 국화와 함께하노라	呼酒菊花同
강 너머에 들판 풍경 보이고	野色湖光外
기러기 그림자 속에서 향수 느끼네	鄕愁鴈影中
함께 바람에 모자 날릴 사람 없으니[244]	無人共吹帽
감개가 어떻게 다하리오	感慨若爲窮

242 궁도에……못하고 : 【譯注】 완적(阮籍)처럼 마음 내키는 대로 멀리 떠나가지 못한다는 의미이다. 완적은 진(晉)나라 죽림칠현의 한 사람으로, 천성이 방달불기(放達不羈)하여 가끔 답답한 마음을 풀기 위해 혼자 여기저기 수레를 몰고 다니다가 길이 막힌 곳〔窮途〕에 이르면 문득 통곡하고 돌아왔다고 한다. 《晉書 阮籍列傳》

243 세상……없네 : 【譯注】 장저(長沮)와 걸닉(桀溺)처럼 세상사를 완전히 저버릴 수는 없다는 의미이다. 춘추 시대 초나라 은자 장저와 걸닉이 함께 밭을 갈고 있을 적에 자로(子路)가 길을 묻자, 장저가 공자를 비판하며 "또 그대가 사람을 피하는 선비를 따르는 것이, 어찌 우리처럼 세상을 피하는 선비를 따르는 것만 하겠는가.〔且而與其從辟人之士也, 豈若從辟世之士哉?〕"라고 하였다. 이 말을 들은 공자가 탄식하며 "새나 짐승과는 함께 무리지어 살 수 없다."라고 하였다. 《論語 微子》

244 함께……없으니 : 【譯注】 중양절을 함께 즐길 이가 없다는 의미이다. 진(晉)나라 환온(桓溫)이 9월 9일에 용산(龍山)에서 막료들을 모아 연회를 열었을 때, 참군인 맹가(孟嘉)가 흥에 겨워서, 바람이 불어와 모자를 떨어뜨렸는데도 알아채지 못했다고 한다. 《晉書 孟嘉列傳》

(詩-別卷1-82)

명주 같은 강물 오늘 저녁에 밝고 江練明今夕
꽃 비녀[245]는 지난해 아름다웠지 花鈿媚去年
떠오르는 달 저편에서 시 짓고 句成昇月外
저무는 노을 앞에서 술잔 기울이노라 杯倒落霞前
시름 속에 늙어가는 것만 깨닫고 秖覺愁邊老
취한 뒤 돌아가는 것은 온통 잊었구나 渾忘醉後旋
애써 마음 달래봐도 끝내 어지러우니 强寬終自攪
동쪽을 바라보며 눈물만 줄줄 흘리노라 東望涕洏連

(詩-別卷1-83)

시인이 부질없이 슬픔 많은 것 항상 괴이하게 여겼는데
騷人常怪謾多哀
이날 산에 올라 홀로 고개 돌리노니 此日登臨首獨回
아득한 가을 하늘엔 구름 다 사라지고 杳杳霜空雲掃盡
쓸쓸한 단풍나무엔 기러기 날아오네 蕭蕭楓葉鴈飛來
천 년 세월에 감개한 제 경공의 눈물[246]이요 千年感慨齊公淚
잠깐 동안 번성했던 송조의 대[247]라 一餉繁華宋祖臺

---

245 꽃 비녀 : 【攷證 卷8 花鈿】 전(鈿)은 본래 부인의 장신구인데, 여기서는 국화를 가리킨다.

246 천……눈물 : 【譯注】 춘추 시대 제 경공(齊景公)이 중양절에 신하들과 산에 올라, 훗날 세상을 떠나 더 이상 제(齊)나라를 소유하지 못하게 될 것을 슬퍼한 고사를 말한다. 【攷證 卷8 齊公淚】 제 경공이 우산(牛山)에서 노닐다가 북쪽으로 제나라를 굽어보고 눈물을 흘리면서 “어찌 이 땅을 버리고 죽는단 말인가?”라고 하자, 따르던 신하들이 모두 눈물을 흘렸다. 《晏子春秋 卷1》

어찌 동쪽 울타리에서 산을 바라보던 객이 爭似東籬見山客
술 마시길 즐기는 풍류를 세상에 남긴 것[248]만 하랴 風流遺世樂銜杯

(詩-別卷1-84)

높은 곳에 올라 시 읊는 것[249]이 어찌 나의 재주리오 登高能賦豈吾才
작은 술병 자주 비어 큰 술병이 부끄러워하는 것[250]만 느끼네
自覺甁空屢恥罍

---

247 송조의 대 : 【攷證 卷8 宋祖臺】 송(宋)나라 소식(蘇軾)의 〈양관사(陽關詞)〉 3수 중 제1수 〈장계원에게 주다〔贈張繼愿〕〉 시에 "수항성 아래의 손권(孫權)이요, 희마대 남쪽의 옛 전장이라.〔受降城下紫髥郞, 戲馬臺南古戰場.〕"라고 하였는데, 송나라 조차공(趙次公)의 주석에 "희마대(戲馬臺)는 서주(徐州)에 있으니, 항우(項羽)가 지은 것이다."라고 하였다. 남조 시대 송나라 무제(武帝)가 저택을 짓고 중구일(重九日)에 빈객을 불러 희마대에 올라 시를 읊었다.

248 동쪽……것 : 【譯注】 진(晉)나라 도연명(陶淵明)이 중양절에 풍류를 즐긴 것을 말한다. 동쪽 울타리에서 산을 바라보는 객은 바로 도연명을 가리키는 말로, 도연명의 〈음주(飮酒)〉 시 20수 중 제5수에 "동쪽 울 밑에서 국화를 따고, 한가롭게 남산을 바라보네.〔採菊東籬下, 悠然見南山.〕"라고 하였다. 도연명이 중양절에 술이 없어 국화만 따고 있었는데, 때마침 자사(刺史) 왕홍(王弘)이 보낸 사람이 술을 가지고 와 취하도록 마셨다는 고사가 있다. 《晉書 陶潛列傳》

249 높은……것 : 【譯注】 옛날에 대부가 갖추어야 하는 아홉 가지 재능 중 하나이다. 《한서》 〈예문지(藝文志)〉에 "노래하지 않고 읊는 것을 부(賦)라고 한다. 높은 데에 올라가서는 시를 읊을 줄 알아야〔登高能賦〕 대부라 할 수 있다."라고 하였다.

250 작은……것 : 【譯注】 작은 술병과 큰 술병은 각각 시재가 없는 이황 자신과 시재가 풍부한 젊은이들을 비유하는 말이다. 【攷證 卷8 甁空恥罍】 송(宋)나라 소식(蘇軾)의 〈서 교수가 내가 소장한 먹을 보고 지은 시에 차운하여 답하다〔次韻答舒敎授觀余所藏墨〕〉 시에 "사람이 먹을 가는 게 아니라 먹이 사람을 가니, 작은 술병 비기 전에 큰 술병이 먼저 부끄러워하리.〔非人磨墨墨磨人, 甁應未罄罍先恥.〕"라고 하였다. 또 당(唐)나라 한유(韓愈)의 〈장철에게 답하다〔答張徹〕〉 시에 "대쑥이 맛 좋으니 사슴이 울어 불러준 것 감사하고, 큰 술병만 가득 찼으니 작은 술병이 빈 것을 부끄러워하네.〔苹甘謝

오직 국화 향기 맡으며 가을 경물을 즐길 뿐　唯對晩香娛節物
어찌 젊은이들을 따라 누대에서 취하리오　肯從年少醉樓臺
아득히 먼 바닷가 산에 붉은 노을 걷히고　冥冥海嶠紅霞歛
아스라한 모래톱에 흰 새 날아드네　漠漠沙汀白鳥來
구름 장막 하늘에 펼쳐지고 풍악 소리 울려 퍼지니　雲幕排空歌吹沸
딴 봉우리 좋은 모임을 또 누가 열었는가　別峯佳會又誰開

(詩-別卷1-85)

고향 정원의 소나무 국화 날마다 황폐해질 텐데　故園松菊日應荒
한양에서 늙어간 지 몇 해나 되었는가　幾度秋風老漢陽
도성 안에서 이미 한 골목에 함께 살았으니　城裏已同棲曲巷
강가에서 그윽한 향기 같이 감상하려 하노라　湖邊要共賞幽香
높은 산에서 좋은 선비를 부를 수 없으니　高山不解招佳士
먼 강가에 있는 그대를 그리워만 할 뿐　遠水偏能繞別腸
홀로 앉아있자니 활짝 웃기 어려워[251]　獨坐難成開口笑
많은 술로 세상일 씻어내야 하리　且須多酌洗塵忙

鳴鹿, 罍滿甀罄甁.〕"라고 하였는데, 송나라 손여청(孫汝聽)의 주석에 "병(甁)은 작은데 비었고 뇌(罍)는 큰데 가득 찼으니, 부유한 자로 하여금 가난한 자에게 나누어주도록 하지 못한 것을 풍자한 것이다."라고 하였다.

251 활짝 웃기 어려워 : 【譯注】 당(唐)나라 두목(杜牧)의 〈중구일에 높은 곳에 오르다〔九日登高〕〉 시에 "속세에선 활짝 웃는 모습 만나기 어려우니, 국화를 머리에 가득 꽂고 돌아가야 하리.〔塵世難逢開口笑, 菊花須揷滿頭歸.〕"라고 하였다.

(詩-別卷1-86)

눈에 가득한 새로운 시는 노을처럼 아름답고[252] 新詩滿眼氣成霞
취하여 종횡으로 쓴 글씨는 갈까마귀 같아라[253] 醉筆縱橫字似鴉
맛 좋은 술로 가슴의 갈증을 낫게 할 수 있으니 綠酒可能蘇病肺
미인을 어찌 가을꽃에 비길 수 있으리오[254] 紅糚安用照秋花
영웅이 가버리니 새가 다 날아가 버리듯 英雄過去鳥飛盡
계절이 돌아오니 사람은 더욱 늙었구나 時序回還人老加
다행히도 이 몸 태평성대를 만났건만 幸我身逢太平日
벼슬하고자 하는 마음 어찌하여 얇은 비단 보다도 적은가 宦情何苦薄於紗

(詩-別卷1-87)

그대는 바다를 헤엄치는 고래 같은데 君比鯨兒縱大溟
나는 물결 따라 떠다니는 부평초 같아라 我隨波浪似漂萍

---

252 새로운……아름답고 : 【攷證 卷8 新詩氣成霞】 송(宋)나라 구양수(歐陽修)의 〈용도각학사 손연중의 시에 수창하다〔酬孫延仲龍圖〕〉 시에 "그대 이미 서로 우열을 겨루는 두 가지 아름다움을 주었고, 이어 아름다운 노을 같은 새로운 시 보내왔네.〔已將二美交相勝, 仍枉新篇麗彩霞.〕"라고 하였다.

253 취하여……같아라 : 【攷證 卷8 醉筆字似鴉】 송나라 소식(蘇軾)의 〈동전의 유별시에 화답하다〔和董傳留別〕〉 시에 "득의할 때는 오히려 세상에 자랑할 만하거니, 조서에 새로 적힌 글자 갈까마귀 같으리.〔得意猶堪誇世俗, 詔黃新濕字如鴉.〕"라고 하였다.

254 미인을……있으리오 : 【攷證 卷8 紅粧照秋花】 살펴보건대, 임사수(林士遂 임형수(林亨秀))의 시에 "꽃이 고개 숙이니 술에 취한 미인의 얼굴 같고, 산이 끊어지니 바닷물을 마시는 푸른 용의 허리 같구나.〔花底玉女酣觴面, 山斷蒼虯飮海腰.〕"라는 구절이 있다. 선생이 일찍이 이 구절을 사랑하여 외신 적이 있으나, 도리어 그 뜻을 반대로 하여 장난하였다.

평탄한 길에서 어리석음으로 돌아온 게 늦었음을 알겠으나[255] 夷塗自識歸愚晩
굳은 절조는 그래도 한 해가 다 간 뒤에야 시들고자 하노라 苦節猶思貫歲零
내사가 내려 준 성상의 술[256] 이미 받았고 已拜黃封煩內使
항상 백타[257]를 받드니 관아의 술병 가득하구나 常供白墮滿官甁
〈벌단〉 시[258]처럼 시인에게 풍자될까 두려운데 伐檀恐被詩人刺
소기인 문장은 겨우 배우와 같을 뿐이네 小技文章僅類伶

255 평탄한……알겠으나 : 【譯注】 당(唐)나라 한유(韓愈)의 〈추회시(秋懷詩)〉 11수 중 제5수에 "어리석음으로 돌아오니 평탄한 길 있음을 알게 되고, 옛 우물에서 물길을 긴 두레박줄을 얻었도다.〔歸愚識夷塗, 汲古得脩綆.〕"라고 하였다.

256 성상의 술 : 【攷證 卷8 黃封】 송(宋)나라 임연(任淵)의 《후산시주(后山詩注)》 권2 〈어떤 이가 술을 보내준 것에 사례하다〔謝人寄酒〕〉 시 주석에 "황봉(黃封)은 궁궐의 술을 이른다. 황색 비단 보자기로 병 입구를 봉하기 때문에 이렇게 이름한 것이다."라고 하였다.

257 백타 : 【譯注】 진(晉)나라 때 술을 잘 만들기로 유명했던 유백타(劉白墮)로, 여기서는 좋은 술을 의미한다.

258 벌단 시 : 【譯注】 《시경》 위풍(魏風)의 편명으로, 벼슬아치가 아무런 공 없이 봉록만 축내는 것을 풍자한 시이다.

KBP0599(詩-別卷1-88)

7월 보름에 압구정에서 읊은 즉흥시 갑진년(1544, 중종39, 44세)

【7월 15일. 서울】

七月望日 狎鷗亭卽事 甲辰

이때 독서당이 여기로 옮겼다.[259]

충주의 상인이 서울에 머무르니	忠州賈客滯京城
지난밤 서강에서 달 비추는 모래톱에 취했네	昨夜西江醉月汀
여섯 폭 돛단배에 순풍이 불어오니	六幅蒲帆風與便
누워서 긴 젓대를 불며 나루터 정자를 지나가누나	臥吹長笛過津亭

259 이때……옮겼다 : 【要存錄 別集】 이때 독서당 결채에 여기(沴氣)가 있어, 옮길 것을 상께 여쭈었다.

KBP0600(詩-別卷1-89)

조카 복[260]이 와서 학업을 묻다[261] 【갑진년(1544, 중종39, 44세) 7월 16일. 서울】

宓姪來從問業

맑은 한강이 도도히 밤낮으로 흐르니 淸漢滔滔日夜流
고금의 인간사 어찌 그친 적이 있으랴 古今人事豈曾休
명예 남기거나 오명 남기는 일 만촉의 다툼[262]과 같고 遺芳遺臭爭蠻觸
꿈인 듯 생시인 듯 감춰둔 배 갑자기 잃는도다[263] 爲夢爲眞失壑舟
몇 번이나 도끼 휘두를 적에 영 땅의 바탕 생각했던가[264] 幾度運斤思郢質

260 복 : 【譯注】 이복(李宓, 1519~1545)으로, 이황의 형 이해(李瀣)의 맏아들이다. 1545년에 성절사가 된 아버지를 모시고 명(明)나라에 갔다가 통주(通州)에서 세상을 떠났다.

261 학업을 묻다 : 【譯注】 이때 이황이 압구정에서 사가독서하고 있었는데, 이복이 찾아와 《주역》에 대해 물었다. 《定本 退溪全書 卷15 祭姪將仕郎文》

262 만촉의 다툼 : 【譯注】 사소한 일로 다투는 것을 의미한다. 《장자》 〈칙양(則陽)〉에 "달팽이의 왼쪽 뿔 위에 있는 나라를 촉(觸)이라 하고, 달팽이의 오른쪽 뿔 위에 있는 나라를 만(蠻)이라 하는데, 수시로 서로 영토를 다투어 전쟁을 한다."라고 하였다.

263 감춰둔……잃는도다 : 【譯注】 인생의 무상함을 비유하는 말이다. 《장자》 〈대종사(大宗師)〉에 "산골짜기에 배를 감춰 놓으며〔藏舟於壑〕 못 속에 산을 감추어 놓고서 단단히 감추었다고 말하지만, 밤중에 힘이 센 자가 그것을 등에 지고 도망치면 잠자는 사람은 알지 못한다."라고 하였다.

264 몇……생각했던가 : 【譯注】 뛰어난 재능을 갖추어도 그 재능 알아주는 사람을 만나지 못하면 뜻을 펴기 어렵다는 의미이다. 영(郢) 땅 사람이 자신의 코끝에 백토를 바르고 장석(匠石)에게 깎아 내게 하였는데, 장석이 그 사람의 코를 조금도 상처 내지 않고

어찌 학을 타고 양주에 날아오를 수 있으랴[265] 可堪乘鶴上楊州
아함[266]은 기남자가 되어야 할 것이니 阿咸要作奇男子
다른 이에게 한 걸음 양보하지 말라[267] 莫爲他人讓一頭

도끼를 휘둘러 백토를 완전히 닦아냈다. 훗날 영 땅 사람이 죽은 뒤에 장석이 "제가 일찍이 그렇게 할 수 있었지만, 지금은 신의 도끼질을 받아줄 바탕이 죽은 지 오래되었습니다.〔臣則嘗能斲之, 雖然臣之質死久矣.〕"라고 하였다.《莊子 徐无鬼》

265 어찌……있으랴 : 【譯注】 여러 가지를 모두 겸할 수는 없다는 의미이다. 예전에 사람들이 모여서 각자 소원을 말하였는데, 한 사람은 많은 돈을 갖고 싶다고 하고, 한 사람은 학을 타고 하늘에 오르고 싶다고 하고, 한 사람은 양주 자사(楊州刺史)가 되고 싶다고 하자, 이를 듣고 있던 한 사람이 많은 돈을 허리에 차고서 학을 타고 양주 고을의 하늘을 날아오르는 것〔騎鶴上楊州〕이 자신의 소원이라 하였다.《古今事文類聚 後集 卷42 鶴條》

266 아함 : 【譯注】 조카를 의미한다. 【攷證 卷8 阿咸】 살펴보건대, 진(晉)나라 완적(阮籍)이 형의 아들인 함(咸)을 부르길 아함(阿咸)이라 하였다.

267 다른……말라 : 【譯註】 송(宋)나라 구양수(歐陽脩)의 고사를 차용한 것이다. 구양수가 소식(蘇軾)의 글을 읽어보고는 그 재주에 감탄하여, 매요신(梅堯臣)에게 보내는 편지에서 "이 늙은이가 그에게 한 걸음을 양보해 길을 비켜주어야겠다.〔老夫當避路放他出一頭地也.〕"라고 하였다.《文忠集 卷149 與梅聖兪》

KBP0601(詩-別卷1-90)

취하여 압구정에 제하다 【갑진년(1544, 중종39, 44세) 7월 27일 추정. 서울】

醉題狎鷗亭

정자 중수했으나 옛 이름 그대로요 虹構重新帶舊名
바람과 이내 생동하니 경치 더욱 맑아라 風烟動色境增淸
저물녘 산에 구름 걷히니 푸른 병풍 아스라이 펼쳐지고
雲收暮峀蒼屛逈
가을 강에 하늘 들어오니 흰 명주처럼 깨끗하다 天入秋江白練明
만고에 호수에서 헤엄치는 물고기의 즐거움을 알겠고[268]
萬古知魚濠上樂
일생은 밥 짓는 동안의 꿈속 일 같아라[269] 一生炊黍枕中情
어느 누가 바다와 같은 큰 술동이 마주하고 何人可對尊如海
날마다 흐르는 물에 가서 갓끈 씻으며 노래할 수 있을거나[270]
日日臨流歌濯纓

268 호수에서……알겠고 : 【譯注】 호수(濠水)의 물고기가 헤엄치며 유유자적하는 것처럼 강호에서 마음껏 소요하는 즐거움을 알겠다는 의미이다. 장자가 혜시(惠施)와 함께 호수의 다리 위에서 노닐 때 피라미가 나와서 헤엄치는 것을 보고, 물고기의 즐거움을 아는지 여부에 대해 토론한 고사가 있다. 《莊子 秋水》

269 일생은……같아라 : 【譯注】 삶이 한바탕 꿈처럼 덧없다는 의미이다. 한단(邯鄲)은 조(趙)나라의 수도이다. 당(唐)나라 때 노생(盧生)이 한단의 한 객점에서 도사 여옹(呂翁)의 베개를 베고 잠이 들어 한평생 부귀영화를 누리는 꿈을 꾸었데, 잠에서 깨자 아직도 밥이 덜 되었다는 고사가 있다. 《古今事文類聚 後集 卷21 枕中記》

270 흐르는……있을거나 : 【譯注】 세속을 벗어나 고결함을 지키며 강호에서 유유자적하는 것을 의미한다. 전국 시대 초(楚)나라 굴원(屈原)의 〈어부사(漁父辭)〉에 "창랑의 물이 맑으면 나의 갓끈을 씻고, 창랑의 물이 흐리면 나의 발을 씻으리라.〔滄浪之水淸兮, 可以濯我纓, 滄浪之水濁兮, 可以濯我足.〕"라고 하였다.

KBP0602(詩-別卷1-91)

중추절의 달. 임사수[271]에게 부치다 【갑진년(1544, 중종39, 44세) 8월. 서울】

中秋月 寄士遂

소동파의 운[272]을 사용하여 짓다.

소아[273]가 큰 수레 타고서　素娥命高駕
동해의 동쪽에서 나오니　出自東海東
바람을 맞으며 사람 향해 웃음 짓고　臨風笑向人
봉래산에 그림자를 쏟아내네　瀉影蓬山中
봉래산은 아득히 어디에 있는가　蓬山杳何許
향기로운 운무[274]에 방안이 차가워라　香霧凄房櫳
신선 배가 요지(瑤池)에 떠다니니　仙舟泛瑤浦
맑은 강이 텅 빈 듯 고요하다　澄江靜如空
또렷이 보이는 두세 사람이　粲然二三子
뱃전을 두드리며 와서 따르니　叩枻來相從
사뿐사뿐 걷는 낙비를 부르고[275]　傳呼洛妃襪

---

271 임사수 : 【譯注】 임형수(林亨秀, 1514~1547)로, 본관은 평택(平澤), 자는 사수(士遂), 호는 금호(錦湖)이다. 부제학·제주 목사(濟州牧使) 등을 지냈다.

272 소동파의 운 : 【譯注】 송(宋)나라 소식(蘇軾)의 〈중추절의 달 3수. 자유에게 부치다〔中秋月三首寄子由〕〉 시 3수 중 제1수를 가리킨다.

273 소아(素娥) : 【譯注】 달 속에 산다는 선녀 항아(嫦娥)의 별칭이다.

274 향기로운 운무 : 【攷證 卷8 香霧】 당(唐)나라 두보(杜甫)의 〈월야(月夜)〉 시에 "향기로운 운무에 구름 같은 머리카락 젖었고, 맑은 빛에 옥 같은 팔 시리겠지.〔香霧雲鬟濕, 淸輝玉臂寒.〕"라고 하였다.

275 사뿐사뿐……부르고 : 【譯注】 낙비(洛妃)는 낙수(洛水)의 여신이다. 복희씨(伏羲

빙이궁[276]을 굽어살피네 俯窺馮夷宮
취한 붓은 창보다 굳세어 醉筆健於槊
요망한 두꺼비를 벨 수 있는데[277] 可磔妖蟆蟲
나는 경양에게 비단 돌려주었으니[278] 我還景陽錦
시 짓는 재주 떨어진 것을 스스로 탄식하노라 自歎詩力窮
아름다운 모임 놓친 것 언짢아하지 말자 休嫌佳會愆
다행히도 강한 적수 만나지 않았구나 幸免勍敵逢
시 읊는 버릇 아직도 남아 있어 吟諷尙餘習
밤새도록 물고기 뻐끔거리듯 읊조리노라 竟夕如魚喁

氏)의 딸 복비(宓妃)가 낙수에서 익사하여 신이 되었다는 전설이 있는데, 조식(曹植)이 이 전설에 의거해 〈낙신부(洛神賦)〉를 지었다. 【攷證 卷8 傳呼洛妃襪】 삼국 시대 위(魏)나라 조식의 〈낙신부〉에 "물결을 타고 사뿐사뿐 걸으니, 비단 버선에 먼지가 이네.〔凌波微步, 羅襪生塵.〕"라고 하였으니, 몸이 가벼움을 비유한 것이다.

276 빙이궁 : 【譯注】 빙이(馮夷)는 전설 속 황하(黃河)의 신 하백(河伯)으로, 빙이궁은 수궁(水宮)을 이른다.

277 요망한……있는데 : 【譯注】 월식을 없앤다는 의미이다. 두꺼비가 달을 집어삼켜 월식이 일어난다고 여겨졌으므로, 이렇게 말한 것이다. 《史記 龜策列傳》 【攷證 卷8 可磔妖蟆】 당나라 노동(盧仝)의 〈월식시(月蝕詩)〉에 "신의 가슴에 한 치의 단검 있으니, 요망한 두꺼비의 창자를 갈라 버리련다.〔臣心有鐵一寸, 可刳妖蟆癡腸.〕"라고 하고, 또 "뭇별은 다 용서해 주고, 두꺼비만 베네.〔衆星盡原赦, 一蟆獨誅磔.〕"라고 하였다. ○ 살펴보건대, 요망한 두꺼비는 달 속의 두꺼비〔蟾蜍〕를 말한다.

278 나는……돌려주었으니 : 【譯注】 시문을 잘 짓지 못하게 되었다는 의미이다. 【攷證 卷8 我還景陽錦】 송나라 황정견(黃庭堅)의 〈두보 시의 '주갈애강청' 구절로 분운해 다섯 편의 짧은 시를 지어……〔以酒渴愛江淸作五小詩……〕〉 시 5수 중 제4수에 "경양이 베틀 속 비단을 오히려 구지와 강엄에게 입혀주었네.〔景陽機中錦, 猶衣被丘江.〕"라고 하였는데, 송나라 임연(任淵)의 주석에 "강엄(江淹)의 꿈에 어떤 사람이 스스로 장경양(張景陽)이라고 하면서 '전에 비단 한 필을 부쳐주었으니, 지금 돌려받을 수 있겠지요.'라고 하자, 강엄이 가슴 속을 더듬어 몇 자 되는 비단을 얻어 그에게 주었다. 이때부터 강엄의 문장이 나빠졌다."라고 하였다.

KBP0603(詩-別卷1-92)

병으로 휴가를 얻고 원접사의 종사관에서 체직되어, 이로 인해 또한 동호의 독서당에 가지 않고 집안에 틀어박혀 회포를 적다 을사년(1545, 인종1, 45세) 【3월 초순 추정. 서울】

病暇 許免遠接從事 因此亦不往東湖 杜門書懷 乙巳

자욱한 정원의 안개	藹藹園中烟
활짝 핀 가지의 꽃들	灼灼枝上花
푸른 풀 땅에 가득 자라나고	碧草滿地生
수양버들 길에 드리워져 있다	垂楊蔭路斜
봄빛은 사람의 눈을 흔들고	韶光蕩人目
고운 새들은 서로 노래하네	好鳥相和歌
어찌 시절에 감개 일지 않겠는가마는	豈不感時節
이 깊은 근심을 어이할거나	柰此幽憂何
성은이 노쇠한 이 몸에 내렸으니	聖恩及衰朽
청직(淸職)에서 병조섭을 허락받았네	淸秩許養痾
관서로 가는 직임 이미 사양했고	關西旣辭行
동호에도 또한 가지 못하노라	東湖亦蹉跎
쌓은 힘은 오확[279]이 아니요	蓄力匪烏獲
보배를 바치는 것도 변화와 다르네[280]	獻寶異卞和

279 오확(烏獲) : 【譯注】 진(秦)나라 무왕(武王) 때의 장사로, 천균(千鈞)의 무게를 들어 올릴 만큼 힘이 세 무왕의 총애를 받았다.

280 보배를……다르네 : 【譯注】 나라에 재능을 바치지 못했다는 의미이다. 전국 시대 초(楚)나라 변화(卞和)가 형산(荊山)에서 얻은 진귀한 옥돌을 임금에게 바쳤다가 임금

지친 말이 굴레를 감당하지 못하니　罷馬不任羈
다만 천산의 벼[281]만 축내는구나　但費天山禾
당세의 인재들에게 길이 부끄러워하노니　永言愧時賢
마지못해 벼슬길에 나왔네　黽勉隨塵波
학업에 뜻 두었다 중도에 그만두었으니　志業廢中塗
절차탁마할 길 없어졌구나　無以施磋磨
청춘은 다시 오지 않고　青春不再榮
세월은 내달리는 북처럼 빠르게 흘러가네　白日如奔梭
어찌하여 좋은 경치 만나고도　胡爲遇賞地
거문고 줄 끊어져 아양곡 연주하지 못하는가[282]　絃絶廢洋峨
일을 피한 죄 처벌받지 않더라도　雖無避事誅
시위소찬한다는 탄식 어찌 면할 수 있으랴　寧免素餐嗟
이미 직분 다하지 못했으니　旣不得爾職
어찌 향리로 돌아가지 않으리오　曷不歸山阿
장탄식하며 큰 울분 발하니　浩歎發奇憤

을 속인다는 누명을 쓰고 두 차례나 발이 잘렸는데, 나중에 문왕(文王)에게 진가를 인정받아 천하제일의 보배인 화씨벽(和氏璧)을 만들었다. 《韓非子 和氏》

281 천산의 벼 : 【譯注】 나라에서 주는 녹봉을 의미한다. 【攷證 卷8 天山禾】 송(宋)나라 소식(蘇軾)의 〈차운하여 가운로에게 답하다〔次韻答賈耘老〕〉 시에 "가련하도다, 늙은 준마가 참으로 늙었으니, 더 이상 천산의 벼를 먹을 마음 없네.〔可憐老驥眞老矣, 無心更秣天山禾.〕"라고 하였다.

282 거문고……못하는가 : 【譯注】 지음(知音)을 만나지 못한다는 의미로 주로 쓰이는데, 여기서는 이황이 호당(湖堂)에 가서 벗들을 만나지 못함을 뜻한다. '아양곡(峨洋曲)'은 춘추 시대 백아(伯牙)가 타고 그의 벗 종자기(鍾子期)가 들었다는 거문고 곡조로, 백아는 자기의 거문고 연주를 제대로 알아주는 종자기가 죽자 거문고 줄을 끊고 다시는 거문고를 연주하지 않았다. 《列子 湯問》

도홍과 모영[283]이 혹사를 당하는구나 泓穎遭驅訶

시 이루어지자 손수 글씨 쓰니 詩成手自寫

종이 가득 놀란 뱀이 움직이는 듯하여라[284] 滿紙如驚蛇

---

283 도홍과 모영 : 【譯注】 당(唐)나라 한유(韓愈)의 〈모영전(毛穎傳)〉에서 벼루와 붓을 의인화하여 각각 '도홍(陶泓)'과 '모영(毛穎)'이라 하였다.

284 종이……듯하여라 : 【譯注】 흘려 쓸 글씨를 비유한 말이다. 【攷證 卷8 滿紙如驚蛇】 당나라 승려 아서(亞棲)는 초서(草書)를 잘 썼는데, 매양 스스로 "내 글씨는 나는 새가 숲에서 나오고 놀란 뱀이 풀 속으로 들어가는 듯하다.〔飛鳥出林, 驚蛇入草.〕"라고 하였다. 《書小史 卷10》

KBP0604(詩-別卷1-93)

임사수[285]가 조사를 영접하는 종사관으로 의주에 가면서[286] 시를 지어주길 요청하다 【을사년(1545, 인종1, 45세) 3월 초순 추정. 서울】

林士遂赴義州迎使從事 索詩

호음의 높은 보루에 낙봉이 가깝고[287]	湖陰高壘駱峯劘
팔두 문장[288]은 화려한 문필 아름답도다	八斗文章彩筆花
사걸[289]이 함께 사신 접대 일 맡으니	四傑同參卿使事

285 임사수 : 【譯注】 임형수(林亨秀, 1514~1547)로, 본관은 평택(平澤), 자는 사수(士遂), 호는 금호(錦湖)이다. 부제학·제주 목사(濟州牧使) 등을 지냈다.

286 조사를……가면서 : 【攷證 卷8 義州從事】《정본 퇴계전서》 권1 〈조사를 영접하는 종사관으로서 의주에 가는 임사수를 보내다〔送林士遂以迎詔使從事赴義州〕〉 시와 참고하여 보아야 한다.

287 호음의……가깝고 : 【譯注】 호음 정사룡(鄭士龍)과 낙봉 신광한(申光漢)의 문장이 쌍벽을 이룬다는 의미이다. 임형수(林亨秀)가 1545년(인종1)에 원접사 종사관이 되었을 때, 원접사는 신광한이 맡았다.《仁宗實錄 1年 4月 28日》 아울러 정사룡도 1544년(중종39)에 동시사(冬至使)로 중국에 다녀왔다.《中宗實錄 39年 9月 6日》《仁宗實錄 1年 1月 6日》 정사룡과 신광한이 비슷한 시기에 중국에 사신으로 다녀왔으므로, 이 둘의 시재(詩才)를 언급한 것이다. 【攷證 卷8 湖陰高壘駱峯劘】 당(唐)나라 두보(杜甫)의 〈장유(壯遊)〉 시에 "기운은 굴원(屈原)과 가의(賈誼)의 보루에 근접하고, 눈은 조식(曹植)과 유정(劉貞)의 담을 낮게 여기노라.〔氣劘屈賈壘, 目短曹劉牆.〕"라고 하였다.

288 팔두 문장 : 【譯注】 매우 뛰어난 시문을 의미한다. 【攷證 卷8 八斗文章】《위지(魏志)》에 다음과 같은 내용이 있다. 남조 시대 송(宋)나라 사령운(謝靈運)이 "천하의 재주가 모두 한 섬인데, 조자건은 홀로 여덟 말을 얻었고〔曹子建獨得八斗〕 나는 한 말을 얻었으며, 예로부터 지금까지 사람들이 나머지 한 말을 함께 나누어 쓰고 있다."라고 하였다.《錦繡萬花谷 前集 卷23 才德》

289 사걸 : 【攷證 卷8 四傑】 당나라의 왕발(王勃)·양형(楊炯)·노조린(盧照鄰)· 낙빈왕(駱賓王)이 문장 사걸이 되었다. 이 시에서 가리키는 것은 소세양(蘇世讓)·정사룡·이행(李荇)·이희보(李希輔)를 말하는 것 같기도 하고, 정사룡·신광한·임형수·남응룡(南

돌아오면 응당 《동사집》을 이으리 　　　　　　歸來應有續東槎

-좌의정 이택지(李擇之)[290]가 당 천사(唐天使)[291]를 영접할 적에 정운경(鄭雲卿)[292]·소언겸(蘇彦謙)[293]·이백익(李伯益)[294]이 종사관이 되어 길에서 서로 창화하여 그 시를 모은 《동사집(東槎集)》이 있다. ○호음(湖陰)은 정사룡(鄭士龍)이고 낙봉(駱峯)은 신광한(申光漢)[295]이다.-

應龍)을 말하는 것 같기도 하다. 【校解】 정사룡이 원접사가 되었을 때, 남응룡이 원접사 종사관으로 갔다. 《仁宗實錄 1年 5月 25日》

290 이택지(李擇之) : 【攷證 卷8 李擇之】 이행(1478~1534)으로, 본관은 덕수(德水), 자는 택지, 호는 용재(容齋), 시호는 문정(文定)이다. 대제학, 이조판서, 우의정 등을 지냈다.

291 당 천사(唐天使) : 【攷證 卷8 唐天使】 명(明)나라 당고(唐皐, 1469~1526)로, 자는 수지(守之), 호는 심암(心庵)·신암(新庵)이다. 1521년(중종16) 12월에 명나라의 신황제 등극반조정사(新皇帝登極頒詔正使)로 우리나라에 다녀갔다.

292 정운경(鄭雲卿) : 【攷證 卷8 鄭雲卿】 정사룡(1491~1570)으로, 본관은 동래(東萊), 자는 운경, 호는 호음이다. 예조 판서, 대제학, 판중추부사 등을 지냈다.

293 소언겸(蘇彦謙) : 【攷證 卷8 蘇彦謙】 소세양(1486~1562)으로, 본관은 진주(晉州), 자는 언겸, 호는 양곡(陽谷)이다. 관직은 좌찬성과 우찬성을 지냈고, 시호는 문정(文靖)이다.

294 이백익(李伯益) : 【攷證 卷8 李伯益】 이희보(1473~1548)로, 본관은 평양(平壤), 자는 백익, 호는 안분(安分)이다. 관직은 대사성을 지냈다.

295 신광한(申光漢) : 【譯注】 1484~1555. 본관은 고령(高靈), 자는 한지(漢之)·시회(時晦), 호는 기재(企齋)·낙봉·석선재(石仙齋)·청성동주(青城洞主)이다.

KBP0605(詩-別卷1-94~96)

원접사 종사관으로 서북쪽으로 가는 남경림[296]에게 주다

【을사년(1545, 인종1, 45세) 3월 초순 추정. 서울】

贈南景霖遠接從事西行

(詩-別卷1-94)

교산[297]에 비바람 몰아쳐 병든 신하 슬프게 하니	風雨橋山感病臣
새로운 원년 봄[298]인 이때 벼슬에서 물러났노라	乞身當此始元春
천상에 뗏목 타고 올라간 객[299]이	免教天上乘槎客
동방 사람 시 못 짓는다고 비웃지 않겠구나	嗤點東方拙斷人

(詩-別卷1-95)

진주 품은 조개 가르자 달빛이 가득하고[300]	珠胎剖蚌月光滿

296 남경림 : 【譯注】 남응룡(南應龍, 1514~1555)으로, 본관은 의령(宜寧), 자는 경림(景霖)이다. 정사룡(鄭士龍)이 원접사로 명(明)나라에 갈 때, 종사관으로서 수행하였다.

297 교산(橋山) : 【譯注】 황제(黃帝)의 무덤이 있는 곳으로, 여기서는 중종(中宗)의 능을 가리킨다.

298 새로운 원년 봄 : 【攷證 卷8 始元春】 인종(仁宗)이 즉위한 원년(元年) 정월이다.

299 천상에……객 : 【譯注】 보통 사신을 비유하는 말로 쓰이는데, 여기서는 조선에 온 중국 사신을 가리킨다. 한(漢)나라 장건(張騫)이 한 무제(漢武帝)의 명을 받들어 뗏목을 타고 황하(黃河)의 근원을 찾으러 가다가 은하수 위로 올라가서 하늘 궁궐을 구경했다는 전설이 있다. 《天中記 卷2》

300 진주……가득하고 : 【攷證 卷8 珠胎剖蚌月光滿】 진(晉)나라 좌사(左思)의 〈오도부(吳都賦)〉에 "조개가 진주를 잉태하니, 진주가 달과 더불어 찼다가 이지러졌다가 한다.〔蚌蛤珠胎, 與月虧全.〕"라고 하였다. 남조 시대 송(宋)나라 사령운(謝靈運)의 〈설부(雪賦)〉에 "찬란하도다, 빙이가 조개를 갈라 진주를 늘어놓은 것 같네.〔粲兮若馮夷, 剖蚌列

옥경 소리 조화로운데 봉황이 춤추는 듯　　玉磬諧音威鳳蹌
내 그대의 시 맑고 예스러움 알고 있으니　　我識君詩淸且古
부디 시속에서 화장 고치는 걸[301] 따르지 마오　　莫隨時世變梳粧

(詩-別卷1-96)

문장은 본래 도에 있어 존귀하지 않으니　　文章於道本非尊
민첩함과 기이함 다투는 건 더욱 말할 것 없네　　鬭捷爭奇更不論
중국 사신에게 수창할 적에 기교 부리지 말지니　　爲報皇華停伎倆
〈각궁〉과 가수[302]에 어찌 많은 말 필요하랴　　角弓嘉樹豈多言

明珠.〕"라고 하였다. 송(宋)나라 소순흠(蘇舜欽)의 〈구양영숙의 석월병 그림〔永叔石月屛圖〕〉 시에 "묵은 조개가 달을 향하니 잉태된 구슬 속에 달이 내려오고, 물소가 별을 바라보니 뿔 속에 별이 들어오네.〔老蚌向月月降胎, 海犀望星星入角.〕"라고 하였다. 【校解】《고증》에 〈설부〉의 '列'이 '得'으로 되어 있는데, 통행본 《문선주(文選註)》에 의거하여 수정하였다.

301 시속에서……걸 : 【譯注】 세상의 유행을 좇는 것을 의미한다. 【攷證 卷8 時世變梳粧】 당(唐)나라 백거이(白居易)의 〈시속의 화장법〔時世粧〕〉 시에 "시속의 화장법이여, 시속의 화장법이여, 성안에서 나와 사방으로 퍼지네.〔時世粧, 時世粧, 出自城中傳四方.〕"라고 하였다.

302 각궁과 가수 : 【譯注】 〈각궁(角弓)〉은 《시경》 〈소아(小雅)〉의 편명이고, 가수(嘉樹)는 계무자(季武子) 집에 있던 아름다운 나무이다. 양국 사신 간에 시를 수창하며 우호를 다지는 것을 의미한다. 【攷證 卷8 角弓嘉樹】 진(晉)나라 한 선자(韓宣子)가 노나라에 와서 빙문했을 적에 노 소공(魯昭公)이 연회를 베풀어 접대하자, 한 선자가 〈각궁〉 시를 읊었다. 연회를 마친 뒤, 계무자의 집에서 주연(酒宴)을 베풀었는데, 계씨의 집에 아름다운 나무〔嘉樹〕 한 그루가 있었다. 한선자가 그 나무를 칭찬하자, 계무자가 "내 어찌 감히 이 나무를 잘 가꾸어 〈각궁〉 시의 뜻을 기억하지 않겠습니까?"라고 하고, 〈감당(甘棠)〉 시를 읊었다. 《春秋左氏傳 召公 2年》

KBP0606(詩-別卷1-97)

정랑 이중구[303] 담이 나를 대신해 종사관으로 가면서 시를 지어주길 요청하다 【을사년(1545, 인종1, 45세) 3월 초순 추정. 서울.】

李仲久 湛 正郞代余從事之行 索詩

알겠도다, 그대 오랫동안 청운에 오를 날개[304] 기른 것을	知君久養青雲翮
부끄럽게도 나는 애초에 한혈마[305]가 아니라오	愧我初非赤汗毛
사신은 지난해 작위가 높은 사신이었고[306]	槎客昔年銜使貴
주성은 지금 호방한 적선이로다[307]	酒星今日謫仙豪
사행길에 어찌 꼭 천금으로 답할 필요 있으랴[308]	周行豈必酬金橐

303 정랑 이중구 : 【譯注】 이담(李湛, 1510~1574)으로, 본관은 용인(龍仁), 자는 중구(仲久), 호는 정존재(靜存齋)·후봉(後峯)이다. 정언·수찬·공조 정랑·병조 참의 등을 지냈다.

304 청운에 오를 날개 : 【譯注】 높은 관직에 오르는 것을 의미한다. 【攷證 卷8 青雲翮】 송(宋)나라 왕안석(王安石)의 〈방 첨판을 보내다〔送龐簽判〕〉 시에 "내 생각건대, 형계산에서 가장 즐거웠던 일은, 날갯짓하며 청운에 오르는 그대를 본 것이었다오.〔我憶荊溪山最樂, 看君摩翮上青雲.〕"라고 하였다.

305 한혈마 : 【譯注】 뛰어난 재질을 갖춘 인재를 비유하는 말이다. 【攷證 卷8 赤汗毛】 적한모는 즉 한혈마(汗血馬)이다.

306 사신은……사신이었고 : 【攷證 卷8 槎客云云】 호음(湖陰 정사룡(鄭士龍))을 가리키는 듯하다. 지난해(1544, 명종39)에 고부사(告訃使)로서 북경(北京)에 갔다 돌아왔다.

307 주성은……적선이로다 : 【攷證 卷8 酒星云云】 당(唐)나라 피일휴(皮日休)의 〈이한림(李翰林)〉 시에 "나는 이태백을 사랑하니, 그 몸은 주성의 혼령이네.〔吾愛李太白, 身是酒星魂.〕"라고 하였다. ○ 살펴보건대, 이는 이중구를 가리키는 듯하니, 성이 '이(李)'이기 때문이다.

308 사행길에……있으랴 : 【攷證 卷8 金橐】 한(漢)나라 육가(陸賈)가 남월(南越)에

좋은 시구 참으로 금포를 받을 만하네[309] 妙句眞堪博錦袍
나 같은 이 병든 것은 참으로 천행이니 一病如吾天所幸
백척 장송으로 푸른 쑥을 바꾸었구나[310] 長松百尺換蓬蒿

사신으로 가서 월왕(越王) 위타(尉他)에게 중국에 칭신(稱臣)하도록 설득했다. 위타가 육가를 좋아하여 육가가 떠날 적에 천금의 가치가 있는 재물을 싸 주어 보냈다. 《史記 陸賈列傳》

309 좋은……만하네 : 【譯注】 이담의 시재(詩才)가 훌륭하다는 의미이다. 【攷證 卷8 妙句眞堪博錦袍】 당(唐)나라 두보(杜甫)의 〈최 부마의 산정 연회에 모이다〔崔駙馬山亭宴集〕〉 시에 "객이 취하여 금 주발을 던지고, 시가 이루어지자 금포를 얻는구나.〔客醉揮金椀, 詩成得繡袍.〕"라고 하였는데, 송나라 조차공(趙次公)의 주석에 "당나라 측천무후(則天武后)가 동방규(東方虯)와 송지문(宋之問)에게 시를 짓게 하여, 시를 먼저 완성한 자가 금포를 얻었다."라고 하였다. 【校解】 《고증》에는 '得繡'가 '奪錦'으로 되어 있는데, 《보주두시(補註杜詩)》와 《구가집주두시(九家集注杜詩)》 등에 의거하여 수정하였다.

310 백척……바꾸었구나 : 【譯注】 장송과 푸른 쑥은 각각 재주가 뛰어난 사람과 그렇지 못한 사람을 비유하는 말이다. 여기서 장송은 이담을, 푸른 쑥은 이황을 가리킨다. 【攷證 卷8 長松百尺換蓬蒿】 당나라 한유(韓愈)의 〈취하여 맹동야를 만류하다〔醉留東野〕〉 시에 "한자는 조금 약삭빠르니, 장송에 붙은 푸른 쑥인 양 스스로 부끄럽네.〔韓子稍姦黠, 自慙靑蒿倚長松.〕"라고 하였다. 【校解】 《고증》에는 '靑'이 '蓬'으로 되어 있는데, 통행본 《한창려집(韓昌黎集)》에 의거하여 수정하였다.

KBP0607(詩-別卷1-98)

내일 길을 떠나기에 민경열[311]에게 주다 병오년(1546, 명종1, 46세) 3월 【2월 30일경 추정. 서울】

明日將行 贈景說 丙午三月

휴가를 받아 영남으로 돌아갔다.

한 동이 술 마주하자 그리움 하염없으니	一尊相對意茫然
독서당에서 함께한 것 여섯 해 전이로구나	仙館同牀六載前
지난 일들이 꿈꾼 듯하다고 말하지 마오	莫話陳蹤如夢寐
훗날 또 올해가 꿈처럼 여겨지리니	他年如夢又今年

311 민경열 : 【譯注】 민기(閔箕, 1504~1568)로, 본관은 여흥(驪興), 자는 경열(景說), 호는 관물재(觀物齋)이다. 한성부 판윤(漢城府判尹)·이조 판서·우의정 등을 지냈다.

KBP0608(詩-別卷1-99)

조령을 지나는 길에 【병오년(1546, 명종1, 46세) 3월 4~10일 추정. 문경(聞慶)】

鳥嶺途中

꿩은 꿩꿩 울고[312] 물은 졸졸 흐르니 雊鳴角角水潺潺
가랑비 봄바람 속에 필마로 돌아가노라 細雨春風匹馬還
길에서 사람 만나자 오히려 반가우니 路上逢人猶喜色
말소리 들어보니 고향에서 왔음을 알겠네 語音知是自鄉關

312 꿩은 꿩꿩 울고 : 【攷證 卷8 雊鳴角角】 당(唐)나라 한유(韓愈)의 〈이날이 참으로 아깝다. 1수. 장적에게 주다〔此日足可惜一首贈張籍〕〉 시에 "백 리 가는 동안 사람 만나지 못했으니, 꿩꿩 수꿩만 우네.〔百里不逢人, 角角雄雉鳴.〕"라고 하였다.

KBP0609(詩-別卷1-100)

용궁의 부취루 【병오년(1546, 명종1, 46세) 3월 4~10일 추정. 용궁】

龍宮浮翠樓

높은 누대 활짝 핀 꽃 한가로운 사람 설레게 하니	高樓花事撩人閒
산다가 대숲에 어우러진 풍경 가장 사랑스러워라	最愛山茶映竹間
좋은 새는 저무는 봄 아쉬워하는 마음 어찌 없으랴	好鳥豈無春晚恨
어찌하여 종일토록 산에 돌아가지 않는가	如何終日不歸山

KBP0610(詩-別卷1-101)

일 때문에 서울로 가려 했다가 병으로 푸실 시골집에 돌아오다[313] 병오년(1546, 명종1, 46세) 4월 10일 【영주(榮州)】

以事將西行 病還草谷村庄 四月十日

병에 매여 서울로 가는 발길 돌렸는데 病縶還京轡
하늘이 철 지난 봄꽃을 피워주네 天開節後花
해당화는 끊어 놓은 비단처럼 새롭고 海棠新剪錦
철쭉은 붉은 놀처럼 흐드러지게 피었누나 躑躅爛蒸霞
오솔길은 몇 해나 황폐한 채 묻혀 있었던가 幾歲埋荒逕
오늘 아침 오래된 가지를 돌아보았네 今朝眄舊柯
문 걸어 닫고 분수를 지키노라니 關門聊自守
좋은 생애 얻게 되었구나 贏得好生涯

313 일……돌아오다 : 【譯注】 푸실〔草谷〕은 이황의 처향(妻鄕)으로, 이황의 첫째 부인 정경부인(貞敬夫人) 허씨(許氏)의 고향이다. 허씨는 허찬(許瓚)의 맏딸이다. 【要存錄別集】 이때 선생이 말미 기한이 다 차서 조정으로 돌아가려 하였는데, 병 때문에 가기를 그만두었다. 얼마 뒤 해당 조에서 말미 기한이 지났다고 아뢰어, 체직되었다.

KBP0611(詩-別卷1-102)

오생 수영[314]에게 주다. 용수사에서 짓다 【병오년(1546, 명종1, 46세) 4월 25일~5월 추정. 예안(禮安)】

贈吳生 守盈 龍壽寺作

영천(榮川) 푸실[315]로부터 와서 우거했다.

내가 산사의 고요함 좋아하여	我愛山寺靜
선방에 한가히 누웠노라	高枕臥一室
푸른 이끼가 골짜기 어귀를 가득 덮고 있을 뿐	蒼苔滿洞門
종일토록 찾아오는 객 없어라	終日無來客
뜰 앞엔 작약 붉고	庭前芍藥紅
담장 뒤엔 벽려 푸르구나	牆後薜荔碧
꾀꼬리 정답게 서로 지저귀고	睍睆相和音
선명한 초목은 푸른빛이 나뉘어졌네	悄蒨分翠色
은거하며 도를 조금 맛보지만	幽居稍味道
고답적인 모습 세상사람 놀래키겠네	高步恐駭俗
신선이 어찌 본래 없으랴만	神仙豈本無
만년에 단약(丹藥)이 없구나	歲晩乏大藥
시와 술에 흠뻑 젖어	苦被詩酒汙
종전부터 고질에 걸렸네	從前嬰痼疾

314 오생 수영 : 【譯注】 오수영(吳守盈, 1521~1606)으로, 본관은 고창(高敞), 자는 겸중(謙仲), 호는 춘당(春塘)·도암(桃巖)이다. 이황의 숙부 이우(李堣)의 외손자이다.

315 푸실 : 【譯注】 이황의 처향(妻鄕)으로, 이황의 첫째 부인인 정경부인(貞敬夫人) 허씨(許氏)의 고향이다.

임금의 은혜 태산처럼 크건만　君恩若山岳
신하의 자질은 저력처럼 보잘것없구나　臣性如樗櫟
용두산 책 읽는 곳에서　龍山讀書處
목어죽[316] 먹으며 지내노라　來逐木魚粥
오생 또한 시속과 크게 어긋나　吳生亦太乖
기호가 세상 사람과 다르도다　嗜好與世別
서책에서 글자 때때로 묻고　蠹簡時問字
좋은 종이 주며 글씨 써 달라네　華牋且徵筆
눈먼 자가 감히 길을 일러주고　盲者敢諭塗
서툰 자가 오히려 억지로 깎는 격이라[317]　拙者猶强斲
부디 그대 함부로 전하지 마오　請子勿浪傳
사람들이 턱 빠지도록 웃으리니　人將笑頤脫

---

316 목어죽 : 【譯注】 절에서 먹는 죽반(粥飯)으로, 불가에서 예불(禮佛)을 드리거나 죽반을 먹을 때 목어를 두드려 알리기 때문에 '목어죽'이라는 이름이 붙었다. 【攷證 卷8 木魚粥】 송(宋)나라 유부(劉斧)의 《척유(摭遺)》에 "승사(僧舍)에 '목어'란 것이 있는데, 물고기는 밤낮으로 눈을 감지 않으니 수행하는 자도 잠을 잊고 도를 닦아야 한다. 물고기는 용으로 변할 수 있으니 범부도 성인의 경지에 들어갈 수 있다."라고 하였다. 송나라 소식(蘇軾)의 〈27일에 양평으로부터 사곡에 이르러……〔二十七日自陽平至斜谷……〕〉 시에 "나무 누각에서 홀로 자다가 낯선 잠자리에 놀라 깨니, 목어가 새벽에 울리자 스님의 죽이 나오네.〔板閣獨眠驚旅枕, 木魚曉動隨僧粥.〕"라고 하였고, 또 소식의 〈해회사에 묵다〔宿海會寺〕〉 시에 "죽 먹으라 부르는 목어 소리 맑고 깨끗하니, 사람 말소리 들리지 않고 신발 소리만 들리네.〔木魚呼粥亮且清, 不聞人聲聞履聲.〕"라고 하였다.

317 서툰……격이라 : 【譯注】 《장자》 〈서무귀(徐无鬼)〉에 실린 장석(匠石)의 고사에서 온 말로, 서툰 솜씨로 남의 글을 고쳐준다는 의미이다. 영(郢) 땅 사람이 자신의 코끝에 백토를 바르고 장석(匠石)에게 깎아 내게 하였는데, 장석이 그 사람의 코를 조금도 상처 내지 않고 도끼를 휘둘러 백토를 완전히 닦아냈다. 훗날 영 땅 사람이 죽은 뒤에 장석이 "제가 일찍이 그렇게 할 수 있었지만, 지금은 신의 도끼질을 받아줄 바탕이 죽은 지 오래되었습니다.〔臣則嘗能斲之, 雖然臣之質死久矣.〕"라고 하였다. 《莊子 徐无鬼》

KBP0612(詩-別卷1-103~104)

토계 마을에서 읊은 즉흥시. 2수 【병오년(1546, 명종1, 46세) 5월 추정. 예안(禮安)】

溪村卽事 二首

(詩-別卷1-103)

벼와 삼, 닭과 개 아이들과 어우러져 있는데	禾麻雞犬共兒孫
푸른 나무 그늘에 문이 반쯤 닫혀 있구나	碧樹陰中半掩門
어젯밤 용공[318]이 비 뿌리며 지나갔으니	昨夜龍公行雨過
새벽녘 물동이엔 흰 구름 흔적 맑게 남아 있네	曉盆淸戴白雲痕

(詩-別卷1-104)

뽕잎 드물어질 제 누에가 섶에 오르고[319]	桑葉稀時蠶上簇
제비가 둥지 튼 뒤 보리타작을 하누나	燕巢成後麥登場
근래 누차 여왕벌이 집 지었으니[320]	近來屢作蜂王室

318 용공 : 【譯注】 풍우(風雨)를 관장하는 용신(龍神)인 장용공(張龍公)으로, 송(宋)나라 소식(蘇軾)의 〈취성당설(聚星堂雪)〉 시 서문에 "장용공에게 비를 내려달라 기도하여 약간의 눈을 얻었다."라고 하였다.

319 누에가 섶에 오르고 : 【攷證 卷8 蠶上簇】 송나라 소식의 〈고요 현령 유식이 협산사에서 부쳐온 시에 차운하다〔次韻高要令劉湜峽山寺見寄〕〉 시에 "빈속에 남은 생각 토해내니, 누에고치가 잠박(蠶箔)에 매달려 있는 것처럼 고요하네.〔空腸吐餘思, 靜似蠶綴簇.〕"라고 하였다. 【校解】 《고증》에는 '似'가 '如'로 되어 있는데, 통행본 《동파전집(東坡全集)》에 의거하여 수정하였다.

320 여왕벌이 집 지었으니 : 【攷證 卷8 蜂王室】 살펴보건대, 송나라 왕원지(王元之 왕우칭(王禹偁))가 "여왕벌이 머무는 곳에 대를 하나 짓는데 크기가 밤 만하니, 속칭 '왕대(王臺)'라 합니다."라고 하였다. 《小畜集 卷14 紀蜂》

날 추위지면 벌집 베어 낼 수 있겠지[321] 贏得天寒割蜜房

321 날……있겠지 : 【攷證 卷8 天寒割蜜房】 살펴보건대, 이는 두보(杜甫) 시의 구절 전체를 쓴 것이다. 【校解】 당(唐)나라 두보의 〈추야오수(秋野五首)〉 시 중 제3수에 "바람이 그치자 솔방울을 줍고, 날이 추워지자 벌집을 베노라.〔風落收松子, 天寒割蜜房.〕" 라고 하였다.

KBP0613(詩-別卷1-105~107)

우연히 육언시를 짓다 【병오년(1546, 명종1, 46세) 5~6월 추정. 예안(禮安)】

偶成六言

(詩-別卷1-105)

한가로이 누워 마음 편안케 하는 것이 곧 약이요	閒臥安心是藥
배고픈 뒤 먹어 입을 기쁘게 하면 고기 맛과 같도다	晩食悅口當肉
바람 불자 시냇물 졸졸 흐르고	風來石澗淙淙
비 그치자 산 구름이 첩첩이 쌓여 있네	雨罷山雲矗矗

(詩-別卷1-106)

율무죽 한 주발의 맛이요	薏苡粥一椀味
맑고 온화한 향 두 줄기 연기라	淸潤香兩穗烟
집 뒤에선 구름 헤치며 채마밭 일구고	舍後開雲作圃
문 앞에선 맑은 물로 밭에 물 대노라	門前鳴玉灌田

(詩-別卷1-107)

시골 사람의 초가집 단출하고	野人茅屋簡易
계옹의 병석 편안하다	溪翁病枕輕安
객이 오면 시냇가에 자리 펴고	客至臨流展席
흥이 일면 나막신 신고 산에 오르네	興來著屐登山

KBP0614(詩-別卷1-108)

임사수[322]가 부쳐온 시 2수를 보고 그 시에 차운하여 도로 부치다. 임사수가 이때 제주 목사로 있었다【병오년(1546, 명종1, 46세) 5~6월 추정. 예안(禮安)】

林士遂見寄詩二首 次韻卻寄 士遂時爲濟州牧

바다 건너 부쳐온 편지만 부질없이 받고	空聞渡海梅花信
남쪽 땅에 있는 그대 얼굴은 보지 못하는구나	不見蠻烟紅玉顔
동호에서 술잔 돌리며 시 읊던 일 말하지 말라	莫道東湖觴詠事
나도 지금은 이미 천한을 그만두었으니[323]	故人今已罷天閑

322 임사수 :【譯注】임형수(林亨秀, 1514~1547)로, 본관은 평택(平澤), 자는 사수(士遂), 호는 금호(錦湖)이다. 부제학·제주 목사(濟州牧使) 등을 지냈다.

323 나도……그만두었으니 :【校解】관직을 그만두고 전원으로 돌아왔다는 의미이다. 천한(天閑)은 임금이 타는 말을 기르는 곳으로, 여기서는 사복시 관원을 의미한다. 이황이 1545년(인종1) 10월에 사복시 정 겸 승문원 참교에 제수되었는데, 1546년 2월에 말미를 얻어 고향에 왔다가 병 때문에 말미 기한이 지나도록 조정에 돌아가지 못하자, 1547년(명종1) 5월에 해직되었다.《退溪先生年譜 卷1》

KBP0615(詩-別卷1-109)

동지에 감회가 있어 회암의 〈10월 초하루 아침에 선영을 그리워하다〉 시[324]의 운자를 사용하여 짓다. 이때 예빈시정에 제수되었으나 병으로 나아가지 않았고, 이날 사당 참배도 그만두었다 【병오년(1546, 명종1, 46세) 11월 9일. 예안(禮安)】

至日有感 用晦庵十月朔旦懷先壟韻 時除禮賓正 病不赴 是日又廢祠參

차가운 등잔 흰 벽을 비추니　　寒燈耿素壁
우두커니 홀로 앉아 마음 서글프구나　　兀坐心愴悽
대궐 조회에 나아가지 못하고　　不作玉宸朝
게다가 사당 참배도 하지 못했네　　重負祠參時
일양이 다시 생기는 것[325]만 알 뿐　　空知一陽復
여전히 병으로 칩거해 있노라　　依舊病關扉
직임에 나아가기가 진실로 어려우니　　諒難抵吏役
흰옷이 검게 된다[326]고 감히 말할 수 있으랴　　敢言衣化緇

---

324 회암의……시 : 【譯注】 송(宋)나라 주희(朱熹)의 《주자대전(朱子大全)》 권1 〈10월 초하루 아침에 선영을 그리워하며 짓다〔十月朔旦懷先隴作〕〉 시를 가리킨다.

325 일양이……것 : 【譯注】 동짓달 11월은 《주역》 복괘(復卦)에 해당하는 달로, 일양(一陽)이 다시 생겨나기 시작한다. 송나라 정이(程頤)의 《이천역전(伊川易傳)》 권2에 "10월에 음의 성함이 이미 지극하였다가 동지가 되면 일양이 다시 땅속에서 생기므로, '복'이라고 한 것이다.〔歲十月, 陰盛旣極, 冬至則一陽復生於地中, 故爲復也.〕"라고 하였다.

326 흰옷이 검게 된다 : 【譯注】 벼슬에 나아가 세속의 때가 묻는 것을 의미한다. 남조시대 제(齊)나라 사조(謝朓)의 〈왕 진안에게 답하다. 1수〔酬王晉安一首〕〉 시에 "그 누가 경사에 오래 머물러서 검은 티끌이 흰옷을 물들일 수 있으리오?〔誰能久京洛, 緇塵染素衣?〕"라고 하였다.

벗들과 떨어져 외롭게 지내니　　離羣成孤陋
책 껴안고 길이 탄식하노라　　抱卷永歎欷
고맙게도 삼자부[327]가 있으니　　賴有三字符
정성껏 다해 기어코 이를 실천하리　　拳拳期事斯

327 삼자부 : 【譯注】 송나라 주희의 스승 유자휘(劉子翬)가 주희에게 자기 수양의 지침으로서 '불원복(不遠復)'을 세 글자를 알려준 것을 말한다. 《주역》 〈복괘(復卦) 초구(初九)〉 효사(爻辭)의 "멀리 가지 않고 돌아오는지라 뉘우침에 이름이 없으니, 크게 선하여 길하다.〔不遠復, 无祗悔, 元吉.〕"라고 하였는데, 이는 잘못을 했으나 곧 깨우치고 선으로 되돌아간다는 뜻이다. 주희가 성인의 도(道)로 들어가는 차제를 묻자, 유자휘가 "'멀리 가지 않고 돌아온다〔不遠復〕'는 말이 나의 세 글자 부절〔三字符〕이다."라고 하였다. 《朱子大全 卷90 屛山先生劉公墓表》

KBP0616(詩-別卷1-110)

월란암 아래에 대가 있으니 '고반대'이고, 고반대 아래에 샘을 하나 얻었으니 '몽천'이다. 그 위에 거사의 흙집 옛터가 있다 정미년(1547, 명종2, 47세) 【4월 추정. 예안(禮安)】

月瀾庵下有臺 曰考槃 臺下得泉 曰蒙泉 其上有居士土室舊基 丁未

내가 월란암에 우거하니	我寓月瀾庵
그윽한 뜻이 퍽 즐겁지 않아라	幽意頗不適
오래된 암자 소쇄하지 않고	老屋匪蕭洒
남아있는 중은 참선할 줄 모르네	殘僧昧禪寂
버드나무 아래 우물물 길으니	柳下汲坳井
개구리 뛰노는 곳이라	蝦螟所跳擲
내 괴이하게 여겼노라, 조화옹이	我怪造物翁
처음부터 아름다운 경치 열어 주어	爰初佳境闢
맑은 시내와 푸른 산	淸溪與碧嶂
기이한 경관이 산객을 대접하건만	設奇餉山客
유독 차 달일 샘물은 없으니	獨無煮茶泉
어찌 잔을 씻으리오	何以淨甌勺
우연히 비운리[328]를 신고	偶躡飛雲履
높고 낮은 곳 마음껏 찾아 오르노라	高下恣尋陟

328 비운리(飛雲履) : 【譯注】 당(唐)나라 백거이(白居易)가 여산(廬山) 초당에 있을 때 만든 신발 이름이다. 백거이가 비운리를 신고 산중의 도우(道友)에게 보여주며 "내 발 아래 구름이 생겨나니, 아마 머지않아 신선이 산다는 주부(朱府)로 올라갈 것이다."라고 하였다. 《說郛 卷119上 雲仙雜記1》

멀리 바라보자 또한 이미 지쳤으니	遠望亦已倦
깊숙한 곳 아직 다 찾아가진 못했어라	幽探猶未極
돌아와 작은 대에서 쉬니	歸來憩小臺
암자에서 거리가 지척도 안 되네	去庵無咫尺
곁에는 휑하게 뚫린 계곡 있는데	傍有呀然谷
곱고 밝은 초목과 바위가 가렸어라	悄蒨翳木石
굽어보자 작은 시내 보이는데	俯窺得涓流
벼랑에 푸른 이끼 끼어 있네	巖崖苔蘚碧
암자의 늙은 거사가	庵中老居士
나를 위해 정성을 다해 소제해 주었으니	爲我勤疏決
샘물 거울처럼 맑고	一泓湛如鏡
설유[329] 달고도 깨끗하다	雪乳甘且潔
이곳이 참된 근원임을 알겠으니	乃知眞源處
멀리까지 찾아갈 필요 없도다	不待窮遠覓
그 위에 옛 집터 있는데	其上有古基
풀에 덮여 있고 미록만 다니는구나	草沒麋鹿迹
예전에 한가로운 도인이	云昔閒道人
이곳에 흙집을 지었다 하네	於焉開土室

329 설유 : 【譯注】 설산(雪山)에서 나오는 소젖이라는 말로 맛 좋은 샘물을 비유한다. 인도의 설산에 인욕초(忍辱草)라는 풀이 있는데, 인욕초를 먹은 소의 젖으로 제호(醍醐)를 만들 수 있다고 한다. 《法苑珠林 卷10 種子部》【攷證 卷8 雪乳】 송(宋)나라 소식(蘇軾)의 〈백학산 새로운 거처에……〔白鶴山新居……〕〉 시에 "새벽에는 항아리로 설유를 얻고, 저녁에는 두레박으로 얼음물을 모으네.〔晨甁得雪乳, 暮甕停冰湍.〕"라고 하였다. 【校解】 《고증》에는 '得'이 '和'로 되어 있는데, 통행본 《동파전집(東坡全集)》에 의거하여 수정하였다.

이 물을 마셨다는 말만 들었을 뿐 但聞飮此水
어느 때인지는 알 수 없어라 不知幾歲月
이곳에 살며 무엇을 하였으며 居之何所爲
떠나서는 또한 어디로 갔는가 去亦何所托
정신을 수련하여 無乃鍊精魄
신선이 되어 난새와 학을 타고서 變化騎鸞鶴
삼도와 십주[330] 三島與十洲
끝없이 광활한 데 노닌 것 아니겠는가 無邊戲寥廓
어찌하여 내가 오길 기다려 胡不待我來
나에게 단약[331]을 주고 與我金匕藥
나와 함께 날아올라 挾我共飛騰
세상을 버리고 우주 밖으로 벗어나지 않는가 遺世出六合
나만 지금 홀로 방황하니 我今獨彷徨
신선 되는 비결 물을 데 없구나 無從問眞訣
세상과 몹시 어긋나 與世苦參差
중년에 깊은 병 걸렸네 中年抱沈疾
인삼과 복령도 효험이 없으니 參苓不自效
학문에 대한 뜻 쇠한 지 오래로다 道意久衰薄
임하에 쓸쓸히 누워 있으니 林下臥寥寥

330 삼도와 십주 : 【譯注】 신선이 사는 곳이다. 삼도(三島)는 신선이 산다는 삼신산(三神山)인 봉래(蓬萊)·영주(瀛洲)·방장(方丈)이고, 십주(十洲)는 신선들이 산다고 전해지는 전설상의 10개 섬이다.

331 단약 : 【攷證 卷8 金匕藥】 살펴보건대, 의가(醫家)에서 가루약을 쓸 때 방촌비(方寸匕)로 한다.

산속에 찾아오는 이 없어라　山中來漠漠
누가 기꺼이 지취를 함께 하여　誰肯同臭味
책에 담긴 가르침 완미할거나　遺芳玩經籍
몽천이 하늘이 숨긴 비경 드러내니　蒙泉發天秘
감탄하는 가운데 스스로 부끄럽도다　感歎中自恧
귀를 씻는 것[332]은 내 일 아니거니와　洗耳非吾事
표주박으로 물 마심에 즐기는 게 무엇이었던가[333]　飮瓢何所樂
띳집 짓고 은거할 뜻 다행히 어긋나지 않았으니　結茅幸不違
잘못을 깨달은 거백옥[334]을 사모하노라　知非慕伯玉

---

332 귀를 씻는 것 : 【譯注】 벼슬을 멀리하고 은거하는 것을 의미한다. 【攷證 卷8 洗耳】 진(晉)나라 황보밀(皇甫謐)의 《고사전(高士傳)》 상권 〈허유(許由)〉에 "요(堯) 임금이 허유를 불러 구주(九州)의 장으로 삼으려 하자, 허유가 이 말을 듣고자 하지 않아 영수(潁水)에서 귀를 씻었다."라고 하였다.

333 표주박으로……무엇이었던가 : 【譯注】 공자의 제자인 안회(顔回)가 안빈낙도(安貧樂道)했던 고사를 가리킨다. "어질도다, 안회여! 한 대그릇의 밥과 한 표주박의 물로 누추한 시골에 있는 것을 다른 사람들은 그 근심을 견뎌내지 못하는데, 안회는 그 즐거움을 변치 않는구나. 어질도다, 안회여!〔賢哉, 回也! 一簞食, 一瓢飮, 在陋巷, 人不堪其憂, 回也不改其樂. 賢哉, 回也.〕"라고 하였다. 《論語 雍也》

334 잘못을 깨달은 거백옥 : 【譯注】 거백옥(蘧伯玉)은 춘추 시대 위(衛)나라 대부 거원(蘧瑗)으로, 백옥은 그의 자이다. 거백옥은 항상 지난날의 잘못을 반성했는데, 《회남자(淮南子)》 〈원도훈(原道訓)〉에 "거백옥은 나이 50에 지난 49년 동안의 잘못을 알았다.〔蘧伯玉年五十, 而知四十九年非.〕"라고 하였다.

KBP0617(詩-別卷1-111)

주경유[335]가 육청 산인[336]에게 준 시를 적은 시권 뒤에 쓰다

【정미년(1547, 명종2, 47세) 4월 추정. 예안(禮安)】

書周景遊贈陸淸山人詩卷後

주경유가 스스로 '무릉(武陵)'이라고 썼다.

무릉이 불가를 꾸짖은 뜻 정성스러우니[337] 武陵訶佛意拳拳
나는 실로 이에 대해 그렇게 할 겨를 없었네 我實於茲不暇然
저 형세 홍수로 다 물고기 밥 되는 것보다 심하니[338] 勢甚懷襄盡魚腹
그 공은 적 무찔러 봉화[339] 잠잠해지는 것보다 어렵도다 功難摧陷靜狼烟

---

335 주경유 :【譯注】 주세붕(周世鵬, 1495~1544)으로, 본관은 상주(尙州), 자는 경유(景遊), 호는 신재(愼齋)·남고(南皐)·무릉도인(武陵道人)·손옹(巽翁)이다. 승문원 교리·도승지·호조 참판 등을 지냈으며, 풍기 군수(豐基郡守)로 있던 1543년에 백운동서원(白雲洞書院)을 건립했다.

336 육청 산인 :【攷證 卷8 陸淸山人】 아마도 승려 이름인 듯하다.【校解】 학가산(鶴駕山)에서 온 승려이다.《武陵雜稿 卷1 別集 贈陸淸上人》

337 무릉이……정성스러우니 :【譯注】 주세붕의《무릉잡고》권1 별집〈육청 상인에게 주다〔贈陸淸上人〕〉시에 "어지럽게 어리석은 사람들 속여, 만고에 모두 미혹되었네. 끝내 적멸(寂滅)로 나아가게 되니, 너의 죄를 누가 갚을 수 있으랴?〔紛紛誣愚騃, 萬古同受惑. 畢竟就灰寂, 爾罪誰得贖?〕"라고 하였다.

338 저……심하니 :【譯注】 이단의 설이 세상을 어지럽히는 것이 홍수의 재해보다 심하다는 의미이다. 맹자가 "옛날에 우 임이 홍수를 다스려서 천하가 태평해졌다."라고 하였는데, 송(宋)나라 주희(朱熹)의 주석에 "사설(邪說)이 마구 유행하여 사람의 심술(心術)을 무너뜨리는 것이 홍수나 맹수의 재앙보다 심하다."라고 하였다.《孟子集註 滕文公下》

339 봉화 :【攷證 卷8 狼烟】 당(唐)나라 단성식(段成式)의《유양잡조(酉陽雜俎)》권16〈모편(毛篇)〉에 "이리의 똥을 태운 연기〔狼糞烟〕는 똑바로 올라가니, 봉화에 그것을 사

함지[340] 곁에 음란한 소리 절로 끊어지고	哇音自絶咸池側
밝은 해에 어두운 기운 끝내 사라졌네	氛翳終消白日邊
이르노니, 우리들 부지런히 스스로 공부하여	爲報吾儕勤自做
훗날 돌피[341]를 부러워하는 일 없게 하세	莫容稊稗羨他年

용한다."라고 하였다.

340 함지(咸池) : 【譯注】 고대 악곡 이름이다. 요(堯) 임금이 만들었다고도 하고, 황제(黃帝)의 음악인데 요 임금이 증수하여 사용했다고도 한다.

341 돌피 : 【譯注】 유학의 입장에서 바르지 못한 이단의 학문을 비유하는 말이다. 《맹자》〈고자 상(告子上)〉에 "오곡은 곡식의 종류 중에서 좋은 것이지만 만일 제대로 익지 않으면 돌피만도 못하니, 인 또한 익숙히 함에 달려있을 뿐이다.〔五穀者, 種之美者也. 苟爲不熟, 不如荑稗. 夫仁亦在乎熟之而已矣.〕"라고 하였다.

KBP0618(詩-別卷1-112)

가형[342]의 편지를 받았는데 황해도 관찰사로 나가게 되어 5월에 숙배할 것이라 하기에, 시를 지어 삼가 부치다 【정미년(1547, 명종2, 47세) 4월 추정. 예안(禮安)】

得家兄書 出按黃海 將以五月陛辭 作詩奉寄

지난해 이 아우가 서울을 나온 것 언제였던가 去歲何時弟出京
동교에 가랑비 내리고 가는 봄을 슬퍼할 때였지 東郊細雨傷春情
올해 형님이 도성을 떠나는 것 언제인가 今年何時兄去國
석류꽃 눈에 비치고 매실 누렇게 익는 계절이로다 榴花照眼黃梅節
작별하는 건 마찬가지나 지금 더욱 멀어지니 等是作別今更遠
서해 아득하여 바라보아도 끝이 없네 西海漫漫望不極
영남에 부임해 오는 것은 말할 것도 없거니와 辰韓杖節且不論
말미 얻어 고향에 오는 것도 어찌 쉬우랴 乞假南來那易得
어지러운 송사 그치고 감당나무 그늘 한가로워지며[343] 雀鼠訟息棠陰淸
수양산[344] 푸르고 부용당[345]에 달 뜨리라 首陽翠色芙蓉月

342 가형 : 【譯注】 이해(李瀣, 1496~1550)로, 본관은 진보(眞寶), 자는 경명(景明), 호는 온계(溫溪)이다. 이황의 넷째 형이다. 1547년(명종2)에 황해도에 큰 기근이 든 데다가 역병이 창궐하자, 명종(明宗)이 특별히 이해를 황해도 관찰사(黃海道觀察使)에 제수하였다. 《溫溪先生逸稿年譜》

343 감당나무 그늘 한가로워지며 : 【譯注】 지방관으로서 선정(善政)을 편다는 의미이다. 주 문왕(周文王) 때 남국(南國)의 백성들이 소백(召伯)의 선정에 감사하여 그가 머물렀던 감당나무를 소중히 여겨 "무성한 감당나무를, 자르지도 말고 베지도 말라. 소백께서 쉬셨던 곳이니라.〔蔽芾甘棠, 勿翦勿伐, 召伯所茇.〕"라고 하였다. 《詩經 召南 甘棠》

고향과 아우를 그리워하는 마음 어떠하실까　懷鄕憶弟意若何
임금 그리는 마음 백성 걱정에 머리 세겠지　戀闕憂民見華髮
병든 몸으로 외진 산골에서 농사를 배우노니　抱病窮山學農圃
소유의 지업[346]처럼 진실로 잗다랗다　少游志業誠齷齪
돌아보건대 반평생 본래 걸음걸이 잊었으니[347]　回頭半世失故步
천운이 곤궁한 것으로 내 지난 허물을 고치고져　庶以天窮補其闕
척령 시[348] 이루어져 멀리 형님께 부치노니　鶺鴒詩成寄鴈足
출처와 비환에 다 함께 건강을 지키시길[349]　出處悲歡俱努力

---

344 수양산 : 【攷證 卷8 首陽】 산 이름이니, 해주(海州) 동쪽 5리 되는 곳에 있다. 고죽군(孤竹郡)의 옛터가 있다.

345 부용당 : 【攷證 卷8 芙蓉】 당(堂) 이름이니, 해주 객관(客館)의 서련지(西蓮池)에 있다. 매우 맑은 운치가 있다.

346 소유의 지업 : 【譯注】 세상에 나아가지 않고 향리에서 조용히 지내는 것을 의미한다. 【攷證 卷8 少游志業】 한나라 마원(馬援)의 종제(從弟) 소유(少游)가 마원이 강개하고 큰 뜻이 많은 것을 안타깝게 여겨, 일찍이 "선비가 한 세상에 태어나, 단지 배불리 먹고 따뜻하게 옷 입고서 하택거(下澤車)를 타고 관단마(款段馬)를 몰며, 고을의 작은 관리가 되어 선조의 무덤을 지키며 시골 사람들에게 선인(善人)이라 불릴 정도면 될 뿐이요, 더 많은 명리를 구하는 것은 스스로 괴로울 뿐이다."라고 하였다. 《後漢書 馬援列傳》

347 본래 걸음걸이 잊었으니 : 【譯注】 남을 흉내 내다가 자신의 본분을 잃어버리는 것을 말한다. 연(燕)나라의 수릉(壽陵) 땅의 한 청년이 조(趙)나라의 수도 한단(邯鄲)에 가서 그곳 사람들의 우아한 걸음걸이를 배우려고 하다가, 자신의 본래 걸음걸이를 잊어버렸다는 고사가 있다. 《莊子 秋水》

348 척령 시 : 【譯注】 형제간의 우애를 읊은 시이다. 《시경》 〈소아(小雅) 상체(常棣)〉에 "할미새가 들판에 있으면서, 급한 때에 형제들을 서로 돕네.〔鶺鴒在原, 兄弟急難.〕"라고 하였다.

349 건강을 지키시길 : 【譯註】 원문의 노력(努力)은 고시십구수(古詩十九首) 〈행행중행행(行行重行行)〉의 "버려 두고 그만 말하지 말고, 애써 밥이나 먹자.〔棄捐勿復道, 努力加餐飯.〕"란 구절에서 따온 말로, 건강에 유념하자는 뜻이다. 《古文眞寶前集》

KBP0619(詩-別卷1-113)

농암[350] 상공이 예안 원님 임내신[351] 과 나를 초청하여 산수를 구경하려 했는데, 그날 비가 내려 예안 원님은 왔으나 나는 가지 못했다. 며칠 뒤 다시 부르셨기에, 내가 황중거[352] 등 몇 사람과 배를 띄워 점석[353]을 유람하고 이어 강각에 묵었다. 상공이 시로 그 일을 기록하게 하였다 【정미년(1547, 명종2, 47세) 5월 추정. 예안(禮安)】

聾巖相公 邀城主 任鼐臣 及滉 遊賞泉石 其日雨 城主來而滉不往 後數日再招 滉與黃仲擧諸人 泛舟爲簟石之遊 仍留宿江閣 相公令詩以紀其事

늘그막에 전원에 돌아와 늙는 것 어찌 명성 얻기 위해서랴 投老歸田豈爲名
모시고 산수 유람하니 영주[354]에 오른 듯하여라 陪遊泉石似登瀛
하사받은 책이 누차 양삼경[355]을 빛냈으니 賜書屢賁楊三徑

350 농암 : 【譯注】 이현보(李賢輔, 1467~1555)로, 본관은 영천(永川), 자는 비중(棐仲), 호는 설빈옹(雪鬢翁)·농암(聾巖)이다. 정언·부제학·호조 참판 등을 지냈다.

351 임내신(任鼐臣) : 【譯注】 1512~1588. 본관은 풍천(豊川), 자는 조원(調元), 호는 어은(漁隱)이다. 1544년(중종39)에 예안 현감(禮安縣監)으로 부임하였다.

352 황중거 : 【譯注】 황준량(黃俊良, 1517~1563)으로, 본관은 평해(平海), 자는 중거(仲擧), 호는 금계(錦溪)이다. 신녕 현감(新寧縣監)·단양 군수(丹陽郡守)·성주 목사(星州牧使) 등을 지냈다.

353 점석 : 【攷證 卷8 簟石】 분강(汾江)의 강 가운데 있다. 모양이 자리를 펴 놓은 듯하기 때문에 이렇게 이름한 것이다.

354 영주(瀛洲) : 【譯注】 신선이 사는 삼신산(三神山) 중의 하나로, 여기서는 아름다운 경치를 비유한다.

355 양삼경 : 【譯注】 은자의 거처를 비유하는 말로, 여기서는 이현보의 거처를 가리킨다.

호수를 하사받은 하사명[356]이야 말해 무엇하랴	粉水寧論賀四明
비가 한 쌍의 오리를 보낸 것[357]도 매우 좋지만	雨送雙鳧雖絶勝
바람이 일엽편주에 불어오니 더욱 다정하여라	風吹一葉更多情
임하의 작은 누각에서 하룻밤 묵으니	林間小閣通宵夢
불현듯 정신이 유달리 맑아지네	陡覺神魂分外淸

-농암 공이 치사(致仕)한 뒤에 책을 하사받는 은총을 누차 입었다.-

【攷證 卷8 楊三徑】 살펴보건대, 송(宋)나라 양성재(楊誠齋 양만리(楊萬里))가 동원(東園)에 새로 아홉 오솔길을 열어, 강매(江梅), 해당화, 복숭아, 오얏, 귤, 살구, 홍매(紅梅), 벽도(碧桃), 부용(芙蓉)을 각각 하나의 오솔길에 심고, '삼삼경(三三徑)'이라 이름하였다. 양성재의 〈삼삼경〉 시에 "삼경을 처음 연 이는 장후(蔣詡)요, 다시 삼경은 연 것은 도연명이라. 성재암에 삼삼경이 있으니, 오솔길 하나 꽃 피면 그 오솔길 걸어가네.〔三徑初開是蔣卿, 再開三徑是淵明. 誠齋奄有三三徑, 一徑花開一徑行.〕"라고 하였다. 《誠齋集 卷42 三三徑》

356 하 사명 : 【攷證 卷8 賀四明】 하지장(賀知章)이 사명 사람이다. 【校解】 당(唐)나라 하지장이 귀향할 때 당 현종(唐玄宗)이 감호(鑑湖) 일대 땅을 하사했다. 《新唐書 賀知章列傳》

357 비가……것 : 【譯注】 한 쌍의 오리는 지방관을 비유하는 말로, 한(漢)나라 왕교(王喬)가 섭 현령(葉縣令)으로 부임한 뒤 서울에 올 때마다 한 쌍의 들오리를 타고 왔다는 고사가 있다. 《後漢書 王喬傳》 일전에 비가 내려 이황이 이현보에게 가지 못했을 때 예안 현감 임내신만 왔으므로, 이렇게 말한 것이다.

KBP0620(詩-別卷1-114~115)

6월에 큰비가 내려 물이 백성의 전답을 무너뜨렸으니, 병중에 일을 적어 황중거[358]에게 보이다 【정미년(1547, 명종2, 47세) 6월. 예안(禮安)】

六月大雨 水壞民田 病中書事 示黃仲擧

(詩-別卷1-114)

큰 강은 성내어 울부짖고 작은 도랑은 거침없으니 大江號怒小渠狂
밭이 다 웅덩이 되고 보리 모두 상했네 田盡爲汙麥盡傷
괴이하도다, 장마가 아직도 그치지 않아 怪底淫淋猶未已
죽을 지경인데도 하늘에 부르짖을 길 없구나 溝中無路叫蒼蒼

(詩-別卷1-115)

요사이 세 번이나 병 앓았으니 邇來三度病侵淩
원기가 허해질 제 요사한 기운이 이때를 틈탔구나 眞氣虛時客沴乘
서가에 꽂힌 책 전혀 보지 못하고 插架圖書渾不看
누워서 듣자니 솥 매달고 힘들게 밥 짓는다 하네[359] 臥聞懸釜困炊蒸

358 황중거 : 【譯注】 황준량(黃俊良, 1517~1563)으로, 본관은 평해(平海), 자는 중거(仲擧), 호는 금계(錦溪)이다. 신녕 현감(新寧縣監)·단양 군수(丹陽郡守)·성주 목사(星州牧使) 등을 지냈다.

359 솥……하네 : 【譯注】 사방이 물에 잠겨 고생하는 것을 말한다. 전국 시대 조 양자(趙襄子)가 지백(智伯)의 공격을 받아 진양(晉陽)으로 피난 갔을 때, 지백이 진양성에 물을 대어 성안이 모두 물에 잠기자, 진양성 사람들이 솥을 공중에 걸어 놓고 밥을 지어 먹으며 성을 지켰다. 《韓非子 十過》

KBP0621(詩-別卷1-116)

농암[360] 이 상공이 나를 부르시어 병풍암에서 함께 노닐다

【정미년(1547, 명종2, 47세) 7월 추정. 예안(禮安)】

聾巖李相公招滉 同遊屛風庵

병풍암은 분천(汾川)가의 절벽에 있다.

비가 하늘에 개고 불어난 물 펼쳐졌는데	雨霽天空積水平
백사장 가에서 한가로이 과하마[361] 타노라	閒騎果下傍沙汀
호승의 절벽 암자 그림 같은 경치 펼쳐져 있으니	胡僧絶壁庵開畫
늙은 신선이 맑은 가을에 나막신 신고 병풍암 오르네	仙老淸秋屐上屛
그윽한 암천을 불조[362]에게 바치고	窈窕巖泉供佛祖
풍류 있는 술잔으로 산신령에게 답하네	風流杯酒答山靈
어찌하면 잠시라도 호리병 속[363]에 은거하여	何能小作壺中隱

360 농암 : 【譯注】 이현보(李賢輔, 1467~1555)로, 본관은 영천(永川), 자는 비중(棐仲), 호는 설빈옹(雪鬢翁)·농암(聾巖)이다. 정언·부제학·호조 참판 등을 지냈다.

361 과하마 : 【攷證 卷8 果下】《대명일통지(大明一統志)》 권89 〈외이(外夷) 조선국(朝鮮國)〉에 "조선에 과하마(果下馬)가 나는데 키가 3척이니 과일나무 아래에서 타고 지나갈 수 있다."라고 하였다. 《삼국사기》 권27 〈백제본기(百濟本紀) 무왕(武王)〉에 "무왕 22년(621) 겨울 10월에 사신을 당나라에 보내 과하마를 바쳤다."라고 하였다. 송(宋)나라 소식(蘇軾)의 〈이공택의 매화 시에 차운하다〔次韻李公擇梅花〕〉 시에 "잔 기울이며 피리 곡조 속에 읊조리고, 모자로 과하마 안장을 털어내네.〔杯傾笛中吟, 帽拂果下鞚.〕"라고 하였다.

362 불조 : 【攷證 卷8 佛祖】 송나라 소식의 〈여요로 부임하는 유 시승을 보내다〔送劉寺丞赴餘姚〕〉 시에 "나는 늙어 세상만사 그만두었고, 그대도 마음 깨끗이 하여 불조를 따르네.〔我老人間萬事休, 君亦洗心從佛祖.〕"라고 하였다.

363 호리병 속 : 【譯注】 신선 세계의 별천지를 비유하는 말이다. 한(漢)나라 비장방(費長房)이 시장에서 약을 파는 선인(仙人)인 호공(壺公)의 총애를 받아 그의 호리병 속에

고요한 가운데 공부하며 책을 토론할 수 있을거나　　靜裏工夫討汗青

들어갔더니, 그 안에 해와 달이 걸려 있고 별천지가 펼쳐져 있었다고 한다.《後漢書 費長房列傳》

KBP0622(詩-別卷1-117)

청심루[364]에서 묵다 【정미년(1547, 명종2, 47세) 9월 18일경 추정. 여주(驪州)】

宿淸心樓

가을에 소명(召命)에 달려가며.

사미승[365]이 종을 치자 산에 날 저물고	沙彌撞鐘一山暮
강가 성의 고각 소리 돌아오는 배 맞이하네	江城鼓角迎歸櫓
눈앞에 등잔 그림자 별처럼 흩뿌려져 있고	望中燭影撒如星
청심루 높은 곳에서 창을 여노라	淸心樓高啓窓戶
고을 원님이 술상 차려 객수를 위로하니	使君置酒慰客愁
피리 소리 구슬프고 서리 내리는 가을이라	笛聲憤怨霜飛秋
술자리 파하자 사람들 흩어지고 강에 달이 뜨니	酒闌人散江月出
꿈속에 백학을 타고 봉래산(蓬萊山)에 노닌다	夢騎白鶴遊蓬丘

364 청심루 : 【攷證 卷8 淸心樓】 여주(驪州)의 객관 북쪽에 있다.

365 사미승 : 【攷證 卷8 沙彌】 《선각요람(善覺要覽)》에 "중이 머리를 깎고 난 뒤에 '사미(沙彌)'라고 한다. 중국말로는 '식자(息慈)'라고 한다."라고 하였다.

KBP0623(詩-別卷1-118)

꿈을 기록하다 【정미년(1547, 명종2, 47세) 10~11월 추정. 서울】

記夢

빈 창가 적적하고 밤 물처럼 고요하니	虛窓寂寂夜如水
잠들어 꿈속에서 천만 리 날아갔노라	一枕夢中千萬里
초나라 월나라 두루 구경하고 민산 아미산(峨眉山) 찾아가며	流觀楚越窮岷峨
강과 바다에 돛단배 띄워 은하수에 닿았네	掣帆江海連天河
천제가 사는 궁궐 공중에 솟아 있고	淸都館闕空中起
옥황상제의 대궐 오색구름 속에 있어라	玉皇高居五雲裏
비선이 아스라이 아리따운 얼굴로	飛仙縹緲顏婥約
나를 맞이해 함께 유하주[366]를 권하였네	邀我共勸流霞酌
하계의 속세 인연 한 생각 사이이니	下界塵緣一念餘
문득 아래로 떨어져 몸 깨어났도다	忽然下墮形蘧蘧
아침 되자 귓가에 저자 소리 요란하니	朝來市聲鬧耳側
다시 천상을 생각하나 어찌 쉽게 갈 수 있으랴	更憶淸都那易得

366 유하주 : 【譯注】 천상의 신선이 마신다는 술이다. 항만도(項曼都)라는 사람이 신선에게 이끌려 하늘로 올라갔는데, 유하주를 한 번 얻어 마시고는 몇 개월 동안 배가 고프지 않았다고 한다. 《抱朴子 內篇 卷4 祛惑》

KBP0624(詩-別卷1-119)

조카 녕[367]이 회암사[368]에서 독서하다 【정미년(1547, 명종2, 47세) 10~11월 추정, 서울】

姪甯讀書檜巖寺

저자에는 분분한 세상사 새털처럼 많으니	城裏紛紛事若毛
이름난 절 찾은 것은 유람하려는 게 아니로다	欲尋名刹意非遨
어울려 노는 벗은 예로부터 악취가 될 수 있고[369]	燕朋從古能爲臭
《대학》은 지금도 고인의 조박(糟粕)이 아니로다[370]	大學于今不是糟
성현이 전한 심법(心法) 해처럼 밝으니	百聖傳心如揭日
십분 공력을 들이기를 상앗대 버티듯이 하라[371]	十分功力似撐篙

---

367 조카 녕 : 【譯注】 이녕(李甯, 1527~1588)으로, 자는 노경(魯卿), 호는 만랑(漫浪)이다. 이황의 형 이해(李瀣)의 둘째 아들이다.

368 회암사 : 【攷證 卷8 檜巖寺】 양주(楊州) 천보산(天寶山)에 있다. 승려 나옹(懶翁)이 창건한 곳으로, 웅장함과 화려함이 우리나라에서 으뜸이다.

369 어울려……있고 : 【攷證 卷8 燕朋終古能爲臭】《공자가어(孔子家語)》 권4 〈육본(六本)〉에 "선한 사람과 함께 지내는 것은 지란(芝蘭) 향기 그윽한 방에 들어가는 것과 같으니, 오래 있으매 그 향기가 나지 않는 것은 바로 자기 자신이 그 향기와 동화되었기 때문이다. 불선(不善)한 사람과 함께 지내는 것은 마치 생선 악취 가득한 가게에 들어가는 것과 같으니, 오래 있으매 그 악취가 나지 않는 것은〔久而不聞其臭〕, 또한 절인 생선에 동화되어서이다."라고 하였다. ○ 살펴보건대, 이는 어울려 노는 벗〔燕私之朋〕과 함께 지내는 것을 경계한 것이다.

370 대학은……아니로다 : 【譯注】《대학》은 고인이 남긴 겉껍데기에 불과한 것이 아니라 여전히 큰 가르침을 준다는 의미이다. 춘추 시대 제(齊)나라의 수레바퀴를 깎는 장인 윤편(輪扁)이 옛 성인의 책을 읽고 있는 제 환공(齊桓公)에게 "대왕께서 읽으시는 것은 옛사람이 먹다가 남긴 술 찌꺼기〔古人之糟粕〕일 뿐입니다."라고 한 고사가 있다. 《莊子 天道》

네 숙부처럼 헛된 명성 날리지 말라　　休同汝叔虛名簸
병들고 늙도록 이룬 것 없이 그저 애만 썼으니　　老病無成只自勞

-이때 조카 녕이 《대학혹문(大學或問)》을 받아 읽기를 막 끝냈다.-

371 상앗대 버티듯이 하라 : 【譯注】《대학》을 공부할 때 마음을 잘 다스리는 것이 중요하다는 의미이다. 송(宋)나라 주희(朱熹)의 제자들이 《대학》을 읽는 방법을 논하면서 언제나 생각이 요란하다고 하자, 주희가 "배를 부리려면 반드시 상앗대를 사용해야 하고〔撑船須用篙〕 밥을 먹으려면 반드시 수저를 사용해야 하니, 마음을 이해하지 못한다면 이는 배를 부림에 상앗대를 사용하지 않고 밥을 먹음에 수저를 사용하지 않는 것이라 말할 수 있다. 마음을 잡는 것은 단지 경(敬)이니, 잠시만 경하면 무슨 일을 하는가를 알 수 있다."라고 하였다. 《心經附註 卷2 大學 正心章》

KBP0625(詩-別卷1-120)

경림[372] 남응룡 이 보내 준 시에 차운하다 【정미년(1547, 명종2, 47세) 11월 추정. 서울】

次韻景霖 南應龍 見贈

조용한 밤 텅 빈 선방에서 향 사르니 靜夜燒香丈室空
콧속에 고요히 향기 지나는 것을 느끼노라 鼻中惟覺寂然通
예전에는 선왕의 가르침[373] 알지 못했는데 他時尙昧先王典
오늘은 그래도 장자의 풍도를 들었노라 此日猶聞長者風
우물 밑에서 뱀은 칡덩굴을 갉아먹고[374] 蛇嚙樹根從井底
깊은 땅속에서는 우레 소리가 일어나는구나[375] 地逢雷響在泉中

---

372 경림 : 【譯注】 남응룡(南應龍, 1514~1555)으로, 본관은 의령(宜寧), 자는 경림(景霖)이다. 정사룡(鄭士龍)이 원접사로 명(明)나라에 갈 때, 종사관으로서 수행하였다.

373 선왕의 가르침 : 【攷證 卷8 先王典】 아마도 《주역》 〈복괘(復卦)〉 대상(大象)의 말을 가리키는 듯하다. 【校解】 《주역》 〈복괘 상전(象傳)〉에 "우레가 땅 가운데 있음이 복이니, 선왕이 보고서 동짓날에 관문을 닫아 장사꾼과 여행자가 다니지 못하게 하며 임금은 사방을 시찰하지 않는다.〔雷在地中, 復, 先王以, 至日閉關, 商旅不行, 后不省方.〕"라고 하였다.

374 우물……갉아먹고 : 【譯注】 세월이 빨리 흘러가 죽음을 피할 수 없음을 비유한 말이다. 【攷證 卷8 蛇嚙樹根從井底】 《빈두로돌라사위우타연왕설법경(賓頭盧突羅闍爲優陀延王說法經)》 권1에 "어떤 사람이 코끼리에 쫓기다가 언덕에 있는 한 우물을 보고는 곧 나무뿌리를 잡고 내려가 우물로 들어갔는데, 위에는 흰 쥐와 검은 쥐가 있어 이빨로 나무뿌리를 갉고 있고, 네 모서리에는 네 마리 독사가 있어 그 사람을 물려고 하였다.〔如人行曠野, 爲象所逐, 見一丘井, 卽尋樹根入井, 藏上有黑白二鼠, 互齧樹根, 四邊有四毒蛇, 欲齧其人.〕"라고 하였는데, 네 마리 독사는 사시(四時)를 비유하고, 두 마리 쥐는 일월(日月)을 비유하니, 사시와 일월이 재촉하여, 수명의 기한〔大限〕을 피할 수 없음을 말한 것이다. 《東坡詩集註 卷19 三朶花 趙次公 注》

벗들과 떨어져 외로이 지내는 것 두려울 만하니　離羣可怕成孤陋
이와 머리카락은 요새 들어 점점 예전 같지 않아라　齒髮年來漸不同

---

375 깊은……일어나는구나 : 【譯注】《주역》〈복괘〉를 의미한다. 〈복괘〉는 괘상(卦象)이 '진하곤상(震下坤上)'으로, 순음(純陰)인 상태에서 하나의 양(陽)이 막 생겨나는 형상으로서 음력 11월 동짓달을 의미한다.

KBP0626(詩-別卷1-121)

12월 1일에 길원 정유길[376] ·선명 이탁[377] ·정서 이원록[378] 가 잇달아 찾아왔다. 이날 눈이 내렸다 【정미년(1547, 명종2, 47세) 12월 1일 추정. 서울】

十二月一日 吉元 鄭惟吉 善鳴 李鐸 廷瑞 李元祿 相繼來訪 是日雪

내 지금 얼마나 기운이 쇠진했는지　我今一何憊
겨울 석 달 동안 문밖을 나서지 않았노라　三冬不出戶
화살 피하듯 바람을 피하고　避風如避箭
범을 두려워하듯 추위를 두려워하네　畏寒如畏虎
잊지 못하는 마음으로 조석을 보내고　耿耿度朝昏
시름에 잠긴 채 신고를 견디노라　悄悄耐辛苦
벗들과 만나지 못했으니　交遊阻面目
비루하고 인색한 생각 온종일 싹트누나[379]　鄙吝萌十五

376 정유길(鄭惟吉) : 【譯注】 1515~1588. 본관은 동래(東萊), 자는 길원. 호는 임당(林塘)·상덕재(尙德齋)이다. 판돈녕부사·우의정·좌의정 등을 지냈다.

377 이탁(李鐸) : 【攷證 卷8 善鳴】 1509~1576. 자는 선명, 호는 약봉(藥峰)이다. 전의(全義) 사람이다. 관직은 영의정을 지냈다. 시호는 정숙(貞肅)이다. 이기(李芑)의 탐욕과 방종을 탄핵하였고, 윤원형(尹元衡)의 죄악을 논했다.

378 이원록(李元祿) : 【攷證 卷8 廷瑞】 1514~1574. 본관은 덕수(德水), 자는 정서(廷瑞), 호는 송담(松潭)이다. 이행(李荇)의 아들이자, 이기의 조카이다. 관직은 공조 참의를 지냈다. 을사년(1545, 인종1)에 선생이 삭직되었을 때, 정서가 이기에게 극언(極言)하여 선생이 직첩을 돌려받았다. 이 때문에 노여움을 받아 관직이 크게 현달하지 못했다.

379 비루하고……싹텄어라 : 【譯注】 어진 이와 떨어져 있음을 비유하는 말이다. 한(漢)나라 황헌(黃憲)은 도량이 넓고 인품이 고매하여 안연(顔淵)에 비유되기까지 하였는데, 당시의 명사인 진번(陳蕃)과 주거(周擧)가 늘 "두어 달만 황생을 보지 못하면 마음속에

딱따구리처럼 똑똑 문 두드리는 소리 나더니 剝剝如啄木
손님 왔다 알리며 아이종이 뛰어오네 驚報走童豎
하루에 문빗장 세 번이나 열었으니 一日三啓鑰
벗이 눈 맞으며 연이어 왔도다 戴雪來接武
즐겁게 한 방안에서 欣然一室內
앉아서 고금의 일 두루 이야기했네 坐談雜今古
풍모와 재주 다 흠모할 만하니 風華盡可慕
격렬한 말이 혼매한 나를 일깨우도다 激烈起昏莽
십 년 동안 독서한 것보다 나으니[380] 勝讀十年書
어찌 두풍을 낫게 할 뿐이랴[381] 何啻頭風愈
돌아보건대, 나는 쓸모없는 사람으로 顧我抱散材
과분한 은총을 받고도 조금도 보탬 되지 못했으니 叨幸乏微補
마치 원거새가 有似鶢鶋鳥
노나라 종묘에서 종고로 대접받은 듯하도다[382] 魯門饗鐘鼓

비루하고 인색한 생각이 다시 싹터 버린다.〔時月之間, 不見黃生, 則鄙吝之萌, 復存乎心.〕"라고 하였다. 《後漢書 黃憲列傳》

380 십……나으니 : 【譯注】 자신을 찾아온 벗들로부터 좋은 말을 들은 것이 10년 동안의 독서보다 낫다는 의미이다. 송(宋)나라 정이(程頤)가 "옛사람이 '그대와 하룻밤 나눈 대화가 10년 동안의 독서보다 낫구려.〔共君一夜話, 勝讀十年書.〕'라고 했으니, 만일 말하자마자 바로 깨닫는다면 어찌 10년 동안의 독서보다 나을 뿐이겠는가."라고 하였다. 《二程遺書 卷18》

381 두풍을……뿐이랴 : 【攷證 卷8 頭風愈】 《삼국지》 〈위서(魏書) 왕찬(王粲)〉의 주석에 《전략(典略)》을 인용하여 다음과 같이 말했다. "삼국 시대 위(魏)나라 진림(陳琳)이 여러 문서와 격문(檄文)을 지었는데, 초고가 완성되자 태조(太祖)에게 바쳤다. 태조가 전부터 앓던 두풍이 이날 재발했는데, 누워서 진림이 지은 글을 보고는 벌떡 일어나 '이 글이 내 병을 낫게 하였다.〔此愈我病〕'라고 하였다."

속으로 〈벌단〉 시[383]에 부끄러우니 內愧伐檀詩
이 몸은 부질없이 관복을 입고 있네 身上謾簪組
종래에 우스워했도다, 번지가 向來笑樊遲
성인 문하에서 농사를 배우려 한 것[384]을 聖門學稼圃
발 잘못 디뎌 옛 걸음걸이 잊어버렸고[385] 蹉跎失故步
강한 쇠뇌를 당길 힘 없구나 無力挽强弩
진중한 그대들 珍重二三君
어찌 항상 함께 모일 수 있으랴 安得恒相聚

---

382 마치……듯하도다 : 【譯注】 이황이 분에 넘치는 대접을 받았다는 의미이다. 바다새인 원거(鶢鶋)가 노(魯)나라 교외에 날아와 앉자, 노나라 임금이 이 새를 종묘에 모시고 종고(鐘鼓)를 연주하며 진귀한 음식을 내어 성대한 연회를 베풀었는데, 원거는 근심과 슬픔에 식음을 전폐하더니 3일 만에 죽었다. 《莊子 至樂》

383 벌단 시 : 【譯注】 《시경》 위풍(魏風)의 편명으로, 벼슬아치가 아무런 공 없이 봉록만 축내는 것을 풍자한 시이다.

384 번지가……것 : 【譯注】 번지(樊遲)가 공자 문하에 있으면서도 성인의 도를 제대로 배우지 못했다는 의미이다. 공자의 제자 번지가 공자에게 농사일과 채소 가꾸는 일을 가르쳐 달라고 청하자, 번지가 나간 뒤에 공자가 "소인이구나! 번수(樊須)여."라고 하면서 번지의 지향이 낮음을 비판했다. 《論語 子路》

385 옛 걸음걸이 잊어버렸고 : 【譯注】 남을 흉내 내다가 자신의 본분을 잃어버린다는 말로, 한단지보(邯鄲之步) 고사를 가리킨다. 연(燕)나라의 수릉(壽陵) 땅의 한 청년이 조(趙)나라의 수도 한단(邯鄲)에 가서 그곳 사람들의 우아한 걸음걸이를 배우려고 하다가, 자신의 본래 걸음걸이를 잊어버렸다는 고사가 있다. 《莊子 秋水》

KBP0627(詩-別卷1-122~126)

양생 절구. 옛사람의 시에 차운하여 남경림[386]에게 보이다 병서 【정미년(1547, 명종2, 47세) 12월 추정. 서울】

養生絶句 次古人韻 示景霖 幷敍

내가 여기에 와서 운서(韻書)가 없어 다른 사람에게 빌려 보았는데, 그 책의 표지 안쪽 면에서 절구 한 수를 보았으니, 그 시에 "일찍이 듣건대 생각을 많이 하면 정신을 손상하니, 오직 마음이 한가롭고 비어야 건강을 지킬 수 있다 하네. 어찌하면 마음이 오래된 우물처럼[387], 고요히 파랑도 없고 티끌도 없을 수 있을거나.〔嘗聞思慮損精神, 唯有淸虛可養身. 安得是心如古井, 湛然無浪亦無塵?〕"라고 하였다. 그 옆에 〈양생론을 읽고 감회가 일어〔讀養生論有感〕〉라는 제목이 있고, 또 책을 인쇄한 날짜를 기록하길 "홍치(弘治 명 효종(明孝宗)의 연호) 14년(1501, 연산7) 7월 모일."이라고 하였다. 글자체는 힘이 있으면서도 아름다웠으니 조송설(趙松雪)[388]을 배웠고, 말뜻은

---

386 남경림 : 【譯注】 남응룡(南應龍, 1514~1555)으로, 본관은 의령(宜寧), 자는 경림(景霖)이다. 정사룡(鄭士龍)이 원접사로 명(明)나라에 갈 때, 종사관으로서 수행하였다.

387 마음이 오래된 우물처럼 : 【譯注】 마음이 고요하여 외물(外物)에 동요되지 않는 것을 의미한다. 【攷證 卷8 心如古井】 당(唐)나라 맹교(孟郊)의 〈열녀조(列女操)〉 시에 "파란을 맹세코 일으키지 않으리니, 첩의 마음은 오래된 우물이라오.〔波瀾誓不起, 妾心古井水.〕"라고 하였다. 【校解】 《고증》에 맹교의 시구가 '妾心古井水, 波瀾誓不起'로 되어 있는데, 통행본 《맹동야시집(孟東野詩集)》에 의거하여 수정하였다.

388 조송설(趙松雪) : 【譯注】 원(元)나라 서예가 조맹부(趙孟頫, 1254~1322)로, 자는 자앙(子昻), 호는 집현(集賢)·송설도인이다. 서화와 시문에 뛰어났으며, 그의 필체를 '송설체'라고 한다.

초연히 속진(俗塵)을 벗어났으니 어떤 사람이기에 내 가슴속 생각을 먼저 말할 수 있었을까. 병으로 책을 읽지 못해 마음을 달래지 못했는데 날마다 그 말에서 깊은 맛을 느끼기에 마침내 늙음에 대한 탄식과 조섭하려는 뜻을 서술하였으니, 절구 7수를 지어서 삼가 드린다.

(詩-別卷1-122)

분분한 세상사에 정신만 피로하고　紛紛世事只勞神
도를 배움에 이룬 것 없으니 이 몸 어찌하리오　學道無成柰此身
흡사 병중인 듯 평소 학업도 잊었으니　匹似病中忘素業
상 위의 서적에 먼지 앉건 말건 내버려 둔다네　任他書籍滿牀塵

(詩-別卷1-123)

백낙천의 노래 끝나자 마음 슬프니　樂天歌罷一傷神
마흔일곱 된 이 몸 병에 걸렸어라　四十七年嬰病身
금단(金丹)과 긴 끈을 써 볼 수 있다면[389]　大藥長繩如可試
누군들 바다에서 피어나는 먼지[390]를 보지 못하랴　何人不見海生塵

---

389 금단(金丹)과……있다면 : 【譯注】 가는 세월을 붙잡아 두고자 한다는 의미이다. 당(唐)나라 백거이(白居易)의 〈호가행(浩歌行)〉 시에 "이미 긴 끈으로 태양을 잡아맬 수 없거니와, 또 금단으로 청춘을 머물게 할 수도 없네.〔旣無長繩繫白日, 又無大藥駐朱顏.〕"라고 하였다.

390 바다에서 피어나는 먼지 : 【譯注】 오랜 시간이 지나 세상이 변하는 것을 의미하는데, 여기서는 장수하는 것을 의미한다. 선녀 마고(麻姑)가 신선 왕원(王遠)을 만나 "저번에 봉래에 가 보았더니 물이 또 예전에 봤을 때보다 반절로 줄었으니, 어쩌면 다시 땅으로 변하려 하는 것인지도 모르겠다."라고 하자, 왕원이 웃으면서 "성인들이 모두 바닷속에서 다시 먼지가 날릴 것이라 말했다.〔聖人皆言海中行復揚塵也〕"라고 대답했다. 《神仙傳

-내가 올해 마흔일곱이니, 바로 당나라 백낙천(白樂天 백거이(白居易))의 〈호가행(浩歌行)〉 시에 "나도 모르게 나이가 마흔일곱이 되었네.〔不覺身年四十七.〕"라고 한 것과 같다.-

(詩-別卷1-124)

임하에서 정신을 수양할 수 있다는 것 잘 알건만 極知林下可頤神
인연 따라 번잡한 도성에 이 몸을 의탁했노라 朝市隨緣寄此身
병으로 누워서 추위 두려워 문 굳게 닫아거니 臥病怯寒深閉戶
고요히 흰 빛 생겨나는 빈방[391]에 먼지 없어라 湛然虛白室無塵

(詩-別卷1-125)

차가운 비바람에 마음도 처량하니 陰風寒雨覺悽神
오래된 솜이불 겹겹이 덮어도 몸 따뜻하지 않아라 舊絮重披未熨身
아침 햇살이 지붕에 곱게 비추길 기다려 待得朝陽新豔屋
창가 밝은 곳에서 떠다니는 먼지[392]를 보노라 紙窓明處看遊塵

卷3 王遠》

391 흰……빈방 : 【譯注】 마음이 청허(淸虛)하여 욕심이 없어 도심(道心)이 절로 생겨나는 것을 비유한 말이다. 《장자》 〈인간세(人間世)〉에 "저 문 닫힌 집을 보라. 비어 있는 방에 흰 빛이 생겨나니 길상은 고요한 곳에 머무르는 것이다.〔瞻彼闋者. 虛室生白, 吉祥止止.〕"라고 하였다.

392 떠다니는 먼지 : 【攷證 卷8 游塵】 양 원제(梁元帝 소역(蕭繹))의 〈안개를 읊다〔詠霧〕〉 시에 "바람 타고 흩날리니 가랑비인 듯하였는데, 햇살이 비추니 떠다니는 먼지 같네.〔從風疑細雨, 映日似游塵.〕"라고 하였다. 【校解】 《고증》에 '從'이 '隨'로 되어 있는데, 《예문유취(藝文類聚)》와 《한위육조백삼가집(漢魏六朝百三家集)》 등에 의거하여 수정하였다.

(詩-別卷1-126)

번잡한 일 속에서 어찌 나의 정신 지킬 수 있으랴	膠膠寧得抱吾神
자고로 세파 속에선 몸을 보양할 수 없다오	自昔塵波不補身
한번 곤륜산에 올라 우 임금의 자취 바라보라	試上崑崙看禹迹
붓끝에 작은 먼지 모인 것과 어찌 다르랴[393]	毫端何異集微塵

393 한번……다르랴 : 【譯注】 높은 하늘에서 내려다보면 넓은 세상이 매우 작게 보인다는 의미이다. 당(唐)나라 한유(韓愈)의 〈잡시(雜詩)〉 시에 "아래로 우임금의 구주를 내려다보니, 붓끝에 붙은 하나의 먼지 같구나.〔下視禹九州, 一塵集豪端.〕"라고 하였다.

KBP0628(詩-別卷1-127)

꿈속 즐거움 【정미년(1547, 명종2, 47세) 12월 추정. 서울】

夢中樂

내 꿈속에 벗을 데리고	我夢攜我友
드넓은 강 위에 조각배 띄우니	扁舟泛湖江
푸른 산은 강기슭 사이에 솟아 있고	青山揷兩岸
파란 물엔 물결 일지 않네	綠水無濤瀧
표표히 만경창파 타고 가니	飄颻淩萬頃
드넓은 강에 백구 한 쌍 있어라	浩蕩白鷗雙
길쭉한 낚싯대 드리우고	籊籊弄釣竿
가득 찬 술동이 마주하노라	盈盈對酒缸
쓸쓸한 흉금 문득 상쾌해지고	寒襟頓蕭爽
선경은 드넓은 대지[394] 벗어났으니	眞境超鴻厖
알겠도다, 꿈속 즐거움은	了知夢中樂
풍악을 울릴 필요 없다는 것을	不用金石撞
갈대숲 사이 한 노인이	葦間有老父
내 마음 몹시 쏠리게 하니	令我意甚降
물길 거슬러 올라가 도를 묻고 싶었건만	泝洄欲問道

394 드넓은 대지 : 【攷證 卷8 鴻厖】 송(宋)나라 구양수(歐陽修)의 〈여산의 높음을 읊어 남강으로 돌아가는 동년 진사 유중윤에게 주다〔廬山高贈同年劉中允歸南康〕〉 시에 "위로는 푸른 하늘에 닿아 아득하고, 아래로는 크고 두터운 후토를 누르고 있누나.〔上摩青蒼以晻靄, 下壓后土之鴻厖.〕"라고 하였는데, 원(元)나라 송백정(宋伯貞) 주석에 "홍(鴻)은 크다는 뜻이고, 방(厖)은 두텁다는 뜻이다."라고 하였다.

홀연 빈 골짝[395]으로 들어가 버렸네	歘去入空谾
매서운 바람이 고목을 흔들자	霜風振古木
놀라서 깨니 내 생시에 머물던 곳일세	驚回仍故邦
달님이 나를 위로하듯	姮娥如相慰
환하게 내 방 창을 들여다보네	粲然窺我窓

395 빈 골짝 : 【攷證 卷8 空谾】 송나라 구양수의 〈여산의 높음을 읊어 남강으로 돌아가는 동년 진사 유중윤에게 주다〉 시에 "한번 그 사이에 나아감이여, 바위 부여잡고 올라가 빈 골짝 엿보았네.〔試往造乎其間兮, 攀緣石磴窺空谾.〕"라고 하였는데, 원나라 송백정의 주석에 "공(空)은 골짜기이다."라고 하였다.

KBP0629(詩-別卷1-128)

요산 남경림[396]이 독서당에서 송주를 부쳐주고 아울러 율시 두 수를 보내 주었다. 술을 마시며 한편으로 시를 읊노라니 흥취가 초연하여 화답시가 이루어짐에 기록하여 드리다 【정미년(1547, 명종2, 47세) 12월 추정. 서울】

樂山南景霖 自書堂寄松酒 幷詩二律 且酌且吟 興趣超然 和成錄呈

천년을 산 늙은 창룡으로 빚은 술[397]인 줄 마음으로 아노니 心知千歲老蒼龍
진시황이 비를 피했던 소나무[398]는 아닐까 不是秦皇避雨松
풍상 속에 혹독한 추위 견뎌냄을 스스로 시험했으니 自試風霜耐嚴苦
우로로 향기로운 술이 된들 어떠리 何妨雨露作薰濃
봄물 흐르는 소리 들리는 곳[399]에 찬바람이 머리털에 불고 春聲沸處寒吹髮

396 요산 남경림 : 【譯注】 남응룡(南應龍, 1514~1555)으로, 본관은 의령(宜寧), 자는 경림(景霖)이다. 정사룡(鄭士龍)이 원접사로 명(明)나라에 갈 때, 종사관으로서 수행하였다.

397 천년을……술 : 【譯注】 송주(松酒)를 가리킨다. 천 년을 산 창룡(蒼龍)은 오래된 소나무를 비유하는 말로, 송(宋)나라 소식(蘇軾)의 〈중산의 송료를 웅주 태수 왕인진에게 부치다〔中山松醪寄雄州守王引進〕〉 시에 "무성한 푸른 수염에 천년을 산 자태, 어찌 술잔에 들어와 아이들 놀잇거리 될 수 있으랴.〔鬱鬱蒼髯千歲姿, 肯來杯酒作兒嬉.〕"라고 하였다.

398 진시황이……소나무 : 【攷證 卷8 秦皇避雨】 진(秦)나라 시황제(始皇帝)가 태산(泰山)에 올랐다가 거센 비바람을 만나 소나무 아래에서 비바람을 피했으므로, 이로 인해 그 나무를 오대부(五大夫)에 봉했다. 《史記 秦始皇本紀》

399 봄물……곳 : 【譯注】 술을 빚을 때 물이 끓어오르는 소리를 형용한 것이다. 송나라

호박빛[400] 술 기울일 제 답답한 가슴 씻기네　　　　珀色傾時病洗胸
술 빚는 비법 일찍이 파로의 부에서 전해주었으니[401]　妙法曾傳坡老賦
좋은 흥취가 남용에게 속한다[402]는 것을 듣고 기뻐하노라
喜聞佳興屬南容

소식의 〈중산송료부(中山松醪賦)〉에 "기장 보리와 함께 모두 삶으니, 봄물 흐르는 소리처럼 요란하게 끓어오르네.〔與黍麥而皆熟, 沸春聲之嘈嘈.〕"라고 하였다.

400 호박빛 : 【攷證 卷8 珀色】《현중기(玄中記)》에 "송진이 땅 속에 들어가 천년이 지나면 호박(琥珀)으로 변하니, 색이 피처럼 붉다."라고 하였다. 당(唐)나라 이하(李賀)의 〈장진주(將進酒)〉 시에 "유리 술잔에 호박빛 짙기도 해라, 통에서 떨어지는 술 방울이 진주처럼 붉구나.〔琉璃鍾, 琥珀濃, 小槽酒滴眞珠紅.〕"라고 하였다.

401 술……전해주었으니 : 【譯注】 파로(坡老)는 호가 동파(東坡)인 소식을 가리킨다. 송나라 소식의 〈중산송료부〉에 "뽕나무 느릅나무에서 재료를 거두어, 중산의 송료를 담근다.〔收薄用於桑楡, 製中山之松醪.〕"라고 하여, 송주를 담는 과정을 묘사했다.

402 남용에게 속한다 : 【譯注】 남용(南容)은 공자의 제자 남궁괄(南宮括)을 가리킨다. 【攷證 卷8 屬南容】 경림(景霖)의 성이 '남'이기 때문에 이렇게 말한 것이다.

KBP0630(詩-別卷1-129)

도담 무신년(1548, 명종3, 48세) 【4월 하순 추정. 단양(丹陽)】

島潭 戊申

배 돌려 강기슭에 올라 앉아서 강을 바라보노라니	回舟登岸坐臨流
눈에 가득한 운산이 경치 그윽하누나	滿目雲山景色幽
사또[403]와 함께 감상할 이 없다고 말하지 마소	莫道使君無與賞
석 잔 술 마심에 강물 위 백구에게 권하노라	三杯聊勸水中鷗

403 사또 : 【譯注】 이황 자신을 가리키는 말로, 이황은 1548년(명종3) 1월에 단양 군수(丹陽郡守)에 제수되었다. 《退溪先生年譜 卷1》

KBP0631(詩-別卷1-130)

한벽루를 바라보다 【무신년(1548, 명종3, 48세) 5월 추정. 단양(丹陽)】

望寒碧樓

한벽루 높다랗게 하늘로 솟아 있으니　　寒碧樓高入紫冥
강 건너 펼쳐진 층층 산봉우리 마주하고 있누나　　隔溪相對展雲屛
갓 개인 저물녘 고주 안에서 누대 바라보노라니　　新晴晩倚孤舟望
거울도 아니고 연기도 아니요 일말의 푸른빛일세　　非鏡非烟一抹靑

-주열(朱悅)[404]의 〈한벽루〉 시에 "물빛 너무도 맑으니 거울인 듯 거울이 아니고, 산 기운 자욱하니 연기인 듯 연기가 아니네.〔水光澄澄鏡非鏡, 山氣藹藹烟非烟.〕"라고 하였다.-

404 주열(朱悅) : 【攷證 卷8 朱悅】 ?~1287. 본관은 능성(綾城), 자는 이화(而和)이다. 고려 시대 고종(高宗) 때 사람으로, 시호는 문절(文節)이다.

KBP0632(詩-別卷1-131~136)

청풍으로부터 물길을 거슬러 올라가 지나는 곳마다 이름을 물어 승경을 기록하고, 이어 유공 종룡[405] 운 이 쓴 '류' 자 운 절구시의 운자를 사용하여 지어서 약간 수를 얻다

【무신년(1548, 명종3, 48세) 5월 추정. 단양(丹陽)】

自淸風泝流而上 所過輒問名紀勝 仍用柳公從龍 雲 流字絶句韻 凡得若干首

(詩-別卷1-131)

삼지탄 三智灘

천둥이 치는 듯하니 누가 노한 것인가　雷霆誰作怒
험한 돌이 세찬 물결 막고 있는 게지　狠石礙狂流
물살 빠른 곳은 응당 다가가기 어려우니　急處應難犯
물가 따라 천천히 배를 끌고 가노라　緣涯徐挽舟

(詩-別卷1-132)

도토담 都土潭

흰 구름 푸른 산에 가득하고　白雲滿翠嶺
붉은 해는 맑은 강에 비치누나　紅日倒淸流
위아래 모두 허명한 가운데　上下虛明裏
아스라이 일엽편주 떠가네　迢遙一葉舟

405 유공 종룡 : 【攷證 卷8 柳從龍】 유운(柳雲, 1485~1528)으로, 자는 종룡, 호는 항재(恒齋)이다. 문화(文化) 사람이다. 남다른 기개에 뛰어난 절조가 있었다. 기묘사화(己卯士禍) 때 사사(賜死)되었다. 관직은 대사헌을 지냈다.

(詩-別卷1-133)

내매담 乃邁潭

매미 소리 옥구슬 머금고 우는 듯하고　　蟬聲含玉咽
해그림자 금빛 물결에 일렁이네　　日影漾金流
술자리 함께할 이 없는데　　小酌無人共
살랑이는 바람이 평온하게 배를 보내누나　　輕風穩送舟

(詩-別卷1-134)

화탄 花灘

유리한 형세를 먼저 얻으려 다투는 듯　　勢利爭先得
가파른 바위들이 물결 속에 다투누나　　巉巖鬪衆流
악인은 나라를 망하게 할 수 있고　　惡人能覆國
험한 여울은 배를 엎을 수 있도다　　惡灘能覆舟

(詩-別卷1-135)

구담 龜潭

빼어난 현학봉(玄鶴峰)을 우러러보고　　仰望鶴峯秀
구담 물결을 굽어보노라　　俯鑑龜潭流
그 언제나 선객[406]을 불러　　何當喚仙客
달 밝은 밤 뱃놀이할 수 있을거나　　明月弄扁舟

---

406 선객 : 【攷證 卷8 仙客】 이이성(李而盛)을 가리킨다. 【校解】 이성은 이지번(李之蕃)의 자이다. 명종(明宗) 때 윤원형(尹元衡)이 권력을 잡고 횡포를 부리자, 장례원 사평(掌隸院司評)으로 있던 이지번이 벼슬을 버리고 물러나 구담(龜潭)에 집을 짓고 은둔하였다.

(詩-別卷1-136)

장회탄 長會灘

온 힘 다해 이제 막 조금 나아갔는데　　力殫方少進
손 놓자 이미 떠내려오고 마네　　放手已頹流
그대 만일 학문에 뜻 있거든　　請君如有意
여울을 거슬러 오르는 배를 보라[407]　　看取上灘舟

407 그대……보라 : 【譯注】《주자어류(朱子語類)》 권8 〈총론위학지방(總論爲學之方)〉에 "학문하는 것은 상앗대로 버티고 밀어서 물을 거슬러 올라가는 배와 같다.〔爲學正如撐上水船〕"라고 하였다.

KBP0633(詩-別卷1-137~138)

창석대 【무신년(1548, 명종3, 48세) 7~9월 추정. 단양(丹陽)】

蒼石臺

단양군의 북쪽 5리 되는 곳에 있다.

(詩-別卷1-137)

계수나무 노와 목란 상앗대로 흰 물결 저어[408]	桂棹蘭槳擊素波
창석대에 와서 오르니 천상에 오른 듯하여라	來攀蒼石似登霞
산들바람이 가을 안개 깨끗이 다 쓸어내니	微風淨掃秋烟盡
한 조각 차가운 달빛 거울 같은 수면에 비치누나	一片寒光玉鏡斜

(詩-別卷1-138)

원당사의 동쪽 기슭이요 애담의 서쪽	原堂東麓靄潭西
바위 형세 가파르나 그래도 오를 수 있구나	石勢巃嵸尚可梯
천고에 감춰둔 빼어난 경치 비로소 펼쳐지니	絶境始開千古秘
이제부턴 삼도[409]에 오를 필요 없네	從今三島不須躋

408 계수나무……저어 : 【譯注】 송(宋)나라 소식(蘇軾)의 적벽선유(赤壁船遊) 고사를 인용하여 달밤에 뱃놀이하는 모습을 묘사한 것이다. 소식의 〈전적벽부(前赤壁賦)〉에 "계수나무 노와 목란 상앗대로, 맑은 물결을 치며 달빛 흐르는 강물을 거슬러 오르도다.〔桂棹兮蘭槳, 擊空明兮泝流光.〕"라고 하였다.

409 삼도(三島) : 【譯注】 신선이 산다는 삼신산(三神山)인 봉래(蓬萊)·영주(瀛洲)·방장(方丈)을 말한다.

KBP0634(詩-別卷1-139)

상주 목사 김계진[410] 언거 이 부쳐 준 시에 차운하다 기유년(1549, 명종4, 49세) 봄 【1월 추정. 풍기】

次韻尙州牧金季珍 彦琚 見寄 己酉春

풍기 군수(豐基郡守)에 이배(移拜)되었다.

영화를 탐했으니 내가 남긴 음식 그 누가 먹으랴[411] 貪榮誰肯食吾餘
세상사 겪고서야 일의 기미 보는 게 서툰 줄 비로소 알았노라 涉世方知見事疎
나는 비록 관직에 있으나 사슴을 얻은 것과 같고[412] 我縱在官如得鹿
그대는 정사를 잘하니 물고기 잘 삶는 듯하여라[413] 君能爲政似烹魚

---

410 김계진 : 【譯注】 김언거(金彦琚, 1503~1584)로, 본관은 광산(光山), 자는 계진(季珍), 호는 풍영(豐咏)이다. 금산 군수(錦山郡守)·사헌부 헌납·홍문관 교리 등을 지냈다.

411 영화……하랴 : 【譯注】 사람들에게 천시받을 것이라는 의미이다. 초 문왕(楚文王)이 신국(申國)을 토벌하러 가는 길에 등나라에 이르자, 등 기후(鄧祈侯)는 자신의 생질이라는 이유로 초 문왕을 후하게 대접하였다. 추생(騅甥)·담생(聃甥)·양생(養甥)이 초 문왕을 죽이라고 하였으나, 등 기후는 이 말을 듣지 않고 "내가 초자(楚子)를 죽인다면 사람들은 내가 먹다 남긴 음식도 먹지 않을 것이다.〔人將不食吾餘〕"라고 하였다. 《春秋左氏傳 莊公 6年》

412 사슴을……같고 : 【譯注】 사슴을 얻는다는 것은 득실(得失)의 덧없음을 비유하는 말로, 여기서는 관직을 얻은 것이 덧없다는 의미이다. 춘추 시대 정(鄭)나라 사람이 땔나무를 하러 갔다가 사슴을 잡고서 깊은 구덩이에 감춰두었는데, 얼마 뒤 사슴을 감춰둔 곳을 잊어버리자 사슴 잡은 일을 꿈이라 여기고는 혼자 중얼거리며 걸어갔다. 곁에서 그 말을 들은 자가 사슴을 찾아내 집으로 돌아가서 아내에게 "아까 땔나무 하던 사람은 꿈에 사슴을 얻고도 그곳을 알지 못했는데 나는 지금 그 사슴을 얻었으니, 저 사람은 참으로 꿈을 꾼 사람일 뿐이다.〔向薪者夢得鹿, 而不知其處, 吾今得之, 彼直眞夢者矣.〕"라고 하였다. 《列子 周穆王》

시의 묘결 찾아보니 얼음에서 운치 생겨나고	詩探妙訣冰生韻
줄 없는 거문고를 타니 달빛이 허공에 가득하네	琴弄無絃月滿虛
흥이 지극하면 격렬한 노래 금치 못하지만	興極不禁歌激烈
그래도 책상 위에 놓인 고인의 서책을 본다오	牀頭猶見古人書

---

413 물고기……듯하여라 : 【譯注】 백성을 잘 다스리는 것을 의미한다. 《시경》 〈회풍(檜風) 비풍(匪風)〉에 "누가 물고기를 삶는가? 작은 가마솥과 큰 가마솥을 씻어 주리라.〔誰能烹魚? 漑之釜鬵.〕"라고 하였는데, 모전(毛傳)에 "물고기를 삶을 때 너무 삶으면 부서지고, 백성을 다스릴 번거롭게 하면 흩어지니, 물고기를 삶는 법을 알면 백성을 다스리는 법을 안다."라고 하였다.

KBP0635(詩-別卷1-140)

경렴정[414] 【기유년(1549, 명종4, 49세) 1~2월 추정. 풍기(豐基)】

景濂亭

정자는 백운동(白雲洞)에 있다.

풀은 나와 같은 마음 있고[415] 草有一般意
시내는 다하지 않는 소리 머금고 있도다 溪含不盡聲
여기 온 이들 믿지 못하겠다면 遊人如未信
소쇄한 하나의 텅 빈 정자가 있다오 蕭洒一虛亭

414 경점정(景濂亭) : 【譯注】 주세붕(周世鵬)이 1545년에 백운동서원(白雲洞書院)을 창건한 뒤 세운 정자로, '염계(濂溪) 주돈이(周敦頤)를 경모(景慕)한다'는 뜻을 담고 있다. 이 시는 운자(韻字)로 보아, 주세붕의 《무릉잡고(武陵雜稿)》 권2 〈경렴정〉 시에 차운한 작품인 듯하다.

415 풀은……있고 : 【譯注】 미물이나 사람이나 살고자 하는 마음은 똑같다는 의미이다. 송(宋)나라 주돈이(周敦頤)가 창 앞 뜨락에 풀이 무성히 자라도 베지 않기에 어떤 사람이 그 까닭을 물었더니 주돈이가 "그 생의(生意)가 나의 의사와 같기 때문이다.〔與自家意思一般〕"라고 하였다. 《近思錄 卷14》

KBP0636(詩-別卷1-141)

주경유[416] 세붕 가 부쳐 준 시에 답하다 【기유년(1549, 명종4, 49세) 1~2월 추정. 풍기(豐基)】

答周景遊 世鵬 見寄

상산백발 노인에게 시를 부쳐 답하노니 寄謝商山白髮人
나는 봄이 오지 않은 추운 골짜기[417]에 아직 있도다 吾猶寒谷未回春
병든 몸 애써 이끌고 돌아갈 수레 멈추었는데 强將衰病淹歸駕
백운동 주인 근년 들어 계책이 진실해라[418] 洞主年來要策眞

-주경유가 상산백발(商山白髮)이라고 자호(自號)하였다.-

---

416 주경유 : 【譯注】 주세붕(周世鵬, 1495~1544)으로, 본관은 상주(尙州), 자는 경유(景遊), 호는 신재(愼齋)·남고(南皐)·무릉도인(武陵道人)·손옹(巽翁)이다. 승문원 교리·도승지·호조 참판 등을 지냈으며, 풍기 군수(豐基郡守)로 있던 1543년에 백운동서원(白雲洞書院)을 건립했다.

417 추운 골짜기 : 【攷證 卷8 寒谷】 한(漢)나라 유향(劉向)의 《별록(別錄)》에 "연(燕)나라에 어떤 골짜기가 있는데, 토지가 비옥하나 추워서 오곡(五穀)이 자라지 않았다. 추연(鄒衍)이 양률(陽律)을 불어 따뜻한 기운이 이르자 기장이 자랄 수 있게 되었다."라고 하였다. 《玉海 卷6 律歷》

418 백운동……진실해라 : 【譯注】 백운동(白雲洞) 주인은 주세붕을 가리킨다. 주세붕이 근래 조정에 아뢴 계책이 좋다는 의미이다. 주세붕이 1547년(명종2)~1548년(명종3)에 조정에서 〈상차하여 문소전의 예를 논하다〔上箚論文昭殿禮〕〉, 〈상소하여 중국말을 사오지 말 것을 청하다〔上疏請勿貨唐馬〕〉 등 여러 편의 상소를 올려 명종의 지우를 입었다고 한다. 《武陵雜稿附錄 卷2 年譜》

KBP0637(詩-別卷1-142)

잣나무와 대나무를 '취한'이라 이름하고, 함께 간 선비들에게 주다[419] 【기유년(1549, 명종4, 49세) 3월 추정. 풍기(豐基)】

柏與竹名曰翠寒 贈同遊諸彥

시내 굽어보는 가파른 바위 날아오를 듯하니 斷石臨溪勢欲騫
이 좋은 경관 처음으로 찾아 함께 기뻐하노라 搜奇初得共欣然
무성한 잡초 제거하여 푸른 벼랑 열고 試除荒草開蒼壁
평평한 대 만들어 푸른 안개 가까이한다 規作平臺挹翠烟
바로 아이 어른과 함께 노닌다는 늦봄이건만[420] 正好冠童春暮月
소나무 잣나무 푸른 세한[421]을 도리어 생각하노라 飜思松柏歲寒天
스스로 부끄럽구나, 늙은 수령[422] 몹시도 기력 쇠하였건만 自慙老守摧頹甚

419 잣나무와……주다 : 【譯注】 이 시가 소수서원(紹修書院)의 《운원잡록(雲院雜錄)》에 〈죽계의 남쪽 물가에 기이하고 가파른 바위가 있는데, 그 위를 평평하게 하여 대를 만들고 소나무, 잣나무, 대나무를 심어서 '취한'이라 이름하고, 함께 오른 벗들에게 보여주다〔竹溪南畔, 有石奇峭, 夷其上爲臺, 植松栢與竹, 名曰翠寒, 以示同登諸友〕〉라는 제목으로 수록되어 있는 것으로 보아, 제목의 '취한'은 소수서원 앞의 '취한대(翠寒臺)'를 가리키는 듯하다.

420 아이……늦봄이건만 : 【譯注】 증점(曾點)의 고사를 가리킨다. 공자가 제자들에게 자신의 포부를 말해 보라고 하자, 증점이 "늦은 봄에 봄옷이 만들어지면 관을 쓴 사람〔冠者〕 대여섯 명과 동자(童子) 예닐곱 명과 함께 기수(沂水)에서 목욕하고 무우(舞雩)에서 바람 쐰 뒤 노래하면서 돌아오겠습니다."라고 하니, 공자가 "나는 증점을 허여하노라."라고 하였다. 《論語 先進》

421 소나무……세한 : 【譯注】 《논어》 〈자한(子罕)〉에 공자가 "날씨가 추워진 뒤에야 소나무와 잣나무가 뒤늦게 시듦을 알게 된다.〔歲寒, 然後知松柏之後彫也.〕"라고 하였다. 이 말은 주로 변치 않는 굳은 절조를 뜻하는 말로 사용되는데, 여기서는 봄이 되기 전 추운 겨울을 뜻한다.

오히려 여기 올라 어진 이들 사이에 끼었으니　　登陟猶能厠衆賢

---

422 늙은 수령 : 【譯注】 이황 자신을 가리킨다. 이황은 이 당시 풍기 군수(豐基郡守)로 있었다. 《退溪先生年譜 卷1》

KBP0638(詩-別卷1-143~144)

순흥을 지나는 도중에 취하여 돌아오다 【기유년(1549, 명종4, 49세) 3월 추정. 풍기(豐基)】

順興途中 醉歸

(詩-別卷1-143)

필마로 춘풍에 옛 성을 찾아보니	匹馬春風吊古城
성지엔 밭 가는 농부만 보이누나	城池唯見野人耕
당시의 번화함을 알고자 한다면	欲知當日繁華事
안후의 별곡[423] 노래 소리를 들어보라	聽取安侯別曲聲

(詩-別卷1-144)

태평촌[424]에 물 졸졸 흐르고	大平村裏水潺潺
푸른 버들에 동풍 불고 해가 산에 진다	綠柳東風日掩山
태수가 취하여 돌아올 제 도무지 알지 못했노니	太守醉歸渾不省
낙화가 말발굽 사이에 어지러이 흩날리는 줄도	落花撩亂馬蹄間

423 안후의 별곡 : 【攷證 卷8 安侯別曲】 고려 시대 문정공(文貞公) 안축(安軸)이 〈죽계별곡(竹溪別曲)〉 6장을 지었다. 《죽계지(竹溪志)》에 보인다. 【校解】 죽계는 안축의 관향(貫鄕)이자 고향인 순흥부(順興府)에 흐르는 시내 이름으로, 안축은 경기체가인 〈죽계별곡〉을 지어 순흥의 아름다운 자연과 태평성대를 즐기는 모습을 노래했다.

424 태평촌 : 【攷證 卷8 太平村】 순흥부의 남쪽 2리 되는 곳에 있다.

KBP0639(詩-別卷1-145)

관아에서 일찍 일어나다 【기유년(1549, 명종4, 49세) 3~4월 추정. 풍기(豐基)】

郡齋早起

동쪽 집엔 꼬끼오 새벽닭 울고	東家喔喔唱晨雞
행단 서쪽엔 달이 지려 하누나	銀杏壇西月欲低
관아에 홀로 일어나 있노라니 아무도 없고	閣裏獨興人寂寂
뜰 가득 이내 낀 풀 푸르게 우거져 있네	滿庭烟草綠萋迷

KBP0640(詩-別卷1-146)

도중에 【기유년(1549, 명종4, 49세) 3~4월 추정. 풍기(豐基)】

途中

모래톱에 흐르는 강물 드넓어 소리 없고	水流沙渚漫無聲
산 위에는 비 오려는 듯 먹구름이 나직하여라	山上雲低雨欲冥
숲 저편 들새가 지저귀며 서로 화답하여	野鳥隔林歌互答
농부의 노고를 간곡히 위로하네	田家勞苦慰丁寧

KBP0641(詩-別卷1-147)

말 위에서 감회가 일어 【기유년(1549, 명종4, 49세) 3~4월 추정. 풍기(豐基)】

馬上有感

헛된 명성 예로부터 비부[425]를 곤경에 빠뜨렸는데　浮名自昔困非夫
높이 나는 새 헤엄치는 물고기는 도리어 스스로 즐거워하네
高鳥游魚卻自娛
다만 이 몸 외물에 얽매이지 않을 수 있다면　但得此身無物累
어찌 진흙 속에서 오랜 세월 보낸다 근심하랴[426]　寧憂甲子在泥塗

425 비부 : 【攷證 卷8 非夫】 춘추 시대 진(晉)나라 선곡(先穀)이 "적이 강하다는 말을 듣고 퇴각한다면 장부가 아니다.〔聞敵彊而退, 非夫也.〕"라고 하였다. 《春秋左氏傳 宣公 12年》 【校解】 진나라와 초(楚)나라가 황하(黃河)를 사이에 두고 대치했을 때 진나라 대부 사회(士會)는 승리하기 어려우므로 퇴각하자고 주장했으나, 선곡은 퇴각은 대장부답지 못한 행동이라고 하면서 황하를 건넜다가 결국 패전했다.

426 어찌……근심하랴 : 【譯注】 늙도록 등용되지 않고 미천한 신분에 있더라도 개의치 않는다는 의미이다. 춘추 시대 진(晉)나라의 도공부인(悼公夫人)이 축성(築城)의 부역에 나온 인부들에게 밥을 먹일 때 강현(絳縣)에서 부역을 온 사람 중에 73세가 된 노인이 있었는데, 조무(趙武)가 그 노인에게 "진나라에 우환이 많은 까닭에 그대를 등용하지 못하여 그대를 진흙 속에 오래 있게 하였다. 이것은 나의 죄이니, 감히 나의 무능함을 사과하노라.〔以晉國之多虞, 不能由吾子, 使吾子辱在泥塗久矣. 武之罪也, 敢謝不才.〕"라고 하고 벼슬을 제수하였다. 그러나 노인은 벼슬을 사양하고 떠났다. 《春秋左氏傳 襄公 30年》

KBP0642(詩-別卷1-148)

5월 그믐날 영천에서 제생들에게 하과를 치르고, 쌍청당에서 즉흥시를 읊다 【기유년(1549, 명종4, 49세) 5월 29일. 영주(榮州)】

五月晦日 榮川試夏課諸生 雙淸堂卽事

굽은 난간엔 흩날리는 비 비껴들고 曲檻斜飛雨
맑은 못엔 작은 연 솟아 있구나 淸池出小荷
오의[427]는 어지러운 바위 사위에서 춤추고 烏衣舞亂石
괴국[428]에선 창 휘두르며 싸우는구나 槐國戰橫戈
시끌벅적 영재들 모이고 擾擾英才集
둥둥 북을 치네 鼕鼕畫鼓撾
잔 돌리며 애오라지 흥취를 푸니 傳杯聊遣興
물고기 눈이니 게 눈이니 차 품평하지 말라[429] 魚蟹莫評茶

427 오의 : 【譯注】 제비를 가리킨다. 【攷證 卷8 烏衣】 송(宋)나라 유부(劉斧)의 《척유(摭遺)》에 다음과 같은 내용이 있다. 당나라 왕사(王榭)는 항해(航海)를 업으로 삼았는데, 풍랑을 만나 배가 난파했다. 왕사가 판자 하나를 붙잡고 어떤 섬에 이르러, 노옹과 노파를 만났는데 모두 검은 옷을 입고 있었다. 그들이 "이분이 우리의 주인입니다."라고 말하고는 왕사를 데려가 왕을 만나게 하였는데, 왕은 조포(皁袍)를 입고 오관(烏冠)을 쓰고 있었으며 금으로 된 꽃이 번쩍였다. 노옹이 자신의 딸을 왕사에게 시집보냈는데, 왕사가 딸에게 "이 나라의 이름이 무엇입니까?"라고 묻자, 딸이 "이곳은 오의국(烏衣國)입니다."라고 하였다. 왕이 보묵전(寶墨殿)으로 왕사를 불러 연회를 베풀면서 "모일에 돌아갈 것이다."라고 말하고, 검은 모전(毛氈)을 깐 가마에게 들어가도록 명했다. 왕사가 눈을 감고 잠시 쉬자 이윽고 집에 도착했는데, 들보 위에 제비 한 쌍이 지저귀고 있었으니, 왕사는 자신이 머문 곳이 연자국(燕子國)이었음을 곧 깨달았다. 《古今事文類聚後集 卷45 烏衣國》

428 괴국 : 【攷證 卷8 槐國】 살펴보건대, 이는 과거 시험 철〔槐黃〕에 재주를 다투는 것을 비유한 것이다.

-송(宋)나라 소동파(蘇東坡 소식(蘇軾))의 〈과거 시험장에서 차를 끓이다〔試院煎茶〕〉 시에 "게 눈 같은 기포 이미 지나가고 물고기 눈 같은 기포 생기니, 쏴아 쏴아 솔바람 소리 나려 하네.〔蟹眼已過魚眼生, 颼颼欲作松風鳴.〕"라는 구절이 있다.-

---

429 물고기……말라 : 【譯注】 게 눈과 물고기 눈은 찻물을 끓을 때 생기는 기포를 형용한 말로, 게 눈은 작은 기포를, 물고기 눈은 큰 기포를 가리킨다. 【攷證 卷8 魚蟹莫訝茶】 송나라 소식(蘇軾)의 〈과거 시험장에서 차를 끓이다〔試院煎茶〕〉 시에 대한 송나라 임거실(任居實)의 주석에 다음과 같은 내용이 있다. "채군모(蔡君謨 채양(蔡襄))의 〈다변(茶辨)〉에 말했다. '게 눈과 물고기 눈 등의 찻물 끓이는 법〔蟹眼魚眼用湯之法〕이 있다. 당(唐)나라 육우(陸羽)의 《다경(茶經)》에 「찻물 끓는 것을 살필 때 세 단계가 있으니, 물고기 눈 같은 기포가 생기면서 약간 소리가 나는 것이 첫 번째 끓음〔一沸〕이고, 그릇 가장자리에 구슬 같은 물방울이 샘물처럼 솟아오르는 것이 두 번째 끓음〔二沸〕이고, 파도가 치듯 팔팔 끓는 것이 세 번째 끓음〔三沸〕이다.」라고 하였다.' 이 이상 끓이면 찻물이 싱거워져서 먹을 수 없다." ○ 살펴보건대, '아(訝)' 자는 평측에 맞지 않으니, 아마도 '평(評)' 자의 잘못인 듯하다.

KBP0643(詩-別卷1-149)

며칠 뒤 다시 앞 시의 운자를 사용하여 짓다 【기유년(1549, 명종4, 49세) 6월 초순 추정. 영주(榮州)】

後數日 再用前韻

적적한 창에서 못을 굽어보니	寂寂窓臨沼
쓸쓸히 내리는 비 연잎을 치네	蕭蕭雨打荷
병 낫게 하는 데는 시가 약이요	病瘳詩是藥
시름 물리치는 데는 술이 창이라	愁破酒爲戈
봉황은 응당 매어두기 어렵고	鸑鷟應難紲
기린은 채찍질 당하지 않는 법	麒麟不受撾
동파 신선 또한 가소로우니	坡仙亦可笑
걸군하고 두강차를 기다렸구나[430]	乞郡待綱茶

430 동파……기다렸구나 : 【譯注】 동파(東坡)는 송(宋)나라 소식(蘇軾)의 호로, 소식은 평소 차를 매우 좋아했다. 송나라 때 상서(尙書)와 학사(學士)에게 두강차(頭綱茶)를 하사했는데, 시독학사(侍讀學士)로 있던 소식이 걸군(乞郡)하고 회계(會稽)로 떠나려 할 적에 두강차를 받으려고 기다렸던 고사가 있다. 【攷證 卷8 坡仙…綱茶】《다록(茶錄)》에 "복건성(福建省)에서 차를 바칠 때 강(綱)으로 헤아려 진상한다. 조송(趙宋)에서는 첫 번째 강의 단차(團茶)를 왕이 신하들에게 하사했다."라고 하였다. 《施註蘇詩 卷28 新茶送簽判程朝奉…… 註》 송나라 소식의 〈원우(元祐) 7년(1092) 9월에 광릉에서 소환되어……〔七年九月自廣陵召還……〕〉 시 3수 중 제1수에 "걸군하는 상소 세 번 올렸는데 글자가 반쯤 삐딱했으니, 눈 어둡다고 묘당에서 웃음거리 되었네. 상인이 내가 머뭇거리는 뜻 물으니, 두강차 여덟 덩이를 내려주길 기다려서라오.〔乞郡三章字半斜, 廟堂傳笑眼昏花. 上人問我遲留意, 待賜頭綱八餠茶.〕"라고 하였다.

KBP0644(詩-別卷1-150)

쌍청당의 달밤 【기유년(1549, 명종4, 49세) 6월 초순 추정. 영주(榮州)】

雙淸堂月夜

양류와 오동나무 심은 뜰 깊숙한데　　楊柳梧桐院落深
밤 창가에 달빛만 비추누나　　夜窓唯有月窺臨
그 언제나 부평초 뜬 맑은 못　　何當淨澈萍池水
한가운데 밝은 달 비추는 것 볼 수 있을거나　　看取冰輪印鏡心

KBP0645(詩-別卷1-151)

동헌에 걸려 있는 시에 차운하여 김계진[431]에게 보이고 화답을 구하다 【기유년(1549, 명종4, 49세) 6~7월 추정. 상주(尙州)】

次東軒韻 示季珍求和

동서남북 사방에 누구를 따라갈거나 南北東西誰定隨
문을 나가 발 내디디면 갈림길 많아라 出門投足便多歧
물정은 골짜기에 감춰둔 배[432]처럼 가소롭고 物情堪笑如藏壑
인의 도는 가지 꺾는 것과 같다[433]고 일찍이 들었노라 仁道曾聞似折枝
이러한 때에 밤낮으로 회포를 푸니[434] 開抱此時連夜日
어느 곳에 울타리 접하고 이웃해 살거나 卜隣何處接園籬

---

431 김계진 : 【譯注】 김언거(金彦琚, 1503~1584)로, 본관은 광산(光山), 자는 계진(季珍), 호는 풍영(豐咏)이다. 금산 군수(錦山郡守)·사헌부 헌납·홍문관 교리 등을 지냈다.

432 골짜기에 감춰둔 배 : 【譯注】 깨닫지 못하는 사이에 사물이 끊임없이 변화하는 것을 비유한 말이다. 《장자》 〈대종사(大宗師)〉에 "산골짜기에 배를 감춰 놓으며〔藏舟於壑〕 못 속에 산을 감추어 놓고서 단단히 감추었다고 말하지만, 밤중에 힘이 센 자가 그것을 등에 지고 도망치면 잠자는 사람은 알지 못한다."라고 하였다.

433 가지……같다 : 【譯注】 행하기 쉬운 일이라는 의미이다. 맹자가 제 선왕(齊宣王)에게 왕도정치를 권유하면서 "왕께서 왕 노릇 하지 않으시는 것은 태산을 옆에 끼고 북해를 뛰어넘는 것과 같은 종류가 아니라, 왕께서 왕 노릇 하지 않으시는 것은 바로 나뭇가지를 꺾는 것과 같은 종류입니다.〔王之不王, 非挾太山以超北海之類也, 王之不王, 是折枝之類也.〕"라고 하였다. 《孟子 梁惠王上》

434 이러한……푸니 : 【要存錄 別集】 이때 김계진(金季珍)은 상주 목사(尙州牧使)였고, 선생은 연첩(沿牒)을 받고 상주(尙州)에 이르렀다.

본래 학문은 높은 산을 쌓는 것과 같으니　　　從來學問如山仞
예전에 쌓은 데 흙 한 삼태기 붓는 것 잊지 마오[435]　一簣無忘舊所基

---

435 학문은……마오 :【譯注】학문을 할 때 끝까지 최선을 다해야 한다는 의미이다. 《서경》〈여오(旅獒)〉에 "아홉 길 높이의 산을 쌓는 데 한 삼태기의 흙이 부족하여 공이 무너진다.〔爲山九仞, 功虧一簣.〕"라고 하였고, 《논어》〈자한(子罕)〉에서도 "비유하자면 산을 쌓는 것과 같으니, 마지막 흙 한 삼태기를 붓지 않아 산을 쌓지 못한 것도 내가 그만두는 것이다.〔譬如爲山, 未成一簣止, 吾止也.〕"라고 하였다.

KBP0646(詩-別卷1-152)

취원루에 걸려 있는 시에 차운하다 【기유년(1549, 명종4, 49세) 7월 27일 추정. 영주(榮州)】

次聚遠樓

누각은 영천군(榮川郡) 부석사(浮石寺)에 있다.

우뚝 솟은 높은 섬돌에 무지개 난간 둘렀으니 矗成雲砌繚虹欄
귀신이 솜씨 부린 듯 경관 훌륭하여라 奔走神工偉覽看
감히 큰 소리로 천상 세계 놀라게 하지 않노니[436] 不敢高聲驚上界
산주름 많다 남산 자랑한 까닭 이제야 알겠네[437] 方知衆皺詫南山
누각을 좋아하는 선객[438]은 연하 밖을 초월하고 好居仙客超霞外
흥을 타고 노니는 사람은 세간을 벗어났네 乘興遊人出世間
고금이 한 언덕의 오소리 같다[439] 감개 이니 感慨古今歸一貉

436 감히……않노니 : 【攷證 卷8 不敢高聲驚上界】 당(唐)나라 이백(李白)의 〈봉정사에 제하다〔題峰頂寺〕〉 시에 "감히 큰 소리로 말하지 않으니, 천상의 신선 놀라게 할까 두려워서라오.〔不敢高聲語, 恐驚天上人.〕"라고 하였다.

437 산주름……알겠네 : 【譯注】 당나라 한유(韓愈)가 겹겹이 쌓인 남산의 산줄기를 옷의 주름에 비유한 바 있는데, 취원루에서 바라보는 경치가 그와 같이 아름답다는 의미이다. 한유의 〈남산시(南山詩)〉에 "앞이 낮아 획을 그은 듯 탁 트이니, 울긋불긋 옷 주름처럼 쌓여 있네.〔前低劃開闊, 爛漫堆衆皺.〕"라고 하였다.

438 누각을 좋아하는 선객 : 【攷證 卷8 好居仙客】 한(漢)나라 공손경(公孫卿)이 "신선은 누각에 사는 것을 좋아하기에, 황제(皇帝) 때 십이루(十二樓)를 짓고 신선을 기다렸습니다."라고 하였다. 《古今事文類聚 續集 卷7 樓閣》

439 고금이……같다 : 【譯注】 지나고 보면 고금의 흥망성쇠가 모두 마찬가지라는 의미이다. 【攷證 卷8 古今歸一貉】 《한서》 〈양운전(楊惲傳)〉에 "옛날과 지금이 한 언덕에 사는 오소리와 같다.〔古與今, 猶一丘之貉.〕"라고 하였는데, 당나라 안사고(顏師古)의 주석에 "동류임을 말한 것이다."라고 하였다. 송(宋)나라 소식(蘇軾)의 〈고개를 넘다〔過

술자리에서 벼슬길 어렵다 말하지 말라　　　　　尊前休說宦途難

嶺]〉 시 2수 중 제1수에 "평생에 교토삼굴은 하지 못했지만, 고금이 한 언덕의 오소리와 어찌 다르랴.〔平生不作兎三窟, 今古何殊貉一丘?〕"라고 하였다. 【校解】《고증》에 소식 시의 '今古'가 '古今'으로 되어 있는데, 통행본《동파전집(東坡全集)》과《동파시집주(東坡詩集註)》 등에 의거하여 수정하였다.

KBP0647(詩-別卷1-153~157)

차운하여 김계진[440]에게 답하다 【기유년(1549, 명종4, 49세) 8월 추정. 풍기(豐基)】

次韻答季珍

(詩-別卷1-153)

흰 이슬 검은 매미[441] 계절을 재촉하니 白露玄蟬催節意
깊은 산속에 사룡이 숨는 것 장차 보리라[442] 深山行見蟄蛇龍
뒤늦게 시집가도 좋은 배필 못 얻는 법 없고[443] 愆歸未必非佳偶
부정한 방법으로 잡는 건[444] 본래 천한 사람이라네 詭獲從來是賤工

---

440 김계진 : 【譯注】 김언거(金彦琚, 1503~1584)로, 본관은 광산(光山), 자는 계진(季珍), 호는 풍영(豐咏)이다. 금산 군수(錦山郡守)·사헌부 헌납·홍문관 교리 등을 지냈다.

441 검은 매미 : 【攷證 卷8 玄蟬】 당(唐)나라 두보(杜甫)의 〈입추 후에 짓다〔立秋後題〕〉 시에 "검은 매미 울음을 그치지 않으니, 가을 제비는 이미 손님 같구나.〔玄蟬無停號, 秋燕已如客.〕"라고 하였다.

442 깊은……보리라 : 【譯注】 가을이 깊어진다는 의미이다. 북조 시대 위(魏)나라 역도원(酈道元)의 《수경주(水經注)》에 "어룡(魚龍)은 가을을 밤으로 삼는다. 용은 추분 이후에는 깊은 못에 숨어 잠을 자니〔龍秋分而降則蟄寢於淵〕, 용이 가을을 밤으로 삼는다는 것은 아마도 이것을 이르는 말일 것이다."라고 하였다. 《埤雅 卷1 龍》

443 뒤늦게……없고 : 【譯注】 마땅한 때를 기다려 일을 행해야 한다는 의미이다. 【攷證 卷8 愆歸未必非佳偶】 《주역》 〈귀매(歸妹) 구사(九四)〉 효사(爻辭)에 "귀매에 혼기(婚期)가 지남이니, 지체하여 돌아감이 때가 있어서이다.〔歸妹愆期, 遲歸有時.〕"라고 하였는데, 송(宋)나라 정이(程頤)의 《이천역전(伊川易傳)》에 "때가 지났는데 시집가지 못하므로 '혼기가 지났다〔愆期〕'고 한 것이다. …… 아름다운 배필을 얻기를 기다린 뒤에 시집가려는 것이다."라고 하였다.

444 부정한……것 : 【譯注】 부정한 방법으로 명리를 취하는 것을 의미한다. 전국 시대 진(晉)나라 대부 조 간자(趙簡子)가 왕량(王良)으로 하여금 폐해(嬖奚)와 함께 수레를 타고 사냥하게 했는데, 왕량이 돌아와 조 간자에게 "폐해는 소인입니다. 첫날에는 제가

(詩-別卷1-154)

어찌 군이 감호 하사하는 칙서로 금의환향할 것 있으랴[445] 鑑湖何必勅榮歸

아대의 샘[446]이 옛 포의지사 맞아주네 阿對泉迎舊布衣

다만 이내 마음 도를 지킬 수 있다면[447] 但得此心能抱一

어부와 낚시터 다툰들 어떠리 不妨漁者與爭磯

-오융(吳融)[448]의 〈문향에 우거하다〔閿鄕寓居〕〉 10수 중 제1수 〈아대천(阿對泉)〉 시에 "오릉의 자제들이 묻는다면, 아대천 가 한 명의 포의라 하겠네.〔五陵年少如相問, 阿對泉頭一布衣.〕"라고 하였다.-

(詩-別卷1-155)

서둘러 여장을 꾸려 돌아가려 하니 草草行裝便去歸

법도대로 말을 몰자 한 마리도 잡지 못하더니, 그를 위해 법도를 어겨 몰자 하루아침에 열 마리를 잡았습니다.〔吾爲之範我馳驅, 終日不獲一, 爲之詭遇, 一朝而獲十.〕"라고 하였다. 《孟子 滕文公下》

445 감호……있으랴 : 【譯注】 당(唐)나라 하지장(賀知章)이 귀향할 때 당 현종(唐玄宗)에게 감호(鑑湖) 일대 땅을 하사받은 고사를 인용한 것이다. 하지장(賀知章)이 80이 넘어 귀향을 청하자, 현종(玄宗)이 이를 허락하며 감호(鑑湖)와 섬천(剡川) 일대의 땅을 하사하였다. 《新唐書 賀知章 列傳》

446 아대의 샘 : 【攷證 卷8 阿對泉】 송(宋)나라 유극장(劉克莊)의 《후촌시화(後村詩話)》 권6에 "양백기(楊伯起)의 가동(家僮) 이름이 아대(阿對)인데, 항상 샘을 끌어다 채소밭에 물을 주었다."라고 하였다.

447 이내……있다면 : 【攷證 卷8 此心能抱一】 《노자》 제10장에 "혼백을 간직하고 도를 지켜, 떠나가지 않을 수 있겠는가.〔載營魄抱一, 能無離乎?〕"라고 하였다. 송나라 소식(蘇軾)의 〈도연명(陶淵明)의 「독산해경」 시에 화운하다〔和讀山海經〕〉 시 13수 중 제5수에 "양생법을 행하여 끝내 죽지 않고, 도를 지켜 수명이 다하지 않네.〔支牀竟不死, 抱一無窮年.〕"라고 하였다.

448 오융(吳融) : 【攷證 卷8 吳融】 당나라 진사로, 시를 잘 지었다.

먼저 푸른 도롱이 준비해야 하네[449] 先須准備綠蓑衣
매우 어여뻐라, 가랑비와 비껴 부는 바람 속에 最憐細雨斜風裏
단풍잎 갈대꽃 낚시터에 가득한 것이 楓葉蘆花滿石磯

(詩-別卷1-156)

벼슬에 얽매여 떠나지 못하면서 부질없이 돌아가고자 하니
拘官不去謾思歸
이 몸은 원숭이가 예복을 입은 듯하네[450] 身似輕猿著禮衣
강호에서 함께 낚시하던 벗에게 시 부치노니 寄語江湖舊釣伴
흰 구름 속 낚시터에 오래도록 앉아있느니만 못하다오
不如堅坐白雲磯

(詩-別卷1-157)

천수자[451] 풍도 따를 만하니 天隨風味可同歸
구기자와 국화 먹고 연잎으로 옷 짓네[452] 杞菊爲餐荷製衣

---

449 푸른……하네 : 【譯注】 벼슬에서 물러나 은거하고자 한다는 말이다. 당(唐)나라 장지화(張志和)가 벼슬을 버리고 강호에서 낚시질하며 살았는데, 장지화의 〈어부사(漁父詞)〉에 "푸른 갈대 삿갓과 푸른 도롱이 입었으니, 바람 비껴 불고 가랑비 내려도 돌아갈 필요없네.〔青篛笠綠蓑衣, 斜風細雨不須歸.〕"라고 하였다.

450 원숭이가……듯하네 : 【譯注】 헛된 명성과 실상이 일치하지 않는다는 의미이다. 초(楚)나라 항우(項羽)가 진(秦)나라의 수도 함양(咸陽)을 함락한 뒤 관중(關中)에 도읍을 정하지 않고 고향인 강동(江東)으로 돌아가려 하자, 한생(韓生)이 "사람들이 초나라 사람을 두고 목욕한 원숭이가 관을 쓴 것 같다고 한다.〔人言楚人沐猴而冠耳, 果然.〕"라고 한 고사가 있다. 《史記 項羽本記》《漢書 項籍傳》

451 천수자 : 【攷證 卷8 天隨】 당(唐)나라 육귀몽(陸龜蒙)의 호가 천수자(天隨子)이다.

452 구기자와……짓네 : 【譯注】 은자의 청빈한 생활을 의미한다. 당나라 육구몽이 일찍

취중에 뱃전에 기대어 수백으로 흩어진다 노래하고[453]

醉裏倚船歌百散

이내 차와 붓 가지고 낚시터 곁으로 가노라 旋將茶筆傍漁磯

이 집의 앞뒤에 구기자와 국화를 심고 봄과 여름으로 그 지엽(枝葉)을 채취해 먹었으며, 〈기국부(杞菊賦)〉를 지었다. 《古今合璧事類備要 別集 卷39 菊花》

453 수백으로 흩어진다 노래하고 : 【譯注】 출렁거리는 물결에 비친 자신의 모습이 여러 갈래로 흩어지는 것을 형용한 것이다. 【攷證 卷8 歌百散】 송(宋)나라 소식(蘇軾)의 〈영수에 배를 띄우다〔泛潁〕〉 시에 "흩어져 수백 동파가 되었다가, 잠깐 사이에 다시 여기에 있네.〔散爲百東坡, 頃刻復在玆.〕"라고 하였다. 【校解】 《고증》에 '爲'가 '作'으로 되어 있는데, 통행본 《동파전집(東坡全集)》과 《동파시집주(東坡詩集註)》 등에 의거하여 수정하였다.

KBP0648(詩-別卷1-158)

양진암에 지사 이 상공[454]이 왕림해 주시고, 이날 예안 원님[455]도 왔기에 【기유년(1549, 명종4, 49세) 9월 하순 추정. 예안(禮安)】

養眞庵 李知事相公辱臨 是日城主亦到

띳집 찾지 않은 지 이미 삼 년 되었으니　茅齋不見已三年
비 새고 바람 불어 서까래 반쯤 드러났구나　雨漏風吹半露椽
갑자기 상공께서 산골짜기에 왕림하시고　忽枉籃輿臨澗藪
아울러 원님께서도 술자리에 와주시네　兼蒙皂蓋賁尊筵
예전에 개미처럼 덕 있는 이분들 사모했는데[456]　他時慕德人如蟻
이날 모시고 기뻐하니 나 또한 신선이라　此日陪歡我亦仙
잠깐 산골 집에 왔는데도[457] 오히려 이런 광영 얻었는데
假步山扃猶得此

454 이 상공 : 【譯注】 이현보(李賢輔, 1467~1555)이다. 상공(相公)은 2품 이상의 관직을 지낸 이에 대한 존칭으로, 이현보는 1542년(중종38)에 지중추부사에 제수되었다.

455 예안 원님 : 【要存錄 別集】《습유(拾遺)》의 가서(家書)에 "임 성주(任城主)도 왔으니, 술자리를 베풀었다."라고 하였다. ○ 성주(城主)는 아마도 임공(任公) 내신(鼐臣)인 듯하다. 【校解】 이야순(李野淳)의 《퇴계선생연보보유(退溪先生年譜補遺)》에서도 "9월. …… 양진암(養眞庵)에서 술자리를 가졌다. 농암 상공이 왕림하셨다. 이날 임후(任侯)도 왔다."라고 하여 예안 원님을 임내신으로 보았다. 그러나 정석태는 《국역 선성지(國譯宣城志)》에 의거하여 이 당시 예안 원님은 이수지(李秀枝)라고 하였다. 《정석태, 퇴계선생연표월일조록1, 퇴계학연구원, 2001, 663쪽》

456 개미처럼……사모했는데 : 【譯注】 마음이 저절로 어진 이를 향하는 것을 비유한 말이다. 【攷證 卷8 慕德人如蟻】 《장자》 〈서무귀(徐无鬼)〉에 "개미가 양고기를 사모하니 그것은 양고기가 노린내를 풍기기 때문이다. 순임금은 노린내 나는 행동을 했기 때문에 백성들이 그것을 기뻐하였다.〔蟻慕羊肉, 羊肉羶也. 舜有羶行, 百姓悅之.〕"라고 하였다.

하물며 벼슬 그만둔 이[458]가 어진 분들 뵙게 됨에랴　況敎投紱拜牀前

457 잠깐……왔는데도 : 【攷證 卷8 假步山扃】 남조 시대 제(齊)나라 공치규(孔稚珪)의 〈북산이문(北山移文)〉에 "비록 마음은 대궐에 가 있지만, 혹여 산어귀에 잠깐 발걸음을 들여놓을 것이다.〔雖情投於魏闕, 或假步於山扃.〕"라고 하였다.

458 벼슬 그만둔 이 : 【譯注】 이황은 1548년(명종3) 10월에 풍기 군수(豐基郡守)에 제수되었는데, 1549년(명종4) 9월에 병으로 사직상소를 올렸다. 《退溪先生年譜 卷2》

KNP0649(詩-別卷1-159~160)

고조와 증조의 묘소에 요전[459]을 지내다. 지난 을해년(1515, 중종10)에 숙부[460]께서 부사가 되어 이곳에 와서 요전을 지냈는데, 지금 35년이 흘렀다. 묘는 안동의 북쪽에 있다 【기유년(1549, 명종4, 49세) 2월 28일. 안동(安東)】

高曾墓澆奠 去乙亥年中 叔父爲府使來奠 今三十有五年矣 墓在安東北

(詩-別卷1-159)

당시 큰 고을의 부사로 요전을 지냈었는데	當時大府進澆牀
삼십 년 세월이 한 순간처럼 지났어라	三十年來一瞬忙
군수 되어 내 이곳에 오니 백 리도 되지 않아	得郡我來無百里
다시 와서 마음 아파하며 황량한 무덤에 성묘하누나	傷心重到掃烟荒

(詩-別卷1-160)

무성한 송백은 오랜 풍상 겪었나니	深松茂栢閱風霜
존몰 간에 생각해보면 절로 마음 아프도다	存歿尋思自感傷
친족 모여 모두 기뻐하니 억지로라도 술 잔 드는데	合族一歡須强飮
내일 아침이면 세상일에 또다시 아득히 멀어지리	明朝世事又茫茫

459 요전(澆奠) : 【譯注】 술잔을 올리고 제향(祭享)을 드리는 것이다.

460 숙부 : 【譯注】 이우(李堣, 1469~1517)로, 본관은 진보(眞寶), 자는 명중(明仲), 호는 송재(松齋)이다. 1498년(연산군4) 식년 문과에 급제하여 형조 참판, 강원도 관찰사 등을 지냈다. 저서로 《송재집》이 있다.

KNP0650(詩-別卷1-161)

황경보[461] 효공 와 금대임[462] 축 을 귀원[463]에서 만나보고 저녁에 군재로 돌아가는 말 위에서 단오 【기유년(1549, 명종4, 49세) 5월 5일. 풍기(豊基)】

見敬甫 黃孝恭 大任 琴軸 於龜院 夕向郡馬上 端午

창포주[464]로 붙잡으나 나는 머물 수 없으니　　蒲酒勸留我不留
교외를 가며 사방을 둘러보매 운산도 시름겹네　　郊行四望雲山愁
들새는 서로 부르고 시냇물은 빠르게 흐르니　　野鳥相呼溪水急
석양의 말 위에서 자주 고개 돌려 바라보노라　　落日馬上頻回頭

---

461 황경보 : 【譯注】 황효공(1496~1533)으로, 본관은 창원(昌原), 자는 경보(敬甫), 호는 구암(龜巖)이다. 영천(榮川 영주)으로 낙향하여 정사(精舍)를 짓고 '구암'이라 자호하여 독서와 후진 양성에 전심하였다.

462 금대임 : 【譯注】 금축(琴軸, 1496~1561)으로, 본관은 봉화(奉化), 자는 대임(大任), 호는 남계(南溪)이다. 진사를 지냈다.

463 귀원 : 【攷證 卷8 龜院】《정본 퇴계전서》 권15 〈이산서원기(伊山書院記)〉에 그 내용이 보인다.

464 창포주 : 【攷證 卷8 蒲酒】《고금사문유취(古今事文類聚)》에 "단오에 창포주를 만들어 창포 꽃을 술 위에 띄운다."라고 하였다.

KNP0651(詩-別卷1-162~163)

김계진[465]이 두 마리 매를 그린 두성령[466]의 그림을 부치면서 제화시를 요청하다 【기유년(1549, 명종4, 49세). 풍기(豊基)】

季珍寄杜城令畫二鷹 求題詩句

(詩-別卷1-162)

일세응 一歲鷹

세속에서 보라매라고 부른다.

빼어난 자질로 사람에게 의지하여 사람이 가련하게 여기니 俊性依人人自憐
푸른 끈과 은빛 굴레로 난간 앞에서 사랑을 받누나 碧條銀鏇寵軒前
그 몸 정히 은혜 갚으려는 자식과 같아 一身正似酬恩子
때로 평원에서 사냥감 덮쳐 선혈을 뿌리네 時擊平蕪洒血鮮

(詩-別卷1-163)

산진응 山陳鷹

용맹한 기세 날랜 재주 당할 자 없나니 猛勢驍材不可當
두성은 붓 끝으로 풍상 같은 기세 그려 내었구나 杜城毫末挾風霜
사냥꾼은 부질없이 끈과 조롱으로 잡아두려 하지만 弋人枉作條籠計
만 리 머나먼 높은 하늘에 뜻을 두고 있어라 思在雲霄萬里長

465 김계진 : 【譯注】 김언거(金彦琚, 1503~1584)로, 본관은 광산(光山), 자는 계진(季珍), 호는 관포당(灌圃堂)·칠계(漆溪)·풍영정(風詠亭)이다.

466 두성령 : 【攷證 卷8 杜城令】 이암(李巖, 1499~?)을 가리킨다. 그의 본관은 전주(全州), 자는 정중(靜仲)이다. 세종대왕의 넷째 아들인 임영대군(臨瀛大君)의 증손자로 일찍이 두성령을 제수받았다.

KNP0652(詩-別卷1-164)

상사 이비원[467] 국량 이 보내온 시에 차운하다 【기유년(1549, 명종4, 49세) 12월 추정. 풍기(豐基)】

次李上舍庇遠 國樑 見寄韻

도도한 세상길에서 나루터 잃을까 걱정하노니　　滔滔世路恐迷津
월나라 사람이 진나라 사람 보는 것[468] 같은 마음 아니라네　　不是心同越視秦
산수의 절경을 원래 좋아하는 마음 있었나니　　絶勝丘山元有素
사랑할 만한 천석은 본래 티끌 없어라　　可憐泉石本無塵
물길 따라가며 내 예전 애오라지 흥 일어나 찾아갔는데　　沿行我昔聊乘興
거슬러 그대 지금 승경 찾아 들어오누나　　泝入君今亦討眞
내 돌아옴에 짝이 없다고 말하지 말라　　莫道吾歸無伴侶
고산에 새로이 매화 읊조리는 사람[469] 있거니　　孤山新有詠梅人

---

467 이비원 : 【譯注】 이국량(李國梁, 1517~1554)으로, 본관은 영천(永川), 자는 비원(庇遠), 호는 양곡(暘谷)이다. 농암(聾巖) 이현보(李賢輔)의 아우인 이현준(李賢俊)의 아들이고, 선생의 문인이자 조카사위이다.

468 월나라……것 : 【譯注】 마치 강 건너 불구경하듯 자기 일이 아니라면서 전혀 상관하지 않는 무관심한 태도를 지칭하는 말이다. 【攷證 卷8 越視秦】 당(唐)나라 한유(韓愈)의 〈쟁신론(爭臣論)〉에 "그는 일찍이 정치에 대해서 한마디도 발언한 일이 없으니, 이는 그가 정치의 잘잘못을 보는 것이 마치 남쪽의 월나라 사람이 북쪽의 진나라 사람의 살지고 여윈 것을 보는 것처럼 무관심해서〔若越人視秦人之肥瘠〕, 그의 마음속에 기쁘거나 슬픈 느낌이 전혀 들지 않기 때문이다."라고 하였다.

469 고산에……사람 : 【譯注】 송(宋)나라 때 서호(西湖)의 고산에 은거하여 매화를 심고 학을 길러서 '매처학자(梅妻鶴子)'라고 불렸던 임포(林逋)를 가리킨다. 임포가 매화

를 읊은 시들이 널리 알려져 있다. 이비원이 살던 곳의 이름도 고산이므로, 임포의 고사를 인용하여 중의적으로 사용하였다.

KNP0653(詩-別卷1-165)

관포당에 부쳐서 제하다 김언거(金彦琚)[470]의 호 【기유년(1549, 명종4, 49세) 8~12월 추정. 풍기(豊基)】

寄題灌圃堂 金彦琚號

칠원의 오만한 관리 풍진의 세속을 떠나더니	漆園傲吏離風塵
천년 만에 칠수 사람으로 돌아왔네[471]	千載同歸漆水人
잔꾀 난무하는 험한 벼슬길 이미 내던지고	巧宦已抛蹊徑惡
은거하며 새로 채마밭을 마련하였네.	幽居還帶圃畦新
항아리 끌어안고도 도를 온전히 할 수 있거늘[472]	提攜一甕能全道
세상사 계교하다가 스스로 본심을 깎아버리누나	俯仰諸機自斲眞

470 김언거(金彦琚) : 【譯注】 1503~1584. 본관은 광산(光山), 자는 계진(季珍), 호는 칠계(漆溪)·풍영(風詠)이다. 김인후(金麟厚)·이황(李滉)·기대승(奇大升) 등과 교유하였으며, 연안 부사(延安府使) 등을 역임하였다. 저서로 《칠계유집》이 있다.

471 칠원의……돌아왔네 : 【要存錄 別集】 장주(莊周)는 칠원(漆園)의 관리가 되었으며, 김계진은 광주의 칠수(漆水)에 거주하였다. 《정본 퇴계전서》 권2 KBP0707 〈김후지가 김계진을 위하여 지은 칠계 10영에 차운하다〔次韻金厚之爲金季珍作漆溪十詠〕〉라는 작품이 있다.

472 항아리……있거늘 : 【譯注】 《장자(莊子)》 〈천지(天地)〉에 다음과 같은 내용이 있다. 자공(子貢)이 한수(漢水) 남쪽을 지나다가 한 노인이 마침 밭일을 하고 있는 것을 보았다. 그는 굴을 뚫고 우물에 들어가 항아리를 안고 내와서 밭에 물을 주고 있었는데, 애를 쓰며 수고가 많았지만 그 효과는 적었다. 자공이 "여기에 기계가 있습니다. 나무에 구멍을 뚫어 기계를 만들고 뒤쪽은 무겁게 앞쪽은 가볍게 하면 흐르듯이 물을 떠낼 수 있습니다. 그 기계 이름은 두레박이라고 합니다. 해보실 의향이 있습니까?"라고 하자, 밭일을 하던 자가 "내 들으니, 기계란 것은 반드시 기계에 의한 일이 생겨나고 그런 일이 생기면 반드시 기계에 사로잡히는 마음이 생겨나오. 내가 두레박을 모르는 것이 아니요, 부끄러워서 하지 않는 것이라오."라고 하였다.

말이 많은 단목씨와 같지 않으니[473] 未似多言端木氏

훗날 내 물러남에 부끄럽지 않으리라 他年我不愧逡巡

473 말이……않으니 : 【譯注】 단목씨(端木氏)는 복성(複姓)으로 이름이 사(賜)인 자공(子貢)을 가리킨다. 【要存錄 別集】《춘추좌씨전(春秋左氏傳)》 정공(定公) 15년 조(條)에 "사(賜)는 불행하게도 말을 하면 적중하므로, 이것이 사로 하여금 말을 많이 하게 만든 것이다."라고 하였다.

KNP0654(詩-別卷1-166~169)

김계진[474]에게 답하다 【기유년(1549, 명종4, 49세) 8월 추정. 풍기(豊基)】

答季珍

(詩-別卷1-166)

자취는 길이 다하면 울었던 완적[475]과 다르며	迹異窮途阮
마음은 그치고 만족할 줄 알았던 소광[476]과 같아라	心同止足踈
병중에 귤나무 심었다고 들었으며[477]	病來聞種橘
편지 이르러 이미 어대(魚袋) 태웠음을 알았네[478]	書到已焚魚

474 김계진 : 【譯注】 김언거(金彦琚, 1503~1584)로, 본관은 광산(光山), 자는 계진(季珍), 호는 칠계(漆溪)·풍영(風詠)이다. 김인후(金麟厚)·이황(李滉)·기대승(奇大升) 등과 교유하였으며, 연안 부사(延安府使) 등을 역임하였다. 저서로 《칠계유집》이 있다.

475 길이……완적 : 【譯注】 곤궁에 처하더라도 실의하지 않는 것을 이른다. 《진서(晉書)》 〈완적열전(阮籍列傳)〉에 "그는 가끔 마음이 내키면 혼자서 수레를 타고 놀러 나갔는데, 오솔길로는 가지 않고 큰길로 가다가 길이 끝나면 통곡하고 돌아오곤 하였다."라고 하였다.

476 그치고……소광 : 【攷證 卷8 止足踈】 살펴보건대, '踈'는 '疎'와 통용하니, 한(漢)나라 소광(疎廣)을 가리킨다. 【要存錄 別集】 《한서(漢書)》 〈소광전(疏廣傳)〉에 소광이 조카 소수(疎受)에게 이르기를 "만족할 줄 알면 욕되지 않고 그칠 줄 알면 위태롭지 않다.〔知足不辱, 知止不殆.〕"라고 하였다. 【校解】 《고증》에는 '疎'가 '踈'로 되어 있다. 그러므로 이에 대한 주석이 발생하였다. 소광이 소수에게 한 말은 《도덕경(道德經)》 제44장에 나온다.

477 병중에……들었으며 : 【攷證 卷8 病來聞種橘】 진(晉)나라 갈홍(葛洪)의 《신선전(神仙轉)》 〈소선공(蘇仙公)〉에 "소탐(蘇耽)이 장차 신선이 되어 떠나는 날에 그의 어머니와 처가 앞으로 어떻게 살아가느냐고 물었다. 그러자 소탐이 '내년에 천하에 역질이 만연할 것인데, 뜰에 있는 우물물과 귤나무 열매를 먹이면 모두 치료할 수 있을 것입니다.'라고 하였다. 그로부터 2년 뒤에 과연 역질이 만연하였는데, 우물물 한 됫박과 귤 하나를 먹이면 모든 병이 치료되었다."라고 하였다.

478 어대(魚袋) 태웠음을 알았네 : 【攷證 卷8 書到已焚魚】 당(唐)나라 두보(杜甫)의

어찌하면 만날 수 있을까마는 會面何由得
돌아가는 수레를 천천히 몰진 않겠지 歸驂不肯徐
가을바람 일 때 벼슬에 얽매인 객으로 있으니[479] 秋風羇宦客
머리 돌려 바라보매 마음만 아득하구나 回首意茫如

(詩-別卷1-167)

위 태수는 전원으로 돌아갈 때를 생각하고[480] 韋守思田日
도공은 새벽부터 고향 길 물었다네[481] 陶公問路晨
시간은 다툴 수 없음을 잘 알겠으며 極知時莫競
선비가 항상 가난함은 괴이할 것 없어라 無怪士常貧

〈백 학사 모옥에 제하다〔題柏學士茅屋〕〉 시에 "벽산의 학사가 은어를 불태우고, 백마를 타고서 달려가 산야에 은거했네.〔碧山學士焚銀魚, 白馬却走身巖居.〕"라고 하였다. 【校解】 은어(銀魚)는 5품 이상의 관원이 관복(官服)에 차는 은제(銀製) 어대를 말한다.

479 가을바람……있으니 : 【譯注】 가을이 되어 고향 생각이 더욱 난다는 의미이다. 《진서(晉書)》 〈장한열전(張翰列傳)〉에 "장한의 자는 계응(季鷹)이다. 제왕(齊王) 경(冏)이 그를 불러 동조연(東曹掾)으로 삼았다. 장한이 가을바람이 이는 것을 보고서〔因見秋風起〕 고향 오중(吳中)의 고미 나물, 순채국, 농어회 생각이 나서 말하기를 '인생은 자신의 마음에 맞는 삶을 귀하게 여기는데 어찌 고향을 떠나 수천 리 땅에서 벼슬에 얽매여〔羈宦〕 명예와 벼슬을 구하려 하는가.'라고 하고는 마침내 수레에 멍에를 지고 돌아왔다."라고 하였다.

480 위 태수는……생각하고 : 【譯注】 당(唐)나라 위응물(韋應物)을 가리킨다. 그는 저주(滁州)·강주(江州)·소주(蘇州) 등의 자사를 지냈다. 【攷證 卷8 韋守思田日】 위응물의 〈이담과 원석에게 부치다〔寄李儋元錫〕〉 시에 "몸에 병이 많아 전원으로 돌아갈 생각하는데, 고을에는 유랑하는 백성 있어 봉록이 부끄럽도다.〔身多疾病思田里, 邑有流亡愧俸錢.〕"라고 하였다.

481 도공은……물었다네 : 【譯注】 진(晉)나라의 도연명(陶淵明)을 가리킨다. 【攷證 卷8 陶公問路晨】 도연명의 〈귀거래사(歸去來辭)〉에 "지나는 길손에게 고향 가는 길 물을 때, 새벽빛 희끄무레하여 아쉽구나.〔問征夫以前路, 恨晨光之熹微.〕"라고 하였다.

백발은 문사를 속이지만[482] 白髮欺騷客
노란 국화는 주인을 기다리누나 黃花待主人
어찌 번거롭게도 충 처사처럼 何煩种處士
귀향하여 산을 살 은자가 필요하랴[483] 歸得買山銀

(詩-別卷1-168)

드넓어 탄솔한 마음 명예를 멀리하진 않았으니 曠坦非名外
귀거래하였다고 어찌 세상과 멀어지랴 歸來寧世疎
범식과 장소는 기장 익을 때 만나자고 새로이 약속하였고[484] 范張新約黍

482 백발은 문사를 속이지만 : 【譯注】 당(唐)나라 설능(薛能)의 〈봄날 사부에서 소회를 부치다〔春日使府寓懷〕〉 시에 "청춘은 나를 등지고 당당히 가 버리고, 백발은 사람을 속여 자주자주 나는구나.〔青春背我堂堂去, 白髮欺人故故生.〕"라고 하였다.

483 충 처사처럼……필요하랴 : 【譯注】 송(宋)나라 충방(种放)을 가리킨다. 진종(眞宗)이 초빙하여 공부 시랑까지 올랐으나 벼슬을 버리고 숭산(嵩山)에 들어가 은거하며 생을 마쳤다. 【攷證 卷8 种處士云云】 《패문운부군옥(佩文韻府群玉)》에 "충방이 여러 차례 소장을 올려 전리(田里)로 돌아가기를 요청하니, 진종이 산을 살 은자 일백 량을 하사하였다."라고 하였다.

484 범식과……약속하였고 : 【譯注】 언젠가 훗날 퇴계가 한번 김계진을 찾아가겠다는 뜻이다. 한(漢)나라 범식(范式)은 자가 거경(巨卿)으로 산양(山陽) 금현(金縣) 사람이고, 장소(張邵)는 자가 원백(元伯)으로 여남(汝南) 사람이다. 【攷證 卷8 范張新約黍】 이 두 사람은 태학에서 함께 공부하며 우정이 매우 두터웠다. 두 사람이 이별할 때 범식이 장소에게 "2년 뒤 돌아올 때 그대의 집에 들르겠다."라고 하였다. 꼭 2년째가 되는 날인 9월 15일에 장소가 닭을 잡고 기장밥을 짓고 범식을 기다리자 그 부모가 웃으며 "산양은 여기서 천 리나 멀리 떨어진 곳인데, 그가 어찌 꼭 올 수 있겠느냐."라고 하였다. 이에 장소가 "범식은 신의 있는 선비이니, 약속 기한을 어기지 않을 것입니다."라 하였는데, 그 말이 채 끝나기도 전에 범식이 당도하였다고 한다. 《後漢書 范式列傳》 【校解】 《고증》에서 출전을 '속(續)'이라고 하였는데, 이는 《후한서》를 가리킨다.

장주와 혜자는 물고기 즐거움을 옛날 논하였네[485] 莊惠舊論魚
새 걸음걸이 배우려다 예전 걸음도 잊을 뻔하고[486] 學步幾忘故
샘물을 다투다가 홀로 늦게 마시는구나[487] 爭泉獨味徐
멀리서 알겠어라, 중양절이 되어 懸知及重九
울타리의 국화가 금빛으로 빛날 것을 籬菊粲金如

(詩-別卷1-169)

벼슬을 진흙처럼 버린다[488]는 옛 말 들었더니 棄泥聞古語

485 장주와……논하였네 :【譯注】김계진이 전원에서의 즐거움을 누리며 지낼 것을 퇴계가 확신한다는 의미이다. 《장자(莊子)》〈추수(秋水)〉에 다음과 같은 내용이 있다. 장자가 혜자(惠子)와 함께 호수(濠水)의 징검돌 근처에서 노닐고 있었다. 장자가 "피라미가 한가롭게 헤엄치고 있소. 이게 바로 물고기의 즐거움이란 거요."라고 하자, 혜자가 "당신은 물고기가 아니오. 어찌 물고기의 즐거움을 안단 말이오?"라고 하였다. 장자가 다시 "당신은 내가 아니오. 어찌 물고기의 즐거움을 알지 못한다는 걸 안단 말이오?"라 하자, 혜자가 "나는 당신이 아니니까 물론 당신을 알지 못하오. 당신은 물론 물고기가 아니니까 당신이 물고기의 즐거움을 알지 못한다는 게 확실하단 말이오."라고 하였다. 장자가 "이제 처음 질문으로 돌아가 말해 봅시다. 그대가 '어찌 당신이 물고기의 즐거움을 안단 말이오.'라고 했지만, 이미 그것은 내가 안다는 것을 알고서 내게 물은 것이오. 나는 호숫가에서 물고기의 즐거움을 알고 있소이다."라고 하였다.

486 새……뻔하고 :【譯注】《장자(莊子)》〈추수(秋水)〉에 "그대는 한단(邯鄲)에 걸음을 배우러 온 수릉 땅 소년의 이야기를 듣지 못했는가? 그 국도(國都)의 잘 걷는 재주를 터득하기는커녕 옛날의 걸음걸이마저 잃어버리고서〔又失其故行〕 다만 기어서 돌아갔다는 것을."이라고 하였다. 퇴계 자신이 벼슬길에서 자신의 본심을 잃어버릴 뻔했다는 의미이다.

487 샘물을……마시는구나 :【攷證 卷8 爭泉獨味】뜻을 정확히 알 수 없다. ○ 살펴보건대, 명(明)나라 팽대익(彭大翼)의 《산당사고(山堂肆考)》〈신유예천(新喩醴泉)〉에 "신유현 서쪽에 예천이 있었다. 송(宋)나라의 황정견(黃庭堅)이 이곳에 들러 그 물을 마셔 보고 달게 여겨 말하기를 '애석하도다, 장우신(張又新)과 육홍점(陸鴻漸)은 이 샘물 맛을 미처 몰랐구나.' 하였다."라고 하였다.【譯注】당(唐)나라 장우신은 《전다수기(煎茶水記)》를 지었고, 당(唐)나라 육홍점은 《다경(茶經)》을 저술한 육우(陸羽)이다.

보내온 편지 읽고 오늘 아침에 탄복하누나	烹鯉歎今晨
나는 다만 노상 병에 얽매어 있거늘	我獨常纏疾
그댄 능히 가난을 두려워하지 않아라	君能不畏貧
세월은 내달리는 수레를 따라가는데	日月從奔駟
강호는 한가한 그대 몫이 되었구나	江湖屬散人
수시의 두 은 술잔으로	朱提雙飮醆
언제나 마주하여 술을 기울여볼까[489]	幾日對傾銀

488 벼슬을 진흙처럼 버린다 : 【譯注】 송(宋)나라 소식(蘇軾)의 〈시승 왕중소에게 주다〔贈王仲素寺丞〕〉 시에 "기운 기르기를 아이 기르듯이 하고, 벼슬 버리기를 진흙 버리듯이 하네.〔養氣如養兒, 棄官如棄泥.〕"라고 하였다.

489 수시의……기울여볼까 : 【攷證 卷8 朱提云云】 당(唐)나라 한유(韓愈)의 〈최씨 집 스물여섯 번째 입지에게 보내다〔寄崔二十六立之〕〉 시에 "나에게 두 술잔이 있으니, 그 은을 수시에서 얻었다네.〔我有雙飮盞, 其銀得朱提.〕"라고 하였는데, 그 주석에 "'朱提'의 음은 '수시'이다. 한(漢)나라 현(縣)의 이름으로 은이 생산된다."라고 하였다. 당(唐)나라 두보의 〈소년행(少年行)〉 시에 "은과 옥그릇에 술 따르면 남들 부러워하지만, 취한 뒤 대 뿌리에 자빠지기는 마찬가지라네.〔傾銀注玉驚人眼, 共醉終同臥竹根.〕"라고 하였다.

KNP0655(詩-別卷1-170)

봄추위 경술년(1550, 명종5, 50세) 【1월 추정. 예안(禮安)】

春寒 庚戌

허름한 집 봄날 추위에 찬바람 스며들까 두려워	破屋春寒怯透颸
아이 불러 군불 더 지펴 파리한 몸을 보호하네	呼兒添火衛形羸
책을 뽑아들고 남쪽 창가에서 조용히 읽고 있으니	抽書靜讀南窓裏
그 맛 표현하기 어려워 다만 홀로 즐기노라	有味難名獨自怡

KNP0656(詩-別卷1-171~173)

퇴계의 집을 황금계[490]가 고맙게도 방문해 주어 반갑기에 뒤미처 시를 지어서 부치다 【경술년(1550, 명종5, 50세) 2월 추정. 예안(禮安)】

溪庄喜黃錦溪惠訪 追寄

(詩-別卷1-171)

죽계[491]의 모였던 이들 구름처럼 흩어지니　竹溪諸子散如雲
학문이 거친 나는 탄식만 이누나　鹵莽堪嗟我不文
조정에서 새로 군수로 뽑아 도리어 기쁘니　卻喜朝家新擇守
청금이 일제히 기대하며 장군을 기다리네　青衿齊奮待張君

-장중기(張仲紀)[492]가 나를 대신하여 수령이 되었다.-

(詩-別卷1-172)

또한 볼 것이니, 제제한 선비들 함께 거처할 때　亦見羣居濟濟時
학문으로 앞을 다투어 참으로 매우 뛰어났던 것을　爭先葩藻儘多奇
이전 백록동 명성의 가르침[493]　向來白鹿明誠訓

---

490 황금계 : 【譯注】 황준량(黃俊良, 1517~1563)으로, 본관은 평해(平海), 자는 중거(仲擧), 호는 금계(錦溪)이다. 저서로 《금계집(錦溪集)》이 있다.

491 죽계(竹溪) : 【譯注】 풍기(豊基)의 백운동서원(白雲洞書院) 앞을 지나는 시내로, 여기서는 백운동서원을 가리킨다.

492 장중기(張仲紀) : 【譯注】 장응선(張應旋, 1499~?)으로, 본관은 홍덕(興德), 자는 중기이다. 장연우(張延祐)의 후손이자 현감 장윤신(張允愼)의 증손이다.

493 명성의 가르침 : 【譯注】《중용장구》 제21장에 "성으로 말미암아 이치에 밝아짐을 성이라 이르고, 이치에 밝음으로 말미암아 성해짐을 교라 이르니, 성하면 이치가 밝아지고 이치가 밝아지면 성해진다.〔自誠明謂之性, 自明誠謂之教, 誠則明矣, 明則誠矣.〕"라

어떤 사람이 발분망식하여 이 일을 이을까	發憤何人肯事斯

(詩-別卷1-173)

나의 성벽은 운연을 사랑하는데	爲人性癖愛雲烟
우뚝한 산 맑은 시내 더욱 몹시 좋아하노라	矗矗泠泠更酷憐
골짜기 안의 높은 대[494]는 예와 같은가	峽裏高臺依舊未
꿈속의 넋 이따금 겹겹의 산마루를 찾아가누나	夢魂時復遶層巓

-죽령의 새 누대 이름은 촉령대이다.-

고 하였다.

494 골짜기……대 : 【要存錄 別集】 죽령 요원(腰院)의 아래에 촉령대(矗泠臺)가 있다. 선생이 풍기의 수령으로 있을 때 정민(貞愍) 이해((李瀣)를 이곳에서 송별하였다. 그곳의 형승을 사랑하여 '촉령'으로 이름 지었다. 이 이름은 점필재(佔畢齋) 김종직(金宗直)의 〈선열암(先涅庵)〉 시의 "등라는 문을 가리고 구름은 반쯤 빗장을 질렀는데, 산은 우뚝하고 물은 맑게 흐르도다.〔門掩藤蘿雲半扃, 雲根矗矗水泠泠.〕"라는 말에서 가져왔다. 여기서는 황금계가 촉령대를 지나 잘 가고 있는가를 물어보는 의미로 쓰였다.

KNP0657(詩-別卷1-174)

퇴계의 서쪽에 초옥을 옮겨 짓고서 한서암이라 이름 지었다

【경술년(1550, 명종5, 50세) 2월 추정. 예안(禮安)】

移構草屋於退溪之西 名曰寒栖庵

바위 벼랑 붉고 푸르며 물은 졸졸 흐르고	巖崖丹碧水淙潺
초옥의 사립문은 구름 사이에 가려 있어라	草屋柴門晻靄間
이런 삶을 애오라지 다시 얻어 매우 기쁘니	已喜此生聊復得
어찌 삼익우와 함께 노닐지 않으리오	豈無三益共盤桓

KNP0658(詩-別卷1-175)

대나무를 심다 【경술년(1550, 명종5, 50세) 2월 추정. 예안(禮安)】

種竹

차군은 하루도 없어서는 안 되지만[495]	此君不可無
심어 길러서 살리기는 가장 어렵다네	栽培最難活
어찌하면 쑥이나 대쑥처럼	如何艾與蕭
잘라내도 다시 움이 돋을까	剪去還抽蘖

495 차군은……안 되지만 : 【譯注】《진서(晉書)》〈왕휘지전(王徽之傳)〉에 다음과 같은 내용이 있다. 자유(子猷) 왕휘지가 일찍이 빈 집을 빌려 살면서도 대를 심게 하고는 말했다. "어찌 차군(此君)이 없이 하루라도 살 수가 있겠는가?" 송(宋)나라 소식(蘇軾)의 〈오잠 승려의 녹균헌〔於潛僧綠筠軒〕〉 시에 "밥상에 고기가 없는 것은 괜찮지만, 사는 곳에 대나무가 없을 수야 있겠는가.〔可使食無肉, 不可居無竹?〕"라고 하였다.

KNP0659(詩-別卷1-176)

소나무를 심다 【경술년(1550, 명종5, 50세) 2월 추정. 예안(禮安)】

種松

나무꾼은 쑥대처럼 천하게 여기지만	樵夫賤如蓬
산 늙은이는 계수나무처럼 아낀다네	山翁惜如桂
푸른 하늘까지 우뚝하길 기다리자면	待得昂青霄
매서운 풍상을 얼마나 견뎌야 할까	風霜幾凌厲

KNP0660(詩-別卷1-177)

매화나무를 심다 【경술년(1550, 명종5, 50세) 2월 추정. 예안(禮安)】

種梅

광평도 굳센 마음이 녹아내렸고[496] 廣平銷鐵腸
서호 처사는 속태 벗고 신선 되었다네[497] 西湖蛻仙骨
올해 벌써 드문드문 피었으니 今年已蕭疎
내년에는 더욱 고절한 자태 뽐내리라 明年更孤絶

496 광평도……녹아내렸고 : 【譯注】 당 현종(唐玄宗) 때의 명재상으로 광평공(廣平公)에 봉해진 송경(宋璟)을 가리킨다. 당(唐)나라 피일휴(皮日休)의 〈매화부서(桃花賦序)〉에 "송경은 철장(鐵腸)과 석심(石心)을 지니지 않았나 의심스러우니, 부드럽고 아름다운 문사는 구사할 줄 모르는 것처럼 보였다. 그러나 그의 〈매화부(梅花賦)〉를 보니 기상이 맑고 새로우며 표현이 풍부하고 아름다워 남조의 서릉(徐陵)과 유신(庾信)의 문체를 얻었다."라고 하였다.

497 서호……되었다네 : 【譯注】 서호(西湖)는 항주(杭州)의 절경으로 이름난 호수인데, 서호 처사는 호수의 고산(孤山)에 은거하며 지냈던 임포(林逋)를 가리킨다. 그는 평생 홀로 지내며 매화를 아내로 삼고 학을 자식으로 삼았다〔梅妻鶴子〕고 한다.

KNP0661(詩-別卷1-178)

국화를 심다 【경술년(1550, 명종5, 50세) 2월 추정. 예안(禮安)】

種菊

십년 동안 도성에서 길렀고	十年種都下
이태 동안 군의 정원에 길렀어라	二年種郡圃
어찌 고향 정원에	何如故園中
절로 산야의 운치 있는 것만 하랴	自有山野趣

KNP0662(詩-別卷1-179)

오이를 심다 【경술년(1550, 명종5, 50세) 2월 추정. 예안(禮安)】

種瓜

산에 거처하니 동릉도 아니요 山居非東陵
들사람이니 옛 공후가 아니라네[498] 野人非故侯
오이 심는 것 애오라지 마음에 맞으니 種瓜聊適意
어찌 도류의 시들 근심[499]을 알랴 寧知桃柳憂

-고시(古詩)에 보인다.-

498 산에……아니라네 : 【攷證 卷8 東陵…故侯】《사기》〈소상국세가(蘇相國世家)〉에 "소평(邵平)은 옛날 진(秦)나라의 동릉후(東陵侯)였다. 진나라가 멸망한 뒤에 포의로 지내면서 장안성(長安城)의 동쪽에 오이를 심어 길렀다. 다섯 가지 색깔에 맛이 매우 좋아 세상에서 '동릉의 오이'라고 불렸으며, 또한 '청문의 오이〔靑門瓜〕'라고도 불렸다." 라고 하였다.

499 도류의 시들 근심 : 【要存錄 別集】 당(唐)나라 유우석(劉禹錫)의 〈다시 현도관에서 노닐며 절구를 짓다〔再遊玄都觀絶句〕〉 시에 "현도관 중앙 넓은 뜰엔 이끼가 태반, 복사꽃 다 사라지고 채마만 자랐구나.〔百畝中庭半是苔, 桃花淨盡菜花開.〕"라고 읊었다가 당시 요직에 있는 사람의 꺼림을 당하여 파주(播州)로 쫓겨났다. 이비(李泌)는 제목 없이 한 연(聯)만 전하는 시에서 버들을 읊어 "푸릇푸릇 동문의 버들, 한 해 저물면 반드시 시들 것이라.〔靑靑東門柳, 歲晩必憔悴.〕"라고 하였다.

KNP0663(詩-別卷1-180)

광영당[500] 【경술년(1550, 명종5, 50세) 4월 추정. 예안(禮安)】

光影塘

작은 못이 바닥까지 맑으니	小塘淸徹底
하늘빛과 구름 그림자 함께 비치누나[501]	天光共雲影
달이 못 중심에 뜨게 된다면	更待月印心
참으로 쇄락한 경치 되리라	眞成灑落境

---

500 광영당(光影塘) : 【譯注】 한서암(漢栖庵) 앞에 정원을 만들었는데, 그 정원의 땅을 파서 만든 못을 가리킨다.

501 작은……비치누나 : 【譯注】 송(宋)나라 주희(朱熹)의 〈글을 읽다가 감회에 젖다〔觀書有感〕〉 시 2수 중 제2수에 "반 이랑 네모진 못 거울처럼 맑으니, 하늘빛과 구름 그림자 함께 오락가락하누나. 묻거니 어이하여 그처럼 해맑을까, 근원에서 싱싱한 물이 흘러오기 때문일레라.〔半畝方塘一鑑開, 天光雲影共徘徊. 問渠那得淸如許, 爲有源頭活水來.〕"라고 하였다.

KNP0664(詩-別卷1-181)

쟁명뢰[502] 【경술년(1550, 명종5, 50세) 4월 추정. 예안(禮安)】

鏘鳴瀨

물과 바위가 서로 부딪쳐	水石兩相值
순임금 음악처럼 쟁쟁 울리네	鏘然如舜樂
이따금 〈백록동부〉[503] 읊조리나	間咏白鹿辭
이 분은 나와 아득하게 멀구나	斯人去我邈

502 쟁명뢰(鏘鳴瀨) : 【譯注】 한서암(漢栖庵) 근처에 있는 퇴계의 한 물굽이이다.

503 백록동부 : 【攷證 卷8 白鹿辭】 송(宋)나라 주자(朱子 주희(朱熹))의 〈백록동부(白鹿洞賦)〉에 "시냇물 바위에 부딪쳐, 쟁쟁 옥소리 우는 듯.〔溪流觸石, 鏘鳴璆兮.〕"이라고 하였다.

KNP0665(詩-別卷1-182~183)

이공간[504]의 시에 차운하다 【경술년(1550, 명종5, 50세) 4월~윤6월 추정. 예안(禮安)】

次韻答李公幹

이중량(李仲樑)이다. ○ 이공간이 당시에 청송 부사(靑松府使)였다.

(詩-別卷1-182)

일찍이 세상의 매운 맛 실컷 맛보았기에　　曾嘗世味覺餘辛
송학과 인연 맺으려하다 노여운 관리 만났어라　　松鶴因緣遭色嗔
청전[505]의 아름다운 풍광 남겨두었으니　　留得靑田好光景
그대 시상 청신하게 발하는데 도움이 되리　　助君詩思發淸新

-내가 일찍이 병으로 인해 청송부사에 보임되는 것을 요청하였는데, 전관(銓官)이 매우 엄준하게 거절하였다. 그러므로 배익신(裵益臣)[506]의 '청송의 흰 학'이란 말로 희롱하였다.[507]-

---

504 이공간 : 【譯注】 이중량(李仲樑, 1504~1582)으로, 본관은 영천(永川), 자는 공간(公幹), 호는 하연(賀淵)이다. 농암 이현보의 넷째 아들로, 1550년(명종5)에 삼척부사에서 청송부사로 옮겼다가 1554년(명종9)에 안동 부사로 옮겼다.

505 청전 : 【攷證 卷8 靑田】 남조 유송(劉宋) 정집지(鄭緝之)의 〈영가군기(永嘉郡記)〉에 "청전에 두 마리 백학(白鶴)이 있었다. 해마다 새끼를 낳았는데, 자라면 곧바로 떠나고 그 한 쌍만 남는다."라고 하였다. 당(唐)나라 두보(杜甫)의 〈가을날 기부에서 일백 운으로 감회를 읊어 감사 정심과 빈객 이지방에게 받들어 올리다〔秋日夔府詠懷奉寄鄭監審李賓客之芳一百韻〕〉 시에 "찾아오는 말들은 모두 한혈마이며, 우는 학은 반드시 청전에서 왔네.〔馬來皆汗血, 鶴唳必靑田.〕"라고 하였다.

506 배익신 : 【攷證 卷8 裵益臣】 본관은 달성(達城), 자는 자겸(子謙)이다. 명(明)나라 무종(武宗) 정덕(正德) 임신년(1512, 중종7)에 청송 부사가 되었다.

507 배익신의……희롱하였다 : 【譯注】 KNP0078 〈단산에 부임하여 서당의 좌통례 박중초·정 민경열·정 남경림·전한 윤사추가 베푼 전별 자리에서 시를 써 주다〔赴丹山書堂

(詩-別卷1-183)

낟알 인 개미가 산을 인 자라[508]와 도리어 같은데　　蟻粒還同山冠鼇
인간세상은 등불이 자신을 태우는 것[509]과 어찌 다르랴　　人間何異火銷膏
병든 몸이 우연히 청량한 곳에 깃드니　　病躬偶著淸涼地
시서가 입을 즐겁게 함은 백뢰[510]에 해당하누나　　悅口詩書當百牢

-나는 막 벼슬에서 물러나 한가롭게 거처하며 병을 조섭하고 있었다.-

朴仲初左通禮閔景說正南景霖正尹士推典翰餞席留贈]〉 시의 본문 원주에서 "사문의 한 늙은이가 청송 부사가 되어 자호를 '청송백학(靑松白鶴)'이라 하였다. 나는 일찍이 청송 부사를 청했으나 얻지 못하고 단산 부사가 되었다."라고 하였다.

508 낟알……자라 : 【要存錄 別集】 동해(東海)의 자라가 봉래산(蓬萊山)을 이고서 푸른 바다에서 둥둥 떠다녔다. 개밋둑의 개미가 말하기를, "저 놈은 산을 이고 다니는데, 우리가 낟알을 이고 흙더미 위에서 노닐며 구멍에서 엎드려 있는 것과 어찌 다르겠는가." 라고 하였다. 《符子》

509 인간세상은……것 : 【要存錄 別集】 《장자(莊子)》 〈인간세(人間世)〉에 "산의 나무는 스스로 자신을 해치고, 등불은 스스로 제 몸을 태운다.〔膏火自煎也〕"라고 하였다. 진(晉)나라 완적(阮籍)의 〈소회를 읊다〔詠懷〕〉 시 82수 중 제12수에 "등불은 자신을 스스로 태워 없애나니, 많은 재산은 도리어 근심과 해가 되네.〔膏火自煎熬, 多財爲患害.〕"라고 하였다.

510 백뢰 : 【攷證 卷8 百牢】 살펴보건대, 소와 양과 돼지고기를 한 마리씩 갖추는 것을 1뢰라고 한다. 《춘추좌씨전(春秋左氏傳)》 애공(哀公) 7년 조에 다음과 같은 내용이 있다. 여름에 애공이 증(鄫)에서 오(吳)나라 사람과 회합하였다. 오나라 사람이 와서 백뢰(百牢)의 향연을 요구하니 자복경백(子服景伯)이 "선왕 때에 이런 예는 없었습니다."라고 대답하였다. 오나라 사람이 말하기를 "송(宋)나라는 우리에게 백뢰로 향연을 베풀었으니, 노(魯)나라가 송나라보다 못해서는 안 되지요. 그리고 또 노나라가 십뢰 이상으로 진(晉)나라 대부에게 향연을 베풀었으니, 오왕(吳王)에게 백뢰의 향연을 베푸는 것이 옳지 않습니까?"라고 하였다.

KNP0666(詩-別卷1-184)

비가 개자 흥이 일어 【경술년(1550, 명종5, 50세) 4월~윤6월 추정. 예안(禮安)】

雨晴漫興

비 개자 한가로운 구름 먼 허공에 가득하고　　雨罷閒雲矗遠空
푸른 시내와 봉우리 겹겹이 둘러싸고 있어라　　碧溪青嶂遶重重
시냇가 바위에 내 홀로 와 앉아서　　我來獨坐溪邊石
평평한 모래밭 옛날 전서 같은 새 발자국[511]을 묵묵히 헤아려보노라　　默數平沙古篆蹤

511 평평한……발자국 : 【攷證 卷8 平沙古篆】 당(唐)나라 한유(韓愈)와 맹교(孟郊)의 〈성남연구(城南聯句)〉 시에서 맹교가 "가마의 연기는 띄엄띄엄 있는 섬을 감싸고, 모래밭의 전서는 둘러서 평평하게 찍혔네.〔窯烟冪疏島, 沙篆印迴平.〕"라고 하였는데, 그 주석에 "전서는 새 발자국이다."라고 하였다.

KNP0667(詩-別卷1-185~203)

한가하게 지내면서, 조사경[512] 목, 구경서[513] 봉령, 김순거[514] 팔원, 권경수[515] 대기 가 서로 수창한 시에 차운하다 신해년(1551, 명종6, 51세) 【1월 하순 추정. 예안(禮安)】

閒居 次趙士敬 穆 具景瑞 鳳齡 金舜擧 八元 權景受 大器 相唱酬韻 辛亥

(詩-別卷1-185)

흰머리 노인의 정력이라 비록 힘쓰기 어렵지만	白頭精力雖難强
황권에서 진리 찾으니 희구하는 바 있어라[516]	黃卷窺尋竊有希
출처는 동학의 비웃음 어찌 꺼리리오만	趨舍肯嫌同學笑
일생에 돌아갈 곳은 헤매지 않고자 하노라	一生要得不迷歸

(詩-別卷1-186)

고요함 속에서 만물과 봄을 누림은 비록 기쁘지만	靜裏雖欣物共春

512 조사경 : 【譯注】 조목(趙穆, 1524~1606)으로, 본관은 횡성(橫城), 자는 사경(士敬), 호는 월천(月川)이다. 공조 참판을 역임하였다.

513 구경서 : 【譯注】 구봉령(具鳳齡, 1526~1586)으로, 본관은 능성(綾城), 자는 경서(景瑞), 호는 백담(柏潭)이다. 이조 참판을 역임하였다.

514 김순거 : 【譯注】 김팔원(金八元, 1524~1589)으로, 본관은 강릉(江陵), 자는 수경(秀卿)·순거(舜擧), 호는 지산(芝山)이다. 용궁 현감(龍宮縣監)을 역임하였다.

515 권경수 : 【譯注】 권대기(權大器, 1523~1587)로, 본관은 안동(安東), 자는 경수(景受), 호는 인재(忍齋)이다.

516 희구하는 바 있어라 : 【譯注】 송(宋)나라 주돈이(周敦頤)의 《통서(通書)》 〈지학편(志學篇)〉에 "성인은 하늘처럼 되기를 희망하고, 현인은 성인처럼 되기를 희망하고, 선비는 현인처럼 되기를 희망한다.〔聖希天, 賢希聖, 士希賢.〕"라고 하였다.

증점의 즐거움과 안연의 인[517]을 누가 이을 수 있으리
誰爲點樂與顏仁

절차탁마할 사우가 없어 한스러웠나니 恨無師友相磨切

이군삭거는 이전부터 사람을 쉬이 고루하게 만든다네
離索從來易滯人

-《주자대전》 권50 〈정단몽에게 답하다〔答程端蒙〕〉에 "동료들을 떠나서 쓸쓸히 거처하면〔離羣索居〕 쉽게 둔해지고 고루한 사람이 되니 매우 두려운 일이다."라고 하였다.-

(詩-別卷1-187)

격물과 존심 공부하면 이치는 절로 통할지니 格物存心理自融

눈앞에 어느 곳이나 광풍제월이 되리 眼前無地不光風

비로소 알겠어라, 실천이 참으로 어려운 일이지만 始知實踐眞難事

어려운 곳에 어려움이 없게 되면 점차로 통한다는 것을
難處無難庶漸通

---

517 증점의……인 : 【譯注】 먼저 증점의 즐거움에 대해 논하면, 《논어》 〈선진(先進)〉에 다음과 같은 내용이 있다. 공자가 자로(子路)·증점(曾點)· 염유(冉有)· 공서화(公西華) 등의 제자에게 각각 자기의 뜻을 말해 보라 하고서, 다른 제자들이 말을 마친 후 다시 증점에게 묻기를 "점아 너의 생각은 어떠하냐?〔點爾何如〕"라고 하였다. 그러자 그가 비파(琵琶)를 천천히 타고 있다가 쟁그랑 소리와 함께 비파를 내려놓고 대답했다. "늦은 봄에 봄옷이 이루어지거든 관자 5~6인, 동자 6~7인과 함께 기수(沂水)에서 목욕하고 무우(舞雩)에서 바람을 쐬고 읊조리며 돌아오겠습니다."라고 하였다. 안연과 인을 직접 거론한 것으로는 〈옹야(雍也)〉의 "석 달 동안 인을 어기지 않는다.〔三月不違仁〕"는 것과 〈안연(顏淵)〉의 "예가 아니면 보고 듣고 말하고 행동하지 않는다.〔非禮勿視聽言動〕"는 것을 들 수 있는데, 여기서는 어느 특정한 내용을 말하는 것이 아니라 전체적인 안자의 인을 들어 말한 것으로 보인다.

(詩-別卷1-188)

학문은 모름지기 본령을 우선 힘써야 하고 學問要當先本領
글공부 여가에 시도 겸하여 -원문 1자 결락- 하네 攻文餘事□兼詩
아홉 길 쌓는 것이 어려운 일 아님을 알고자 한다면 欲知九仞非難事
평지에서 모름지기 한 삼태기로 쌓아 가야 하리[518] 平地須從一簣期

(詩-別卷1-189)

명리 좇아 휩쓸림은 세상이 모두 그러하니 滔滔聲利世同然
누가 그 곁에 있으면서 빠지는 것을 면하리오 誰免淪胥介側邊
이러한 관문을 뛰어넘어야 바야흐로 조금 쉴 수 있나니[519] 透得此關方小歇
남아는 모름지기 지상의 신선이 되어야 한다네 男兒須作地行仙

(詩-別卷1-190)

발을 다쳐 깊이 근심한 자춘[520]을 안타깝게 여기나니 傷足深憂悶子春

---

518 아홉……하리 : 【譯注】《서경(書經)》〈여오(旅獒)〉에 "아홉 길 산을 만들 적에 한 삼태기의 흙이 부족하기 때문에 그 공이 허물어지는 것과 같다."라고 하였다.

519 이러한……있나니 : 【譯注】 송(宋)나라 사량좌(謝良佐)의 〈강후 호안국(胡安國)에게 보낸 짧은 답장〔答胡康侯小簡〕〉에 "명예와 이록의 관문을 통과해야 비로소 조금 쉴 수 있다.〔透得名利關, 方是少歇處.〕"라고 하였다.

520 발을……자춘 : 【譯注】 악정자춘(樂正子春)이 당을 내려가다가 발을 다쳐서 몇 달 동안 외출하지 않으며 여전히 근심하는 낯빛이 있었다. 제자가 말하기를 "부자의 발이 나으셨는데 몇 달 동안 나가시지 않고 오히려 근심하는 낯빛〔憂色〕이 있는 것은 무슨 까닭입니까?"라 하자 악정자춘이 말하기를 "군자는 반 발짝도 감히 효도를 잊지 않는 것이다. 그런데 이제 나는 효도의 도리를 잊었기 때문에 근심하는 낯빛이 있는 것이다."라고 하였다.《禮記 祭儀》

연빙의 지극한 경계[521]는 예나 지금이나 새롭구나 淵冰至戒古今新
몸을 잘 보존함이 종정에 있지 않음을 일찍 알았다면 早知善養非鍾鼎
어찌 그 당시에 남에게 그토록 요청하였을까 何用當年苦索人

(詩-別卷1-191)

어려서 가정에서 〈학이〉를 배웠더니 少小家庭受學而
늙어가며 참된 맛이 마음 적셔주노라 老來眞味沃心期
그 누가 조석으로 나의 단점 비난하건 말건 何人早夜攻吾短
한 글자 잊지 않고 즙희의 공부 일삼네[522] 一字無忘事緝熙

(詩-別卷1-192)

운무속의 표범은 깊이 숨어 털을 윤택하게 하고[523] 霧豹深藏自養斑
악와의 용마는 천한에 어울리누나[524] 渥洼龍性合天閑

---

521 연빙(淵冰)의 지극한 경계 : 【譯注】 몸가짐을 조심하고 삼간다는 뜻이다. 《시경》 〈소아(小雅) 소민(小旻)〉에 "전전긍긍하여 심연에 임하듯 얇은 얼음을 밟듯 한다.〔戰戰兢兢, 如臨深淵, 如履薄氷.〕"라고 하였다.

522 한……일삼네 : 【譯注】 '한 글자'는 '경(敬)'을 말한다. 《시경》 〈문왕(文王)〉에 "심원하도다! 우리 문왕이시여, 아! 실로 계속해서 빛나 공경함에 그치셨도다.〔穆穆文王, 於緝熙敬止.〕"라고 하였다.

523 운무속의……하고 : 【譯注】 한(漢)나라 유향(劉向)의 《열녀전(列女傳)》 〈도답자처(陶答子妻)〉에 다음과 같은 내용이 있다. 도답자가 도(陶) 지역을 다스린 지 3년이 되었는데, 명성은 들리지 않고 집안의 재산만 세 배로 늘었다. 그의 아내가 간하기를 "남산에 검은 표범이 사는데, 안개가 끼거나 비가 내리면 칠일 동안 먹이를 먹으러 내려오지 않으니, 그것은 그 털을 윤택하게 하여 표범의 무늬를 만들기 위함입니다. 개와 돼지는 음식을 고르지 않고 먹어서 그 몸을 살찌우지만 앉아서 죽음을 기다릴 뿐입니다."라고 하였다.

선비는 자리 위의 보배를 지녔으니[525] 어찌 가벼이 쓰리오

儒珍席上那輕用

마음의 거울을 천 번 갈아 간담을 서늘하게 비추어야지[526]

心鏡千磨照膽寒

(詩-別卷1-193)

옛날부터 지금까지 몇 천 년 동안	今來古往幾千年
이곳 해가 뜨는 동쪽 나라는	此地東窮日出邊
공자와 맹자, 정주와 주자의 책이 다 있었으나	孔孟程朱書總有
연원의 계통과는 인연이 없었네라.	淵源統緖見無緣

(詩-別卷1-194)

조화에 열흘 붉은 꽃 전혀 없나니	造化都無十日花
꽃이 활짝 피면 열매는 그다지 많지 않다네	花能繁者實無多
지금 사람은 화미한 문장을 앞 다퉈 높이지만	今人競尙文華美

524 악와의……어울리누나 : 【譯注】《한서(漢書)》〈예악지(禮樂志)〉에 "〈천마지가(天馬之歌)〉라는 악장은 전한(前漢) 무제(武帝) 원수(元狩) 3년(기원전 120)에 말이 악와수(渥洼水)에서 나왔기에 지은 것이다."라고 하였다. 【要存錄 別集】 말은 8척 이상을 용(龍)이라 한다. 천한(天閑)은 황제의 마구간이다.

525 선비는……지녔으니 : 【要存錄 別集】 노(魯)나라 애공(哀公)이 공자(孔子)에게 자리를 권하자, 공자가 모시고 앉아서 "유자는 자리 위의 보배를 지니고서 초빙해 주기를 기다리는 사람이다.〔儒有席上之珍, 以待聘.〕"라고 하였다. 《禮記 儒行》

526 마음의……비추어야지 : 【譯注】 송(宋)나라 주희(朱熹)의 〈극기(克己)〉 시에 "보배로운 거울 당시에 간담을 서늘하게 비추더니, 이후로 매몰되어 찾을 길이 전혀 없다네.〔寶鑑當年照膽寒, 向來埋沒太無端.〕"라고 하였다.

근원이 모두 없어진다면 어디에 쓰겠는가　沒盡根原奈用何

(詩-別卷1-195)

문장에 이치는 없고 다만 신기함만 다투니　文遺理趣但爭新
경전 해설도 그에 따라 왜곡되고 진부하네　經說相沿曲且陳
눈은 공화가 아른거리고[527] 마음은 안개에 가리니　眼眩空花心眩霧
가련하구나, 과거가 요즘 사람을 그르침이여　可憐科目誤時人

(詩-別卷1-196)

내 과거장 드나들며 오랫동안 몰두하였는데　我遊場屋久埋頭
몸 돌려 돌아오니 도는 더욱 멀어졌어라　及轉身來道更悠
묵은 책 다시 잡고 만년에 벌충코자 하나　欲把塵編求晚境
병들어 공효는 없고 다만 근심만 늘도다　病無工力只增愁

(詩-別卷1-197)

아침에 오건[528]에 멍에 메어 밭 갈고 저녁에 책 읽으니 朝駕烏犍夕汗青

---

527 눈은 공화가 아른거리고 : 【譯注】 눈으로 공중을 쳐다볼 적에 아무것도 없는 공중에서 마치 꽃 같은 것이 어른어른하게 보이는 것을 말하는데, 불가(佛家)에서 이르는 번뇌의 일종인 망상을 뜻한다. 《원각경(圓覺經)》에 "비유하자면 저 눈에 병 걸린 자가, 허공의 꽃을 보는 것과 같다."라고 하였다.

528 오건 : 【攷證 卷8 烏犍】 유암(唯庵)의 시구에 "살진 오건이 풀 위에 누워 있네.〔烏犍臥草肥〕"라고 하였는데, 그 주석에 "'건(犍)'은 거세한 소이다."라고 하였다. 송(宋)나라 문잠(文潛) 장뢰(張耒)의 〈소치는 아이〔牧牛兒〕〉 시에 "오건은 뿔 갈아 봄마다 나다니고, 늙은 암소는 풀 씹지만 굶주려 울지도 않네.〔烏犍礪角逐春行, 老牸臥噍飢不鳴.〕"라고 하였다. 【校解】 《고증》에서 말한 유암과 그 시는 확인이 되지 않는다. 장뢰 시에서

고인의 주경야독한 높은 정취를 따르는구나　古人耕讀尙高情
삶을 영위하느라 학업 잃는 것 지금 더욱 두려우니　營生奪業今尤怕
마음 해치는 것은 다만 명리뿐이 아니어라　不獨戕心是利名

-조사경은 집이 가난하여 학문에 전념하지 못하는 걱정이 있었다. 그러므로 이렇게 읊었다.-

(詩-別卷1-198)

당시엔 골몰하느라 장유[529] 하지 못하였으니　齷齪當年失壯遊
책 짓는 지금도 궁하게 집안에 틀어박혀 있노라　著書今亦謾窮愁
때때로 이치 깨쳐 기쁜 곳이 있으면　唯時意會歡欣處
포도주로 고을 원님 얻는 것[530]보다 훨씬 나으리　絶勝蒲萄換得州

(詩-別卷1-199)

사람들 헛된 명성 지녀 응당 비방을 자초하나니[531]　人多虛冒宜招謗
실제로 깨우침은 새가 날기를 익히는 것과 같다네　實得還同鳥習飛

'逐春'이 '遂草'로 되어 있는데, 통행본《완구선생문집(宛丘先生文集)》에 의거하여 수정하였다.

529 장유 : 【攷證 卷8 壯遊】 아마도 관동(關東)의 유람을 가리키는 듯하다.

530 포도주로……것 : 【攷證 卷8 蒲萄得州】《후한서》〈장양열전(張讓列傳)〉에 "영제(靈帝) 때에 부풍(扶風) 사람 맹타(孟他)가 환관인 중상시(中常侍) 장양(張讓)을 뇌물로써 극진히 섬겼다. 일찍이 포도주 한 말을 장양에게 바치고 양주 자사(凉州刺史)를 얻었다."라고 하였다. 【校解】《고증》에서 대표어가 '蒲萄得酒'로 되어 있는데, '酒'는 '州'의 오류이다.

531 사람들……자초하나니 : 【要存錄 別集】 사람들은 대부분 학문을 한다는 명성을 헛되이 지니지만 착실하게 공부를 하지 못하니, 명성을 훔쳤다는 비방을 부질없이 자초할 뿐이다.

답답하여라, 이 말 누가 이해할 것인가 悶悶此言誰解得
앉아서 하늘의 돌아가는 흰 구름을 바라보노라 坐看天上白雲歸

위의 시들은 조사경에게 주려 한다.

(詩-別卷1-200)

이른 봄날은 꽃샘추위 쌀쌀한 풍경이니 餘寒氣色早春時
잠깐의 따뜻한 시간도 절로 각별하구나 乍暖光陰亦自奇
풀은 화창한 햇살 받아 연하면서도 힘차게 자라고 草得陽和柔更奮
소나무는 상설 맞아 힘겨워도 버티고 있누나 松經霜雪苦能支
굶주린 백성은 초근목피로 하루하루 견디고 飢民擷菜謀當日
숙조는 숲에 깃들어 두어 가지 차지하였네. 宿鳥投林占幾枝
병들어 자잘한 일 다 제쳐두는데 病裏盡抛閒事業
시마를 없애지 못하고 홀로 시를 읊조리노라[532] 未除魔障獨吟詩

(詩-別卷1-201)

성근 숲 찬 시내는 아득히 펼쳐져 있고 疎林寒澗勢離離
골짜기 입구의 아침 해는 안개 속에서 천천히 올라오누나
谷口朝陽出霧遲
침잠하여 고요히 바라보니 모두 자득하였고[533] 杳杳靜觀皆自得

---

532 시마를……읊조리노라 : 【攷證 卷8 未除魔障獨吟詩】 당(唐)나라 백거이(白居易)의 〈한가롭게 읊조리다〔閒吟〕〉 시에 "다만 시마는 항복시킬 수가 없으니, 매번 풍월을 만나면 한번 한가롭게 읊조리네.〔惟有詩魔降未得, 每逢風月一閒吟.〕"라고 하였다.

533 고요히……자득하였고 : 【譯注】 송(宋)나라 명도(明道) 정호(程顥)의 〈가을날 우연히 짓다〔秋日偶成〕〉 시 2수 중 제2수에 "만물을 조용히 관찰해 보면 모두가 자득하여,

유유히 한가롭게 앉았노라니 깊은 생각이 일도다 悠悠閒坐有深思
산새들의 지저귐은 때로 자주 변하지만 山禽弄舌時能變
시냇가 바위 서린 밑동은 세찬 물살에도 꿈적 않아라 溪石盤根水莫移
흥을 타고 홀로 노닐매 마음이 흡족하니 乘興獨遊心得得
다만 벼루와 붓만 따르게 한다네 只令泓穎與相隨

(詩-別卷1-202)

얼기설기 어렵게 지었나니 시역루라 草草難成是亦樓
손님 찾아와도 앉아 수창할 곳 없어서였지 客來無地坐吟酬
봄 햇살 맑은 기운은 곱게 막 희롱하고 新暄淑氣姸初弄
첩첩 산봉우리에 덮인 이내 아득하여 개지 않누나 疊穎嵐光浩不收
나무꾼 노래 갑자기 높아져 들판 학을 놀래키고 樵唱忽高驚野鶴
농사일 아직 시작하지 않아 시골 소는 편안하여라 農功未作樂村牛
물가와 숲에는 한가로운 지경 많으니 水邊林下多閒境
봄바람 저버리지 말고 나날이 노니시라 莫負春風日日遊

-원섭[534]이 시역루를 지었다.-

사계절의 아름다운 흥취가 타인과 똑같네.〔萬物靜觀皆自得, 四時佳興與人同.〕"라고 하였다.

534 원섭 : 【攷證 卷8 袁燮】 1144~1224. 자는 화숙(和叔), 호는 혈재(絜齋)이다. 상산(象山) 육구연(陸九淵)의 문인으로 직학사(直學士)를 역임하였다. 시호는 정헌(正獻)이다. 【校解】 원섭의 〈시역루기(是亦樓記)〉에 "내가 나의 집 동쪽에 작은 누대를 지어놓고서 시역이라 이름 지었다. 어떤 이가 그 의미에 대해 의아하게 여기니, 내가 '다만 높고 크지 않지만, 이 또한 누대이다.'라고 말해 주었다."라고 하였다.

(詩-別卷1-203)

세상 맛[535] 시들하여 싫증을 기다릴 것도 없나니　世味闌珊不待厭
뾰쪽한 말의 두 귀에 봄바람 스쳐간 격이라[536]　東風馬耳射雙尖
그대들에게 주는 내 마음은 봉우리에 있는 흰 구름이요[537]
贈君心在雲多嶺
임금에게 바치려는 정성은 처마에 내리쬐는 햇볕이라네[538]
獻御誠懸日麗簷
즐거운 곳의 그 일은 책속의 좀벌레와 같이 하고　樂處事同書裏蠹

---

535 세상 맛 : 【要存錄 別集】 명성과 이록(利祿)을 이른다.

536 뾰쪽한……격이라 : 【攷證 卷8 東風馬耳射雙尖】 당(唐)나라 이백(李白)의 〈왕십이의 「한야독작유회」란 시에 화답하다〔答王十二寒夜獨酌有懷〕〉 시에 "북쪽 창 아래서 시를 읊고 부를 지어 보았자, 만언의 문장이 한 잔 술 가치도 안 되고말고. 세상 사람은 이 말 들으면 모두 머리를 내저어, 흡사 동풍이 말의 귀를 스쳐가는 것 같으리.〔吟詩作賦北窓裏, 萬言不直一杯水. 世人聞此皆掉頭, 有如東風射馬耳.〕"라고 하였다. 송(宋)나라 소식(蘇軾)의 〈눈 내린 뒤 북대의 벽에 쓰다〔雪後書北臺壁〕〉 시 2수 중 제1수에 "북대를 쓸고 마이산을 보니, 눈에 묻히지 않고 두 봉우리 우뚝하구나.〔試掃北臺看馬耳, 未隨埋沒有雙尖.〕"라고 하였는데, 그 주석에 "등주(登州)의 마이산은 바위가 말의 두 귀와 비슷하기에 그렇게 명명하였다."라고 하였다.

537 그대들에게……흰 구름이요 : 【攷證 卷8 贈君心在雲多嶺】 양(梁)나라 도홍경(陶弘景)의 〈조정에서 산중에 무엇이 있느냐고 묻기에 시를 지어 답하다〔朝問山中何所有賦詩以答〕〉 시에 "산중에 무엇이 있는가, 언덕 위에 흰 구름이 많구나. 내 스스로 기뻐할 뿐이니, 이것을 임금께 드릴 수 없네.〔山中何所有, 隴上多白雲. 只可自怡悅, 不堪持贈君.〕"라고 하였다.

538 임금에게……햇볕이라네 : 【攷證 卷8 獻御誠懸日麗簷】 송(宋)나라 농부가 햇볕을 쬐면서 말하기를 "따뜻한 햇볕을 지고서 우리 임금에 바치고자 하네."라고 하자, 그 아내가 말하기를 "옛날에 미나리와 마름을 맛있다고 여긴 자가 있어 이것을 고을 귀족에게 올리며 칭송하자, 고을 귀족이 그것을 맛보고는 입이 얼얼하고 배가 아팠으니, 사람들이 그를 비웃었습니다."라고 하였다. 《列子 楊朱》

근심할 때의 흥은 책상의 두꺼비[539]에 부치노라 愁時興寄案頭蟾
화답한 시 《주역》 괘에다 하나 더한 숫자이니[540] 和詩易卦今加一
서리 내린 흰머리 군데군데 늘어남을 문득 깨닫는구나 斗覺霜毛種種添

이상 율시 5수는 이른 봄에 퇴계에 거처하며 눈에 보이는 것을 읊은 것이다.

-1수는 내집에 보인다.[541]-

539 책상의 두꺼비 : 【攷證 卷8 案頭蟾】 송(宋)나라 산곡(山谷) 황정견(黃庭堅)의 〈문안국의 만사〔文安國挽詞〕〉 시 2수 중 제2수에 "용사의 필적을 보지 못하게 되었으니, 이제 연적의 두꺼비도 말라버렸어라.〔不見龍蛇筆, 新乾硯滴蟾.〕"라고 하였다. ○ 살펴보건대, 연적은 두꺼비 형상을 본뜨기 때문에 그렇게 말한 것이다.

540 화답한……숫자이니 : 【攷證 卷8 和詩易卦今加】 살펴보건대, 선생이 화답한 시는 《원집》에 보이는 것이 15수이고 《외집》에 보이는 것이 31수이며 이곳 《별집》에 보이는 것이 19수이니, 모두 합하면 65수가 된다. 그러므로 그렇게 읊조린 것이다. 【校解】 《정본 퇴계전서》 권1 KNP0123 14수, KNP0124 1수, 권3 KWP0804 31수를 가리킨다.

541 1수는 내집에 보인다 : 【譯注】 KNP0124 〈탄식이 일어〔有嘆〕〉를 가리킨다.

KNP0668(詩-別卷1-204)

곽우조[542]의 시에 차운한 황산곡[543]의 시[544]에 차운하다

【신해년(1551, 명종6, 51세) 1~2월 추정. 예안(禮安)】

次韻山谷次郭右曹

마음은 중천의 밝은 해와 같은데 心似中天白日輪
잠깐 방심하는 사이에 나쁜 기운 모여드누나 斯須已見綴氛雲
온갖 약방 어디에도 약초와 악초가 섞인 것을 보지 못하니 千方不見薰蕕合
한 생각에도 순과 도척의 갈림을 응당 알아야 하네 一念當知舜跖分
좋은 싹은 다만 민둥민둥하게 뽑혀질까 두렵고[545] 濯濯嘉苗唯怕揠

---

542 곽우조 : 【攷證 卷8 郭右曹】 인물에 대해 알려진 것이 없다. 【譯注】 송(宋)나라 황정견이 차운한 시 바로 앞 작품인 〈개 낭중이 곽 낭중을 이끌고 관직을 그만두며 지은 시에 차운하다〔次韻蓋郎中率郭郎中休官〕〉 시의 주석에 "곽 어른은 당시 도사의 건과 야복을 입고 친족을 찾아가 술을 마셨는데, 자못 분대어사에게 꾸지람을 받았다."고 한 것과 시의 내용으로 보면, 곽우조는 낮은 벼슬에 연연하지 않고 술을 즐기며 호방하게 살았던 인물로 보인다.

543 황산곡 : 【譯注】 송나라 황정견(黃庭堅, 1045~1105)으로, 자는 노직(魯直), 호는 산곡도인(山谷道人)·부옹(涪翁)이다. 송(宋)나라의 인물로 강서시파(江西詩派)의 조종이다.

544 곽우조의……시 : 【譯注】 《산곡외집(山谷外集)》 권6에 실려 있는 〈곽우조의 시에 차운하다〔次韻郭右曹〕〉를 가리킨다.

545 좋은……두렵고 : 【譯注】 《맹자》 〈고자 상(告子上)〉에 "우산(牛山)의 나무가 일찍이 아름다웠는데, 큰 나라의 교외이기 때문에 도끼로 매일 베어 가니, 아름답게 될 수가 있겠는가. 밤낮으로 만물을 생장시키는 원기와 촉촉이 적셔 주는 비와 이슬이 있으므로 싹이 움트지 않음이 없지만, 소와 양이 또 따라서 뜯어먹으니, 이 때문에 저와 같이 민둥민둥하게 되었다.〔是以若彼濯濯也〕 사람들은 그 민둥민둥한 것만을 보고 일찍이

아름다운 자질은 참으로 조화로울 문채가 필요하도다[546]	彬彬美質正須文
회암의 훌륭한 가르침 더욱 가슴 깊이 새겨야하니	晦庵嘉訓尤深服
근근 두 글자는 참으로 간곡하구나[547]	二字丁寧只謹勤

훌륭한 재목이 없었다고 여기니, 이것이 어찌 산의 본성이겠는가."라고 하였다. 즉 인간의 본성이 해를 당하여 전혀 없는 것 같이 된 것을 이른다.

546 아름다운……필요하도다 : 【譯注】《논어》〈옹야(雍也)〉에 "바탕이 문채를 압도하면 촌스럽게 되고, 문채가 바탕을 압도하면 겉치레에 흐르게 되나니, 문채와 바탕이 조화를 이룬 뒤에야 군자라고 할 수 있다.〔文質彬彬然後君子〕"라고 하였다.

547 회암의……간곡하구나 : 【攷證 卷8 晦庵…謹勤】《주자대전속집》 권8 〈큰아들 수지에게 보내다〔與長子受之〕〉 편지에 "'부지런하고 삼간다〔勤謹〕'는 이 두 글자를 좇아서 올라간다면 좋은 일이 무한히 있을 것이니, 내가 비록 감히 말하지 못하는 것이지만 가만히 너를 위하여 이렇게 하기를 원하며, 두 글자를 등지고 내려간다면 좋지 못한 일이 무한히 있을 것이니, 내가 비록 말하고자 하지 않는 것이지만 너를 위하여 이를 근심하지 않을 수 없다."라고 하였다.

KNP0669(詩-別卷1-205~206)

주경유[548]가 보내온 시에 차운하다 【신해년(1551, 명종6, 51세) 1~2월 추정. 예안(禮安)】

次周景遊見寄

(詩-別卷1-205)

남은 생애 반갑게 볼 날 가늠할 수 없는데　未卜殘生兩眼青
새로 보낸 시는 상쾌하여 시원한 바람을 타는 듯　新詩快似御風泠
병중이라 응당 상유의 따뜻함[549] 그리워하리니　病中應戀桑楡煖
어느 날 남쪽으로 날아가 깃털 거두는 것을 보리오[550]　何日南飛看戢翎

(詩-別卷1-206)

바람 앞에 시든 잎은 이전 푸르름 잃었고　病葉當風失舊青
소갈의 먼지는 폐에서 이니[551] 속이 시원함을 생각하네　渴塵生肺憶中泠

548 주경유 : 【譯注】 주세붕(周世鵬, 1495~1554)으로, 본관은 상주(尙州), 자는 경유(景遊), 호는 신재(愼齋)·남고(南臯)·무릉도인(武陵道人)·손옹(巽翁)이다.

549 상유의 따뜻함 : 【譯注】 당(唐)나라 설영지(薛令之)가 우서자(右庶子)가 된 뒤에 〈스스로 슬퍼하다〔自悼〕〉 시를 지어 "소반에 무엇이 있는가, 난간에서 자란 목숙 나물만 있지.〔盤中何所有? 苜蓿長闌干.〕라고 하였는데, 현종(玄宗)이 이를 보고 그 곁에 "솔과 계수의 추위 싫어한다면, 만년의 따스함 실컷 따르리.〔若嫌松桂寒, 任逐桑楡煖.〕"라고 쓰니, 설영지가 마침내 병을 핑계로 사직하였다. 《唐詩紀事 卷20》

550 병중이라……보리오 : 【譯注】 주세붕의 원시는 《무릉잡고(武陵雜稿)》 권3에 〈이경호에게 보내다〔寄李景浩〕〉라는 제목으로 실려 있다. 이 시에 "흰머리에 습한 병 앓아

대궐문은 서북쪽으로 겹겹이 아득한데 天門西北重重邃
이와 서캐 같이 하찮은 몸이라 날개 돋을 길 없어라 蟣蝨無緣揷翅翎

마음은 불과 같으니, 머리 돌려 학을 빌려 타고 날아갈 것 항상 생각하네.〔白頭病濕心如火, 回首長思借鶴翎.〕"라고 하였다.

551 소갈의……이니 : 【攷證 卷8 渴塵生肺】 송(宋)나라 황정견(黃庭堅)의 〈이전 운자를 사용하여 공정을 희롱하다〔用前韻戲公靜〕〉 시에 "토월차나 용단차 아까울 것 없지만, 장경은 소갈을 앓아 폐에 먼지가 생긴다네.〔兎月龍團不當惜, 長卿消渴肺生塵.〕"라고 하였다. 【校解】 한(漢)나라 사마상여(司馬相如)는 소갈증을 앓았다고 한다.

KNP0670(詩-別卷1-207)

청명절에 이 지사 선생[552]께서 가까운 시일에 왕림하신다고 하기에 두자미[553]의 시[554]에 차운하고서 계상서당을 나오다 【신해년(1551, 명종6, 51세) 2월 21. 예안(禮安)】

清明 李知事先生近許臨 次杜子美出溪上書堂

싸늘한 봄날 추위 오십여 일	惻惻春寒五十日
산옹은 문을 닫아걸고 오랫동안 나가지 않았네	山翁閉戶長不出
오늘 맑은 새벽 시끄러운 새소리에 일어나	今晨喚起鳥哢晴
지팡이 짚고 앞 시내에 산보하러 나왔노라	杖屨前溪散腰膝
숲속의 작은 집은 절간 같으니	林間小屋如僧寺
푸른 방초 가득하여도 찾는 사람 없구나	綠茸滿地無人至
자연스레 흥취 일어 내 마음에 흡족하고	自然幽興愜心期
시냇물 소리 앉아서 들으니 한가로워 일이 없구나	坐聽溪聲澹無事
본래 세상은 노인을 싫어하여	從來世情惡衰晚
마주하여도 간혹 천리나 멀리 있는 듯	對面或成千里遠
화복은 아득하여 헤아릴 수 없나니	倚伏茫茫不可料

552 이 지사 선생 : 【譯注】 이현보(李賢輔, 1467~1555)를 가리킨다. 그는 본관이 영천(永川), 자가 비중(棐仲), 호가 설빈옹(雪鬢翁)·농암(聾巖)이다. 1542년(중종37) 76세 때 지중추부사(知中樞府事)에 제수됐으나 병을 핑계로 벼슬을 그만두었다. 시호는 효절(孝節)이다.

553 두자미 : 【譯注】 당(唐)나라 두보(杜甫, 712~770)로, 자는 자미(子美), 호는 소릉(少陵)이다. 시성(詩聖)으로 불린다.

554 두자미의 시 : 【譯注】 두보의 〈청명(淸明)〉을 가리킨다.

떠나는 것 붙잡지 않고 오는 것 막지 않네　去不容追來莫遣
어찌하면 뱃속의 책을 바짝 말리며[555]　安能枯燥腹中書
산꽃에 둘러싸인 집을 시원스레 보리오　冷看山花繞宅居
조만간 농암 신선께서 나를 찾아주신다고 하시니　明日巖仙許過我
빚은 옥설주[556] 기울이며 깊은 시름 풀어보리라　倒釀沃雪幽憂除

555 뱃속의……말리며 : 【譯注】 학륭(郝隆)이 7월 7일에 이웃 사람이 옷을 말리는 것을 보고서 이에 뜰에서 배를 드러내고 누웠다. 이웃 사람이 그 까닭을 묻자, "나는 지금 책을 말리고 있다."라고 하였다. 《世說新語 排調》

556 옥설주(沃雪酒) : 【要存錄 別集】 술 이름이다.

KNP0671(詩-別卷1-208)

감회가 일다 【신해년(1551, 명종6, 51세) 2~3월 추정. 예안(禮安)】

有感

중종대왕[557]께서 다스린 사십 년 동안　中廟龍飛四十春
사도가 하늘의 해처럼 크게 밝았어라　大明斯道日中天
소신은 백발이 되도록 남기신 은혜 헛되이 하였으니　小臣白髮虛遺澤
항상 왕릉을 생각할 때마다 눈물이 하염없이 흐르네　長憶橋山淚洒泉

557 중종대왕 : 【譯注】 이역(李懌, 1488~1544)으로, 자는 낙천(樂天)이다. 성종(成宗)의 둘째 아들이며, 연산군(燕山君)의 이복동생이다. 재위 기간은 1506~1544년이다.

KNP0672(詩-別卷1-209)

유무를 읊다[558] 【신해년(1551, 명종6, 51세) 2~3월 추정. 예안(禮安)】

蝤蛑詩

산밭에서 난 음식은 모래가 섞여 있나니	山田飯有沙
명아주와 콩잎이 입에 맞아 배 채우네	適口充藜藿
걱정하지 않노니, 태관의 양[559]이	不患太官羊
와서 채소밭 망가뜨리는 것쯤이야[560]	來作菜園惡
오늘 아침 바닷가에서 보낸 음식 받았으니	今朝得海餉
집안 사위의 정성을 물리치지 못하겠구나	家壻禮無卻

-형님의 사위인 박공보(朴公輔)[561]가 보낸 것이다.-

---

558 유무를 읊다 : 【攷證 卷8 蝤蛑詩】 '蝤蛑'의 음은 '유무(猶無)'이다. 송(宋)나라 홍매(洪邁)의 《용재사필(容齋四筆)》 권6 〈임해해도(臨海蟹圖)〉에 "문등(文登) 사람인 여항(呂亢)은 초목과 충어에 대해 아는 것이 많았다. 태주(台州) 임해의 수령이 되어 화가에게 게 그림을 그리게 하였으니, 모두 열두 가지였다. 그중 첫 번째가 유무이다."라고 하였다. 【校解】 《고증》에서 '呂亢'을 '呂元'이라 하였는데, 통행본 《용재사필(容齋四筆)》에 의거하여 수정하였다.

559 태관의 양 : 【譯注】 태관은 궁중의 요리를 담당하는 부서이다. 가끔은 육식을 한다는 의미이다. 【攷證 卷8 太官羊】 송(宋)나라 산곡(山谷) 황정견(黃庭堅)의 〈학원에서 딴 찻잎을 갈아 보낸 것에 사례하다〔謝送碾壑源揀牙〕〉 시에 "양고기 드시는 높은 분들 병차(餠茶)의 맛을 잘 알고 있겠지만, 하찮은 관리들 귀한 병차 맛을 모르네.〔春風飽識太官羊, 不慣腐儒湯餠腸.〕"라고 하였다.

560 와서……것쯤이야 : 【攷證 卷8 來作菜園惡】 수(隋)나라 후백(侯白)의 《계안록(啓顔錄)》에 다음과 같은 내용이 있다. 어떤 사람이 항상 채소만 먹다가 별안간 양고기를 먹게 되었다. 그러자 꿈에 오장신이 나타나서 "양이 채소밭을 밟아 뭉개버렸다."라고 하였다.

561 박공보(朴公輔) : 【譯注】 박세현(朴世賢, 1521~1594)으로, 본관은 무안(務安),

불쑥 사립문 안으로 전달되니 闖然入柴荊
붉은색이 매우 선명하여라 紫赤光卓犖
이를 무장공자[562]라 이르니 是謂無腸公
여덟 다리 많이도 달렸어라[563] 八足具郭索
모습이 너무나 기이하니 形模甚怪詭
부녀자들 왁자하고 아이들은 놀란다네 婦嘖兒童愕
금빛 지게미는 둥그런 배에 가득하고[564] 金糟滿圓腹
날카로운 가시가 딱딱한 껍질에 빽빽하누나 芒刺森堅殼
뒷다리 젓는다[565]고 어찌 도망갈 수 있으며 撥棹何所濟

자는 공보이다. 퇴계의 여섯째 형님 이징(李澄)의 둘째 사위로, 무과에 급제하여 병사(兵使)를 역임하였다.

562 무장공자 : 【攷證 卷8 無腸公】 진(晉)나라 갈홍(葛洪)의 《포박자(抱朴子)》 〈등척(登陟)〉에 "무장공자라고 불리는 것은 바로 게이다."라고 하였다.

563 여덟……달렸어라 : 【攷證 卷8 八足郭索】 송(宋)나라 홍매의 《용재사필》 〈임해해도〉에 "첫 번째가 유무(蝤蛑)인데, 게 가운데 큰 것이다. 두 집게발에 모두 여덟 개의 다리를 지녔다."라고 하였다. 한(漢)나라 양웅(揚雄)의 《태현경(太玄經)》에 "다리가 많은 게라도 지렁이 뒤에 황천에 이른다.〔蟹之郭索, 後蚓黃泉.〕"라고 하였는데, 송나라 사마광(司馬光)의 주석에 "'곽삭'은 다리가 많은 모양이다."라고 하였다. 한 연만 전하는 송나라 임포(林逋)의 시구에 "진흙 수렁엔 게가 기어다니고, 높은 나무엔 자고새가 우는구나.〔草泥行郭索, 雲木叫鉤輈.〕"라고 하였다.

564 금빛……가득하고 : 【攷證 卷8 金糟…滿腹】 살펴보건대, '금빛 지게미〔金糟〕'는 게장을 이르니, 누런색이 금과 같다. 송(宋)나라 양만리(楊萬里)의 〈지게미 같은 게를 육언으로 읊다〔糟蟹六言〕〉 시 2수 중 제1수에 "온 배가 금 모양 옥질이며, 두 집게발은 가을 강의 밝은 달이라네.〔一腹金相玉質, 兩螯明月秋江.〕"라고 하였다. 송(宋)나라 소식(蘇軾)의 〈식탐 부리는 노인을 읊은 부〔老饕賦〕〉에 "대합은 반쯤 익으면 술을 머금고, 게는 조금 자라면 지게미를 지닌다네.〔蛤半熟而含酒, 蟹微生而帶糟.〕"라고 하였다. 【校解】 《고증》에서 〈지게미 같은 게를 육언으로 읊다〔糟蟹六言〕〉의 저자를 산곡(山谷) 황정견(黃庭堅)이라 하였는데, 이는 오류이다.

창을 휘두른다[566]고 어찌 상대할 수 있으리　奮戈何所角
물러나기 좋아하니 누구에게 양보하는가　喜退與誰讓
매우 조급하니[567] 핍박을 받은 듯하여라　多躁似有迫
부질없이 불을 잡고 있지만[568]　徒然執其火
밝히기도 전에 그 몸통 찢겨진다네[569]　未燭厥廬剝
내 평소《이아》를 읽었으니　平生讀爾雅
응당 팽기와 헷갈리지 않으리[570]　不應彭蜞錯

565 뒷다리 젓는다 :【攷證 卷8 撥棹】송(宋)나라 홍매의《용재사필》〈임해해도〉에 "두 번째로 그린 것이 발도이다."라고 하였다.《광아(廣雅)》에 "영남에서는 발도라고 이르는데, 뒷다리가 노와 같기 때문이다."라고 하였다.

566 창을 휘두른다 :【攷證 卷8 奮戈】송(宋)나라 산곡(山谷) 황정견(黃庭堅)의〈가을과 겨울 사이 악주(鄂州) 물가의 시장에서 게가 사라졌다. 그러나 오늘 우연히 몇 마리 보았는데 거품을 토하면서 서로를 적셔주고 있는 것이 불쌍했다. 이에 웃으며 장난삼아 칠언절구를 짓는다〔秋冬之間鄂渚絶市無蟹今日偶得數枚吐沫相濡乃可憫笑戲成小詩〕〉시 3수 중 제2수에 "옆으로 기며 무리 지어 물결 건너고, 진흙더미에서 출몰하며 외려 창 비껴 잡았네.〔勃窣媻跚烝涉波, 草泥出沒尙橫戈.〕"라고 하였다.

567 매우 조급하니 :【攷證 卷8 多躁】《순자(荀子)》〈권학(勸學)〉에 "게는 발이 여섯 개이며 집게발이 두 개인데 깊숙한 구멍이 아니면 숨지 않는 것은 마음 씀이 조급하기 때문이다."라고 하였다. 송(宋)나라 부굉(傅肱)의《해보(蟹譜)》에 "게는 성질이 또한 매우 조급하다."라고 하였다.【校解】《고증》에서《순자(荀子)》에 보이는 내용의 출전을《세설신어(世說新語)》의 주석이라고 하였는데, 이 주석의 원래 출전은《순자》이다.

568 불을 잡고 있지만 :【攷證 卷8 執其火】《사문유취(事文類聚)》에 "게는 달리 집화(執火)라고 부르는데, 그 집게발이 붉기 때문이다."라고 하였다. 송나라 홍매의《용재사필》〈임해해도〉에 "그 다섯 번째는 갈박(竭朴)이라고 하니, 팽활(蟛蛸)보다 크다. 집게발이 붉으니, 항상 큰 집게발로 눈을 보호한다."라고 하였다.

569 그 몸통 찢겨진다네 :【攷證 卷8 執其火】《주역》〈박괘(剝卦) 상구(上九)〉효사(爻辭)에 "씨 과일은 먹지 않는다. 군자는 수레를 얻고 소인은 집이 헐린다.〔小人剝廬〕"라고 하였다.

570 이아를……않으리 :【攷證 卷8 讀爾雅…彭蜞錯】《이아(爾雅)》〈석어(釋魚)〉에 "활

눈 같은 살갗은 손 가는대로 찢겨지니　雪肌隨手劈
그 맛은 입안을 즐겁게 하누나[571]　風味爽舌齶
독 안의 새 술 익어가니　甕頭潑新醅
뽀글뽀글 거품 일며 향이 피어오르네　浮蟻香拍拍
왼손으로 게를 잡고 오른손으로 술잔 드니[572]　左持右不空
봄바람에 쓸쓸하지 않아라　春風不落莫
어찌 반드시 대숲 속에서　何必竹林中
필탁의 방종함을 본받으랴　顚狂效畢卓

택(蟛蠌) 가운데 작은 것을 방게〔螃〕이라 하니, 작은 게를 이른다. 오나라 사람들은 잘못 팽월(蟛螁)이라 한다."라고 했는데, 진(晉)나라 곽박(郭璞)의 주석에 "팽기(蟛蜞)도 그 종류이다. 그것을 먹으면 사람을 상하게 한다."라고 하였다. 《세설신어》〈비루(紕漏)〉에 다음과 같은 내용이 있다. 진(晉)나라 채모(蔡謨)가 막 장강(長江)을 건너와서 방게를 보고 크게 기뻐하며 말하기를 "게는 여덟 개의 다리가 있고 두 개의 집게발이 더 있다."라고 하고서 그것을 삶게 하였다. 먹은 뒤에 토하고 설사하며 곤욕을 치르고 나서야 비로소 게가 아닌 것을 알게 되었다. 나중에 사상(謝尙)에게 그 일을 말하니, 사상이 말하기를 "그대는 《이아》를 자세히 읽지 않아서 〈권학〉 때문에 거의 죽을 뻔하였군."이라고 하였다.

571 그……하누나 : 【攷證 卷8 風味爽舌齶】 송(宋)나라 도곡(陶穀)의 《청이록(淸異錄)》〈협설충(夾舌蟲)에 "노강(盧絳)의 종제인 노순(盧純)이 게의 살을 제일가는 음식으로 여겼다. 일찍이 사방의 음식에 대해 이르기를 '마땅히 함황백(含黃伯 게)을 제일로 인정해야 한다.'라 하였다. 후에 게의 집게발을 먹다가 두 혀가 집혀서〔夾舌〕 온 옷을 다 적시도록 피를 흘렸다. 이에 노강은 게를 장난스레 협설충(夾舌蟲)이라 불렀다."라고 하였다.

572 왼손으로……드니 : 【攷證 卷8 左持右不空】 살펴보건대, 《후한서》〈공융열전(孔融列傳)〉에서, 공융이 일찍이 말하기를 "자리에 손님이 항상 가득하고 술동이에 술이 비지 않으니〔尊中酒不空〕 나는 걱정이 없다."라고 하였으니, 대개 오른손으로 술잔을 잡는다는 의미이다. 【譯注】 남조 유송(劉宋) 유의경(劉義慶)의 《세설신어(世說新語)》〈임탄(任誕)〉에 필탁(畢卓)이 이르기를 "한 손에는 게 집게발 들고 한 손에는 술잔 든 채 연못 속에서 헤엄친다면 일생을 만족스럽게 마칠 수 있다."라고 하였다.

구구하게 고을 원 되기 바라니	區區願作州
자네는 매우 악착같구려	昆也更齷齪
내가 옛날 옥당에서 지낼 때	我昔遊蓬觀
총애 받아 어주(御廚)에서 음식 받았었지	仙廚饗異渥
강의 생선에 작은 게 있었나니	江鮮有小蟹
그 맛은 타락보다 훨씬 좋았어라	氣已壓湩酪
더구나 산속 집의 반찬에	何況山家湌
잘라져 흰서리 같은 이런 집게발을 봄에랴	見此霜螯斫
사물은 산지를 떠나면 더욱 귀해지지만	物移鄕更貴
사람은 욕심에 이끌리면 혼탁해지는 법	人移欲則濁
그대는 보았는가, 작은 것을 기르는 사람[573]이	君看養小人
저자에서 돈을 움켜쥐는 것도 부끄러워 않음을	不恥市中攫
다만 하찮은 살갗 때문에	只緣尺寸膚
파도 일으켜 육막[574]을 뒤집었구나	波瀾飜六幕
속 시원히 행동함은 매우 경계해야 하니	一快便戒足
나의 즐거움을 해치게 하진 말게나	無令害吾樂

573 작은……사람 : 【譯注】 맹자가 이르기를 "음식을 탐하는 사람을 누구나 천하게 여기나니, 그것은 작은 것을 기르고 큰 것을 잃어버리기 때문이다."라고 하였다. 《孟子 告子上》

574 육막 : 【攷證 卷8 六幕】 《한서(漢書)》 〈예악지(禮樂志)〉에 "전일하고 가다듬은 정밀한 뜻이 구애에 달하며, 육막에 가득하고 대해에 떠 있네.〔專精厲意逝九閡, 紛紜六幕浮大海.〕"라고 하였으니, '육막'은 육합(六合)과 같은 뜻이다.

KNP0673(詩-別卷1-210)

삼월 삼짇날에 비를 바라보며 황중거[575]의 시[576]에 차운하여 화답하다. 황중거는 당시 사명을 받들어 장기[577]에 갔다 【신해년(1551, 명종6, 51세) 3월 삼짇날. 예안(禮安)】

三月三日對雨 次韻答黃仲擧 仲擧時奉使到長鬐

맑은 시내 구비의 작은 집　　小築淸溪曲
외려 이 늙은이 눌러살 만하여라　　猶堪著此翁
시냇물 소리는 어느 시대 음악이며　　水聲何代樂
꽃소식 알리는 몇 번째 바람인가[578]　　花信幾番風
세상만사는 근심스레 읊조리며 잊어버리고　　萬事愁吟外
외로운 정회는 고요히 감상하며 아노라　　孤懷靜賞中
저들이 졸렬한 나를 비웃건 말건　　從他笑吾拙
영화에 대한 바람은 돼지나 말똥으로 치부하련다[579]　　榮願付苓通

---

575 황중거 : 【譯注】 황준량(黃俊良, 1517~1563)으로, 본관은 평해(平海), 자는 중거(仲擧), 호는 금계(錦溪)이다. 1551년(명종6)에 경상도 감군어사(慶尙道監軍御史)가 되었다.

576 황중거의 시 : 【譯注】 《금계집(錦溪集) 외집》 권4 〈시를 읊어 퇴계의 안하에 올리다〔書奉退溪案下〕〉라는 시이다.

577 장기 : 【攷證 卷8 長鬐】 경상좌도(慶尙左道)에 속하며, 달리 봉산(蓬山)이라고도 한다.

578 꽃소식……바람인가 : 【譯注】 꽃 피는 계절에 불어오는 바람을 말한다. 1년 24절기 가운데 소한(小寒)부터 곡우(穀雨)에 이르기까지 120일에 걸쳐 5일마다 하나의 화신풍(花信風)이 불어오는데, 각각 한 가지씩 꽃이 피며 가장 먼저 매화가 피고 가장 늦게 연화(楝花)가 핀다고 한다.

579 영화에……치부하련다 : 【攷證 卷8 榮願付苓通】 송(宋)나라 형공(荊公) 왕안석(王

安石)의 〈소모산에 오르다〔登小茅山〕〉 시에 "물외의 참된 유람 안석에서 보는 것 같은데, 인간세상의 영화에 대한 염원은 돼지나 말똥으로 치부하네.〔物外眞游來几席, 人間榮願付苓通.〕"라고 하였는데, 그 주석에 "'영(苓)'은 돼지 똥이고, '통(通)'은 말똥이다."라고 하였다.

KNP0674(詩-別卷1-211)

연자원[580]에서 소현으로 향하는 도중에 말 위에서 즉흥적으로 짓다 【신해년(1551, 명종6, 51세) 3월 16일 추정. 안동(安東)】

自燕子院向所峴 馬上卽事

푸른 풀에 동풍 불고 해는 지려는데	碧草東風日欲斜
첩첩의 산 이르는 곳마다 인가가 있구나	亂山隨處著人家
뉘 능히 그려낼까, 도화원의 풍경이라	誰能畫出桃源景
선홍의 복사꽃 나무마다 흐드러지게 핀 것을	爛熳蒸紅樹樹花

580 연자원 : 【攷證 卷8 燕子院】 안동부(安東府) 서쪽 20리쯤 되는 지점에 있다. 자세한 내용은 《속집(續集)》에 참의공(參議公) 과의 일을 기록한 〈벗이 거승을 보내온 것에 시를 지어 보내 사례하다〔寄謝友人寄巨勝〕〉 시에 보인다.

KNP0675(詩-別卷1-212)

탁청정[581]을 읊어 주인 김유지[582] 유 에게 보이다 【신해년(1551, 명종6, 51세) 3월 18일 추정. 예안(禮安)】

濯淸亭 示主人金綏之 綏

울긋불긋 홍도화는 모춘에 환히 피었나니 爍爍紅桃照暮春
여섯 해만에 다시 꽃구경하는 사람이 되었구나 六年重作翫花人
술동이 앞에서는 애환일랑 이야기하지 말고 尊前莫說悲歡事
잠시 무성하게 핀 가지 꺾어 술에 취해 두건에 꽂아보세 且揀繁枝揷醉巾

581 탁청정 : 【攷證 卷8 濯淸亭】 예안(禮安)의 오천(烏川)에 있다.

582 김유지 : 【譯注】 김유(金綏, 1491~1555)로, 본관은 광산(光山), 자는 유지(綏之), 호는 탁청정(濯淸亭)이다.

KNP0676(詩-別卷1-213)

조계임[583]의 《권유록》 뒤에 쓰다 【신해년(1551, 명종6, 51세) 5월 추정. 예안(禮安)】

書季任倦遊錄後

맑은 여름날 숲속 정자에 홀로 앉았노라니 獨坐林亭夏日明
푸른 산 병풍처럼 두른 곳에 푸른 시내 악기를 연주하는 듯 靑溪琴筑碧山屛
시를 읊조리며 멀리서 옥 같은 사람 생각하니[584] 誦詩遙想人如玉
청헌공[585]의 풍류는 백세토록 전해지네 淸獻風流百世名

583 조계임 : 【譯注】 조사수(趙士秀, 1502~1558)로, 본관은 양주(楊州), 자는 계임(季任), 호는 송강(松岡)이다. 좌참찬을 지냈으며, 시호는 문정(文貞)이다.

584 옥 같은 사람 생각하니 : 【譯注】 조계임을 그리워한다는 말이다. 《시경》 〈소아(小我) 백구(白駒)〉에 "희고 깨끗한 망아지가 저 빈 골짜기에 있다. 싱싱한 풀 한 다발을 주노니 그 사람은 옥처럼 맑도다.〔生芻一束, 其人如玉.〕"라고 하였으니, 원래 이 시는 어진 이를 떠나지 못하게 만류하는 뜻을 노래하였다.

585 청헌공(淸獻公) : 【譯注】 조계임이 성이 조씨임을 말한다. '청헌공'은 송(宋)나라 조변(趙抃, 1008~1084)의 시호이다. 그의 자는 열도(閱道), 호는 지비자(知非子)로 우간의대부(右諫議大夫)를 지냈다. 권세가도 회피하지 않고 탄핵하여 철면어사(鐵面御史)라 불리었다. 강남(江南)의 명산을 두루 유람하였다고 한다. 조계임의 성이 조변과 같고 명산을 두루 유람한 점에서 조변의 고사를 인용하였다.

KNP0677(詩-別卷1-214)

안음이 예전 내가 제한 시에 화운하여 그리움을 읊어 보낸 시에 차운하다 【신해년(1551, 명종6, 51세) 5월 추정. 예안(禮安)】

次安陰見憶見和舊題韻

기세는 원백을 쓰러뜨리고 하음을 압도하니[586]	氣劘元白倒何陰
강산의 도움이 깊은 것[587]을 곧 알겠어라	便覺江山得助深
키는 천지를 흔들고 바람은 풀무에서 나와[588]	簸撼兩儀風發橐
만물을 형용하면서 숲을 옥처럼 단장하는 듯	包羅萬象玉糚林

586 기세는……압도하니 : 【要存錄 別集】 '원백'은 당(唐)나라의 원진(元稹)과 백거이(白居易)를 가리키며, 하음은 남조 양(梁)나라의 하손(何遜)과 음갱(陰鏗)을 가리킨다. 【譯注】 송(宋)나라 우무(尤袤)의 《전당시화(全唐詩話)》에 다음과 같은 내용이 있다. 경종(敬宗) 보력(寶曆) 연간에 좌복야(左僕射) 양오릉(楊於陵)이 황제를 뵈었는데, 그 아들 양사복(楊嗣復)이 향시와 전시에 급제한 문생을 거느리고 동관(潼關)에서 그 부친 양오릉을 맞이하고서는 신창리(新昌里)의 집에서 잔치를 열었다. 양오릉과 친구들은 당상에 앉았고 아들 양사복은 여러 문생과 함께 양편에 줄지어 앉았다. 원진과 백거이도 모두 그 자리에 있었다. 그 자리에서 시를 짓기 시작했는데 양여사(楊汝士)의 시가 가장 늦게 완성되었으나, 그 작품을 원진과 백거이가 보고서는 너무도 놀라워했다. 그날 양여사는 실컷 취하고서는 돌아가, 그 자식과 제자들에게 "내가 오늘 원진과 백거이를 압도했다.〔吾今日壓倒元白〕"라고 하였다.

587 강산의……것 : 【譯注】 안음(安陰)의 풍광이 시인의 정취를 도와주어 가작(佳作)을 만들어 내는 데 일조한다는 말이다. 《당서(唐書)》 〈장열열전(張說列傳)〉에 "장열이 악주(岳州)로 쫓겨난 뒤에 시문이 더욱 좋아졌으므로, 사람들이 '강산의 도움을 받았다〔得江山助〕'고 했다."라고 하였다.

588 키는……나와 : 【譯注】 조물주가 천지자연을 만든 것을 뜻한다. 《노자도덕경(老子道德經)》 제5장에 "하늘과 땅 사이는 아마 풀무와 같은 것이 아니겠는가.〔天地之間, 其猶橐籥乎.〕 비어 있으면서도 다하지 않고 움직일수록 더욱 나온다."라고 하였다. 여기서는 시를 창작하는 것을 이른다.

말 타고 찾아가 붓을 휘둘러 시를 지은들 어떠하랴만 何妨攬轡兼揮筆

홀로 쓸쓸이 지내니 벗을 만나기 어려워 못내 아쉬워라 卻恨離羣鮮盍簪

알겠어라, 누대에 기대어 나를 생각할 제 知得倚樓思我處

장적을 불지 않으면서도 깊이 읊조렸음을 不因長笛更沈吟

KNP0678(詩-別卷1-215)

상주 목사[589]가 내가 안음이 화답한 시[590]를 보고 차운한 시에 다시 차운하다 【신해년(1551, 명종6, 51세) 5월 추정. 예안(禮安)】

次尙州見和韻

인간 세상에 세월이 흘러가든 아랑곳하지 않고[591] 不信人間有古今
스스로 산림으로 물러나 늙어가노라 自將身世老山林
깊은 병에 항상 촌음을 보옥보다 아끼며[592] 沈痾每惜分陰璧
못난 나의 보잘 것 없는 시문을 금보다 귀하게 여기네[593] 朽質猶珍弊帚金

---

589 상주 목사 : 【譯注】 김언거(金彦琚, 1503~1584)로, 본관은 광산(光山), 자는 계진, 호는 관포당(灌圃堂)·칠계(漆溪)·풍영정(風詠亭)이다. 김인후(金麟厚)·이황(李滉)·기대승(奇大升) 등과 교유하였다. 저서로 《칠계유집》이 있다. 【要存錄 別集】 김계진(金季珍)이다.

590 내가……시 : 【譯注】 바로 앞의 KNP0677 〈안음 사람이 예전 내가 제한 시에 화운하여 그리움을 읊어 보낸 시에 차운하다〔次安陰見憶見和舊題韻〕〉라는 시를 가리킨다.

591 인간……않고 : 【譯注】 원래는 육상산(陸象山) 형제가 역사를 익히지 않는 것에 대해 주희(朱熹)가 비판한 말이었으나, 여기서는 세상사에 관심을 두지 않는다는 의미이다. 【攷證 卷8 不信人間有古今】 주자의 〈아호사에서 육자수에게 화답하다〔鵝湖寺和陸子壽〕〉 시의 마지막 구에 "도리어 근심되니 공자가 말씀하지 않은 곳을 말하면서, 인간 세상에 고금이 있다는 것을 믿지 않는 것이.〔却愁說到無言處, 不信人間有古今.〕"라고 하였다. 【譯注】 《주자대전차의(朱子大全箚疑)》에 "'각수(却愁)'의 뜻은 여기까지 미친다. 대체로 육씨 형제는 오로지 마음에 두는 것을 주로 하여 독서로 고금의 역사에 통달하는 것을 힘쓰지 않았음으로 이렇게 이른 것이다. '각수(却愁)'는 선생이 오히려 근심함이요, '불신(不信)'은 육씨 형제가 믿지 않음이다."라고 하였다.

592 깊은……아끼며 : 【攷證 卷8 分陰璧】 《회남자(淮南子)》 〈원도훈(原道訓)〉에 "대저 해는 돌고 달은 순환하여 때는 사람을 기다려주지 않는다. 그러므로 성인은 한 자나 된 옥벽을 귀히 여기지 않고 한 치의 그늘을 소중히 여기나니〔聖人不貴尺之璧而重寸之

거북이는 껍질 속에 들어앉아 자족하며 살고 龜咽無求欣一殼
학이 울어 서로 화답하니 같은 마음이라 기뻐하누나 鶴鳴相和喜同心
거편을 두고 보려고 책상의 먼지 닦아냈으니 巨編留取淸塵榻
날마다 모름지기 백 번씩은 읊조려야 하리 日日應須百遍吟

陰], 때를 얻기는 어렵고 잃기는 쉽기 때문이다."라고 하였다.

593 못난……여기네 : 【譯注】 원래 자신의 소유는 형편없는 것을 잘 모른다는 말로 흔히 자신이 지은 시문을 가리킨다. 여기서는 못난 나의 시문을 귀하게 여겨준다는 의미로 쓰였다. 위나라 조비(曹丕)의 《전론(典論)》〈논문(論文)〉에 "무릇 사람이란 스스로를 나타내는 것은 잘하지만, 글은 한 가지 체가 아니어서 다 잘 할 수 있는 이는 드물다. 그래서 각자 자신이 잘하는 것으로써 서로 남이 못하는 것을 경시한다. 속담에 이르기를 '집에 낡은 빗자루가 있으면, 그것을 천금에 해당한다고 여긴다.'라 하였으니, 이는 스스로를 알지 못하는 우환이다."라고 하였다.

KNP0679(詩-別卷1-216~217)

하고[594]의 작은 정자를 수석정이라 이름 지었는데, 산수가 빼어나고 아름다워서 내가 매우 좋아하였다 【신해년(1551, 명종6, 51세) 7월 초순 추정. 예안(禮安)】

霞皐小亭 名以漱石 山奇水麗 余甚樂之

(詩-別卷1-216)

정자는 택승정[595] 같아 대단히 풍류 넘치니　亭如擇勝最風流
계산의 온통 옥 같은 가을 경치[596] 독차지하였네　占斷溪山玉一秋
어찌 감히 시내를 벤다고 하여 세속을 놀라게 하랴　豈敢枕流驚世俗
애오라지 돌로 양치하고[597] 청수한 이 존모하노라　聊將漱石慕淸修

---

594 하고(霞皐) : 【譯注】 퇴계가 살던 토계와 농암(聾巖)이 살던 부내〔汾川〕 사이에 있던 언덕이다. 【要存錄 別集】 자하고(紫霞皐)를 가리킨다.

595 택승정 : 【攷證 卷8 擇勝】 송(宋)나라의 소식(蘇軾)이 일찍이 여음(汝陰)의 수재(守宰)로 있을 때 택승정을 만들었는데, 유막(帷幕)만으로 만들었다. 그것은 곧 어디든지 가고 싶은 승경(勝景)이 있기만 하면 그곳에 가서 바로 설치할 수 있었기 때문에 그렇게 이름 지었다고 한다. 《동파전집(東坡全集)》 권97에 〈택승정명(擇勝亭銘)〉이 있다.

596 온통……경치 : 【攷證 卷8 玉一秋】 송(宋)나라 추애(秋厓) 방악(方岳)의 〈어떤 사람이 게를 보내 준 것에 사례하다〔謝人致蟹〕〉 시 4수 중 제3수에 "옥 같은 한 병에 눈처럼 하얗게 잘린 두 마리 게, 땔나무 하면서도 일찍이 이런 맛난 음식이 있었던가.〔雪斫雙螯玉一壺, 樵中曾有此奇無.〕"라고 하였다.

597 시내를……양치하고 : 【譯注】 침류수석은 은거함을 이른다. 남조 유송(劉宋) 유의경(劉義慶)의 《세설신어(世說新語)》 〈배조(排調)〉에 다음과 같은 내용이 있다. 손초(孫楚)가 젊었을 때 은거하고 싶었는데, 왕제(王濟)에게 '돌로 베개 삼고 냇물로 양치한다.'라고 말해야 할 것을 "돌로 양치하고 냇물로 베개 삼는다."라고 잘못 말하였다. 왕제가 "냇물로 베개 삼을 수 있고 돌로 양치할 수 있소?"라 하자, 손초가 "냇물로 베개 삼는 것은 귀를 씻고자 함이요, 돌로 양치하는 것은 치아를 갈고자 함이지요."라고 하였다.

-소동파(蘇東坡)가 일찍이 택승정을 지었다.-

(詩-別卷1-217)

맑은 날 한가로운 구름에 가을바람이 살랑 불어오고 閒雲晴日媚西風
물은 파랗고 산은 푸르러 바라보아도 끝이 없어라 水綠山靑望不窮
괴이하도다, 옛날 사람들은 즐거움 얻기 어렵다 하는데 怪底昔人難得樂
한꺼번에 그 즐거움 내게로 몰려오는구나 一時駢沓到吾躬

KNP0680(詩-別卷1-218)

13일 달밤에 신해년(1551, 명종6, 51세) 7월 【13일. 예안(禮安)】

十三日夜月 辛亥七月

열흘 내내 음산한 기운이 천지를 어둡게 하더니	連旬陰沴暗乾坤
오늘 밤에 두꺼운 구름 흔적도 없이 깨끗하여라	此夕頑雲淨掃痕
하늘의 둥근 달은 거울처럼 맑으니	天上月輪淸似鏡
흙비 따라 온통 어두워지지 않았으면	不隨霾雨倂爲昏

KNP0681(詩-別卷1-219)

22일에 【신해년(1551, 명종6, 51세) 7월 22일. 예안(禮安)】

二十二日

성난 바람에 검은 구름이 군진의 말처럼 내달리고	風怒黑雲馳陣馬
번쩍이는 우레에 붉은 번개는 금빛 뱀이 뻗치는 듯	雷狂紫電掣金蛇
한바탕 비가 퍼부으니 하늘의 표주박을 기울인 듯	一番雨瀉天瓢過
잠깐 만에 다시 휘몰아와 그 기세 더욱 거세지누나	頃刻重驅勢轉加

KNP0682(詩-別卷1-220~221)

23일에 【신해년(1551, 명종6, 51세) 7월 23일. 예안(禮安)】

二十三日

(詩-別卷1-220)

열흘 내내 궂은비 내려 가을 산을 가두고 連旬陰雨鎖秋山
불어난 시내의 세찬 물살 바위에 거세게 부딪히누나 溪漲洪波鬪石頑
지척의 계당에도 돌아가지 못하니 咫尺溪堂歸不得
책상 가득한 책이 좀벌레에 상할까 걱정되노라 滿牀書怕蠹魚殘

(詩-別卷1-221)

취병산은 자하고를 마주하는데 翠屛山對紫霞皐
그 가운데 차가운 시내에 눈 같은 거센 물결 쏟아지네 中有寒溪瀉雪濤
열흘 가을장마 내 발걸음 붙잡아두니 十日秋霖留我屐
몇 번이나 고개 들어 맑고 높은 하늘 바랐던가 幾回矯首羡淸高

KNP0683(詩-別卷1-222)

29일은 이 상공[598]의 생신인데 나는 병으로 가지 못하고 율시 한 수를 지어 송축하였다 【신해년(1551, 명종6, 51세) 7월 29일. 예안(禮安)】

二十九日 李相公壽辰 滉病未赴 作一律頌祝

요명의 마지막 잎 시들면 대화심성이 서쪽으로 흐르니[599] 堯蓂一厭火流天
가을이 되어 남극성[600]의 빛에 서기가 어리리라 南極星芒瑞氣纏
수는 광성자처럼 길거늘 아직 천에 반도 안 되었고[601] 壽似廣仙千未半
복은 기자 〈홍범〉의 다섯 가지를 온전히 누렸구나[602] 福兼箕範五能全

---

598 이 상공 : 【譯注】 이현보(李賢輔, 1467~1555)를 가리킨다. 그는 본관이 영천(永川), 자가 비중(棐仲), 호가 설빈옹(雪鬢翁)·농암(聾巖)이다. 이해 농암의 나이가 85세였다.

599 대화심성이 서쪽으로 흐르니 : 【譯注】 《시경》 〈빈풍(豳風) 칠월(七月)〉에 "칠월에 대화심성(大火心星)이 서쪽으로 내려가는 만큼, 구월에는 옷을 만들어 입혀 주어야 한다.〔七月流火, 九月授衣.〕"라고 하였다.

600 남극성 : 【譯注】 수명을 주관하는 별로 나라가 태평하게 다스려지고 전쟁이 일어나지 않으면 추분(秋分) 무렵에 남쪽 교외에 나타난다고 한다. 【攷證 卷8 南極星】 《진서(晉書)》 〈천문(天文)〉에 "노인성(老人星)은 호성(弧星)의 남쪽에 있으니, 달리 남극성이라 한다."라고 하였다. 《후한서》 〈예의지(禮儀志)〉에 "중추의 달에 남쪽 교외에서 노인성에 제사를 지낸다."라고 하였다.

601 수는……안 되었고 : 【譯注】 광성자(廣成子)가 황제(黃帝)를 타이르면서 "나는 도의 순일함을 지키고 도의 조화로움에 처하였기 때문에 천이백 년이나 내 몸을 닦아 오는 동안 나의 형체가 항상 쇠하지 않았던 것이다."라고 하였다. 《莊子 在宥》

602 복은……누렸구나 : 【譯注】 《서경》 〈홍범(洪範)〉에 정치 도덕의 아홉 가지 원칙을

두 원님 함께 무지개다리의 화려한 잔치 열겠고[603]	雙城共設虹橋宴
세 무리 악대 옥부의 음악을 다투어 연주하리라	三隊爭調玉府絃
하객이 구름처럼 몰려들어 옷깃이 서로 스칠 테지만	想像賀賓雲接袂
이 야인도 오히려 〈목여편〉[604]을 올리는도다	野人猶獻穆如篇

말하면서 마지막에 "오복을 누리게 한다."라고 하였는데, 오복은 수(壽)·부(富)·강녕(康寧)·유호덕(攸好德)·고종명(考終命)이다.

603 두……열겠고 : 【攷證 卷8 雙城共設虹橋宴】 아마도 공간(公幹) 이중량(李仲樑)과 이계량(李季樑) 형제가 이 당시 모두 고을의 부절을 차고 있기 때문에 그렇게 말한 듯하다. ○ '홍교(虹橋)'는 《정본 퇴계전서》 권1 KNP0030 〈주천현 주천석을 보고 강진산의 시에 차운하다〔酒泉縣酒泉石姜晉山韻〕〉에 보이는 내용을 가리킨다. 즉 진시황 2년 8월에 무이군(武夷君)이 술을 두고서 마을 사람들을 무이산(武夷山) 천주봉(天柱峰)에 모아놓고는 장막을 둘러친 정자〔幔亭〕, 채색한 집, 보석 휘장 등을 세우고 붉은 구름, 자줏빛 노을이 수놓인 깔개를 깔아놓았다. 이 때문에 그것으로 이름을 삼은 것이다. 또 《무이구지(武夷舊志)》에 "진시황 2년에 위자건(魏子騫)이 13선인(仙人)의 주인이 되어 봉우리 꼭대기에 승진관(昇眞觀)을 짓고 또 무지개다리를 설치하여 잔치하였다."라고 하였다.

604 목여편(穆如篇) : 【譯注】 수연에 참여하지 못하지만 나의 시를 보내어 축하한다는 의미이다. 윤길보(尹吉甫)는 주 선왕(周宣王)의 신하인데, 중산보(仲山甫)라는 현신(賢臣)이 제(齊)나라로 성을 쌓으러 갈 때 그를 전별하며 읊은 《시경》 〈증민(烝民)〉에 "나 윤길보가 노래를 지어 부르니, 의미심장하기가 청풍과 같네. 깊은 시름 잠겨 있는 우리 중산보여, 이 노래로 그 마음 위로받기를.〔吉甫作誦, 穆如淸風. 仲山甫永懷, 以慰其心.〕"이라고 하였다.

KNP0684(詩-別卷1-223)

8월 5일 청음석의 시[605]에 차운하다 【신해년(1551, 명종6, 51세) 8월 5일. 예안(禮安)】

八月初五日 淸吟石次韻

바위는 오래되고 솔은 그대로 누웠나니 石古松仍偃
단풍 흐드러진 절기 이미 돌아왔어라 楓明節已回
차가운 시내 막 불었던 물 빠지니 寒溪新漲落
청흥 일어 홀로 읊조리노라 淸興獨吟來

605 청음석의 시 : 【譯注】 안동시 도산면 면사무소 옆 온계천(溫溪川) 하류에 있는 바위이다. 1511년 퇴계 이황의 숙부 온계(溫溪) 이우(李堣)가 강원도 관찰사(江原道觀察使)로 있으면서 근친하러 온혜(溫惠)에 들러 조카들과 이곳에서 놀면서 지은 시를 가리킨다. 《정본 퇴계전서》 KNP0064 〈청음석(淸吟石)〉의 서문에 위 내용이 보인다.

KNP0685(詩-別卷1-224)

농암 상공[606]을 배알하였다. 다음날 아침에 상공께서 시를 보내주며 안부를 묻기에 삼가 그 시에 화운하여 올리다

【신해년(1551, 명종6, 51세) 11월 16~30일 추정. 예안(禮安)】

拜聾巖相公 明晨相公寄詩垂問 謹伏和呈

고맙게도 별천지에서 술대접을 잘 받고서[607]	壺天幸接一尊開
저물녘 선풍 타고 취하여 돌아왔어라	薄暮仙風帶醉來
어찌 생각하였으리, 다시 번거롭게도 옥간을 보내주어	豈謂更煩飛玉簡
심부름꾼이 싸늘한 새벽에 산모퉁이에 이를 줄을	靑童寒曉到山隈

606 농암 상공 : 【譯注】 이현보(李賢輔, 1467~1555)로, 본관은 영천(永川), 자는 비중(棐仲), 호는 농암(聾巖)·설빈옹(雪鬢翁)이다.

607 별천지에서……받고서 : 【譯注】 《후한서》 〈비장방열전(費長房列傳)〉에 "비장방이 저자의 아전이 되었다. 저자에서는 어떤 노인이 약을 팔았는데, 가게에 병 하나를 매달아 놓고서 저자가 파하면 문득 병 안으로 뛰어들었다. 비장방이 누대 위에서 그것을 보고 기이하게 여겨 그 노인에게 가서 두 번 절하였다. 이에 노인이 그를 데리고 병속으로 들어가니, 옥당(玉堂)에 화려하고 좋은 술과 맛있는 안주가 그득하여 함께 술을 실컷 마셨다."라고 하였다.

KNP0686(詩-別卷1-225)

내가 '방' 자 운으로 지은 율시[608]를 보고 이비원[609]이 화운한 시에 김돈서[610] 부륜 가 다시 화운하였는데, 또다시 내가 그 시에 차운하다 【신해년(1551, 명종6, 51세) 11~12월 추정. 예안(禮安)】

次金惇叙 富倫 所和李庇遠見和傍字韻律詩

지난 병술년(1526, 중종21)에 형님께서 성균관(成均館)에서 유학할 때, 나는 모친을 모시고 형님의 집에 있었다. 일찍이 그 집 서쪽 채에서 율시 한 수를 읊어, "높다란 집은 소쇄하여 푸른 산 옆에 있으니, …….〔高齋蕭洒碧山傍,……〕"라고 하여 형님에게 보냈는데, 형님도 그 시에 화답하였다. 신묘년(1531, 중종26)에 내가 영지산(靈芝山)의 산기슭에 작은 집을 짓고서 또다시 '방(傍)' 자 운으로 시를 지어 그 일을 기록하였다. 그때부터 지금까지 26년의 세월이 흘렀으니, 그 동안 존몰과 비환(悲歡)이 매우 많았다. 이후 나는 퇴계로 옮겨 은거하였는데, 이비원이 영지산의 집이 좁다고 여기지 않고 그곳으로 가서 살면서 내가 앞뒤로 지은 율시 두 수[611]를 얻어서 서재의 벽

---

608 내가……율시 : 【譯注】 이 시는 《정본 퇴계전서》 권3 KWP0791 〈지산와사(芝山蝸舍)〉 2수이다.

609 이비원 : 【譯注】 이국량(李國樑, 1517~1554)으로, 본관은 영천(永川), 자는 비원(庇遠), 호는 양곡(暘谷)이다. 농암 이현보의 아우인 이현준(李賢俊)의 아들이고, 선생의 문인이자 조카사위이다.

610 김돈서 : 【譯注】 김부륜(金富倫, 1531~1598)으로, 본관은 광산(光山), 자는 돈서(惇叙), 호는 설월당(雪月堂)이다.

611 앞뒤로……수 : 【攷證 卷8 前後兩律】 두 수 모두 《외집》에 보인다. 【校解】 즉 바로 위의 주석에 보이는 〈지산와사(芝山蝸舍)〉 2수를 가리키는데, 이 서의 설명으로 본다면

에 걸어두었다. 엊그제 김돈서와 금문원(琴聞遠)[612]이 이비원을 방문하니, 이비원이 내가 지은 그 시에 화운하여 보여주었다. 김돈서도 또한 차운하고서 이비원과 자신의 시를 가져와서 나에게 보여주었다. 지금에 와서 예전을 추억하니 감개에 젖은 탄식을 금할 길이 없어서, 나도 그 시에 화운하여 이비원에게 주면서 아울러 두 사람에게도 보여주게 하였다.

내 옛 집 놔두고 이 냇가로 새 집 지어 옮겼나니　　舍舊遷新此水傍
그대는 허름한 집 찾아와 은거할 만하다 하누나　　君尋巢拙謂堪藏
이무기와 노래기는 본래 발이 많고 적음을 따지지 않으니[613]
夔蚿本不知多少
오리와 학이 어찌 다리의 길고 짧음을 비교하겠는가[614]
鳧鶴寧須較短長

제1수는 퇴계가 27세에 형님의 집 서쪽 채를 읊은 것이고 제2수는 31세에 지산의 집을 읊은 것으로 구분된다.

612 금문원(琴聞遠) : 【譯注】 금난수(琴蘭秀, 1530~1604)로, 본관은 봉화(奉化), 자는 문원, 호는 성재(惺齋)·고산주인(孤山主人)이다.

613 이무기와……않으니 : 【譯注】 이 구절은 사람은 재주의 장단과는 상관없이 자신이 가진 것을 만족하며 살아야 함을 말하고 있다. 【攷證 卷8 夔蚿多少】《장자(莊子)》〈추수(秋水)〉에 이무기가 노래기를 부러워하며, 노래기에게 말하기를 "나는 한 발로 껑충거리며 다니지만 걸어 다니는 그대에게는 도저히 미치지 못한다. 그대는 그 많은 발을 잘 쓰고 있는데, 도대체 어떻게 발을 움직여서 걸어 다니는 것인가?"라 하였다. 이에 노래기가 답하기를 "아니, 그렇지 않다. 자연의 천기를 그저 움직이게 할 뿐 어째서 그러한지를 알지 못한다."라고 하였다.

614 오리와……비교하겠는가 : 【譯注】《장자(莊子)》〈변무(騈拇)〉에 "긴 것은 필요 없어 남는 것이 아니요, 짧은 것 또한 부족한 것이 아니다. 이 때문에 오리의 다리가

만 권 속의 아름다운 선현 자취 내가 사모하나니　萬卷芳塵吾有慕
한 표주박의 참된 즐거움[615] 누리는 그대 가난하지 않다네　一瓢眞樂子非凉
인하여 스물여섯 해 전의 일을 생각해보니　因思卄六年前事
가늠할 수 없이 아득한 동해에 근심 보태는 격이어라　東海添愁浩莫量

비록 짧으나 길게 이어 주면 오리는 근심하고, 학의 다리가 비록 기나 잘라서 짧게 하면 학은 슬퍼한다."라고 하였다.

615 한……즐거움 : 【譯注】 공자(孔子)가 안회(顔回)를 칭찬하면서 "한 그릇의 밥과 한 바가지의 물〔一簞食一瓢飮〕로 누추한 시골에 사는 것을 사람들은 그 근심을 견뎌내지 못하는데, 안회는 그 즐거움을 바꾸지 아니하니〔回也不改其樂〕 어질구나! 안회여." 라고 하였다. 《論語 雍也》

KNP0687(詩-別卷1-226)

12월 6일에 서울로 돌아가는 최서방 자수[616]를 청음석에서 전송하다 【신해년(1551, 명종6, 51세) 12월 6일. 예안(禮安)】

十二月初六日 淸吟石送崔郎子粹還京

우니는 냇물 바위를 감싸 돌고	鳴泉隨石轉
춤추는 눈발이 바람을 따라 휘날리누나	舞雪逐風回
이별이 아쉬워 이곳에서 머무노니	別恨留淸境
언제나 정히 다시 오려나	何年定再來

616 최서방 자수(子粹) : 【譯注】 이황의 형인 온계(溫溪) 이해(李瀣)의 맏사위로 이름은 최덕수(崔德秀)이다.

KNP0688(詩-別卷1-227)

12월 13일에 형님과 민서경[617]·금대재[618]가 술을 가지고 계당에 왔다가 달빛을 받고 돌아갔다 민자경[619]도 왔다 【신해년(1551, 명종6, 51세) 12월 13일 추정. 예안(禮安)】

十二月十三日 兄及筮卿 大材攜酒來溪堂 乘月乃去 閔子敬亦至

나란히 말 타고 추위를 무릅쓰고 홀연 찾아와 주시니 並轡凌寒忽見臨
술은 청주와 탁주 갖추었고 산새 요리도 맛나네 酒兼淸濁味山禽
깨고 보매 빈집에 밤이 온 줄도 몰랐으니 悟言不覺虛堂夜
달빛은 앞 섬돌에 가득하고 서리는 숲에 가득하누나 月滿前階霜滿林

617 민서경 : 【譯注】 민시원(閔蓍元)으로, 본관은 여흥(驪興), 자는 서경(筮卿)이다. 이황의 큰형인 충순위 이잠(李潛)의 사위이다.

618 금대재 : 【攷證 卷8 大材】 금의(琴椅, 1489~1551)로, 본관은 봉화(奉化), 자는 대재이다. 풍기 군수와 청송 부사를 역임하였다. 선생이 그의 묘지명을 지었다. 【校解】 《정본 퇴계전서》 권15 KNW258 〈통정대부 청송 부사 금의 공의 묘갈명〔通訓大夫靑松府使琴公椅墓碣銘〕〉을 가리킨다.

619 민자경 : 【攷證 卷8 閔子敬】 인물에 대해서 알 수 없다.

KNP0689(詩-別卷1-228)

황중거[620]가 신녕 현감에 부임할 때, 전송하며 지은 나의 시에 화답한 것을 보고 수창하다 【신해년(1551, 명종6, 51세) 12월 14~30일 추정. 예안(禮安)】

酬仲擧赴新寧見和送行拙韻

다만 나 자신 이장을 알맞게 할 뿐[621] 但使吾身適弛張
세상일은 주제넘게 헤아리기 어려워라 難將世事妄斟量
오색 봉황 같은 그대 숲에 깃들임을 혐의하지는 않지만 休嫌彩鳳林棲息
차가운 거북 같은 나 등껍질에 몸을 숨긴 것은 스스로 쓴웃음 짓노라 自哂寒龜殼縮藏
초심에 자잘한 일 돌아보지 않을 것[622]이라 생각하며 想得初心捐末事
진결을 얻어서 다른 약방은 다 물리쳤다고 기쁘게 들었네 喜聞眞訣卻諸方

---

620 황중거 : 【譯注】 황준량(黃俊良, 1517~1563)으로, 본관은 평해(平海), 자는 중거(仲擧), 호는 금계(錦溪)이다. 1551년(명종6)에 신녕 현감이 되었다.

621 이장(弛張)을……뿐 : 【要存錄 別集】《예기(禮記)》〈잡기 하(雜記下)〉에 "활줄을 팽팽하게 잡아당기기만 하고 느슨하게 풀어주지 않는 것과 같은 상황에서는 문왕(文王)이나 무왕(武王)이라도 어떤 일을 제대로 행할 수가 없다. 이와 반대로 느슨하게 풀어주기만 하고 팽팽하게 긴장시키지 않는 일은 문왕이나 무왕이 역시 행하지 않는다. 한 번 팽팽하게 잡아당기고 한 번 느슨하게 풀어주는 것이야말로 문왕과 무왕의 도이다."라고 하였다.

622 초심에……않을 것 : 【要存錄 別集】 당(唐)나라 한유(韓愈)의 〈현청에서 독서하다〔縣齋讀書〕〉 시에 "산수 좋은 고을의 수령이 되어, 소나무와 계수나무 숲에서 독서를 하네. 한적하게 사소한 일 버려 버리고, 우연히 처음 먹은 마음 만나게 됐네.〔出宰山水縣,

보낸 시가 소쇄한 대 빛이 완연히 띠고 있고	詩來宛帶瀟筠色
또한 매창에 선달 이후의 양을 불러 오누나	又喚梅窓臘後陽

-신녕의 관사에는 수죽이 매우 청신하다.-

讀書松桂林. 蕭條捐末事, 邂逅得初心.〕"라고 하였다.

KNP0690(詩-別卷1-229~230)

황중거[623]가 김계진[624]의 시와 편지를 보내주기에, 김계진이 상산[625]을 떠나 칠계[626]로 돌아갔다고 생각하고, 황중거의 행록에서 상산에서 나의 시에 화답한 시에 마침내 차운하여 감회를 펼쳐 보다 【신해년(1551, 명종6, 51세) 12월 14~30일 추정. 예안(禮安)】

黃仲擧寄傳金季珍詩簡 因思季珍去商山歸漆溪 遂次韻仲擧行錄商山見和之作 以抒所感云

(詩-別卷1-229)

옛날을 따라가기 어려움이 한스럽지 지금은 한스럽지 않나니 恨古難追不恨今
신세는 외로운 학이 병들어 숲에 깃든 것 같노라 身如孤鶴病栖林
꿈속에서 얻은 사슴은 진짜 사슴이 아니니[627] 夢中得鹿非眞鹿

623 황중거 : 【譯注】 황준량(黃俊良, 1517~1563)으로, 본관은 평해(平海), 자는 중거(仲擧), 호는 금계(錦溪)이다.

624 김계진 : 【譯注】 김언거(金彦琚, 1503~1584)로, 본관은 광산(光山), 자는 계진(季珍), 호는 관포당(灌圃堂)·칠계(漆溪)·풍영정(風詠亭)이다.

625 상산(商山) : 【譯注】 상주(尙州)의 옛 이름이다.

626 칠계(漆溪) : 【譯注】 광주 극락강(極樂江) 앞의 시내 이름이다.

627 꿈속에서……아니니 : 【譯注】 관직이나 부귀영화가 꿈같이 허망하다는 것을 알았다는 뜻이다. 《열자(列子)》 〈주목왕(周穆王)〉에 다음과 같은 내용이 있다. 정(鄭)나라 사람이 숲에서 사슴을 잡았는데 남이 볼까 걱정하여 깊은 구덩이에 감춰두고 파초 잎으로 덮어놓았다. 그러고는 좋아서 어쩔 줄 모르다가 잠깐 사이에 감춰둔 곳을 잊어버리고는 꿈이라 여긴 채 길을 가면서 계속 그 사실을 혼자 중얼거렸다. 곁에서 그 말을 들은 자가 그곳을 찾아가 사슴을 취하여 집에 돌아가서는 아내에게 "아까 땔나무 하던 사람은

동료들 간에 금이 없어졌다고 어찌 훔쳤다 의심받으랴[628] 僚裏亡金豈竊金

상산(商山)의 산에서 얼마 전 노닐던 모습 눈에 선연하니 商嶺舊遊森入眼

곡성[629]의 아름다운 시구는 볼 때마다 마음을 감동시키누나 穀城佳句動融心

누구 편에 다시 속마음을 물어 볼까나 憑誰更問懷中事

칠계에서 시가 전해지니 괜스레 홀로 읊조려보노라 漆水詩來費獨吟

(詩-別卷1-230)

성질을 참는 것[630]은 비방을 많이 받아서이니 忍性緣多毁

꿈에 사슴을 얻고도〔夢得鹿〕 그곳을 알지 못했고 내가 지금 그 사슴을 얻었으니, 저 사람은 단지 정말 꿈을 꾼 사람〔眞夢者〕일 뿐이오."라고 하였다.

628 동료들……의심받으랴 : 【譯注】 비난을 받지만 그 비난 받는 내용이 사실이 아니라는 의미이다. 【攷證 卷8 僚裏亡金】 직불의(直不疑)가 낭관으로 있을 때, 동료 낭관이 실수로 타인의 금(金)을 가지고 고향으로 돌아갔다. 금을 잃어버린 낭관이 직불의를 의심하자 직불의는 아무런 변명도 하지 않고 그에게 사죄하며 보상해 주었다. 얼마 뒤 실수로 금을 가지고 갔던 자가 돌아와 금을 돌려주자 금을 잃어버렸던 낭관이 매우 부끄러워하였다. 《史記 直不疑列傳》

629 곡성 : 【攷證 卷8 穀城】 살펴보건대, 황석공(黃石公)이 자방(子房) 장량(張良)에게 이르기를 "곡성의 산 아래 노란 돌이 바로 나이다."라고 하였는데, 이 고사를 빌려 황중거를 가리키고 있다. 【要存錄 別集】 곡성의 자후(子厚) 황수(黃銖)는 시에 능숙하였으니, 이를 끌어와 황중거를 비유하였다.

630 성질을 참는 것 : 【譯注】 《맹자》 〈고자 하(告子下)〉에 "하늘이 장차 큰 임무를 이 사람에게 내리려 할 적에는 반드시 먼저 그 심지를 괴롭게 하며, 그 근골을 수고롭게 하며, 그 체부를 굶주리게 하며, 그 몸을 빈궁하게 한다. 그리하여 그 하는 바를 방해하고 어지럽게 하니, 이것은 그 마음을 분발시키고 성질을 참게 함으로써〔動心忍性〕 그 능력

나를 도모함이 어찌 요행으로 이룰 것인가 謀身豈幸成
잘못된 것은 혹 고칠 수 있지만 誤時容可改
편벽된 곳은 참으로 바꾸기 어려운 법 偏處苦難更
염예퇴에선 배가 뒤집어질까 주의하고[631] 灩澦存傾覆
창랑은 때에 맞게 처할 것을 경계하누나[632] 滄浪戒濁淸
벗이 나를 권면하는 정성 故人相勉意
편지 이르니 나의 마음 어떻게 가누리오 書到若爲情

을 향상시키고자 해서이다."라고 하였다.

631 염예퇴에선……주의하고 : 【譯注】 염예퇴(灩澦堆)는 구당협의 입구에 솟아 있는 험한 바위의 이름으로, 겨울철에 강물이 줄어들면 수백 자나 우뚝하게 드러나고 여름에 강물이 불면 수십 자나 물에 잠기는데 그 모양이 마치 말과 같으며, 뱃사공들이 무서워서 감히 가까이 다가가지 못한다고 한다.

632 창랑은……경계하누나 : 【譯注】 초(楚)나라 굴원(屈原)의 〈어부사(漁父辭)〉에 "어부(漁父)가 빙그레 웃고 뱃전을 두드리면서 노래하기를 '창랑의 물이 맑거든 나의 갓끈을 씻을 것이요, 창랑의 물이 흐리거든 나의 발을 씻을 것이다.〔滄浪之水淸兮, 可以濯吾纓. 滄浪之水濁兮, 可以濯吾足.〕' 하였다."라고 하였다.

KNP0691(詩-別卷1-231)

김계진[633]이 나를 그리워하며 보내준 시에 차운하다

【신해년(1551, 명종6, 51세) 12월 14~30일 추정. 예안(禮安)】

次季珍相憶見寄韻

병중이라 친구의 편지 더욱 값지니 病裏尤珍親舊書
더구나 동봉한 아름다운 시구 문득 전해짐에랴 況同佳句忽傳諸
근심에 젖은 나는 기러기 무리 부르는 것 같고 憂來我似號羣鴈
즐거운 그대는 시내에 풀어놓은 물고기 같아라 樂處君如縱壑魚
고인도 비방은 오히려 면치 못하였거니 齒舌古人猶未免
오늘날에 말[634]을 어찌 조심하지 않으리오 樞機今世詎宜疎
남의 산에 있는 돌로 자신의 옥을 다듬을 수 있나니[635] 他山有石堪攻玉
뜻을 가다듬어 전원에서 함께 늙어가기를 기약하세나 勵志相期老蓧鋤

633 김계진 : 【譯注】 김언거(金彦琚, 1503~1584)로, 본관은 광산(光山), 자는 계진(季珍), 호는 관포당(灌圃堂)·칠계(漆溪)·풍영정(風詠亭)이다.

634 말 : 【譯注】 송(宋)나라 정자(程子)의 〈언잠(言箴)〉에 "사람의 마음이 움직이는 것은 말로 인해 생기는 것이니, 말할 때 조급함과 경망함을 금하여야 안이 고요하고 전일(專一)해진다. 하물며 이 말은 몸의 추기(樞機)이니〔矧是樞機〕, 전쟁을 일으키기도 하고 우호(友好)를 내기도 한다."라고 하였다.

635 남의……있나니 : 【譯注】 《시경》 〈소아(小雅) 학명(鶴鳴)〉에 "타산의 돌이 옥을 갈 수 있다.〔他山之石, 可以攻玉.〕"라고 하였다.

KNP0692(詩-別卷1-232~234)

김계진[636]이 변산[637]을 유람하며 지은 여러 시에 차운하다

【신해년(1551, 명종6, 51세) 12월 14~30일 추정. 예안(禮安)】

次季珍遊邊山諸作

(詩-別卷1-232)

실상사[638] 남계를 읊은 시에 차운하다 實相寺南溪韻

천고의 명산은 진세의 티끌이 흔적도 없나니　千古名山斷俗埃
아름다운 경치 읊어 외진 산골에 보내준 그대 시를 받아 보았네　得君佳賞寄山隈
시내는 사원을 지나[639] 너무나 깨끗하고　水經寶地全然潔
구름은 우거진 숲에 특이한 모양으로 덮였어라　雲向叢林別樣堆
여윈 대는 가늘게 울며 한아하게 바위를 두르고　瘦竹微吟閒遶石

---

636 김계진 : 【譯注】 김언거(金彦琚, 1503~1584)로, 본관은 광산(光山), 자는 계진(季珍), 호는 관포당(灌圃堂)·칠계(漆溪)·풍영정(風詠亭)이다.

637 변산 : 【攷證 卷8 邊山】 부안현(扶安縣) 서쪽 25리쯤 되는 지점에 있다. 달리 능가산(楞伽山)이라 하며 또한 영주산(瀛州山)이라고도 한다. 석봉(石峯)이 구불구불 돌아 나가고 바위 골짜기가 깊숙하다.

638 실상사(實相寺) : 【譯注】 내변산의 직소폭포 아래 봉래구곡을 끼고 천왕봉과 인장봉 사이에 있었던 사찰로 변산의 4대 사찰 중 한 곳이었다. 한국전쟁 때 소실(燒失)되고 지금은 절터만 남아 있다.

639 시내는 사원을 지나 : 【攷證 卷8 水經寶地】《전등록(傳燈錄)》에 "양(梁)나라 무제(武帝) 천감(天監) 원년(501)에 지약(智藥)이 배를 띄워 소주(韶州)의 조계수(曺溪水) 입구에 이르러 향기를 맡고 그 물을 떠서 맛을 보고는 '이 내의 상류에는 승경이 있다.' 하고는 마침내 산사를 열어 보림사(寶林寺)라 명명하였다."라고 하였다. 【要存錄 別集】 불사(佛寺)를 '보지(寶地)'라고 이른다.

맑은 술에 흥이 일어 저물녘 누대 올랐네. 清尊高興晚登臺
원래 조물주는 많이 가진 것을 싫어하나니 從來造物嫌多取
풍경을 감상하면서 뛰어난 재주를 부려 시를 짓지 말게나 莫把風烟騁逸才

(詩-別卷1-233)

직연폭포[640]를 읊은 시에 차운하다 直淵瀑布韻

푸른 병풍이 에두른 곳에 흰 명주가 가로로 날리니 白練橫飛翠障圍
산의 바위를 쪼개 열어 짙은 구름짱을 해치는구나 劈開山骨減雲肥
물이 넘치면 은하수가 떨어지듯 땅을 깊이 파니 漲時河落深舂地
세찬 곳은 우레 내달리듯 쏟아져 바위로 치닫누나 急處雷奔下激磯
어느 곳의 신령한 물길이 바다 굴로 이어지는가 何許靈源連海窟
허다한 물거품이 숲의 이내 사이로 흩어지는가 幾多餘沫散林霏
웅장한 경관 향로봉[641]보다 뛰어나지 못하더라도 雄觀未遂爐峯勝
장차 이 산으로 옷자락 떨치며 찾아가고 싶노라 且向茲山欲拂衣

(詩-別卷1-234)

마천대[642]를 읊은 시에 차운하다 摩天臺韻

드넓은 바다와 높다란 산에 다만 놀라노니 但驚海闊與山崇

---

640 직연폭포(直淵瀑布) : 【譯注】 실상사지에서 대소폭포로 올라가는 중간에 있는 폭포로 30미터의 높이를 지닌다. 지금은 직소폭포(直沼瀑布)로 불린다.

641 향로봉 : 【譯注】 금강산(金剛山) 만폭동(萬瀑洞) 안에 있는 대소(大小) 향로봉(香爐峯)을 가리킨다.

642 마천대(摩天臺) : 【譯注】 변산에서 가장 높은 봉우리로, 현재는 의상봉(義湘峰)으

뉘 알리오, 태초에 지기(地氣)를 연결하고 녹여 만든 것을
誰識元初辦結融

해와 달은 낮게 드리워 어두운 기운 없으니 日月低垂氛翳絶

신선이 모여 노닐매 상서로운 빛이 모여드누나 靈仙遊集瑞光叢

술 석 잔 마시자 가슴속의 호방한 기가 일어[643] 胸襟浩氣三杯後

날갯짓하여 바람 타고 유월의 하늘을 날으리라[644] 羽翼培風六月中

머리 들어 서쪽 구름 바라보아도 찾아갈 방도 없었는데
矯首西雲無計往

그대의 호방한 시구로 답답한 나의 가슴 열어줘 기쁘도다
因君豪句喜披蒙

로 불린다.

643 술……일어 : 【譯注】 송(宋)나라 주희(朱熹)의 〈술에 취해 축융봉을 내려오며〔醉下祝融峯〕〉 시에 "내 만 리에 장풍을 타고 오니, 절벽과 층운에 가슴이 트이네. 탁주 세 잔에 호기가 발하여, 낭랑히 시 읊으며 축융봉을 내려오네.〔我來萬里駕長風, 絶壑層雲許盪胸. 濁酒三杯豪氣發, 朗吟飛下祝融峯.〕"라고 하였다.

644 날갯짓하여……날으리라 : 【譯注】 《장자(莊子)》 〈소요유(逍遙遊)〉에 "붕새가 남쪽 바다로 날아갈 때는 물을 3천 리나 박차고 회오리바람을 타고 9만 리나 날아오른 뒤에야 6월의 대풍을 타고 남쪽으로 날아간다.〔摶扶搖而上者九萬里, 去以六月息者也.〕"라고 하였다.

KNP0693(詩-別卷1-235)

도중에 눈을 만나서 지어 부쳐 준 시에 화답하다.[645] 소동파의 운을 사용하여 짓다 【신해년(1551, 명종6, 51세) 12월 14~30일 추정. 예안(禮安)】

酬途中遇雪見寄詩 用坡韻

온 고을 사람이 쥐 이빨 없음[646]을 응당 알게 되리니	一縣應知絶鼠牙
어진 수령[647] 오는 길에 서설이 수레 따르누나	神君來路雪隨車
보리에 눈이 내려[648] 왕의 상서로움 드러내고	來麰上瑞呈王瑞
제철 아닌 도리가 활짝 피어[649] 시야가 활짝 열리네	桃李狂花掃眼花

645 도중에……화답하다 : 【要存錄 別集】 이 시는 누구에게 답한 것인지 알 수 없다. 【校解】《고증》에서 아래 '신군(神君)'의 주석에서는 계진(季珍) 김언거(金彦琚)로 보았다.

646 쥐 이빨 없음 : 【譯注】 강포한 사람들로 인한 송사가 없어질 것이라는 말이다. 《시경》〈소아(小雅) 행로(行露)〉에 "누가 쥐에게 어금니 없다 하는가 어떻게 내 담을 뚫었겠는가 하며, 누가 네게 혼인의 예 없었다 하는가 어떻게 나를 송사에 불러들였겠는가 하니, 비록 나를 송사에 불러들였으나 너를 따르진 않으리라.〔誰謂鼠無牙, 何以穿我墉. 誰謂女無家, 何以速我訟. 雖速我訟, 亦不女從.〕"라고 하였다.

647 어진 수령 : 【攷證 卷8 神君】 송(宋)나라 음시부(陰時夫)의 《운부군옥(韻府群玉)》에 "진(晉)나라 교지명(喬智明)의 자는 원달(元達)로, 융려(隆慮)의 현령이 되자 현의 백성들이 사랑하여 신군이라 불렀다."라고 하였다. 한(漢)나라 순숙(荀淑)과 마찬가지다. ○ 살펴보건대, 김계진이 당시에 호남에서 수령을 하고 있었다.

648 보리에 눈이 내려 : 【譯注】《본초(本草)》〈납설(臘雪)〉에 "동지(冬至)가 지난 뒤 세 번째 술일(戌日)이 납일인데, 납일 이전에 세 차례 눈이 오면 보리농사에 아주 좋다."라고 하였으며, 《조야첨재(朝野僉載)》에 "섣달에 눈이 세 번 오는 것을 보면, 농부가 껄껄대며 웃는다."라고 하였다.

649 제철……피어 : 【攷證 卷8 桃李狂花】 송(宋)나라 소식(蘇軾)의 〈여주 용흥사에 오도자가 그린 벽화를 자유가 새로 손질하다〔子由新修汝州龍興寺吳道壁〕〉 시에 "비로소 알겠어라 참됨 펼쳐 놓은 것은 본래 정미하니, 제철 아닐 때 핀 꽃이 잠깐 아름다운

구름 너머 아스라이 바라보며 대궐 생각하고　目極雲邊思魏闕

말 위에서 시 지으며 산가의 나를 그리워하누나　詩成馬上憶山家

추위에 떨며 읊조리는 병든 나는 참으로 비웃을 만하니

凍吟病客眞堪笑

험운은 수창하기 어려워 누차 팔짱 끼고 생각에 잠기노라

險韻難酬手屢叉

-올해에는 도리가 겨울에 꽃을 피웠다.-

것과 비교할 수 없다는 것을.〔始知眞放本精微, 不比狂花生客慧.〕"이라고 하였는데, 청(淸)나라 왕문고(王文誥)의 주석에 "마치 도리(桃李)가 겨울에 핀 것처럼 꽃이 제 때가 아닌데도 핀 것을 광화(狂花)라고 하며 또한 쇠나 바위 위에 핀 꽃도 광화라고 이른다."라고 하였다.

KNP0694(詩-別卷1-236)

대보름날에 온계에서 돌아오다가 청음석을 지나며 그곳의 '회' 자 운[650]에 차운하다 임자년(1552, 명종7, 52세) 【1월 15일. 예안(禮安)】

上元日 回自溫溪 過淸吟石 次回字韻 壬子

시냇가 바위로 자주 고개 돌리노니	磵石頻回首
말 위에서 오고가면서 자주 읊노라	吟鞍去復回
봄빛이 깊은 계곡에 가득하니	春光滿幽谷
내일 술을 들고 찾아오리라	明日酒同來

650 청음석을……운 : 【譯注】 '청음석(淸吟石)'은 안동시 도산면 면사무소 옆 온계천(溫溪川) 하류에 있는 바위이다. 1511년 퇴계 이황의 숙부 온계(溫溪) 이우(李堣)가 강원도 관찰사(江原道觀察使)로 있으면서 근친하러 온혜(溫惠)에 들러 조카들과 이곳에서 놀면서 지은 시를 가리킨다. 《정본 퇴계전서》 KNP0064 〈청음석(淸吟石)〉의 서문에 위 내용이 보인다.

KNP0695(詩-別卷1-237~238)

이공간[651]의 시에 차운하여 화답하다 【임자년(1552, 명종7, 52세) 1월 21~22일 추정. 예안(禮安)】

次韻答李公幹

(詩-別卷1-237)

얕은 학문에 무단히 벼슬길에 깊이 들어섰다가	學淺無端涉世深
중도에 발을 거두니 초심에 부끄럽도다	中途收脚愧初心
어찌하여 아무 일도 없이 지내지 않고	如何不作都無事
때때로 흥이 일면 곧바로 시를 읊조리는가	遇興時時輒諷吟

(詩-別卷1-238)

산에 사는 유흥을 내가 먼저 아노니	山居幽興我知先
푸르고 푸른 소나무, 검은 학과 벗하노라	松伴青青鶴伴玄
게다가 운암[652]이 있어 오래토록 고요하니	更有雲庵長闃寂
홀로 앉아 세월 보내도 괜찮으리	不妨孤坐送流年

651 이공간 : 【譯注】 이중량(李仲樑, 1504~1582)으로, 본관은 영천(永川), 자는 공간(公幹), 호는 하연(賀淵)이다. 농암 이현보의 넷째 아들로, 1552년(명종5)에 청송 부사로 있었다.

652 운암 : 【攷證 卷8 雲庵】 아마도 와운암(臥雲庵)을 가리키는 듯하다.

KNP0696(詩-別卷1-239~240)

침류정에 노닐면서 정자의 시에 차운하다 【임자년(1552, 명종7, 52세) 2월 2일. 예안(禮安)】

遊枕流亭 次亭韻

2월 2일 ○ 정자는 오천(烏川) 아래쪽의 낙동강 가에 있다.

(詩-別卷1-239)

잘못된 희롱으로 손초는 알려졌는데[653]	謬戲誇孫楚
그 풍류를 이 정자에 부쳤어라	風流寓此亭
다만 마음이 깨끗해질 수만 있다면	但能心境淨
어찌 진세의 소식 많이 들은들 걱정하리오	何患耳塵盈
그물 던져 어지럽게 뛰는 은빛 물고기 잡고[654]	撒網銀刀亂
술동이 열어 옥이슬 같은 술을 기울이네	開尊玉露傾
석양에 서로 전송하는 곳에	斜陽相送處

653 잘못된……알려졌는데 : 【譯注】 정자의 이름이 '침류정'이기 때문에 침류와 관련된 손초의 고사를 끌어왔다. 남조 유송(劉宋) 유의경(劉義慶)의 《세설신어(世說新語)》 〈배조(排調)〉에 다음과 같은 내용이 있다. 손초(孫楚)가 젊었을 때 은거하고 싶었는데, 왕제(王濟)에게 '돌로 베개 삼고 냇물로 양치한다.'라고 말해야 할 것을 "돌로 양치하고 냇물로 베개 삼는다."라고 잘못 말하였다. 왕제가 "냇물로 베개 삼을 수 있고 돌로 양치할 수 있소?"라 하자, 손초가 "냇물로 베개 삼는 것은 귀를 씻고자 함이요, 돌로 양치하는 것은 치아를 갈고자 함이지요."라고 하였다.

654 그물……잡고 : 【譯注】 여름 퇴계에 잘 잡히는 물고기가 은어라고 하였는데, 은어는 은순(銀脣), 은구어(銀口魚), 은린(銀鱗)이라고 한다. 아마도 '은도'는 은어를 가리키는 것으로 보인다. 【攷證 卷8 撒網銀刀亂】 당(唐)나라 두보(杜甫)의 시에 "그물 꺼내니 은빛 물고기 날뛰네.〔出網銀刀亂〕"라고 하였는데, 그 주석에 "'은도'는 물고기이다."라고 하였다. 【校解】 두보의 시에는 이런 구절이 보이지 않는다.

그림 같은 풍경은 선성[655]보다 낫구나　畫裏過宣城

(詩-別卷1-240)

병든 나의 근심스런 마음은 서리 맞은 쑥대[656] 같노니　病人愁緖似霜蓬
강가 정자에 와서 한번 웃자 다 사라졌네.　來上江亭一笑空
들녘은 봄 솜씨를 띠고서 장차 그림으로 그리고　野帶春工將繪繡
물은 하늘의 음악 머금어 절로 곡조가 맞아라　水含天樂自商宮
물결 사이의 흰 새는 참 흰색이고[657]　波間白鳥能眞白
술 마신 뒤 붉어진 얼굴은 가짜 붉음이라네　酒後紅顏是假紅
난간에 기대 둘러보며 읊어 마지않노니　倚遍闌干吟未已
마치 몸이 삽계[658]에 있는 듯하여라　怳如身在霅溪中

---

655 선성(宣城) : 【譯注】 중국 안휘성 남동쪽에 있는 도시로, 소정산(昭亭山) 등 명승(名勝)이 많다. 예안의 옛 이름이다.

656 서리 맞은 쑥대 : 【攷證 卷8 霜蓬】 송(宋)나라 소식(蘇軾)의 〈왕이가 건주 전감으로 부임하면서 시와 초서를 요청하다〔王頤赴建州錢監求詩及草書〕〉 시에 "근래 걱정하는 것은 좌절에 괴로워하여, 의사가 서리 맞은 쑥대처럼 쓸쓸한 것이라네.〔邇來憂患苦摧剝, 意思蕭索如霜蓬.〕"라고 하였다.

657 물결……흰색이고 : 【譯注】 당(唐)나라 두보(杜甫)의 〈절구(絶句)〉 시 2수 중 제2수에 "강은 푸르니 새는 더욱 희고, 산은 푸르니 꽃은 불타오르는 듯하여라.〔江碧鳥逾白, 山青花欲燃.〕"라고 하였다.

658 삽계 : 【攷證 卷8 霅溪】 '霅'의 독음은 '直'과 '甲'의 반절이며, 또한 '沙'와 '甲'의 반절이다. 빗소리를 '삽삽'이라 하며, 우레 소리를 '삽삽'이라 한다. 《신당서》〈장지화열전(張知和列傳)〉에 "물 위에 둥둥 떠다니는 집을 지어서 초계(苕溪)와 삽계(霅溪) 사이를 왕래하고 싶습니다."라고 하였다. ○ 살펴보건대, 삽계는 오흥(吳興)에 있다.

KNP0697(詩-別卷1-241)

3월 4일 농암 선생[659]이 계당에 오셨다 【임자년(1552, 명종7, 52세) 3월 4일. 예안(禮安)】

三月四日 聾巖先生臨溪堂

영식인 이공간(李公幹)[660]과 이간지(李幹之)[661]가 모시고 왔다.

안거(安車)는 종일토록 사립문에 세워두고	安輿終日駐柴關
들 푸성귀 산채 안주에도 즐거움 끝이 없어라	野蔌山肴不厭歡
춘풍을 띠고 오셔서 한번 웃어주시니[662]	帶得春風蒙一笑
맑은 못 작은 채마밭이 더욱 여유로워라	清池小圃更寬閒

659 농암 선생 : 【譯注】 이현보(李賢輔, 1467~1555)로, 본관은 영천(永川), 자는 비중(棐仲), 호가 설빈옹(雪鬢翁)·농암(聾巖)이다.

660 이공간(李公幹) : 【譯注】 이중량(李仲樑, 1504~1582)으로, 본관은 영천(永川), 자는 공간, 호는 하연(賀淵)이다. 농암 이현보의 넷째 아들이다.

661 이간지(李幹之) : 【譯注】 이계량(李季樑, 1508~?)으로, 자는 간지, 호는 관암(串巖)이다. 농암의 다섯째 아들이다.

662 춘풍을……웃어주시니 : 【譯注】 송(宋)나라 주광정(朱光庭)이 정호(程顥)를 찾아보고는 "춘풍 속에서 한 달간을 앉아 있었다.〔在春風中坐了一月〕"고 회고한 일화가 있는데, 이후 훌륭한 어른으로부터 훈도를 받는 것을 비유하는 말로 쓰이게 되었다. 《伊洛淵源錄 卷4》

KNP0698(詩-別卷1-242)

조송강[663]에게 부치다 【임자년(1552, 명종7, 52세) 3월 하순 추정. 예안(禮安)】

寄趙松岡

산의 방초 다 져서 향기도 사라지니　落盡山花草歇芳
바람결에 고개 돌려 송강을 그리워하노라　臨風回首憶松岡
문장엔 도가 있어 대롱으로 엿보기 어렵고[664]　文章有道難窺管
학문은 갈래 길 많아 쉽게 양을 잃는다네[665]　學術多岐易喪羊
바람이 솔솔 부니[666] 그대는 한만의 유람[667] 능가할 수 있지만　翕習政堪凌汗漫

663 조송강 : 【譯注】 조사수(趙士秀, 1501~1558)로, 본관은 양주(楊州), 자는 계임(季任), 호는 송강(松岡)이다. 이조 판서를 역임하였으며, 시호는 문정(文貞)이다.

664 대롱으로 엿보기 어렵고 : 【譯注】《장자(莊子)》〈추수(秋水)〉에 "이는 다만 대롱으로 하늘을 보고〔是直用管窺天〕 송곳을 땅에 꽂아 깊이를 재는 격이니, 어찌 좁은 소견이 아니겠는가?"라고 하였다.

665 학문은……잃는다네 : 【要存錄 別集】 양자(楊子)의 이웃 사람이 양을 잃어서 그 무리를 다 동원하고 다시 양자의 종까지 동원하여 찾으려 하였다. 이에 양자가 묻기를 "한 마리 양을 잃고 찾으러 가는 사람이 어찌 이렇게 많은가?" 하자, 그가 말하기를 "갈림길이 많기 때문입니다." 하였다. 찾으러 갔다가 돌아오는 것을 보고, 양자가 "양을 찾았는가?" 하고 묻자 "잃었습니다." 하였다. 양자가 다시 "어째서 잃었는가?" 하자, 그가 말하기를 "갈림길 속에 다시 갈림길이 있어 어디로 양이 어디로 갔는지 알 수 없기에 돌아오고 말았습니다." 하였다. 이에 심도자(心都子)가 말하기를 "대도(大道)는 갈림길이 많아 양을 잃고 학자는 방도(方道)가 많아 생명을 잃는다."라고 하였다.《列子 說符》

666 바람이 솔솔 부니 : 【攷證 卷8 翕習】 양(梁)나라 소통(蕭統)의 《문선(文選)》에 실린 한(漢)나라 왕연수(王延壽)의 〈노나라 영광전의 부〔魯靈光殿賦〕〉에 "화창한 바람이 솔솔 불어 초목들에 스쳐가고, 꽃내음과 부딪쳐서 언제나 향기롭다.〔祥風翕習以颯灑, 激芳香而常芬.〕"라고 하였다.

667 한만의 유람 : 【譯注】 한만(汗漫)은 천유(天遊)를 즐기는 자이다.《신선전(神仙

피곤에 지친[668] 나는 널따란 길 내달리고 싶지 않노라 虺尵不願騁康莊
언제나 부내에 다시 배를 띄워 놓고 何時更泛汾川水
신선의 구온주에 함께 취해 볼거나 共醉仙家九醞觴

傳)》 권1 〈약사(若士)〉에 다음과 같은 내용이 있다. 약사는 옛 신선이니, 그 성명은 알지 못한다. 연(燕) 지방 사람 노오(盧敖)가 진(秦)나라 때 북해에서 노닐다가 약사를 만났다. …… 약사가 "내가 구해(九垓) 밖에서 한만과 만나기로 약속했으니, 오래 머무를 수 없다."라고 하였다.

668 피곤에 지친 : 【攷證 卷8 虺隤】《시경》〈주남(周南) 권이(卷耳)〉에 "저 높은 산 오르려 하나, 내가 탄 말 비루먹었네.〔陟彼崔嵬, 我馬虺隤.〕"라고 하였는데, 한(漢)나라 정현(鄭玄)이 주를 내면서 인용한 손염(孫炎)은 "말이 지쳐서 높은 곳에 오르지 못하는 병이다."라고 하였다.

KNP0699(詩-別卷1-243)

농암 선생[669]께서 황공하게도 보여주신 시[670]에 삼가 공손히 화운하다 【임자년(1552, 명종7, 52세) 3월 하순 추정. 예안(禮安)】

謹伏奉和聾巖先生辱示之作

근래 병을 앓아 하늘이 한가롭게 놔두니　抱病年來天放閒
곁에서 모시는 건 숙원인데 어찌 춥다고 마다하랴　追陪宿願肯言寒
봄날 골짜기에 노니니 꽃은 비단 휘장 이루고　春遊洞裏花成幄
어부는 못가로 모여드니 바위가 넓고 평평하네　漁會潭邊石作盤
영지산[671]의 경치 구경하니 탈속한 정취에 어울리고　踐勝芝山宜道味
자하봉[672]을 오르니 맑은 기쁨 넘치누나　登高霞峀賸淸歡
남여가 이르는 곳은 모두 선경이니　籃輿到處皆眞境
풍류 넘쳤다던 진의 사안[673]을 부러워 마시오　莫羨風流晉謝安

669 농암 선생 : 【譯注】 이현보(李賢輔, 1467~1555)로, 본관은 영천(永川), 자는 비중(棐仲), 호는 설빈옹(雪鬢翁)·농암(聾巖)이다.

670 농암……시 : 【譯注】 이현보의 《농암선생문집》 권1 〈한가한 나머지 전날 눈 속에 찾아준 것이 생각나서 사안이 '안' 자 운으로 지은 절구시를 늘여서 장률을 지어 계당으로 보내다〔閒餘憶得前日雪中枉駕謝詩絶句安字韻演成長律錄奉溪堂〕〉 시를 가리킨다.

671 영지산 : 【譯注】 원문의 '지산(芝山)'은 영지산(靈芝山)을 가리킨다. 농암이 거주하던 안동 도산면 분천리에 있다.

672 자하봉 : 【譯注】 자하산(紫霞山)을 가리킨다. 도산서원 동쪽에 있다.

673 진의 사안 : 【譯注】 진(晉)나라 사안(謝安, 320~385)은 일찍이 동산(東山)에 은거했는데, 그는 특히 당대에 풍류와 아량(雅量)이 높기로 유명하여 매양 자기 내외 자질(內外子姪)들과 기녀들을 거느리고 동산의 별장에서 주연을 성대하게 베풀고 풍류를 한껏 즐겼다고 한다. 《晉書 謝安列傳》

KNP0700(詩-別卷1-244)

황중거[674]가 보내주었던 《문장구야》[675]를 돌려주면서 겸하여 시 한 수를 보내다 【임자년(1552, 명종7, 52세) 4월 13일. 예안(禮安)】

奉還黃仲擧寄文章歐冶 兼贈詩一篇

황자가 기이한 책 얻었으니　黃子得奇書
《문장구야》라 칭하네　號曰文章冶
일찍이 없던 것이라 깜짝 놀라 보니　驚見未曾有
서울에서 가지고 왔어라　攜來從都下
차마 기이함 독차지할 수 없어　不忍獨擅奇
나에게 보여 주여 몽매함 떨치게 하였네　示我撥懵寡
처음 펼쳐보매 아찔하여 시선을 빼앗으니　初窺眩奪目
지극한 보물이라 쉽게 이해할 수 없었네　至寶靡容把
문장은 금광과 같아　文章似金鑛
다만 제련하는 사람에게 달렸나니　只在鑪錘者
백 번 단련하여 정수를 뽑아내고　百鍊取精英
천 번 연마하여 구차하지 않게 해야 하네　千磨非苟且
조화는 풀무와 같아서[676]　造化爲橐籥

---

674 황중거 : 【譯注】 황준량(黃俊良, 1517~1563)으로, 본관은 평해(平海), 자는 중거(仲擧), 호는 금계(錦溪)이다.

675 문장구야 : 【攷證 卷8 文章歐冶】 원(元)나라 진역증(陳繹曾)이 편찬한 책 이름이다. ○ 살펴보건대, 춘추 시대 월(越)나라 사람 구야자(歐冶子)는 검을 잘 만들었으니, 순구(純鉤)·담로(湛盧)·호조(豪曹)·어장(魚腸)·거궐(巨闕)이 그가 만든 다섯 명검이다. 【校解】 시의 원문에는 '문장야(文章冶)'로 되어 있다.

뛰어난 솜씨로도 함부로 빌릴 수 없나니 妙手難虛假
참으로 그 비결 터득할 수 있다면 苟能得三昧
굴원과 가의라도 좇을 수 있다네 可以追屈賈
어찌 다만 굴원과 가의 무리뿐이랴 豈惟屈賈倫
전모와 풍아[677]를 아우를 수 있을 것이라 典謨兼風雅
나는 문장 짓는 일이 서투르니 我粗事鉛槧
허름한 초가집이요 고대광실이 아니어라[678] 繩樞非廣厦
비유하자면 용을 새긴 웅변[679] 앞에 譬如雕龍辯
하루아침에 벙어리에게 강요한 꼴이며 一朝强吃啞
또한 느린 두꺼비[680]가 又如爬沙鈍

676 조화는 풀무와 같아서 : 【譯注】《노자도덕경(老子道德經)》 제5장에 "하늘과 땅 사이를 보면, 마치 풀무질을 하는 것과 같다.〔其猶橐籥乎〕 속은 비었어도 구부러지지 않고 움직일수록 더욱 많이 나온다."라고 하였다.

677 전모와 풍아 : 【譯注】 '전모(典謨)'는 《서경》을, '풍아(風雅)'는 《시경》을 가리킨다. 《서경》에 〈요전(堯典)〉·〈순전(舜典)〉·〈대우모(大禹謨)〉·〈고요모(皐陶謨)〉 등이 있고, 《시경》에 〈국풍(國風)〉과 〈대아(大雅)〉, 〈소아(小雅)〉등이 있다.

678 허름한……아니어라 : 【要存錄 別集】《고금사문유취(古今事文類聚)》 권14 〈별집(別集)〉에 한포(韓浦)와 한계(韓洎) 형제는 송(宋)나라 때 문장으로 이름이 났었는데, 아우인 한계가 사람들에게 형의 문장 솜씨를 평하여 말하기를, "형의 문장은 허름한 초가집〔繩樞〕 같아서 겨우 비바람이나 가릴 뿐이지만, 나의 문장은 오봉루(五鳳樓)를 짓는 솜씨이다."라고 하였다. 【譯注】 '승추'는 문지도리를 새끼줄로 얽어맨 누추한 집을 말하고, '오봉루'는 양(梁)나라 태조(太祖)가 낙양(洛陽)에 세운 높은 누각이다.

679 용을 새긴 웅변 : 【譯注】 용을 새긴 것처럼 문장을 아름답게 꾸민다는 의미이다. 【攷證 卷8 雕龍辯】《사기》〈순경열전(荀卿列傳)〉에 "전국 시대 제(齊)나라 추연(鄒衍)의 학술은 넓고 크며 말이 웅대하다. 추석(騶奭)은 문채는 갖추어졌으나 시행하기는 어렵다. …… 그러므로 제나라 사람들이 '하늘을 말하는 추연, 용을 새기는 추석이다.'라 칭송하였다."라고 하였다.

680 느린 두꺼비 : 【攷證 卷8 爬沙】 당(唐)나라 한유(韓愈)의 〈월식시. 옥천자가 지은

천마를 본받아 내달리는 격이지　奔軼效天馬
일찍이 듣자하니 성인 공자께선　曾聞宣父聖
어리석은 듯한 안회를 인정하셨지[681]　如愚許回也
어찌 자유와 자하의 이들이　豈有游夏羣
글을 잘한다고 인정을 받았겠는가　攻文決趣捨
더구나 나는 늙은 데다 병까지 들었으니　況余老且病
어찌 반고, 양웅의 반열에 들겠는가　寧入班揚社
월나라 사람이 장보관을 멀리하듯[682]　越人疎章甫
고을 잔치에선 술잔도 사양한다네　鄉筵謝殷斝
생각건대, 그대 바야흐로 한창 때 나이라　惟君方妙齡
문자가 은하수 쏟아지듯 거침없네　文字銀河瀉
본말이 한쪽으로 치우치면 안 되니　本末不容偏
관각에서는 거칠지 않아야 하네[683]　館閣未宜野

작품을 본뜨다〔月蝕詩效玉川子作〕〉 시에 "달의 두꺼비 기어가나 다리와 손이 둔하니, 누가 너로 하여금 푸른 바다와의 인연을 알게 하랴.〔爬沙脚手鈍, 誰使女解緣青冥.〕"라고 하였다. 송(宋)나라 소식(蘇軾)의 〈호랑이〔虎兒〕〉 시에 " 두꺼비는 기어만 가고 달리질 못하기에, 백발에 이르도록 청삼을 입게 하였네.〔蟾蜍爬沙不肯行, 坐令青衫垂白鬚.〕"라고 하였다.

681 어리석은……인정하셨지 : 【譯注】 공자가 제자 안연(顔淵)을 칭찬하여, "내가 회(回)와 함께 온종일 이야기하였으나 내 말에 이의를 제기하지 않아 어리석은 것 같더니〔不違如愚〕, 물러간 뒤에 그 사생활을 살펴보았는데 그대로 행하니, 회는 어리석지 않구나.〔回也不愚〕"라고 하였다. 《論語 爲政》

682 월나라……멀리하듯 : 【要存錄 別集】 《장자(莊子)》 〈소요유(逍遙遊)〉에 "송(宋)나라 사람이 유생들이 쓰는 장보관(章甫冠)을 팔러 월(越)나라에 갔는데, 월나라 사람들은 머리를 짧게 하고 몸에는 문신을 하여 쓸 데가 없었다."라고 하였다.

683 거칠지 않아야 하네 : 【攷證 卷8 未宜野】 살펴보건대, '야(野)'는 질(質)이 문(文)

영재라 연어를 읊은 글에 감동했으니[684]	英才感鳶魚
자신의 감회를 쏟아낼 뿐만이 아니어라	非唯自陶寫
교린에 사명이 중요하며	交聘重辭命
나라 다스림에는 토저[685]가 필요하네	國體須土苴
금을 캐니 형산이 깎이고[686]	采金荊山刓
석탄을 캐니 등림[687]이 붉어지니	伐炭鄧林赭
대지는 바람 내뿜어 천둥 치고	大塊噫風雷
뜨거운 하늘은 광염을 일으키누나	爇天光緂惹
담로와 막야[688]는	湛盧與莫邪

보다 승함을 이른다.

684 연어를……감동했으니 : 【譯注】 각각의 사물에 구현된 오묘한 이치를 시로 표현한다는 의미이다. 아마도 황중거가 연어를 소재로 지은 글이 있는 것 같은데, 그것을 보고 이황이 감동하였다는 의미이다. 《중용장구》 제12장에 "군자의 도(道)는 비(費)하되 은(隱)하다. …… 시에 이르기를, '솔개는 날아서 하늘에 이르고 물고기는 연못에서 뛴다.〔鳶飛戾天, 魚躍于淵.〕'라고 하니 이치가 상하에 드러남을 말한 것이다."라고 하였다.

685 토저 : 【攷證 卷8 土苴】 《장자(莊子)》 〈양왕(讓王)〉에 "도의 본체로 심신을 다스리고, 그 지엽으로 국가를 다스리며, 그 찌꺼기로 천하를 다스린다.〔土苴以治天下〕"라고 하였는데, 그 주석에 "썩은 풀더미이다."라고 하였다. 명(明)나라 문청(文淸) 설선(薛宣)의 시에 "선비는 위로 향하는 일을 하는데, 문장은 다만 찌꺼기라네.〔儒有向上事, 文章特土苴.〕"라고 하였다.

686 금을……깎이고 : 【譯注】 《산해경(山海經)》 〈중산경(中山經)〉에 "형산(荊山)의 북쪽은 철이 많이 나고 남쪽은 적금(赤金)이 많이 난다."라고 하였다.

687 등림 : 【譯注】 전설상의 숲이다. 《산해경(山海經)》 〈해외북경(海外北經)〉에 "옛날에 과보(夸父)가 해를 쫓아 달렸는데 해가 들어가려 할 즈음에 목이 말라 하수(河水)와 위수(渭水)를 마셨다. 그래도 부족하여 대택(大澤)의 물을 마시려고 하였는데 도중에 목이 말라서 죽었으며, 그가 버린 지팡이가 변하여 등림(鄧林)이 되었다."라고 하였다.

688 막야 : 【攷證 卷8 莫邪】 《오월춘추(吳越春秋)》 〈합려내전(闔閭內傳)〉에 "막야는 간장(干將)의 아내이다. 간장이 칼을 만드는데 …… 쇠의 정수가 녹아 흐르지 않았다.

담금질하며 갈아댄 공을 그만두지 않았으니	淬礪功不舍
한 번 시험하매 요사한 기운 물리치고	一試妖氛辟
두 번 휘두르매 맹문산[689]도 가른다네[690]	再揮孟門撦
기이함을 얻어 이에 기이함을 드러내니[691]	得奇乃見奇
나라를 빛내고서 중국에 전해지리라	華國傳諸夏
책을 싸서 그대에게 돌려드리니	封書卻還君
나의 말이 헛된 말이 아니니라	吾言匪礫瓦
훗날 만 사람을 대적하리니	異時萬人敵
흉도들은 어찌 베고 말고 할 것이 있으랴	兇徒安足剮

…… 이에 간장의 아내가 머리카락을 자르고 손톱을 잘라 용광로 속에 던졌다. …… 쇠가 이에 녹아서 마침내 검을 만들었다. 양검(陽劍)은 간장이라 하였고 음검(陰劍)은 막야라 하였으며, 양검에는 거북 무늬를 새겼고 음검에는 무늬를 새기지 않았다."라고 하였다.

689 맹문산 : 【譯注】 중국 하남성(河南省) 근교에 있는 산으로, 옛날부터 길이 험준하여 근처의 태항산(太行山)과 함께 군사적 요충지로 많이 이용되었다.

690 가른다네 : 【攷證 卷8 撦】 독음은 '齒'와 '者'의 반절로, 찢어서 가른다는 뜻이다.

691 기이함을……드러내니 : 【攷證 卷8 得奇乃見奇】 송(宋)나라 후산(后山) 진사도(陳師道)의 《후산시화(後山詩話)》에 "한(漢)나라 자운(子雲) 양웅(揚雄)의 문장은 기이함을 좋아하였지만 끝내 기이해질 수 없었다."라고 하였다.

KNP0701(詩-別卷1-245~246)

황중거[692]가 대나무를 읊은 시에 차운하다 【임자년(1552, 명종7, 52세) 5~6월 추정. 서울】

次韻仲擧詠竹

임자년 여름 조정으로 돌아온 뒤에.

(詩-別卷1-245)

풍죽 風竹

바람 부니 대가 울어 둘 다 실제로 있으니 風來竹嘯兩非空
바람 자매 그 소리는 허공 속으로 돌아가누나 風定聲歸泬寥中
끝내 무엇을 연유하여 소리가 나는가 畢竟有聲緣底物
바람이 다시 불어 대를 울리고 대는 바람을 울린다네 風還鳴竹竹鳴風

(詩-別卷1-246)

설죽 雪竹

하늘이 눈으로 하여금 산과 시내 변화시키니 天教滕六化山臯
천 집을 모두 삼키며 초목도 보이지 않누나 沒盡千家不見毛
다만 시냇가에 천 줄기 옥이 빼어나 只有臨溪千挺玉
추위 견디며 무거운 눈 들고서 고아함 감추지 않았어라
耐寒擎重不藏高

692 황중거 : 【譯注】 황준량(黃俊良, 1517~1563)으로, 본관은 평해(平海), 자는 중거(仲擧), 호는 금계(錦溪)이다.

KNP0702(詩-別卷1-247)

7월 11일에 동호에서 저물녘에 도성에 들어오다 【임자년(1552, 명종7, 52세) 7월 11일. 서울】

七月十一日 自東湖暮入城

이 날 성균관 대사성에 임명한다는 명이 있었다.

석양 아래 천 리 고향 눈 뚫어지게 보나니　　斜陽千里眼穿雙
산들산들 가을바람 한강에 불어오누나　　嫋嫋秋風吹漢江
일엽편주 타고 고향으로 떠나가지 못하고　　不向扁舟尋去興
저녁 북소리[693]속에 억지로 채찍질하며 가네　　强鞭羸馬踏逢逢

---

693 북소리 : 【攷證 卷8 逢逢】 송(宋)나라 소식(蘇軾)의 〈만정방. 왕 장관이란 자가 벼슬을 버리고 황주에서 33년을 지냈는데, 황주 사람들이 그를 황 선생이라 부른다. 진조를 전송하러 왔다가 나를 찾아왔기에 인하여 이 작품을 지었다.〔滿庭芳有王長官者棄官黃州三十三年黃人謂之黃先生因送陳慥來過余因爲賦此〕〉 사(詞)에 "노래 끊이지 않아, 행인은 일어나지 않는데, 배의 북은 이미 둥둥 울리네.〔歌無斷, 行人未起, 船鼓已逢逢.〕"라고 하였다.

KNP0703(詩-別卷1-248)

단 비를 기뻐하며 시를 지어 조송강[694]에게 드리다 【임자년(1552, 명종7, 52세) 7월 중순 추정. 서울】

喜雨 呈松岡

지성 다해 상림[695]에서 기도하지 않았는데	精虔不待禱桑林
단 비가 크게 쏟아져 만물을 흠뻑 적셔주누나	大霈甘霖沃物深
내 수많은 사람과 함께 기뻐하나니	我與萬人同鼓舞
이제부터 귀전원에 더욱 마음 기울이리라	歸田從此更關心

694 조송강 : 【譯注】 조사수(趙士秀, 1501~1558)로, 본관은 양주(楊州), 자는 계임(季任), 호는 송강(松岡)이다. 이조 판서를 역임하였으며, 시호는 문정(文貞)이다.

695 상림 : 【譯注】《십팔사략(十八史略)》 권1 〈은기(殷紀)〉에 "은(殷)나라 탕왕(湯王) 때 큰 가뭄이 7년이나 계속되었다. 이에 탕왕이 소거백마(素車白馬)를 타고 몸에는 흰 띠를 두르고서 자신을 희생(犧牲)으로 삼아, 상림(桑林)의 들에 나가 기도하면서 여섯 가지 일로 자책(自責)하니 말이 채 끝나기도 전에 큰비가 내렸다."라고 하였다.

KNP0704(詩-別卷1-249)

연경으로 가는 참의 민경열[696]에게 증별하다 【임자년(1552, 명종7, 52세) 7월 중순 추정. 서울】

贈別閔景說參議赴燕京

물처럼 담박하게 사귀는 정[697]으로 민군을 흠모하니　淡水交情慕閔君
침착한 자질 깊은 학문에다가 문장마저도 능하구나　沈資邃學更能文
홍문관과 호당(湖堂)에서 함께 노닐었나니　遊從玉府兼瀛館
기미는 서리 맞은 쑥대와 들녘 구름 같아라　氣味霜蓬與野雲
열두 해 세월이 흘러 늙어버린 모습 슬프고　雙六流年悲面改
사천 리 머나먼 길 이별이 안타깝구나　四千遐路惜襟分
외진 나라라 상호의 뜻[698]에 절로 부끄러우니　偏方自媿桑弧志
견문 넓어 몽매함 깨우쳐 줄 이 돌아올 날만 기다리노라　歸日披蒙佇廣聞

-나와 민경열은 신축년(1541, 중종36)에 함께 사가독서를 하였는데, 지금 12년

696 민경열 : 【譯注】 민기(閔箕, 1504~1568)로, 본관은 여흥(驪興), 자는 경열(景說), 호는 관물당(觀物齋)·호학재(好學齋), 시호는 문경(文景)이다. 김안국(金安國)의 문인으로, 사서(四書)를 깊이 연구하고 이황과 매우 친밀하여 주고받은 시와 편지가 매우 많다. 1552년에 동지사(冬至使)로 명(明)나라에 다녀왔다.

697 물처럼……정 : 【要存錄 別集】《장자(莊子)》〈산목(山木)〉에 "군자의 사귐은 담담하기가 물과 같고〔君子之交, 淡若水.〕 소인의 사귐은 달기가 단술과 같다."라고 하였다.

698 상호의 뜻 : 【譯注】 원래는 천하를 경영하려는 남아의 큰 포부를 뜻하였으나, 의미가 전변하여 드넓은 세상을 구경하고 견문을 넓힌다는 의미로 쓰였다. 【要存錄 別集】《예기》〈사의(射儀)〉에 "남자가 태어나면 뽕나무 활과 쑥대 화살 여섯 개로 천지와 사방을 쏘니〔桑弧蓬矢六, 以射天地四方.〕 천지와 사방은 남자가 일할 곳이기 때문이다."라고 하였다.

이 지났다. 정미년(1547, 명종2) 겨울에 나와 민경열, 남경림[699]이 함께 독서당에 있었는데, 내가 시를 지어 두 사람을 희롱하기를 "시가 오래된 경쇠 같은 요산자요, 기운이 들구름 같은 관물옹이라. 다만 퇴계는 병이 많은 객이니, 쓸쓸한 신세 서리 맞은 쑥대 같구나.〔詩如古磬樂山子, 氣似野雲觀物翁. 唯有退溪多病客, 蕭條身世類霜蓬.〕"라고 하였다. 대개 관물은 민경열의 호이고, 요산은 남경림의 호이다.-

699 남경림 : 【譯注】 남응룡(南應龍, 1514~1555)으로, 본관은 의령(宜寧), 자는 경림(景霖), 호는 요산(樂山)이다. 참판 남세건(南世建)의 아들이다. 벼슬은 참의를 지냈다.

KNP0705(詩-別卷1-250~252)

벗의 시[700]에 차운하다 【임자년(1552, 명종7, 52세) 8~9월 추정. 서울】

次韻友人

(詩-別卷1-250)

큰 도는 비록 숫돌 같아도[701]	大道雖如砥
참된 근원은 아득하여 찾기 어려워라	眞源杳莫尋
응당 천년이 지난 뒤에도	未應千載下
사람 마음 깨우침이 완전히 끊긴 것은 아니라네	渾斷牖人心

(詩-別卷1-251)

임석천[702]은 우활하고 게을러서	林石川疎懶
성은을 입어 간관에서 파직되었어라[703]	蒙恩罷舌辰

700 벗의 시 : 【譯注】 시의 내용에 보이는 인물은 임억령(林億齡)·조사수(趙士秀)·주세붕(周世鵬)이다. 주세붕의 《무릉잡고(武陵雜稿)》에는 이와 비슷한 운자가 없으며, 임억령의 《석천시집(石川詩集)》에 마지막 수의 운자와 같은 〈겨울날 소회를 말하다〔冬日言懷〕〉라는 시가 있다.

701 큰……같아도 : 【譯注】 《시경》 〈소아(小雅) 대동(大東)〉에 "주(周)나라로 가는 길 숫돌처럼 판판한데 그 곧기가 화살 같도다.〔周道如砥, 其直如矢.〕 군자가 밟는 바요 소인들이 우러러보는 바이라."라고 하였다. 원래 큰 길을 가리켰으나, 여기서는 큰 도(道)라는 의미로 사용하였다.

702 임석천 : 【譯注】 임억령(林億齡, 1496~1568)으로, 본관은 선산(善山), 자는 대수(大樹), 호는 석천(石川)이다. 1545년(명종 즉위년) 을사사화 때 아우 임백령(林百齡)이 소윤(小尹) 일파에 가담하여 대윤(大尹)의 많은 선비들을 추방하자, 자책을 느끼고 해남(海南)에 은거하였다. 사신(史臣)의 평에 사장(詞章)에 탁월하였으나 이직(吏職)에는 어울리지 않았다고 하였다.

부끄러워라, 어리석고 병든 내가 愧余愚且病
그대보다 벼슬 그만둠이 늦는 것이 後汝作閒身

(詩-別卷1-252)

항상 생각하지, 송강 노인[704] 每憶松岡老
조회에서 돌아와 홀로 구름에 누워 있을 것을 朝回獨臥雲
가을 달빛 아래 병들어 신음하노니 病吟秋月下
우리 무릉군[705]과 같아라 同我武陵君

-신재이다.-

703 간관에서 파직되었어라 :【攷證 卷8 罷舌】 아마도 임억령이 이 당시 간의(諫議)에서 해직된 듯하다.

704 송강 노인 :【譯注】 조사수(趙士秀, 1501~1558)로, 본관은 양주(楊州), 자는 계임(季任), 호는 송강(松岡)이다. 이조 판서를 역임하였으며, 시호는 문정(文貞)이다.

705 무릉군 :【攷證 卷8 武陵君】 신재(愼齋) 주세붕(周世鵬, 1495~1554)을 가리킨다. 그의 본관은 상주(尙州), 자는 경유(景游), 호는 신재(愼齋)·무릉도인(武陵道人)·남고(南皐)·손옹(巽翁)이다. 1543년(중종38) 우리나라 최초로 백운동서원(白雲洞書院)을 설립하였는데, 1550(명종5)년에 풍기 군수였던 이황(李滉)의 청원으로 '소수(紹修)'라는 사액을 받아 조선 최초의 사액서원이 되었다.

KNP0706(詩-別卷1-253~255)

숭정대부 동지중추부사 이 선생[706]께서 임강사[707]에 우거하면서 구경하며 노닐었던 세 곳이 있었는데, 나에게 편지를 보내 보여주면서 시를 지어 뜻을 적어보도록 하였다. 나는 병으로 차일피일 시간을 미루면서 그 명에 응하지 않았다. 올해 봄이 다시 돌아오니 참으로 노닐며 완상할 때가 되었기에 내가 자세히 감상하면서 비로소 절구 세 수를 지었다. 삼가 재배하며 올리는데 명에 응하지 않고 세월을 보낸 송구함을 견딜 수 없다 【임자년(1552, 명종7, 52세) 1월 추정. 예안(禮安)】

崇政知事李先生寓居臨江寺 有賞遊三所 寄書示滉 欲令作詩述意 滉疾病因循 未有以應命 今玆春至 正及遊玩之時 滉仰切欣賞 始得綴成三絶 謹再拜呈上 無任逋慢悚企之至

(詩-別卷1-253)

욕기교 浴沂橋

아득히 그리워하나니, 천 년 전에 거문고 내려놓던 사람이

千載遙憐舍瑟人

기수에서 목욕한다던 말 공자의 감탄을 자아내었지[708] 浴沂言契聖歎新

---

706 이 선생 : 【譯注】 이현보(李賢輔, 1467~1555)로, 본관은 영천(永川), 자는 비중(棐仲), 호는 설빈옹(雪鬢翁)·농암(聾巖)이다. 1542년(중종37) 76세 때 지중추부사(知中樞府事)에 제수됐으나 병을 핑계로 벼슬을 그만두었다. 시호는 효절(孝節)이다.

707 임강사(臨江寺) : 【譯注】 도산(陶山)의 하류에 있다. 《정본 퇴계전서》 권14 〈숭정대부 행지중추부사 농암 이 선생 행장(崇政大夫行知中樞府事聾巖李先生行狀)〉에 "공은 절간에서 노니는 것을 좋아하였으니, 만년에 항상 임강사에 거처하였다."라고 하였다.

지금 물러나신 경상(卿相)께서 남은 흥취 좇아서 只今退相追餘興
바람 쐬고 읊조리며 차분히 모춘을 즐기누나 風詠從容樂暮春

(詩-別卷1-254)

임선정 臨羨亭

펄떡펄떡 자맥질하는 물고기 자유롭게 노니니 潑潑潛鱗得意游
작은 정자에서 구경하느라 절로 떠나지 못하네 小亭臨玩自夷猶
물고기가 아니지만 장자가 그 즐거움 알았음[709]을 이미 믿었으니
非魚已信莊知樂
그물 엮어 잡겠다는 동중서[710]를 외려 싫어하누나 結網飜嫌董有求

708 천 년……자아내었지 : 【譯注】 공자(孔子)가 일찍이 제자들에게 각자의 포부를 물었을 때, 모두 정치에 관심을 두었다. 그러나 증점(曾點)만은 연주하던 거문고를 내려놓고서 "봄옷을 차려 입고 관(冠)을 쓴 어른 5~6인과 동자 6~7인과 함께 기수(沂水)에서 목욕하고 무우(舞雩)에서 바람 쐬고 시 읊으며 돌아오겠습니다."라고 하자, 공자가 크게 칭찬하였다. 《論語 先進》

709 물고기가……알았음 : 【譯注】 장자가 혜자(惠子)와 함께 호수(濠水)의 징검돌 근처에서 노닐고 있었다. 장자가 "피라미가 한가롭게 헤엄치고 있소. 이게 바로 물고기의 즐거움이란 거요."라고 하자, 혜자가 "당신은 물고기가 아니오. 어찌 물고기의 즐거움을 안단 말이오?"라고 하였다. 장자가 다시 "당신은 내가 아니오. 어찌 물고기의 즐거움을 알지 못한다는 걸 안단 말이오?"라 하자, 혜자가 "나는 당신이 아니니까 물론 당신을 알지 못하오. 당신은 물론 물고기가 아니니까 당신이 물고기의 즐거움을 알지 못한다는 게 확실하단 말이오."라 하였다. 장자가 "이제 처음 질문으로 돌아가 말해 봅시다. 그대가 '어찌 당신이 물고기의 즐거움을 안단 말이오?'라고 했지만, 이미 그것은 내가 안다는 것을 알고서 내게 물은 것이오. 나는 호숫가에서 물고기의 즐거움을 알고 있소이다."라고 하였다. 《莊子 秋水》

710 그물……동중서 : 【要存錄 別集】 한(漢)나라 동중서(董仲舒)의 〈천인책(天人策)〉에 "연못에 임하여 물고기를 탐내는 것은 집으로 물러나 그물을 짜는 것만 못하다.〔臨淵羨魚, 不如退而結網.〕"라고 하였다.

(詩-別卷1-255)

여사탄 如斯灘

천지의 운행은 잠시도 쉬지 않고 흘러가니 大化沄沄不蹔停
영허와 소식[711] 그 이치 알기 어려워라 盈虛消息理難明
한가할 때 여울에서 바라보나니 閒來試向灘頭看
묘처는 참으로 공자가 생각을 드러낼 만하구나[712] 妙處眞堪發聖情

---

711 영허와 소식 : 【譯注】《주역》〈풍괘(豐卦)〉의 단전(彖傳)에 "해는 중천에 오면 기울고 달은 차면 먹히나니, 천지의 차고 빔도 때에 따라 사라지고 자라나고 하는데〔天地盈虛, 與時消息.〕 더구나 사람에 있어서랴."라고 하였다.

712 묘처는……드러낼 만하구나 : 【譯注】 공자가 시냇가에서 말하기를 "가는 것이 이와 같구나. 밤이고 낮이고 멈추는 법이 없도다.〔逝者如斯夫, 不舍晝夜.〕"라고 하였다. 《論語 子罕》 이에 대해 송(宋)나라 정자(程子)는 "이것은 도(道)의 체(體)를 말한 것이다. 하늘이 운행하여 그치지 않아서, 해가 가면 달이 오고 추위가 가면 더위가 오며, 물은 흘러가 쉬지 않고 만물은 생겨나 끝이 없으니, 이 모두가 도(道)와 더불어 체(體)가 되어 낮과 밤을 운행하며 일찍이 그친 적이 없는 것이다."라고 하였다.

KNP0707(詩-別卷1-256~265)

김후지[713]가 김계진[714]을 위하여 지은 〈칠계십영〉[715]에 차운하다 【임자년(1552, 명종7, 52세) 8~12월 추정. 서울】

次韻金厚之爲金季珍作漆溪十詠

(詩-別卷1-256)

선창[716]에 배를 띄우다 仙倉泛舟

한 줄기 강 몇 천 년을 흘러가는가　　一泓流閱幾千秋
지금 문인이 낚싯배에 오르는 것을 본다　　今見騷人上釣舟
물결에 흔들거리며 다만 안개 속으로 떠나갔다가　　蕩漾只從烟裏去
물길 거슬러 돌아올 때 달빛에 떠 있어라　　洄旋時向月中浮
붓걸이와 다조[717] 실으니 능히 말하는 오리여[718]　　筆牀茶竈能言鴨

713 김후지 : 【譯注】 김인후(金麟厚, 1510~1560)로, 본관은 울산(蔚山), 자는 후지(厚之), 호는 하서(河西)이다. 1528년(중종23) 성균관에 들어가 이황과 함께 학문을 닦았다. 시호는 문정(文正)이다.

714 김계진 : 【譯注】 김언거(金彦琚, 1503~1584)로, 본관은 광산(光山), 자는 계진(季珍), 호는 관포당(灌圃堂)·칠계(漆溪)·풍영정(風詠亭)이다. 광주 칠계에 풍영정을 짓고 소요하였다.

715 김후지가……칠계십영 : 【譯注】 《하서선생전집(河西先生全集)》 권10 〈칠계십영〉을 가리킨다.

716 선창(仙倉) : 【譯注】 지금의 광주 신창동 풍영정 앞을 흐르는 영산강 줄기를 가리킨다.

717 붓걸이와 다조 : 【譯注】 《신당서》 〈육귀몽열전(陸龜蒙列傳)〉에 "세속과 교유하는 것을 좋아하지 않았다. 배를 타고 쑥대로 엮은 자리를 깔고서 책 꾸러미, 차를 끓이는 도구〔茶竈〕, 붓걸이〔筆牀〕, 낚싯대를 싣고서 왕래하였다. 당시 그를 강호산인(江湖散人)이라 불렀다."라고 하였다.

718 능히 말하는 오리여 : 【譯注】 김계진이 해학을 잘한다는 의미이다. 【攷證 卷8 能言鴨】 송(宋)나라 전역(錢易)의 《남부신서(南部新書)》 권4에 다음과 같은 내용이 있다.

비껴 부는 바람과 가랑비에 춤추지 않는 백구로세[719] 細雨斜風不舞鷗
다만 알겠어라, 영허는 원래 정한 운수 있나니 但識盈虛元有定
오도를 창주에 부친들[720] 어떠하리 未妨吾道付滄洲

(詩-別卷1-257)

현봉에서 달을 맞이하다 懸峯邀月

바다의 동쪽에 천 길 높이 달무리 희미할 때 千丈毫芒暈海東

당(唐)나라 육귀몽(陸龜蒙)이 진택(震澤)의 남쪽에 살았다. …… 한 울타리 안에 싸움 오리들을 자못 조련하여 키웠다. 어느 역리(驛吏)가 탄환을 쏘아서 그중 가장 뛰어난 놈을 죽였다. 육귀몽이 "이 오리는 능히 사람의 말을 할 줄 아오. 소주 자사(蘇州刺史)를 통해 임금에게 진상하기를 기다리던 놈인데 그대가 죽였으니 어찌하면 좋겠소?"라 하자, 그 관리가 두려워하였다. 육귀몽이 "내가 장난을 쳤을 뿐이오."라고 하였다.

719 비껴……백구로세 : 【攷證 卷8 細雨斜風不舞鷗】 송(宋)나라 소식(蘇軾)의 〈자유가 왕진경이 그린 사수화에 쓴 시 한 수와 진경이 화답한 시 두 수에 차운하다〔次韻子由書王晉卿畫山水一首而晉卿和二首〕〉 시 2수 중 제1수에 "왕손이 현진자가 되려고 노력하니, 빗기는 바람과 가는 비도 백구를 적시지 못하네.〔王孫辦作玄眞子, 細雨斜風不濕鷗.〕"라고 하였다. ○ 살펴보건대, 이는 바닷가의 사람이 갈매기와 친하다는 《열자(列子)》의 고사를 빌렸는데 그 고사의 의미를 반대로 구사한 것이다. 【校解】 《고증》에서 작자가 두보(杜甫)라고 하였으나, 이는 오류이다. 《열자》 〈황제(皇帝)〉에 "바닷가에 사는 사람 중에 갈매기를 좋아하는 사람이 있었다. 매일 아침이면 바닷가에 가서 갈매기를 따르며 노니, 이르는 갈매기의 수가 백이었다. 그 아버지가 말하기를, '내가 들으니 갈매기가 너를 따라서 논다고 하니, 네가 잡아와 보거라. 내가 그것을 가지고 놀 테니.'라 하였다. '알겠습니다.'라고 말하고, 다음날 아침 바닷가로 가니 갈매기가 춤은 추지만 내려오지는 않았다."라고 하였다.

720 오도를 창주에 부친들 : 【譯注】 은사가 거처하는 곳을 의미한다. 김언거의 운수가 좋지 않으니 은거하며 도를 구하는 것도 무방하리라는 뜻이다. 송(宋)나라 주희(朱熹)가 창주정사(滄洲精舍)를 짓고 지은 〈수조가두(水調歌頭)〉 시에 "영원히 인간 세상 일 버리고, 나의 도를 창주에 부치노라.〔永棄人間事, 吾道付滄洲.〕"라고 하였다. 당(唐)나라 두보(杜甫)의 〈강물이 불어나다〔江漲〕〉 시에 "가벼운 돛은 가기에 편하고, 나의 도는 창주에 부치네.〔輕帆好去便, 吾道付滄洲.〕"라고 하였다.

한 동이 술 놓고 마주하여 높은 하늘 바라보노라 一尊相對望穹崇

안개가 하늘에서 막 사라지는 것을 보더니 纔看霧靄痕消宇

은하수의 별빛 허공에서 희미해짐을 점차로 느끼네 漸覺星河彩滅空

다만 다정한 벗과 꽃 아래서 술잔 들면 되었지[721] 但得情遊就花下

어찌 번거로이 달을 따서 품안에 넣을[722] 필요 있으랴 何煩攜取滿懷中

잠깐 사이에 은궐[723]이 나타나 눈길을 빼앗으니 須臾奪眼生銀闕

잔 씻어 노래 부르매 정이 더욱 유장하여라 洗盞當歌意更融

(詩-別卷1-258)

서석산에 구름이 개다[724] 瑞石晴雲

서석은 산이름이다.

산빛은 아침저녁으로 절로 빗속에 아득한데 山光朝暮自溟濛

---

721 다정한……되었지 : 【攷證 卷8 情遊就花下】 당(唐)나라 이백(李白)의 〈달빛 아래 홀로 술을 마시며〔月下獨酌〕〉 시 4수 중 제1수에 "꽃 그늘 아래에서 한 병의 술을, 친한 이도 하나 없이 홀로 마시네. …… 무정한 교유를 길이 맺고자, 저 높은 은하수에서 만나길 약속하노라.〔花下一壺酒, 獨酌無相親. …… 永結無情遊, 相期邈雲漢.〕"라고 하였다.

722 달을……넣을 : 【攷證 卷8 攜取滿懷中】 당(唐)나라 장독(張讀)의 《선실지(宣室志)》에 "당나라 주생(周生)은 도술을 부릴 줄 알았다. 중추(中秋)에 손님에게 이르기를 '나는 능히 달을 딸 수 있소.'라 하고는 노끈 수백 가닥을 꼬고 나서 올라타고 '나는 이것을 사다리로 삼아서 저 달을 따오겠소.' 하였다. 이윽고 손으로 옷 속의 달을 한 치쯤 꺼내었는데 빛이 찬란하며 한기가 뼈에 스며들었다."라고 하였다.

723 은궐(銀闕) : 【譯注】 달을 가리킨다. 송(宋)나라 진여의(陳與義)의 〈중추절 달을 보지 못하다〔中秋不見月〕〉 시에 "항아가 웃으며 올해를 기다릴 터이니, 금뿔잔 깨끗이 씻고 은궐을 마주했네.〔嫦娥留笑待今年, 淨洗金觥對銀闕.〕"라고 하였다.

724 서석산에 구름이 개다 : 【攷證 卷8 瑞石晴雲】 서석산은 바로 무등산(無等山)으로 광주 동쪽 10리 지점에 있으며, 달리 무진악(武珍岳)이라고도 한다. 우뚝하게 솟아 높고 크며 50여 리에 걸쳐 험준하게 서려 있다. 날이 가물어 비가 내리려 하거나 오랫동안

산세는 몹시 가팔라 만고에 웅장하여라　山勢巉巉萬古雄

구름이 점점 모여드니 만물 적심은 이미 알았는데　膚寸已知能澤物

쇠잔한 얼굴로 바람 탈 줄을 아직 알지 못하였구나[725]　孱顔仍未會乘風

귀거래한 도연명[726]은 어찌 기심 있으랴　去來陶令機何有

벼슬 버리고 떠난 소주 자사[727] 그 마음 매우 통창하여라　出處蘇州意甚通

높은 정자 올라 이곳저곳 한가로이 경치를 구경하노니　徙倚高亭閒指點

다만 응당 그 심사 고인과 같으리라　只應心事古人同

비가 내려 날이 개려고 하면, 산이 곧 울어 그 소리가 수십 리까지 들린다.

725 쇠잔한……못하였구나 : 【攷證 卷8 孱顔仍未會乘風】 여주(黎州)에 백애산(白崖山)이 있는데, 옆쪽으로 풍혈(風穴)이 있다. 그 기운이 하늘로 올라가서 흰 구름이 되어 순식간에 바람이 인다. 또 안공산(顔公山)은 휴령현(休寧縣)에 있는데, 은사 안공이 바람을 타고 그곳으로 떠났다. 아마도 혹 이것을 가리키는 듯하다.

726 귀거래한 도연명 : 【攷證 卷8 去來陶令】 진(晉)나라 도연명(陶淵明)의 〈귀거래사(歸去來辭)〉에 "구름은 무심히 산에서 나오고, 새는 날기에 지쳐서 돌아온다.〔雲無心而出岫, 鳥倦飛而知還.〕"라고 하였다.

727 벼슬……자사 : 【攷證 卷8 出處蘇州】 송(宋)나라 손면(孫冕)이 소주 자사(蘇州刺史)가 되었으나 세상에 뜻이 없었다. 드디어 청사 벽에 시를 쓰면서 떠났으니, 그 시는 다음과 같다. "인생 칠십이면 귀신과 이웃하니, 풍광이 다른 사람에게 속한 것을 이미 알겠어라. 조정에서 벼슬 물러나라 함을 기다리지 않고, 일찍 천석으로 물러나 한가롭게 지내기를 도모해야지.〔人生七十鬼爲隣, 已覺風光屬別人. 莫待朝廷差致仕, 早謀泉石養閒身.〕"라고 하였다.

〔詩-別卷1-259〕

금성산에 눈이 개다[728] 錦城霽雪

예전에 일찍이 불야성[729]에 대해 들었는데 疇昔曾聞不夜城
고개 돌려보니 잠깐 사이에 우뚝한 산으로 변했어라 回頭頃刻變崢嶸
요대로 경치가 바뀌니 막 정신이 아찔하고 瑤臺換境初神眩
옥루가 허공에 나타나니 문득 눈이 환해지네 玉壘當空忽眼明
얼어붙은 해는 산 옆으로 기대 지나가고 凍合日輪欹側過
한기 어린 달은 수정처럼 맑게 빛나누나 寒凝蟾闕炯晶淸
뾰쪽한 두 봉우리 읊은 좋은 시구 뒤미처 화운하여 雙尖好句須追和
소식의 시[730]가 홀로 칭송을 독차지 하게 놔두지 마시길
莫遣蘇詩獨擅行

728 금성산에 눈이 개다 : 【攷證 卷8 錦城霽雲】 금성은 산 이름으로, 나주의 북쪽 5리에 있다.

729 불야성 : 【攷證 卷8 不夜城】 《한서(漢書)》 〈지리지(地理志)〉에 "동해군(東海郡)에 불야현(不夜縣)이 있다."라고 하였는데, 당(唐)나라 안사고(顔師古)의 주석에서 인용한 《제지기(齊志記)》에 "옛날에 해가 밤에 뜨는 곳이 있었는데, 동래(東萊)에서 보였다. 그래서 내자(萊子)가 이 성을 세우고서 '불야'로 이름을 지었다."라고 하였다. 송(宋)나라 소식(蘇軾)의 〈눈이 내린 뒤에 건명사에 도착하여 마침내 유숙하였다〔雪后到乾明寺遂宿〕〉 시에 "바람과 꽃은 잘못 장춘원에 날아들고, 눈과 달은 오랫동안 불야성에 머무르네.〔風花誤入長春苑, 雪月長臨不夜城.〕"라고 하였다.

730 소식의 시 : 【譯注】 송(宋)나라 소식(蘇軾)의 〈눈 내린 뒤 북대의 벽에 쓰다〔雪後書北臺壁〕〉 시 2수 중 제1수에 "북대를 쓸고 마이산을 보니, 눈에 묻히지 않고 두 봉우리 우뚝하구나.〔試掃北臺看馬耳, 未隨埋沒有雙尖.〕"라고 하였다.

(詩-別卷1-260)

월출산의 아득한 노을[731] 月出杳靄

월출은 산이름이다.

개인 날 낮에 헌함에서 동남쪽을 바라보니 一軒晴晝望東南
산은 떠 있는 눈썹 같고[732] 또 비녀 같아라 山似浮眉又似簪
쪽빛으로 물든 산빛이 막 흐릿하게 보이고 積翠染藍新曖曖
비단과 같은 남은 노을이 간간이 드리워 있어라 餘霞成綺間毵毵
어찌 하늘 저편 먼 경치 막을까 근심하랴만 何愁障遠天邊際
다만 십오야 밝은 달빛 방해할까 두려워라 只恐妨輝月五三
어찌하면 한 이부 같은 재주를 얻어서 安得才如韓吏部
'농록'이니 '증람'이니 그런 시어 읊조릴 수 있을까[733] 解吟濃綠與蒸嵐

(詩-別卷1-261)

나산의 촌락 집들 羅山村店

마을은 어렴풋이 눈에 들어오는데 墟落依微一望中

731 월출산의 아득한 노을 : 【攷證 卷8 月出杳靄】 월출산은 영암군(靈巖郡) 동쪽 5리 지점에 있다.

732 산은……같고 : 【要存錄 別集】 당(唐)나라 한유(韓愈)의 〈남산시(南山詩)〉 시에 "하늘에는 긴 눈썹 떠 있으니, 짙은 녹색 막 그려놓은 듯.〔天空浮修眉, 濃綠畫新就.〕"이라고 하였다.

733 한 이부……있을까 : 【譯注】 한 이부(韓吏部)는 당(唐)나라 한유(韓愈, 768~824)를 가리킨다. 그의 자는 퇴지(退之), 시호는 문공(文公)으로, 목종(穆宗)이 즉위하자 이부 시랑(吏部侍郎)에 올랐다. 【攷證 卷8 韓吏部…蒸嵐】 '농록(濃綠)'은 바로 앞의 주석에 보인다. 〈남산시(南山詩)〉에 "피어오르는 남기는 서로 이어지는데, 안팎이 문득 훤히 보이누나.〔蒸嵐相澒洞, 表裏忽通透.〕"라고 하였다.

가로질러 보일락 말락 하는 것은 나봉인가 하여라　庚橫隱約認羅峯
농상에 부지런하여 각자 삶을 꾸려가지만　農桑搰搰生涯各
밥 짓는 연기에 즐거워하는 기상은 같구나[734]　烟火熙熙氣象同
비가 오거나 개거나 매번 날씨 알려주는 비둘기[735]에 의지하고
霽雨每憑鳩報候
풍년과 흉년은 항상 겨울에 내리는 눈을 점쳐 짐작하네
豐凶常藉雪占冬
시골에 사노라니 일마다 모두 참으로 즐겁나니　村居事事皆眞樂
서리 내린 동산에 감과 밤만 익을 뿐만이 아닐세　不獨霜園柹栗紅

(詩-別卷1-262)

양평의 많은 논밭의 곡식 楊坪多稼

진의 부국 관개(灌漑)로 이룬 것[736]은 옛날부터 전해내려 왔나니
秦利渠成自古傳

734 밥……같구나 : 【譯注】 '희희(熙熙)'는 화락(和樂)하고 자득(自得)한 모양인데 바로 태평성대를 의미한다. 《노자도덕경》 제21장에 "세속의 중인들은 마치 푸짐한 잔칫상을 받은 듯, 봄날 누대에 오른 듯 희희하다.〔衆人熙熙, 如享太牢, 如登春臺.〕"라고 하였다.

735 날씨 알려주는 비둘기 : 【譯注】 비둘기는 날씨가 흐리면 그 암놈을 내쫓았다가 날씨가 개면 불러들인다고 한다. 송(宋)나라 구양수(歐陽脩)의 〈우는 비둘기〔鳴鳩〕〉 시에 "하늘에 비가 내리려 하는데, 숫비둘기 쫓아낸 짝 찾아 숲에서 우니, 암비둘기 화가 난 듯 울음소리 좋지 않네. 하늘에 비가 그치자, 비둘기 울어 암컷 돌아오자 지저귀며 기뻐하고, 암컷 빨리 돌아오지 않자 울며 멈추지 않네.〔天將陰, 鳴鳩逐婦鳴中林, 鳩婦怒啼無好音. 天雨止, 鳩呼婦歸鳴且喜, 婦不亟還呼不已.〕"라고 하였다.

736 진의……것 : 【譯注】 춘추 시대에 한(韓)나라에서는 진(秦)나라의 국력을 피폐하게 하려고 수공(水工)인 정국(鄭國)을 간첩으로 진에 보내어 진왕을 달래어 중산(中山)에서 과구(瓠口)까지 이르는 거(渠)를 만들게 했다. 그 뒤 진에서는 그가 간첩이라는 사실

양평이 옥토된 것도 본래 응당 그러하구나 楊坪沃土故應然
논 두둑 수놓은 듯 얽어져 가로 세로 어지러운데 開塍錯繡紛橫直
가래 든 이[737] 구름처럼 몰려들어 멀리까지 이어졌네 荷鍤成雲遠接連
권농관은 〈양사〉[738]의 곡식을 다투어 거두게 하니 田畯競收良耜稼
관청에선 예상의 죽[739]을 준비하지 않는구나 公家休備翳桑饘
들판 정자에서 온 종일 마을 사람 불러 노니 野亭盡日呼隣曲
누가 덩실덩실 춤추는 잔치를 그려낼까 誰畫蹲蹲蹈舞筵

(詩-別卷1-263)

드넓게 안개 덮인 유시 柳市長烟

안개 낀 아득한 숲 경치는 한가롭고 迢遞烟林景色悠
주막 깃발은 작은 홍루[740]에 비스듬히 꽂혀있네 酒帘斜出小紅樓

을 알고 죽이려 하였으나 거를 만드는 것이 진에게 이익이라는 사실을 깨닫고 정국을 죽이지 않고 거를 완성하게 하였다. 진은 이 거로 인하여 관내(關內) 지방이 부유하게 되었으므로 '정국거(鄭國渠)'라 이름하였다.

737 가래 든 이 : 【攷證 卷8 荷揷】'揷'은 '鍤'과 통용한다.

738 양사(良耜) : 【譯注】《시경》〈주송(周頌)〉의 편명이다. 이 편에서 "서걱서걱 베어, 차곡차곡 쌓으니. 그 높이가 담과 같고, 그 늘어선 것은 빗과 같으니, 모든 집을 열어 곡식을 들이네.〔穫之挃挃, 積之栗栗. 其崇如墉, 其比如櫛, 以開百室.〕"라고 하였다.

739 예상의 죽 : 【譯注】 굶주린 사람에게 줄 죽이라는 의미이다. '예상'은 무성하여 그늘이 많은 뽕나무라고도 하며 일설에는 지명이라고도 하는데, 춘추 시대 진(晉)나라 사람인 영첩(靈輒)이 이곳에서 굶주렸던 고사에서 비롯되어 굶주림을 상징하는 말로 쓰인다. 【攷證 卷8 翳桑饘】《춘추좌씨전》 선공(宣公) 2년 조에 "진나라 대부 조돈(趙盾)이 수산(首山)에서 사냥을 하다가 예상에 머물렀는데, 마침 굶주려 몹시 수척한 영첩을 보고는 음식을 주어 구제해 준 일이 있었다. 뒤에 영첩이 영공(靈公)의 갑사(甲士)가 되어 영공의 함정에 빠져 죽게 된 조돈을 구원해주었는데, 조돈이 영첩에게 누구냐고 묻자 '예상에서 굶주렸던 사람이다.'라고 대답하였다."라고 하였다.

따뜻한 동풍 불어 황금 실이 살랑거리고 東風暖泛黃金線
맑은 날 해는 길어 푸르게 수놓은 모래톱 향그로워라 永日晴薰碧繡洲
관청 아래선 비록 정사가 다스려짐의 표시라고 하지만[741] 官下縱然標政理
집 주변에서 청수한 이에게 아양 떠는 것과 어찌 같겠는가[742] 宅邊何似媚淸脩
말안장 위에서 얼마나 마구 가지 꺾었기에 幾多鞍馬輕攀折
모두 길가 향해 절로 휘어져 있는가 摠爲臨途自作樛

(詩-別卷1-264)

수교에서 봄을 찾다 繡郊尋春

물가에서 흐르는 물에 탄식할 필요 없나니 不用臨流嘆逝川
벗과 손 맞잡고 이곳에 와서 고운 방초를 다닌다 攜朋來此逐芳鮮
꽃은 양탄자를 짠 듯 강가를 싸둘렀고 花如織罽江邊裹
배를 탄 듯 말에서 흔들거리며[743] 들판 너머로 나란히 가네 騎似乘船野外聯

740 홍루 : 【譯注】 여기서는 주막을 이른다. 【攷證 卷8 紅樓】 당(唐)나라 백거이(白居易)의 〈진 땅에서의 노래〔秦中吟〕〉 10수 중 제1수 〈혼담을 나누다〔議婚〕〉에 "홍루의 부유한 집 딸, 금실로 비단 치마 수놓았네.〔紅樓富家女, 金縷繡羅襦.〕"라고 하였다.

741 관청……하지만 : 【攷證 卷8 官下縱然標政理】 의미를 분명하게 알 수 없다. ○ 살펴보건대, 당(唐)나라 이백(李白)이 우성령(虞城令)이 되어 석 달 만에 정사가 이뤄져 이웃 고을에서 법으로 삼았다. 여구관(蠡丘館) 동쪽에 세 그루의 버드나무가 있었는데, 공이 오가면서 그 아래에서 쉬었다. 이에 길을 가는 사람들이 버들을 꺾지 않고 주나라 소공(召公)의 감당나무에 비교하였다.

742 집……같겠는가 : 【攷證 卷8 宅邊何似媚淸修】 진(晉)나라 도연명의 고사를 차용하

고운 풀들은 평평한 들판 원근에 가득 자라고　細草平郊隨遠近
산들바람은 맑은 날 아름다운 경치에 불어오누나　好風晴日趁暄姸
끝없이 펼쳐진 그 광경 지금 어떠한가　無邊光景今如許
그대 그리워하며 홀로 서글퍼 하노라　思見伊人獨悵然

(詩-別卷1-265)

원탄에서 물고기를 낚다 阮灘釣魚

낚시 바위에 홀로 앉아 긴 대 하나 드리웠는데　一磯孤坐一竿橫
낚시터 저편 길게 뻗은 길에 지친 나그네 가누나　磯外長程倦客行
잠잠한 물과 노니는 물고기는 원래 자득하였고　靜水與魚元自得
한가로운 백구는 그대에게 때때로 나타나네　閒鷗於子有時生
예전에는 계상에서 구름과 함께 머물렀는데　當年溪上雲同住
오늘 밤 여울 가엔 달만 홀로 밝구나　此夜灘邊月獨明
벼슬길에 나갔다는 깊은 비난 내 더욱 받았으니　走俗深譏吾更甚
그대 위해 노래 마치자 북받치는 감정에 슬퍼하노라　爲君歌罷悒餘情

였다. 【譯注】 도연명의 〈오류선생전(五柳先生傳)〉에 "집 가에 버드나무 다섯 그루가 서 있어서〔宅變有五柳樹〕, 그로 인해 호를 삼았다."라고 하였다.

743 배를……흔들거리며 : 【攷證 卷8 騎似乘船】 당(唐)나라 두보(杜甫)의 〈술 취한 여덟 신선을 노래하다〔飮中八仙歌〕〉 시에 "하지장은 말을 타면 배 탄 듯 흔들리고, 술 취해 우물에 떨어져도 그냥 자는구나.〔知章騎馬似乘船, 眼花落井水底眠.〕"라고 하였다. 【校解】《고증》에서 작자를 이백(李白)이라고 하였는데, 이는 오류이다.

KNP0708(詩-別卷1-266)

우연히 짓다 【계축년(1553, 명종8, 53세) 1월 1일. 서울】

偶題

새해 설날 병석에서 일어나니 꽃샘추위 두려웁고	新正病起怯春寒
궁벽진 마을에 찾는 사람 없어 홀로 문 닫았네	窮巷無人獨掩關
지는 해 창을 비춰 눈앞이 밝으니	斜日照窓明潑眼
두어 편 효상[744]을 묵묵히 들여다보노라	數篇爻象默然看

744 효상(爻象)을 묵묵히 들여다보노라 : 【譯注】《주역》을 가리키는데, 은자가 은거하면서 《주역》을 읽는 것을 의미한다. 당(唐)나라 때 신선(神仙)을 매우 좋아했던 고변(高駢)의 〈보허사(步虛詞)〉에 "청계산 도사를 사람들은 알지 못하니, 하늘을 오르내리는 학 한 마리뿐이로다. 동굴 문 깊이 잠기고 푸른 창은 춥기만 한데, 이슬방울로 주묵 갈아 《주역》에 권점 찍노라.〔青溪道士人不識, 上天下天鶴一隻. 洞門深鎖碧窓寒, 滴露研朱點周易.〕"라고 하였다.

KNP0709(詩-別卷1-267)

임대수[745] 억령 를 찾아가다 계축년(1553, 명종8, 53세) 3월. 【서울】

訪林大樹 億齡○癸丑三月

임억령(林億齡)이다.

허름하게 얽은 낮은 집엔 화초가 정결하고　假架低簷淨花卉
마주한 높은 산은 푸르게 우뚝 솟아 있어라　高山當面碧嵯峨
주인이 시은하는 곳 호은[746]과 같으니　主人市隱同壺隱
파직되어 남쪽으로 돌아가도 유감 많지 않으리라　休罷南歸恨未多

-장흥(長興) 군수에서 파직되었지만 유감스럽지 않음을 이른다.-

---

745 임대수 : 【譯注】 임억령(林億齡, 1496~1568)으로, 본관은 선산(善山), 자는 대수(大樹), 호는 석천(石川)·하의(荷衣)이다.

746 호은(壺隱) : 【譯注】 작은 한 구역에서 은거해 사는 것을 뜻한다. 《후한서》 〈비장방열전(費長房列傳)〉에 다음과 같은 내용이 있다. 비장방이 저자의 아전이 되었다. 저자에서는 어떤 노인이 약을 팔았는데, 가게에 병 하나를 매달아놓고서 저자가 파하면 문득 병 안으로 뛰어들었다. 비장방이 누대 위에서 그것을 보고 기이하게 여겨 그 노인에게 가서 두 번 절하였다. 이에 노인이 그를 데리고 병속으로 들어가니, 옥당(玉堂)에 화려하고 좋은 술과 맛있는 안주가 그득하여 함께 술을 실컷 마셨다. 함께 술을 마시고서 나온 뒤에 노인이 이르기를 "나는 신선 가운데 사람인데, 허물을 지어 견책을 받았다. 이제 그 일이 다 끝났으니 마땅히 마을을 떠나겠다."라고 하였다.

KNP0710(詩-別卷1-268)

임대수[747]가 이전 나의 시에 화운하여 보내주자 다시 화답하다 【계축년(1553, 명종8, 53세) 9월 추정. 서울】

大樹見和前韻 復和答

예전에 지은 시의 보루는 웅장하지 않았는데	舊營詩壘非雄壯
새로 쌓은 근심의 성[748]은 문득 우뚝 솟았어라	新築愁城頓業峨
대장부 되려면 모름지기 학업이 넓어야 하나니	欲作男兒須廣業
젊은 날 헛되이 보내 아쉬움 너무 많다네	少年虛過恨多多

747 임대수 : 【譯注】 임억령(林億齡, 1496~1568)으로, 본관은 선산(善山), 자는 대수(大樹), 호는 석천(石川)·하의(荷衣)이다.

748 새로……성 : 【要存錄 別集】 북주(北周) 유신(庾信)의 〈수성부(愁城賦)〉에 "머리는 오랜 이별 때문에 흰 눈이 더하려고 하고, 근심은 가을이 깊어져서 다시 성을 쌓으려 하네.〔頭因別久欲添雪, 愁爲秋深更築城.〕"라고 하였다.

KNP0711(詩-別卷1-269)

임대수[749]가 찾아와 시를 토론한 것을 기뻐하며 【계축년(1553, 명종8, 53세) 10월 추정. 서울】

喜林大樹見訪論詩

겨울은 한 해가 다 지려하고 玄冬逼歲除
짧은 해는 서쪽으로 내달려 사라지는데 急景馳西沒
시름 젖은 사람은 외진 마을에 누워 愁人臥窮巷
쓸쓸하게 깊은 병 안고 있다네 寂寞抱沈疾
예전 오던 사람 찾지 않아 舊來人不來
문 앞에 참새 그물 쳐놓았더니[750] 門前雀羅設
어찌 알았으랴, 차가운 사립문 두드리며 寧知打寒扉
문득 장자께서 왕림할 줄을 忽枉長者轍
베개 밀치고 일어나 웃으며 맞이하고서 推枕起迎笑
담장에 쌓인 눈 마주하고 앉았나니 坐對墻陰雪
안부 묻고 다른 것 말하기 전에 寒暄未及他
우선 병에 대해 말하였다네 說病乃第一
비록 살지고 여윔은 다르지만 雖云異肥瘦
건강은 그다지 다르지 않았어라 不大殊健劣

---

749 임대수 : 【譯注】 임억령(林億齡, 1496~1568)으로, 본관은 선산(善山), 자는 대수(大樹), 호는 석천(石川)·하의(荷衣)이다.

750 문……쳐놓았더니 : 【譯注】 《사기》 〈정당시열전(鄭當時列傳)〉에 "적공(翟公)이 정위(廷尉)가 되었을 때는 빈객이 문에 가득했는데, 파직되자 찾는 사람이 없어 문밖에 참새 잡는 그물〔雀羅〕을 설치할 만하였다."라고 하였다.

그댄 백 년 붉은 얼굴 예전 그대로인데 百年舊朱顔
나는 천 길 흰 머리 새로 났구나 千丈新素髮
흉금을 터놓은 그 말을 들으니 開懷聽其言
강건한 기상은 어찌 그리 드넓어 확 트였는가 矍鑠何恢豁
시를 배움에 두보와 이백을 좇고 學詩追甫白
도를 배움에 장자와 열자를 흠모하누나 學道慕莊列
이따금 빼어난 구절을 읊조리지만 往往誦傑句
조물주의 희롱에 시달려 곤궁하며[751] 掀簸困造物
장대한 기상은 우주가 비좁으니 壯氣隘宇宙
여섯 자라를 손으로 끌어당길 수 있어라[752] 六鼇可手掣
우레와 번개가 광괴함을 돕는 듯하니 雷電助狂怪
귀신도 변화무쌍함에 두려워하네 鬼神慴怳惚
평소 늙어감을 슬퍼하는데 平生悲老洫
송곳 끝처럼 자잘한 일[753]로 재앙을 당하였으니[754] 膏火錐刀末

751 조물주의……곤궁하며 : 【譯注】 원(元)나라 단성기(段成己)의 〈진자정의 용안당에서〔陳子正容安堂〕〉 시에 "출처는 자신이 할 수 있는 바가 아니니, 조물주에게 상황을 맡기네.〔行止非所能, 造物聽掀簸.〕"라고 하였다.

752 여섯……있어라 : 【譯注】 《열자(列子)》 〈탕문(湯問)〉에 "발해(渤海)의 동쪽에 있는 용백(龍伯)의 나라에는 거인이 있는데, 한번 낚시하여 여섯 마리의 자라를 연달아 낚았다."라고 하였다.

753 송곳……일 : 【攷證 卷8 錐刀末】 《춘추좌씨전》 소공 6년 조에 "백성들이 형서(刑書)를 알면 예를 버리고 형서를 증거로 끌어대면서 송곳 끝만 한 이익도 모두 다투려고 할 것이다."라고 하였다.

754 재앙을 당하였으니 : 【譯注】 《장자(莊子)》 〈인간세(人間世)〉에 "산의 나무는 유용하기 때문에 벌목을 자초하고, 기름은 불을 밝힐 수 있어서 자기 몸을 태우게 만든다.〔膏火自煎也〕"라고 하였는데, 원래는 자신의 재능으로 인해 재앙을 당한다는 의미이나 여기

하늘의 활 통에서 벗어나서[755] 意欲奪天弢
세상 떠나 무궁의 문으로 들어가려 하누나 去入無窮闥
구천 밖에서 아득히 노니니[756] 汗漫九垓外
떠다니며 노니는 즐거움 끝이 없다네 浮游樂未畢
"나의 시는 호탕함을 숭상하노니 吾詩尙豪宕
어찌 공교롭게 다듬을 필요 있나 何用巧剞劂
나의 행동 큰 도리 실천하노니 吾行蹈大方
작은 예절에 구애받을 필요 없으리" 不必拘小節
말의 기세가 매우 격앙되어 詞氣甚激昻
은하수가 혀에서 쏟아져 내리는 듯 河漢瀉頰舌
내가 처음엔 놀라고 감탄하다가 我初驚且嘆
중간에 자못 의심스러워 힐난하였네 中頗疑以詰
스스로 시성이 아니라면 自非聖於詩
법도를 어찌 무시할 수 있는가 法度安可輟

서는 하찮은 일로 파직된 것을 이른다.

755 하늘의……벗어나서 : 【攷證 卷8 奪天弢】《장자(莊子)》〈지북유(知北游)〉에 "이미 변화해서 태어나고 또 변화해서 죽게 되면 태어난 사물은 같은 무리가 죽으면 슬퍼하고 사람의 무리는 같은 사람이 죽으면 비통해 하지만 사실은 하늘의 활 통에 갇혀 있다가 풀려난 것이며〔解其天弢〕 하늘의 칼집에 매여 있다가 떨어진 것과 같다."라고 하였으니, 즉 죽으면 하늘의 속박에서 벗어남을 말한 것이다. ○ 살펴보건대, '奪'은 아마도 '脫' 자의 오기인 듯하다.

756 구천……노니니 : 【譯注】 원래 한만(汗漫)은 천유(天遊)를 즐기는 자를 가리키나, 여기서는 아득히 노닌다는 의미로 사용되었다. 《신선전(神仙傳)》 권1 〈약사(若士)〉에 다음과 같은 내용이 있다. 약사는 옛 신선이니, 그 성명은 알지 못한다. 연(燕) 지방 사람 노오(盧敖)가 진(秦)나라 때 북해에서 노닐다가 약사를 만났다. …… 약사가 "내가 구해(九垓) 밖에서 한만과 만나기로 약속했으니, 오래 머무를 수 없다."라고 하였다.

어찌 들었으랴, '대현인이	寧聞大賢人
규구를 정밀하게 쓰지 않았으랴'라는 말을	不用規矩密
어찌하여 조금 머리를 숙여서	曷不少低頭
더욱 다듬어 법도에 맞도록 정련하지 않는가	加工鍊與律
비유하자면 큰 종을 치려는데	比如撞洪鐘
한 치 대로 어찌 울릴 수 있으랴[757]	寸筳豈能發
장자께서 마치 듣지 못한 듯	長者若不聞
의사가 더욱 높아라	意象更超越
진준은 〈주잠〉을 칭송하였고	陳遵詫酒箴
장송도 또한 자신 잃지 않았다네[758]	張竦亦未失
담론은 여러 가지 맘껏 논했지만	談論縱參差
허여한 것은 아주 작은 부분 뿐	許與略瑣屑

757 큰 종을……있으랴 : 【譯注】 한(漢)나라 동방삭(東方朔)이 지은 〈답객난(答客難)〉에 "대롱 구멍으로 하늘을 엿보고, 바가지로 퍼서 바닷물을 재며, 풀줄기로 종을 치는 격이다.〔以筳撞鍾〕"라고 하였다.

758 진준은……않았다네 : 【譯注】 잘못된 행실에 대한 규간을 받아들이고, 그러면 규간하는 사람도 허물이 없다는 의미로 사용되었다. 【攷證 卷8 陳遵…未失】 한(漢)나라의 장송(張竦)과 진준(陳遵)은 행실이 비록 달랐지만 친애함은 깊었다. 이전에 양웅(揚雄)이 〈주잠(酒箴)〉을 지었는데, 주객(酒客)이 법도를 지키는 선비를 힐난하는 내용을 사물에 비유하여 이르기를 '그대는 두레박과 같다. 두레박이 있는 곳을 보면 우물의 꼭대기에 있어서, 높은 곳에 처하여 깊은 곳까지 내려가 움직임에 항상 위험을 가까이 하니 큰 가죽 주머니만 못하다. 가죽 주머니는 둥글어서 배는 큰 항아리 같으니 온종일 술을 채우면 사람들이 그 술을 산다. 항상 나라의 기물이 되어 천자의 수레에 실려서 두 궁전을 드나들며 관가의 일을 경영한다. 이로 말하건대 술이 어찌 잘못이 있으랴.'라고 하였다. 진준이 이 글을 대단히 좋아하여 항상 장송에게 이르기를 "나와 그대가 이와 같도다."라고 하였다. 《漢書 遊俠傳》 【校解】 《고증》에서는 양웅의 〈주잠〉을 장송이 지은 것으로 되어 있는데, 이는 오류이다.

응당 알겠어라, 툭 트인 선비의 마음　　當知曠士懷
드넓어서 아첨에 기뻐하지 않음을　　坦坦非諛悅
여태까지 쌓인 시름과 번뇌　　向來積憂煩
오늘 저녁에 통쾌하게 쓸어버리누나　　今夕痛湔祓
큰 장인이 못난 목공[759]을 만났지만　　大匠遇血指
빼어난 솜씨로 졸렬한 나를 공격하지 않누나　　不以工掩拙
황 상사의 집에서 솜씨 발휘하고서　　發揮黃家堂
못난 나에게 시를 짓도록 하였어라　　容我妄自述
감히 기꺼이 따르지 않으리오　　敢不樂從之
졸렬한 절구 여덟 수를 바친다오　　斐然呈八絶

-황 상사[760] 집에서 절구 여덟 수를 읊었으니, 이는 본래 임공이 나에게 함께 짓자고 권하였기 때문이다.-

---

759 못난 목공 : 【譯注】 당(唐)나라 한유(韓愈)의 〈자후 유종원에게 올리는 제문〔祭柳子厚文〕〉에 "잘 다듬지 못하면 손에서 흘린 피가 얼굴을 적시는데〔血指汗顔〕, 뛰어난 장인은 도리어 소매 속에 손을 넣고 곁에서 구경만 하고 있었다."라고 하였다.

760 황 상사 : 【攷證 卷8 黃上舍】 살펴보건대, 황준량(黃俊良)의 《금계집(錦溪集)》에 〈매학당팔경. 황태수를 위하여 임석천의 운자를 차운하여 짓다〔梅鶴堂八景爲黃台叟次林石川韻〕〉라는 시가 있는데, 이에 의거하면 황 상사는 곧 고산(孤山) 황기로(黃耆老)를 가리킨다. 【譯注】 고전번역원DB에 올라 있는 《금계집》에는 외집에 〈매학당〉이란 시는 보이지만 매학당 8경을 읊은 시는 보이지 않는다. 황기로의 본관은 덕산(德山), 자는 태수(鮐叟), 호는 고산·매학정(梅鶴亭)이다. 초서에 능하여 초성(草聖)이라 불리었다.

KNP0712(詩-別卷1-270)

영천자[761]의 묵죽화에 절구 두 수를 제하다.[762] 임석천[763]·조송강[764]과 제목을 나눠 함께 짓다 【계축년(1553, 명종8, 53세) 10월 추정. 서울】

題靈川子墨竹二絶 與石川松岡分題同賦

위태로운 대가지 끝에서 달이 춤추니 별들은 숨어버렸고

舞月危梢隱兩旗

이내에 덮이고 이슬에 늘어졌는데[765] 죽순도 나왔어라

和烟彈露有孫枝

지금껏 붉은 봉황 소식이 없는데 只今丹鳳無消息

한 해가 저물어 가도 오히려 굳은 절개 지키누나 猶保堅貞歲晏知

761 영천자 : 【譯注】 신잠(申潛, 1491～1554)으로, 본관은 고령(高靈), 자는 원량(元亮), 호는 영천자(靈川子)·아차산인(峨嵯山人)이다. 시·서·화에 뛰어났는데, 그중에서도 특히 묵죽화를 잘 그렸다.

762 영천자의……제하다 : 【譯注】《정본 퇴계전서》 권1 KNP0155 〈영천자의 묵죽에 제하다〔題靈川子墨竹〕〉와 이 시를 합편해야 한다.

763 임석천 : 【譯注】 임억령(林億齡, 1496～1568)으로, 본관은 선산(善山), 자는 대수(大樹), 호는 석천(石川)·하의(荷衣)이다.

764 조송강 : 【譯注】 조사수(趙士秀, 1501～1558)로, 본관은 양주(楊州), 자는 계임(季任), 호는 송강(松岡)이다. 이조 판서를 역임하였으며, 시호는 문정(文貞)이다.

765 늘어졌는데 : 【攷證 卷8 彈】 '彈'의 독음은 '典'과 '可'의 반절이며, 아래로 드리운 모양 또는 두터운 모양이다.

KNP0713(詩-別卷1-271)

칠석 【계축년(1553, 명종8, 53세) 7월 7일. 서울】

巧夕

이곳에 뒤미처 기록한다.[766]

사람들 다투어 기교를 비니[767] 무엇하려 함인가	人爭乞巧欲何營
다만 찌는 듯 더운 하룻밤 시원하게 보내면 그만이지	但遣炎蒸一夜淸
타향에서 자는 외론 나그네의 마음 깜짝 놀라니	旅枕忽驚孤客意
휑한 뜰엔 온갖 벌레의 울음 마치 하소연하는 듯	荒庭如訴百蟲聲
바다에 웅덩이를 보탠들 더 커지지 않고	潢添巨海無增大
몽당비 천금 나간다 해도[768] 다만 더욱 가벼워지누나	帚享千金只益輕
마을 북쪽, 남쪽에 살면서 얼굴을 보지 못하니[769]	巷北巷南顔色阻

---

766 뒤미처 기록한다 : 【攷證 卷8 追錄】 살펴보건대, 이 뒤의 시 세 수는 모두 가을에 지은 것이다. 앞의 〈임대수가 찾아온 것을 기뻐하다〔喜林大樹見訪〕〉라는 작품은 바로 한 해가 저물 때 지은 것이므로 '뒤미처 기록한다.'라고 하였다.

767 기교를 비니 : 【攷證 卷8 乞巧】 당(唐)나라 유종원(柳宗元)의 〈기교를 내려달라고 비는 글〔乞巧文〕〉에 "유자(柳子)가 밤에 바깥 정원에서 돌아오는데, 상을 차려놓고 제사를 지내는 사람이 있었다. …… 그 앞에서 절을 하면서 기도를 하기에 이상하여 물어보았더니, 여종이 앞으로 나와 말하였다. '오늘 칠월칠석은 직녀(織女)가 견우(牽牛)와 만나는 날입니다. 직녀를 영접하여 제사를 지내는 것은 행여나 기교를 내려준다면 서툴고 졸렬한 솜씨를 떨쳐버려 손과 눈이 빠르고 환해져서 깁고 재봉할 때 마음먹은 대로 될 것이기 때문입니다.'라 대답하였다."라고 하였다.

768 몽당비……해도 : 【要存錄 別集】 위나라 조비(曹丕)의 《전론(典論)》 〈논문(論文)〉에 "무릇 사람이란 스스로를 나타내는 것은 잘하지만, 글은 한 가지 체가 아니어서 다 잘 할 수 있는 이는 드물다. 그래서 각자 자신이 잘하는 것으로써 서로 남이 못하는 것을 경시한다. 속담에 이르기를 '집에 낡은 빗자루가 있으면, 그것을 천금에 해당한다고 여긴다.'라 하였으니, 이는 스스로를 알지 못하는 우환이다."라고 하였다.

거울[770]에 근심스런 흰 머리 비춰보지 말아야지　　　青銅休把照愁莖

769 마을……못하니 : 【譯注】 당(唐)나라 두보(杜甫)의 〈가까운 이웃이란 노래를 지어 필요에게 주다〔偪側行贈畢曜〕〉 시에 "가까워라, 얼마나 가까운지, 나는 마을 남쪽에 살고 그대는 북쪽에 사네. 한스럽구나 이웃에 살면서, 열흘에 한번 만나기 어려우니.〔偪側何偪側, 我居巷南子巷北. 可恨鄰里間, 十日不一見顔色.〕"라고 하였다.

770 거울 : 【攷證 卷8 青銅】 '청동(青銅)'은 거울을 이른다. 송(宋)나라 구양수(歐陽脩)의 〈가을 회포 두 수를 지어 매성유에게 주다〔秋懷二首寄聖兪〕〉 시에 "장사 또한 어찌할까, 실타래 같은 흰머리 거울 비춰보며 슬퍼하누나.〔壯士亦何爲, 素絲悲青銅.〕"라고 하였다.

KNP0714(詩-別卷1-272~273)

반송원에서[771] 연안[772] 부사로 부임하는 김계진[773]을 보내다

【계축년(1553, 명종8, 53세) 7~9월 추정. 서울】

盤松原上 送金季珍赴延安府

(詩-別卷1-272)

또다시 관서로 가는 그대 보내니	又作關西別
다시 만날 날 참으로 몇 해 뒤려나	重逢定幾年
인생살이 끊임없이 이어지고	人生渾合沓
세상일은 분망하게 변해가누나	世故莽推遷
행락에 새로운 벗들 많지만	行樂多新輩
돌아가 농사지으려니 고향은 멀기만 하네	歸耕遠故田
서쪽 교외에서 이별한 뒤에	西郊分袂後
머리 돌려보니 마음 더욱 하염없어라	回首更悠然

(詩-別卷1-273)

모화관은 구름 위로 솟아 있고	華館凌雲起
잔디는 땅을 덮어 널리 펴졌어라	青莎覆地平

---

771 반송원에서 : 【攷證 卷8 盤松原上】 반송원은 모화관(慕華館)에 있는데, 세상에 전하는 말에 구불구불 서려 굽어서 수십 보 그림자를 드리운 소나무가 있었다고 한다. 고려왕이 피난한 곳으로 정자가 있었다.

772 연안(延安) : 【譯注】 황해도 연백(延白)의 옛 지명이다.

773 김계진 : 【譯注】 김언거(金彦琚, 1503~1584)로, 본관은 광산(光山), 자는 계진(季珍), 호는 관포당(灌圃堂)·칠계(漆溪)·풍영정(風詠亭)이다.

수레는 항상 길 가득 줄지어 다니고	輪蹄常簇簇
성곽은 예전부터 가로질러 있누나	城郭故庚庚
저물녘에 가을바람 세게 부니	向晚秋風急
높이 올라 바라보매 향수가 일어나네	臨高客恨生
예나 지금이나 이별 자리에	古今離別處
술잔 잡으니 그 정을 어이 가눌까	把酒若爲情

KNP0715(詩-別卷1-274)

차운하여 시를 부쳐 송강정에 제하다 【계축년(1553, 명종8, 53세) 7~9월 추정. 서울】

次韻寄題松江亭

조형숙(趙洞叔)[774]이 시를 지어 달라 요청하였으니, 그의 장인인 종실 아무개의 정자이다. ○ 조형숙의 이름은 징(澄)이다.

내 일찍이 배 위에서 동강을 바라보았으니 我曾舟上瞰東江
높은 곳 정자 열렸기에 둘도 없는 경치라 생각하였네 高處亭開想絶雙
산굴에서 보낸 이내는 푸른 발에 얽히고 峀送烟光縈翠箔
물결에 흔들리는 달빛은 차가운 창가에 어른거렸지 波搖月色動寒窓
왕손은 매양 나와서 모래밭의 새를 바라보고 王孫每去看沙鳥
어부는 때대로 찾아와 옥 술병을 기울인다 漁父時來倒玉缸
게다가 푸른 소나무 있어 만뢰 소리 들리니 更有蒼髥萬竽籟
어찌 반드시 빈 골짜기로 도망가서 발자국 소리 반길 필요 있으랴[775] 逃空何必喜聞跫

774 조형숙 : 【攷證 卷8 趙洞叔】 조징(趙澄, 1511~1574)으로, 본관은 한양(漢陽), 자는 형숙, 호는 송강(松江)이다. 1543년(중종38)에 식년 문과에 합격하였으며, 삼척부사(三陟府使)와 첨지중추부사를 역임하였다.

775 어찌……있으랴 : 【譯注】《장자(莊子)》〈서무귀(徐无鬼)〉에 "혼자 빈 골짜기에 도망쳐 사는 자〔夫逃虛空者〕가 명아주가 우거져 겨우 족제비나 다닐 법한 좁은 길에서 서성거릴 때 저벅저벅 사람의 발소리만 들어도 기쁘기 마련입니다.〔聞人足音, 跫然而喜矣.〕"라고 하였다.

KNP0716(詩-別卷1-275)

살구꽃 아래에서 동파의 운자[776]를 써서 짓다 갑인년(1554, 명종9, 54세) 【3월 추정. 서울】

杏花下 用東坡韻 甲寅

내 병들어 서울의 봄 경치 찾지 못하니 我病不逐京華春
온종일 문 앞에 찾는 이 없어라 盡日門前無雜人
살구꽃 깊은 집에서 한단의 꿈을 꾸는데 杏花深院邯鄲枕
돌아가는 꿈에 배 한 척 강가를 헤매누나 歸夢一棹迷江蘋
아침에 볼 때는 비단 나무에 꽃이 다퉈 피더니 朝看錦樹花爭發
저녁엔 비바람 따라 꽃이 눈처럼 날리네 夕隨風雨花如雪
다만 바라건대, 꽃 필 때 아름다운 손이 찾아와 但願花時有佳客
녹주 술 잔 가득 따라 꽃과 달 아래 취하면서 綠酒盈罇醉華月
호방하게 읊조리며 백 잔으로 가슴에 술을 부어 豪吟百盞澆胸中
만 섬의 봄 시름을 완전히 깨끗하게 씻어 내었으면[777] 萬斛春愁渾洗空
술동이 앞에 한번 웃으며 동군에게 묻노니 罇前一笑問東君
스물네 번 바람[778]이 꽃을 붉게 피울 게 몇 번이나 남았는가 卄四番風餘幾紅

776 동파의 운자 : 【譯注】 동파(東坡) 소식(蘇軾)의 〈달밤에 손님과 함께 살구꽃 아래에서 술을 마시며〔月夜與客飮杏花下〕〉 시를 가리킨다.

777 백……내었으면 : 【譯注】 남조 유송(劉宋) 유의경(劉義慶)의 《세설신어(世說新語)》 〈임탄(任誕)〉에 다음과 같은 내용이 있다. 왕손(王孫)이 왕침(王忱)에게 "진(晉)나라 완적(阮籍)의 주량은 한(漢)나라 사마상여(司馬相如)와 비교하여 어떤가?"라고 묻자, 왕침이 "완적의 가슴에는 커다란 돌무더기가 있기 때문에 모름지기 술로 씻어내야 한다."라고 하였다.

778 스물네 번 바람 : 【譯注】 꽃피는 계절에 불어오는 바람을 말한다. 예를 들면 1년 24절기 가운데 소한(小寒) 절기로부터 곡우(穀雨) 절기에 이르기까지 모두 4개월, 8절기 사이의 120일 동안을 5일마다 일후(一候)로 잡으면 총 24후가 되는데, 하나의 후마다 일종의 꽃바람이 불어온다는 데서 온 말이다.

KBP0717(詩-別卷1-276)

붉은 복사꽃 아래에서 김계진[779]을 그리다 【갑인년(1554, 명종9, 54세) 3월 추정. 서울】

紅桃花下 有懷季珍

복사꽃 아래 술잔 멈추고 봄에게 묻노니　花下停杯試問春
어느 곳에서 왔다가 어느 물가로 흘러가는가　來從何處去何濱
비록 아름다운 봄빛 마음껏 펼쳤지만　縱然極意年芳事
사람을 즐겁게 하지 못하고 되레 근심하게 할 줄이야[780]　不解娛人卻惱人

779 김계진 : 【譯注】 김언거(金彦琚, 1503~1584)로 본관은 광주(光州), 자는 계진(季珍), 호는 풍영(豊咏)이다. 1531년 식년시 병과에 합격하여 사헌부 장령, 헌납, 금산 군수, 연안 부사 등의 벼슬을 지냈다.

780 비록……줄이야 : 【譯注】 봄의 아름다운 풍경이 되레 친구 김언거를 그립게 만든다는 뜻이다.

KBP0718(詩-別卷1-277~278)

정정이[781]의 시에 차운하다 【갑인년(1554, 명종9, 54세) 3~4월 추정, 서울】

次韻鄭靜而

정지운(鄭之雲)이다. ○정정이(鄭靜而)는 빈궁하여 집이 없어서 처음에는 남의 강가 정자를 얻어 살면서 '가정(稼亭)'이라 자호하였는데, 뒤에 문서를 만들어 두지 않아서 남에게 빼앗겼다. 지금은 도성 안에서 처가살이를 하고 있으며, '추만(秋巒)'으로 개호하였다.

(詩-別卷1-277)

번지의 배움은 공을 잘못 들인 것임을 뒤늦게 깨달아 晩覺樊遲學謬功
농사일 피해 선비로 돌아가 참된 공부에 마음 두었네[782] 逃農歸士著眞工
가정은 이미 배를 골짜기에 숨긴 것과 같으니 稼亭已似舟藏壑
득실을 어찌 반드시 새옹에게 물어야 하리오[783] 得失何須問塞翁

-위는 가정(稼亭)이다.-

---

781 정정이 : 【譯注】 정지운(鄭之雲, 1509~1561)으로, 본관은 경주, 자는 정이, 호는 가정·추만이며, 저술로 〈천명도설(天命圖說)〉이 있다.

782 번지의……두었네 : 【要存錄 別集 권1】《정본 퇴계전서》 권15 〈추만거사정군묘갈명(秋巒居士鄭君墓碣銘)〉 서문에서 "군은 도성이 은거할 만한 곳이 아니라고 생각하여 고양(高陽)의 강가에 자리 잡고 '가옹(稼翁)'이라 자호하여 직접 농사지으며 일생을 마칠 뜻을 보였으나 자산이 없어서 뜻을 이루지 못하였다."라고 하였다.

783 가정은……하리오 : 【譯注】 정자를 남에게 빼앗긴 것은 어쩔 수 없는 일이니 농사지으며 살려고 한 계획이 실패로 돌아갈 것임을 예상할 수 있었다는 말이다. 《장자》 〈대종사(大宗師)〉에 "골짜기에 배를 숨기고 못 속에 산을 숨겨 놓고 견고하다고 여기지만, 밤중에 힘이 센 사람이 지고 가는데도 어리석은 사람은 모른다."라고 하였다.

(詩-別卷1-278)

맑은 가을 높은 산이 하늘을 반쯤 갈랐으니　　秋霽高山截半天
구구한 작은 언덕 따위야 어찌 마음에 두리오　　區區培塿豈扳連
평소에 그 드높은 기상을 흠앙하노니　　平生仰止巖巖象
도도한 세상 흐름에 몸을 섞지 마시라　　莫遣滔滔混世川

-위는 추만(秋巒)이다.-

KBP0719(詩-別卷1-279)

조송강[784]이 부쳐 온 시를 보고 차운하다 【갑인년(1554, 명종9, 54세) 4월 10일경 추정. 서울】

次韻松岡見寄

본바탕도 아름답게 윤이 나지 않는데 本實非華澤
문장 또한 티끌이 쌓였어라 文章亦累塵
겨우 내 마음속 생각을 써 내려갈 뿐 纔堪寫吾蘊
남보다 낫기를 바라지 않는다오 不要勝他人
험운을 보내와 마음 펼쳐내기 어려우니 險韻難心暢
시름 깊어 얼굴 찌푸릴 만하네 窮愁足面顰
바다 같은 문장 익숙할 만도 하거니와 非無淵海狎
이로부터 열흘은 시 짓는 일 없으리 從此斷吟旬

784 조송강 : 【譯注】 조사수(趙士秀, 1502~1558)로 본관은 양주(楊州), 자는 계임(季任), 호는 송강(松岡)이다. 제주 목사(濟州牧使), 대사성, 대사간, 대사헌, 경상도 관찰사, 이조 판서, 공조 판서 등을 거쳐 좌참찬에 이르렀으며, 시호는 문정(文貞)이다.

KBP0720(詩-別卷1-280)

조송강[785]의 회문시[786]에 차운하다 여름 【갑인년(1554, 명종9, 54세) 5~6월 추정. 서울】

次松岡回文韻 夏日

높은 나무 바람 일어 앉은 자리 시원하고	高樹生風來爽榻
엷은 구름 햇살 새어 성긴 발에 비쳐라	薄雲漏日映踈簾
복사 가지 무겁게 드리워 열매에 이슬 머금고	桃枝亞重仁含露
죽순은 새로 돋아 그림자 처마 밖으로 나왔네	竹笋添新影出簷
막걸리 빛을 보리 짙으니 시골 벗들 생각나고	醪醲麥濃思社伴
방에는 먼지만 인지 오래라 읽던 책들 떠오르누나	室生塵久憶書籤
여섯 자라 한 번에 낚을 계획[787] 진작에 어긋났거니와	鼇連大釣曾違計
낙낙한 이가 자잔하게 주석 다는 일 방해하시네[788]	落落人妨注瑣纖

785 조송강 : 【譯注】 조사수(趙士秀, 1502~1558)로 본관은 양주(楊州), 자는 계임(季任), 호는 송강(松岡)이다. 제주 목사(濟州牧使), 대사성, 대사간, 대사헌, 경상도 관찰사, 이조 판서, 공조 판서 등을 거쳐 좌참찬에 이르렀으며, 시호는 문정(文貞)이다.

786 회문시(回文詩) : 【譯注】 앞에서부터 읽으나 뒤에서부터 거꾸로 읽으나 뜻이 통하도록 평측과 운을 맞춘 한시 형식이다. 【攷證 卷8 次松岡回文】 진(晉)나라 온교(溫嶠, 288~329)가 처음으로 회문시를 지었다.

787 여섯……계획 : 【譯注】 조정에서 큰일을 하는 것은 진작에 틀렸다는 말이다. 《열자(列子)》 〈탕문(湯問)〉에, "용백(龍伯)의 나라에 거인이 있는데 한 번 낚시로 바닷속에 있다는 큰 자라 여섯 마리를 한꺼번에 낚았다."라고 하였다.

788 낙낙한……방해하시네 : 【譯注】 성현의 글에 주석 달며 학문하려던 계획에 차질이 생긴 것을 말한다.

KBP0721(詩-別卷1-281~283)

조송강[789]의 악부[790]에 화운하다. 3편 【갑인년(1554, 명종9, 54세) 5~6월 추정. 서울】

和松岡樂府 三篇

(詩-別卷1-281)

집 모퉁이에 비둘기 울고 봄비 가는데	屋角鳩鳴春雨細
느지막이 일어나 창가에 기대노라	起晚倚窓櫳
눈에 가득 봄꽃은 일만 겹이니	滿目烟花一萬重
좋을시고 몇 번째 바람[791]일까	好是幾番風
차례대로 붉은 꽃에 불어 향기 끊이지 않으니	陣陣吹紅香不斷
뜨락에 한창 향기 짙어라	庭院政薰濃
쓸쓸하여라 한가로이 읊조리며 먼 하늘 바라보니	惆悵閒吟望遠空
담담히 해가 붉게 기우네	淡淡日斜紅

-위는 무릉춘(武陵春)[792]이다.-

789 조송강 : 【譯注】 조사수(趙士秀, 1502~1558)로 본관은 양주(楊州), 자는 계임(季任), 호는 송강(松岡)이다. 제주 목사(濟州牧使), 대사성, 대사간, 대사헌, 경상도 관찰사, 이조 판서, 공조 판서 등을 거쳐 좌참찬에 이르렀으며, 시호는 문정(文貞)이다.

790 악부 : 【攷證 卷8 和松岡樂府】 원(元)나라 웅충(熊忠)이 편찬한 《고금운회거요(古今韻會擧要)》 권12에서 "효혜(孝惠) 6년 악부(樂府)로 하여금 소관(簫管)을 정비하게 하였고, '악부'라는 이름이 이때부터 시작되었다."라고 하였다.

791 몇 번째 바람 : 【譯注】 꽃 피는 계절에 불어오는 바람을 말한다. 1년 24절기 가운데 소한(小寒)부터 곡우(穀雨)에 이르기까지 120일에 걸쳐 5일마다 하나씩 24번 화신풍(花信風)이 불어오는데, 각각 한 가지씩 꽃이 피며 가장 먼저 매화가 피고 가장 늦게 연화(楝花)가 핀다고 한다.

792 무릉춘(武陵春) : 【譯注】 사(詞)의 곡조 이름으로 단조(單調) 48자로 구성되어

(詩-別卷1-282)

아름다운 시절 만나니	逢佳節
누대에 비단 무늬 수 놓은 춘삼월이라[793]	樓臺錦繡春三月
춘삼월	春三月
정든 벗 멀리 보내니	情親遠送
한 사람은 진으로 가고 한 사람은 월로 가는 듯[794]	適秦歸越
버들가지 다 꺾어 이별의 애간장 끊어지고	柳條攀盡離腸絶
나그네 옷에 눈물 흘러 피처럼 얼룩덜룩	征衫雨淚斑斑血
피처럼 얼룩덜룩	斑斑血
밤에 하늘에서 내려오니	夜來天上
다만 보이나니 천상의 궁궐[795]이라오	只看銀闕

-위는 억진아(憶秦娥)[796]이다-

있다.【攷證 卷8 武陵春憶秦娥點絳唇】 무릉춘·억진아·점강순은 모두 고악부(古樂府)의 편명(篇名)이다.

793 누대는……놓은 : 【譯注】 누대에서 보이는 산봉우리에 꽃이 피어 아름다운 광경을 수놓은 비단에 비유한 것이다. 당(唐)나라 백거이(白居易)의 〈군남산을 바라보다(望郡南山)〉 시에 "강가의 한 산봉우리 흰 구름 사이에 섰나니 붉은빛 푸른빛 층층이 금수의 무늬로세.〔臨江一嶂白雲間, 紅綠層層錦繡斑.〕"라고 하였다.

794 진으로……듯 : 【譯注】 진나라는 중국의 서북쪽에 있고 월나라는 동남쪽에 있어서 아주 멀리 떨어져 있음을 비유하는 말이다.

795 천상의 궁궐〔銀闕〕 : 【譯注】 도가(道家) 용어이다. 천상에 있다는 백옥경(白玉京)으로 신선 또는 천제(天帝)가 사는 곳이다. 달을 가리키기도 한다.

796 억진아(憶秦娥) : 【譯注】 사(詞)의 곡조 이름으로 쌍조(雙調) 46자로 구성되어 있으며 진누월(秦樓月), 벽운심(碧雲深), 쌍하엽(雙荷葉) 등으로도 불린다.

(詩-別卷1-283)

봄 저무는 꽃동산	春暮芳園
온갖 꽃 울긋불긋 진귀한 새 지저귀네	百紅千紫珍禽韻
길은 길고 집은 멀어	路長家遠
아련히 수심만 이어지누나	縹緲愁情慢
푸른 풀 뜰에 가득	綠草滿庭
연약한 버들가지마다 새순 돋았어라	弱柳枝枝嫩
날 저물어 술잔 마주해도	臨觴晩
술로 근심 삭이기 어려우니	酒難消悃
이 마음을 누구에게 물어볼까	此意憑誰問

-위는 점강순(點絳脣)[797]이다-

797 점강순(點絳脣) : 【譯注】 사(詞)의 곡조 이름으로 쌍조(雙調) 41자 혹은 43자로 구성되어 있으며, 점앵도(點櫻桃)·십팔향(十八香)·남포월(南浦月) 등으로도 불린다.

KBP0722(詩-別卷1-284)

해 질 무렵 숙직하면서 【갑인년(1554, 명종9, 54세) 5~6월 추정. 서울】

寓直日暮

궁궐은 높고 높아 중천에 솟았고 玉闕岧嶢倚半空

해질녘[798] 남은 빛 창가 주렴 비추네 曛黃餘彩晃簾櫳

어느새 어둠 들어 보이는 것 없으니 斯須變滅無留見

적막한 대궐 문 몇 겹으로 닫혔는가 寂寂天門鎖幾重

798 해질녘 : 【攷證 卷8 曛黃】《문선(文選)》에서 "석양빛 누렇게 물들며 비구름 일어나네.〔曛黃滃澒〕"라고 하였다. 【校解】《고증》에는 출전이 '문선〔選〕'으로 되어 있으나, 어디에 근거한 구절인지 미상이다.

KBP0723(詩-別卷1-285)

가을 밤 【갑인년(1554, 명종9, 54세) 7~8월 추정. 서울】

秋夜

지리한 가을밤은 길고	曼曼秋夜長
휑한 빈방은 고요하여라	窅窅虛室靜
타고 남은 향불은 가물가물	灰殘香黯黯
꿈 깨어나니 정신은 또렷또렷	夢覺神惺惺
우수수 비에 잎사귀 떨어지니[799]	索索雨葉隕
푸드득 깃든 까치 놀라네	翩翩栖鵲警
사람 그리니 저무는 세월이 안타깝고	懷人惜遲暮
몸이 아프니 조용한 시골이 생각나네	抱痾憐幽屛
백거이는 중은을 좋아하였고[800]	白傅喜中隱
한유는 전맹을 후회하였다오[801]	韓公悼前猛

---

799 우수수……떨어지니 : 【攷證 卷8 索索雨葉隕】 송(宋)나라 황정견(黃庭堅)의 〈도왕부(悼往賦)〉에 "서풍이 쓸쓸하니 낙엽은 우수수〔西風悲兮, 敗葉索索.〕"라고 하였다. 【校解】《고증》에는 '悲'가 '飄'로 되어 있는데, 《산곡집 외집(山谷集 外集)》 권11 초사(楚詞)에 의거하여 수정하였다.

800 백거이는 중은을 좋아하였고 : 【攷證 卷8 白傅喜中隱】 당(당)나라 백거이(白居易)의 〈중은(中隱)〉 시에 "대은은 성안에 살고 소은은 산골에 산다네. 산골은 너무 외졌고 성안은 너무 시끄러우니 중은이 되어 벼슬살이에 숨는 것만 못하여라.〔大隱住朝市, 小隱入丘樊. 丘樊太冷落, 朝市太囂喧. 不如作中隱, 隱作留司官.〕"라고 하였다. 【校解】《고증》에는 '住'가 '隱'으로 되어 있는데, 《백향산시집(白香山詩集)》 권22에 의거하여 수정하였다. ○ 살펴보건대 원문의 백부(白傅)는 당나라 백낙천(白樂天, 백거이(白居易))을 가리킨다. 송(宋)나라 구양공(歐陽公, 구양수(歐陽修))의 〈백부의 무덤〔白傅墳〕〉이라는 시가 있다.

어떡하면 한 척 배로 돌아갈꺼나	何如一棹歸
만 리 안개 물결 이는 그곳을 따라	萬里烟波景

801 한유는 전맹을 후회하였다오 : 【攷證 卷8 韓公悼前猛】 당(唐)나라 한유(韓愈)의 〈가을 회포 11수〔秋懷十一首〕〉 중 제5수에 "벼슬 그만두고 새로 마음이 나약해지니, 세상에 나아가 일했던 지난날의 용맹함을 후회하네.〔斂退就新懦, 趨營悼前猛.〕"라고 하였다. 【校解】《고증》에는 '한유'가 '구양수(歐陽修)'로 되어 있는데 《한창려집(韓昌黎集)》 권1에 의거하여 수정하였다.

KBP0724(詩-別卷1-286~289)

조송강[802]이 보낸 시를 보고 차운하다 【갑인년(1554, 명종9, 54세) 7~8월 추정. 서울】

次韻松岡見贈

(詩-別卷1-286)

종전에 사리 판단 늦음을 스스로 탄식하노니	自嘆從前見事遲
지금은 숫양의 뿔이 울타리에 걸린 꼴이라[803]	至今羝角觸藩籬
삼 년 동안 국화꽃 아름다운 줄 알지 못하고	三年未覺黃花好
한번 누운 뒤론 빠른 세월에 괜스레 놀란다오	一枕空驚白日馳
적막하게 예전에 은거하던 곳 그리며 사니	寂寞有栖懷舊隱
노쇠하여 밝은 시대에 보답할 방도 없다오	摧頹無計答明時
지음의 벗으로 고맙게도 송강 노인 계시니	知音賴有松岡老
시정을 통렬히 쏟아 뒤이어 시를 읊노라	痛寫騷情續賦詩

(詩-別卷1-287)

한창때는 복희와 황제의 시대 구현해보려 했건만[804]	少年志欲挽羲皇

802 조송강 : 【譯注】 조사수(趙士秀, 1502~1558)로 본관은 양주(楊州), 자는 계임(季任), 호는 송강(松岡)이다. 제주 목사(濟州牧使), 대사성, 대사간, 대사헌, 경상도 관찰사, 이조 판서, 공조 판서 등을 거쳐 좌참찬에 이르렀으며, 시호는 문정(文貞)이다.

803 숫양의……꼴이라 : 【譯注】 이러지도 저러지도 못하는 진퇴양난의 형세를 말한다. 《주역》 〈대장괘(大壯卦) 상육(上六)〉효사(爻辭)에 "숫양이 울타리를 떠받아 물러가지도 못하고 나아가지도 못한다.〔羝羊觸藩, 不能退〕"라고 하였다.

804 복희와……했건만 : 【譯注】 원문의 희황(羲皇)은 고대 전설상의 복희씨(伏羲氏)를 뜻하는 단어이나, 여기서는 아래 《고증》에 의거하여 '희황(羲黃)' 즉 복희씨와 황제(皇

말년에는 서성거리며 마음 아파할 뿐	末路低徊只可傷
학문은 제대로 알지 못한 채 정신이 이미 지쳤고	學未通方神已倦
재주는 경세에 부족한 채 뜻만 공연히 컸었네	才無經世意空長
성은은 자주 병든 이 몸에게 관대하지만	聖恩亟許寬罷疾
여론이야 어찌 미친 늙은이 버리기 어려웠으랴	時議寧難捨老狂
누워서 남은 봄에 즐기며 놀 곳 생각해 보니	臥想餘春行樂處
붉은 잎은 얼마나 맑은 서리에 흐드러졌을까	幾多紅葉爛淸霜

(詩-別卷1-288)

기나긴 밤 야심한데 잠은 더디 들고	永夜深更著睡遲
창문 너머 나무숲 동산 울타리에 가까워라	隔窓林木近園籬
빗줄기는 세력이 거세져서 강 물결 말아 올리고	雨將驟勢江濤卷
바람은 슬픈 소리 도와 풍경[805] 소리 요란하도다	風助悲聲鐵馬馳
귀밑머리 눈처럼 하얀 것은 무슨 일인가	種雪鬢邊緣底事
등불 아래 책을 봐도 예전과는 다르다오	硏書燈下異前時
오직 낡은 솜이불로 시린 뼛골 가리며	猶將故絮遮寒骨
병 무릅쓰고 시를 지어 근심을 달래노라	力疾吟成遣悶詩

帝)의 뜻으로 번역하였다. 【攷證 卷8 羲皇】 '皇'은 아마도 '黃'이 되어야 할 듯하다.

805 풍경 : 【譯注】 원문의 철마는 처마에 매다는 풍경이다. 청(淸)나라 고장사(顧張思)의 《토풍록(土風錄)》 권1에 "처마 앞에 풍경을 매다는 일, 수 양제 때 비롯하였네.〔簷前懸鐵馬, 始於隋煬帝.〕"라고 하였다. 【攷證 卷8 鐵馬】 당(唐)나라 격문(檄文)에 "서리 같은 창 든 군사 일만이요, 쇠 같은 말 탄 병사 일천이라.〔霜戈萬隊, 鐵馬千羣.〕"라고 하였다. 《舊唐書 卷178》

(詩-別卷1-289)

아침에 푸르던 나무 저녁에 누렇게 되니	朝看青樹暮成黃
천지는 무정하여 만물을 시들게 하네	天地無情百物傷
사방 벽에 벌레들 절서를 따라 사라지고	四壁悲蟲隨序盡
온 뜰에 차가운 비 다시 길게 내리누나	一庭寒雨送更長
병 드니 성안에 은거하기가 산속처럼 고요하고	病知城隱如山靜
나이 드니 시에 빠지기가 술 취한 것보다 낫다오	老覺詩禪勝酒狂
조만간 그대 찾아 그윽한 회포 말하려 하니	異日相尋話幽抱
다만 바위 골짜기 꽁꽁 얼까 걱정될 뿐이네	只愁巖壑抵冰霜

KBP0725(詩-別卷1-290~291)

다시 조송강[806]의 시에 차운하여 화답하다 【갑인년(1554, 명종9, 54세) 7~8월 추정. 서울】

又次韻答松岡

(詩-別卷1-290)

새벽에 작은 집에 앉았노라니 느릿한 향 연기	小堂晨坐篆烟遲
고개 들어 산을 보니 울타리 걷어버리고 싶어라	矯首看山欲撤籬
메추라기 날개로 붕새와 다투기는 이미 어렵고	鷃翼已難鵬與擊
무딘 발굽으로 천리마와 달리기 늘 부끄러워라	駑蹄常愧驥同馳
하늘의 운행은 오늘이 어제와 같건만	天機此日如他日
만물의 형태는 지금이 예전과 다르구나	物態今時異昔時
만 곡이나 되는 이 시름[807] 누가 풀어주랴	萬斛愁情誰解得
한가한 가운데 씻어낼 것은 오직 시에 붙일 뿐	閒中陶寫只憑詩

(詩-別卷1-291)

눈썹 사이에 무슨 일로 문득 누런 빛 떠올랐나[808]	眉間何事忽浮黃

---

806 조송강 : 【譯注】 조사수(趙士秀, 1502~1558)로 본관은 양주(楊州), 자는 계임(季任), 호는 송강(松岡)이다. 제주 목사(濟州牧使), 대사성, 대사간, 대사헌, 경상도 관찰사, 이조 판서, 공조 판서 등을 거쳐 좌참찬에 이르렀으며, 시호는 문정(文貞)이다.

807 만……시름 : 【攷證 卷8 萬斛愁】 북주(北周) 유신(庾信)의 〈수부(愁賦)〉에 "일촌 크기 마음을 가지고, 만곡의 많은 시름을 담는다.〔且將一寸心, 容此萬斛愁.〕"라고 하였다.

808 눈썹……떠올랐나 : 【譯注】 한(漢)나라 매승(枚乘)의 〈칠발(七發)〉 시에 "양기가 눈썹 사이에 나타나네.〔陽氣見於眉宇之間〕"라고 하였는데, 그 주석에서 "기쁜 기운이

시가 좋은 경지에 이르면 슬픔을 능히 씻어낸다오　詩到工能滌惋傷
거울 들여다볼 때마다 여윈 얼굴 가련하니　鏡裏每憐顏成削
책 속에서 오로지 깊고 오랜 맛을 깨닫누나　書中但覺味深長
학은 스스로 화답하며 마음을 서로 통하지만　皐禽自和心交感
사마로도 혓바닥에서 나온 미친 말을 쫓기 어려워라[809]
駟馬難追舌出狂
짧은 등경 마주 앉아 읊조리기 그치지 않으니　坐對短檠吟未已
차가운 창에 스미는 엷은 서리 겁날 것 없어라　寒窓未怯透輕霜

안에 쌓이면 반드시 양(陽)으로 나타난다. 그러므로 근래 관상을 보는 사람들은 눈썹 사이의 누런빛을 기쁜 기운으로 여긴다."라고 하였다.

809 사마로도……어려워라 : 【譯注】 사마(駟馬)는 네 필의 말이 끄는 수레로, 조사수가 이황에게 과분한 칭찬을 했다는 뜻이다. 【要存錄 別集 권1】《논어》〈안연(顔淵)〉 편에서 자공(子貢)이 "애석하도다. 선생의 말씀이 군자다우나, 실수를 하는 그 혀는 사마도 따라잡지 못하겠도다."라고 하였다.

KBP0726(詩-別卷1-292~301)

한사형[810] 윤명 이 천마산에 가서 독서하는데 시첩 하나를 맡기면서 글씨를 써달라고 하기에 뜻하지 않게 감회를 써서 부쳐 주다 【갑인년(1554, 명종9, 54세) 12월 추정. 서울】

韓士炯胤明往天磨山讀書 留一帖求拙跡 偶書所感寄贈

(詩-別卷1-292)

예전에 배운 것 몽땅 잊고 새로 배운 것 희미한데 舊學渾忘新學微
태평 시대 봉록에 연연하여 아직 돌아가지 못하노라 淸時戀祿未成歸
오랜 벗이 또한 구름 덮인 산으로 간다 하니 故人又向雲山去
누구와 더불어 옛 책을 놓고 시비를 논할까 誰與塵編講是非

(詩-別卷1-293)

그곳에 노닌 사람 구전을 기록한 것 근래 읽어보니 近讀遊人記舊傳
문충공의' 옛집[811] 아직도 그대로라 文忠居址尙依然
세상의 동량이 되는 풍모 늠름도 하여 棟梁宇宙餘風凜
길이 영웅들로 하여금 눈물 흘리게 한다오 長使英雄淚洒泉

-위는 김계진(金季珍)[812]이 근래 부쳐온 《유송도록(遊松都錄)》에서 말한 문충공(文忠公)의 옛집을 읊은 것이다.-

---

810 한사형 : 【譯注】 한윤명(韓胤明, 1526~1567)으로 본관은 청주, 자는 사형(士炯), 호는 일재(一齋)이다. 이황의 천거로 선조의 잠저(潛邸) 시절 사부(師傅)를 지냈다.

811 문충공의 옛집 : 【譯注】 정몽주(鄭夢周, 1337~1392)를 말한다. 본관은 영일(迎日), 자는 달가(達可), 호는 포은(圃隱)이며 시호가 문충(文忠)이다. 【攷證 卷8 文忠居址】《지지(地志)》에 "정몽주의 옛집은 개성부(開城府) 화원(華園) 북쪽에 있다."라고 하였다.

(詩-別卷1-294)

서 노인[813]은 이제 학을 타고 떠나고 徐老今爲鶴背身
은거하여 공부하던 곳 모두 묵은 자취 되었어라 藏修遺迹摠成陳
누가 그를 위해 화담에 서원 지어 何人爲築花潭院
다시 몇 사람이나 심법을 서로 전할까 心緖相傳更幾人

-위는 처사 서화담(徐花潭)의 옛집을 읊은 것이다.-

(詩-別卷1-295)

젊은 시절 공부는 방향을 몰라 헤매었고 少年爲學苦迷方
나이 들어서는 방향 알았으나 뜻과 힘이 거칠었네. 向老知方志力荒
다시 마음에 힘입을 뿐 바깥에서 오는 것 아니니[814] 卻賴靈源非外鑠
수시로 일상 속에서 양양[815]한 도를 볼지라 時於日用見洋洋

-여기서부터 아래는 남시보(南時甫)[816]에게 부친 것이다. 이때 시보가 큰 병을

812 김계진 : 【譯注】 김언거(金彦琚, 1503~1584)로 본관은 광주(光州), 자는 계진(季珍), 호는 풍영(豊咏)이다. 1531년 식년시 병과에 합격하여 사헌부 장령, 헌납, 금산 군수, 연안 부사 등의 벼슬을 지냈다.

813 서 노인 : 【譯注】 서경덕(徐敬德, 1489~1546)으로 본관은 당성(唐城), 자는 가구(可久), 호는 복재(復齋) 또는 화담(花潭)이다.

814 마음에……아니니 : 【譯注】 맹자가 이르기를 "인의예지가 밖으로부터 나를 녹여 들어오는 것이 아니라, 나에게 고유한 것이지만 생각하지 못할 뿐이다."라고 하였다. 《孟子 告子上》

815 양양(洋洋) : 【譯注】 도처에 두루 충만한 모습을 형용하는 말이다. 《중용장구》 16장에서 "양양히 그 위에 있는 듯하며 그 좌우에 있는 듯하다.〔洋洋乎如在其上, 如在其左右.〕"라고 하였다.

816 남시보 : 【譯注】 남언경(南彦經, 1528~1594)으로 본관은 의령(宜寧), 자가 시보(時甫), 호는 동강(東岡)이다.

연거푸 앓고 나서 이 산에서 요양하고 있었다.-

(詩-別卷1-296)

백세토록 스승으로 받드는 이연평[817]이여 師尊百世李延平
빙호추월[818]처럼 철저히 맑았어라 秋月冰壺徹底淸
내가 선현의 책을 그대 덕분에 얻어보니 自我遺編憑子得
흐릿하게 취해있던 정신 화들짝 깨어난다오 從前昏醉怳如醒

-위는《연평답문(延平答問)》[819]을 읊은 것으로 본래 남시보가 소장하던 것이다.-

(詩-別卷1-297)

참으로 알고 힘껏 실천했던 설문청[820]이여 眞知力踐薛文淸
적어놓은 가르침 조목조목 좌우명으로 삼을 만하여라 錄訓條條當座銘
가장 뛰어난 점은 사람에게 깊은 성찰 발하게 하여 最是令人發深省

817 이연평 : 【譯注】 송(宋)나라 주희(朱熹)의 스승인 이통(李侗, 1093~1163)으로 자는 원중(願中), 호는 연평(延平), 시호는 문정(文靖)이며, 검남(劍南) 사람이다. 이정(二程)의 학문이 주희에게 이어지는 교량적 역할을 하였으며, 저서에 주희가 편찬한《이연평집》이 있다.

818 빙호추월(氷壺秋月) : 【譯注】 얼음으로 만든 호리병에 맑은 가을 달이 비친 것과 같이 티 없이 고결한 정신을 뜻한다. 등적(鄧迪)이 일찍이 주희의 부친인 주송(朱松)에게 이동의 인격을 칭찬하여 말하기를 '원중(愿中)은 마치 빙호추월과 같아 한 점 티가 없이 맑게 비치니, 우리가 따라갈 수가 없다.'라고 하였다."《宋史 李侗列傳》

819 연평답문(延平答問) : 【譯注】 송(宋)나라 주희가 찬술한 것으로, 본집 1권과 부록 1권으로 이루어져 있다. 본집은 주희와 그의 스승 이통이 유가 경전의 내용에 관한 문답을 주고받은 서신을 모아 편찬한 것이고, 부록은 주희의 문인들이 평소에 주희가 이통에 대해 언급한 내용과 제문·행장을 엮은 것이다.

820 설문청 : 【譯注】 명(明)나라 설선(薛瑄, 1392~1464)으로, 자는 덕온(德溫), 호는 경선(敬瑄), 시호는 문청(文淸)이다.

지엽에 힘쓰거나 현명에 빠지지 않게 한 것이라오　不爲枝葉不玄冥

-위는 설문청의 《독서록》[821]을 읊은 것이다.-

(詩-別卷1-298)

쇠퇴한 풍조 속에 우뚝이 섰던 진백사[822]여　屹立頹波陳白沙
남극성처럼 이름 높이 걸려[823] 온 중국을 흔들었어라　名懸南極動中華
어찌하여 우리 유가의 학술을 중시하지 않고　如何不重吾家計
지극한 곳에서는 끝내 사특한 서축으로 빠졌는가　極處終歸西竺邪

-위는 진백사의 《백사시교해(白沙詩敎解)》를 읊은 것이다.-

(詩-別卷1-299)

의려 선생은 오랑캐 후예의 땅에서 나고 자라[824]　醫閭生長裔戎方

---

821 독서록 : 【譯注】 설선이 몸소 실행하면서 마음으로 터득한 것을 기록한 책으로, 《독서록》 11권과 《독서속록》 12권, 총 23권으로 구성되어 있다. 주로 이기(理氣)와 성리(性理) 문제를 다루었으며, 명나라 초기의 정주학(程朱學)의 대표적인 저술이다.

822 진백사 : 【譯注】 진헌장(陳獻章, 1428~1500)으로, 자는 공보(公甫), 호는 석재(石齋)이며, 백사리에 살았기 때문에 백사자((白沙子) 혹은 백사 선생이라고 부른다. 그의 학풍은 정좌(靜坐)하여 마음을 깨끗이 함으로써 이치(理致)를 직관(直觀)하는 것으로, 주희의 학풍과는 대치되었다. 저서로는 《백사집(白沙集)》·《백사시교해(白沙詩敎解)》 등이 있다.

823 남극성처럼……걸려 : 【譯注】 진헌장이 광동성의 광주부(廣州府) 신회현(新會縣) 백사리에 살았으므로 이렇게 말한 것이다.

824 의려……자라 : 【譯注】 의려(醫閭)는 하흠(賀欽, 1437~1510)의 호로, 자는 극공(克恭)이다. 원래 절강성(浙江省) 정해현(定海縣) 사람인데, 병적(兵籍) 정리를 하는 과정에서 요동 광녕위(廣寧衛)로 옮겨 왔다가 의주(義州)에 있는 의려산(醫閭山)에 우거(寓居)하고 호를 의려라고 하였다. 진헌장(陳獻章)을 사사하였으며 사서(四書) 및 경서(經書)와 《소학(小學)》을 중심으로 실천하는 것을 목표로 하여, 일찍이 "학문의

스승 따라 한번 변하여[825] 용퇴하고 은거하였네 一變因師勇退藏
하물며 청색이 쪽 풀에서 나온 것처럼 況是靑能自藍出
선을 피해 우리 유가로 돌아와 참으로 단정 장중했어라 逃禪歸我儘端莊

-위는《의려선생집(醫閭先生集)》[826]을 읊은 것이다.-

(詩-別卷1-300)

양명의 사특한 설 홍수처럼 넘쳐흘렀으니 陽明邪說劇洪流
온 힘 다해 막으려던 나공[827]의 깊은 근심 있었다오 力遏羅公有隱憂
마음과 이기를 논한 글들 읽어보니 讀到論心兼理氣
사람으로 하여금 또 다른 근심 생겨나게 하누나[828] 令人又覺別生愁

-위는《전습록(傳習錄)》[829]과《곤지기(困知記)》[830]를 읊은 것이다.-

요체는 고원(高遠)한 데 있지 않고, 경(敬) 공부를 위주로 하여 놓친 마음〔放心〕을 수습하는 데에 있다." 하였다.《四庫全書提要 醫閭集》

825 스승……변하여 : 【攷證 卷8 一變因師】 스승은 백사 진헌장을 가리킨다.

826 의려선생집(醫閭先生集) : 【譯注】 하흠의 저작으로 모두 9권이다. 1~3권까지는《언행록》으로 하흠의 언행을 기록하였고, 4~7권까지는《존고(存稿)》로 하흠이 찬술한 묘지명·서신 등을 수록하였고, 8권은《주고(奏稿)》로 하흠이 쓴 주소(奏疏)를, 9권은《시고(詩稿)》로 하흠이 지은 시가 수록되어 있다.

827 나공(羅公) : 【譯注】 명(明)나라 나흠순(羅欽順, 1465~1547)으로, 자는 윤승(允升), 호는 정암(整菴)이다. 벼슬에서 물러나 초야에서 20여 년간을 성리학 연구에 몰두하였으며, 저서로《곤지기(困知記)》가 있다.

828 사람으로……하누나 : 【譯注】 당시의 나흠순과 마찬가지로 이황 역시 이 시대에 비슷한 근심을 하게 된다는 말이다.

829 전습록(傳習錄) : 【譯注】 송(宋)나라 왕수인(王守仁, 1472~1528)의 제자들이 그의 학문을 논한 편지글을 모아 엮은 책이다. 주로 제자들의 물음에 대한 답변으로 구성되어 있으며, 이른바 양명학(陽明學)의 내용뿐만 아니라 왕수인 삶의 모습도 담겨 있다.

(詩-別卷1-301)

《성리제가해》[831]와 《황극경세석의》[832]에 性理諸家皇極箋
이포[833]가 천원을 다시 논하여 새겼다오 天原二鮑復論鐫
한스럽게도 내 이런 기이한 책 늦게 얻어보니 恨予得見奇書晚
남긴 책 한번 어루만질 때마다 한번 탄식한다오 一撫遺編一悵然

-위는 《성리제가해(性理諸家解)》·《황극경세석의(皇極經世釋義)》·《천원발미(天原發微)》[834]를 읊은 것이다.-

830 곤지기(困知記) : 【譯注】 명나라 나흠순의 저작이다. 일찍이 자신이 불교의 선종(禪宗)에서 영향을 받았지만 오랫동안 공부하여 깨달아서 심성(心性)의 참된 이치를 보았음을 스스로 서술한 내용이다. 대체적으로는 주자학을 신봉하면서도 일원기론(一元氣論)을 주장하는 차이점을 보인다.

831 성리제가해(性理諸家解) : 【攷證 卷8 性理解】 아마도 성리에 관한 여러 책을 풀이한 것인듯하다.

832 황극경세석의(皇極經世釋義) : 【譯注】 명나라 여본(余本)이 저술한 책으로, 송나라 소옹(邵雍)의 《황극경세서》12권을 풀이한 것으로 짐작되나 자세한 것은 미상이다.

833 이포(二鮑) : 【譯注】 송(宋)나라 말 원(元)나라 초의 학자인 포운룡(鮑雲龍, 1226~1296)과 명나라의 포녕(鮑寧)을 가리킨다. 포운룡이 천문과 상수학에 관한 송나라 유학자들의 의견을 중심으로 자기의 의견을 덧붙여 찬한 《천원발미(天原發微)》를 원정 2년(1296)에 간행하였고, 이것을 포녕이 교정하여 1461년에 《천원발미변정(天原發微辨正)》으로 간행하였다. 【攷證 卷8 二鮑】 생각해보건대 노재(魯齋) 포운룡(鮑雲龍, 1226~1296)이 《천원발미》를 저술하였는데 밀재(謐齋) 포녕정(鮑寧庭, 포녕)이 변정(辨正)하였다.

834 천원발미(天原發微) : 【譯注】 송(宋)나라 포운룡이 지은 것으로, 모두 5권 25편으로 이루어져 있으며 천수(天數)의 상(象)과 역(易)의 수리(數理)에 대해 밝힌 책이다.

KBP0727(詩-別卷1-302)

편지를 대신하여 황중거[835]에게 답하다 【갑인년(1554, 명종9, 54세) 12월 추정. 서울】

代書答仲擧

행동거지 처음에 잘못하면 나중에 고치기 어렵고	行止失初難善後
친소에는 도가 있으니 어찌 시세를 따르리오	親疏有道肯趨時
차가운 구름 눈 내리려 할 제 도성에 날 저문데	冷雲欲雪重城暮
팔짱 끼고 말 없음은 그리운 이 있음이라	袖手無言有所思

835 황중거 : 【譯注】 황준량(黃俊良, 1517~1563)으로 본관은 평해(平海), 자는 중거(仲擧), 호는 금계(錦溪)이다.

KBP0728(詩-別卷1-303)

송태수[836] 기수 가 눈 속에 찾아와서 말하기를 "꿈속에서 시구를 얻었으니 '그리워하는 마음이 응어리 맺혀 가슴속 한을 거문고에 부치노라'였는데, 깨고 나서 네 개의 운을 연결하여 시를 지었다"고 하면서 써서 보여주기에 이에 차운하다 【갑인년(1554, 명종9, 54세) 12월 추정. 서울】

宋台叟麒壽雪中見訪云 夢中得句 相思成鬱結 幽恨寄瑤琴 覺而聯成四韻書以示之 次韻

글을 잊어버림은 그릇에 물 새는 것과 같고	書忘同器漏
시를 괴롭게 읊조림은 벌레 우는 것과 비슷하여라	詩苦似蟲吟
일신에서 아름다운 효험 보지 못하고	未驗身彬蔚
도리어 답답한 기운만 막혀 흩어지지 않누나	飜成氣滯淫
사람들은 모두 기롱하며 얼굴 돌리지만	人皆譏背面
공만이 오직 좋아하여 마음에 간직하네	公獨愛藏心
꿈속에서 얻은 나를 그리워했다는 구절은	夢裏相思句
백아(伯牙)의 유수곡[837]을 듣는 것 같구려	如聞流水琴

836 송태수 : 【譯注】 송기수(宋麒壽, 1507~1581)로 본관은 은진(恩津), 자는 태수(台叟), 호는 추파(楸坡)이다. 1534년(중종29) 문과에 급제하였고 을사사화에 가담하여 보익공신(保翼功臣)에 책록되었으며 벼슬이 이조 판서에 이르렀다. 저술로 《추파집》이 있다.

837 백아의 유수곡 : 【譯注】 지음(知音)의 고사에 나오는 〈고산유수곡(高山流水曲)〉을 말한다. 춘추 시대 거문고의 명인 백아가 '흐르는 물〔流水〕'을 생각하며 거문고를 연주하니, 그의 벗 종자기가 "좋구나. 넓고 넓기가 마치 강하와 같도다!〔善哉! 洋洋兮若江河.〕"라고 하였다. 《列子 卷5 湯問》

KBP0729(詩-別卷1-304~311)

제화시. 절구 8수 【갑인년(1554, 명종9, 54세) 12월 추정. 서울】

題畫 八絶

유사(儒士) 신세림(辛世霖)[838]은 영모화(翎毛畫)[839]로 서울에서 이름났는데 생질 신홍조(辛弘祚)[840]가 그의 그림을 얻어 제화시를 청하였다.

(詩-別卷1-304)

잠자는 수리 睡鵰

사나운 새가 깃털 펴고 잠을 자니 鷙鳥睡毰毸
맹렬한 기세 없는 듯도 하지만 猛勢疑無在
날아오를 때는 흡사 항우처럼 用時似項王
한번 노함에 일천 사람이 쓰러진다오[841] 一怒千皆廢

(詩-別卷1-305)

먹이 먹는 매 燕鷹

어미가 자애롭게 여러 새끼 먹이며 殷勤哺衆雛

838 신세림 :【攷證 卷8 辛世霖】 미상이다.

839 영모화 :【攷證 卷8 翎毛】《운부군옥(韻府群玉)》 권14에 "고금의 명화로 오도자(吳道子)의 인물, 한간(韓幹)의 말, 대숭(戴崇)의 소, 최백(崔白)의 영모(翎毛)와 화죽(花竹), 문여가(文與可)의 묵죽(墨竹)을 꼽는다."라고 하였다.

840 신홍조(辛弘祚) :【譯注】 ?~?. 본관은 영월(寧越), 자는 이경(而慶), 호는 이계(伊溪) 또는 고촌(高邨)이다. 습독관(習讀官)을 지냈다.

841 항우처럼……쓰러진다오 :【譯注】 한(漢)나라 회음후(淮陰侯) 한신(韓信)이 항우에 대해 평하기를 "항왕이 노기를 띠고 질타하면 천 사람이 한꺼번에 다 쓰러진다.〔項王喑噁叱咤, 千人皆廢.〕 그러나 뛰어난 장수에게 내맡길 줄 모르니, 이는 필부의 용맹일 뿐이다."라고 하였다.《史記 淮陰侯列傳》

한입씩 받아먹도록 가르치는데　　鼓厲規一吻
강한 놈이 제멋대로 해 버리니　　强者恣所爲
약한 놈이 어찌 조심하지 않으리오　　弱者胡不謹

(詩-別卷1-306)

달밤의 학 月鶴

선학이 깃털을 손질하고　　仙鶴刷毛衣
몸 곧추세워 허공의 달 바라보네　　竦身望空月
마음은 티끌 기운 떨쳐버리고　　意欲謝塵氛
하늘 문 한 번 뛰어넘고자 하여라　　天門一超越

(詩-別卷1-307)

갈대밭의 기러기 蘆鴈

상림원에 편지 전하지 못하니[842]　　不傳上林書
어찌 백량궁[843]의 못을 그리워하리　　寧慕齊宮沼

---

842 상림원에……못하니 : 【譯注】 기러기가 서신을 전한 한나라 무제(武帝) 때 소무(蘇武)의 고사를 인용한 것이다. 소무가 흉노에 사신으로 갔다가 붙잡혀서 돌아오지 못하게 되었는데, 소제(昭帝)가 즉위하여 소무를 보내 달라고 하자 흉노는 소무가 죽었다고 말하였다. 이에 소무의 부관 상혜(常惠)가 방법을 일러주기를 "천자가 상림원(上林苑)에서 활을 쏘아 기러기를 잡았는데, '소무가 어느 호수 가〔澤中〕에 있다.'라고 쓴 비단 편지가 그 발에 매여 있었다."라는 내용으로 선우(單于)에게 말하라고 하였고, 그 말대로 하여 소무를 데리고 돌아오게 되었다. 《漢書 蘇建傳》

843 백량궁 : 【譯注】 한 무제가 장안성(長安城)에 건립하여 연회를 베풀고 시를 읊는 장소로 쓰던 백량대(栢梁臺)를 가리킨다. 이 누대는 높이가 20장(丈)이고 향백(香栢)으로 전각의 들보를 만들어 향기가 수십 리까지 퍼졌다 한다. 원문에는 '제궁(齊宮)'으로 되어 있으나, 이교(李校) 등을 참작하여 '양궁(梁宮)'으로 번역하였다.

우연히 갈대숲에 모였다가　偶然集蘆叢
날개 쳐서 아득히 구름 위를 나누나　擧翮淩雲杳

(詩-別卷1-308)

백로 白鷺

떼지어 나르는 모습 절로 기품이 있고　振振自風標
하얗기는 눈빛 같아라　白白如雪色
물고기 잡으려 너무 애쓰지 말라　謀魚莫太營
모래 진흙 묻을까 두렵나니　怕有沙泥及

(詩-別卷1-309)

원숭이 獼猴

짝을 불러 산속 바위 위에 모였으니　嘯侶集巖幽
괴상한 모습으로 서로 좋아한다네　怪貌相嫵媚
늙은 놈 홀로 등지고 앉아서　老者獨背坐
허공 바라보며 무슨 생각하는가　望空思何事

(詩-別卷1-310)

대숲의 새 竹禽

대숲에 죽순이 새로 돋고　竹林笋初生
새들은 편안히 깃들었어라　飛禽穩栖宿
바람 없어도 그 소리 절로 차갑고[844]　無風韻自寒

---

844 바람……차갑고 : 【譯注】 송나라 구양수의 〈오로시를 빌려 보다〔借觀五老詩〕〉 시

달빛 비치니 빽빽이 옥을 이루었네　有月森成玉

(詩-別卷1-311)

어린 까치 稚鵲

둥지 떠나 놀다가 또 무리 짓고　離巢樂且羣
깍깍[845] 날다가 다시 내려앉누나　査査飛復止
한 놈씩 흩어져 어디로 가는가　一任散何歸
나뭇가지 물어다 각자 새끼 치네　啣枝各生子

에 "하늘의 기러기 가는 길은 높아서 바라보기 어렵고, 늙은 소나무는 바람 없어도 그 소리 절로 청한하네.〔冥鴻得路高難慕, 松老無風韻自寒.〕"라고 하였다.

845 깍깍 : 【攷證 卷8 査査】 당(唐)나라 한유(韓愈)의 〈잡시(雜詩)〉 중 2번째 수에서 "까치는 깍깍 소리 내어 울고 까마귀는 까악까악 소리내며 시끄럽네.〔鵲鳴聲楂楂, 烏噪聲擭擭.〕"라고 하였다.

KBP0730(詩-別卷1-312)

병중에 게을러지다 을묘년(1555, 명종10, 55세) 【1월 추정. 서울】

病慵 乙卯

눈 내린 날은 창 가까운 곳이 미리 밝아오고	雪日近窓先晃朗
숲 바람 귓전에 스치어 오래도록 윙윙[846]거리네	林風過耳久于喁
근래 들어 책 보는 일 죄다 끊었으니	邇來倂斷看書事
쯧쯧 참으로 한 명의 병든 게으름뱅이 되고 말았구나.	咄咄眞成一病慵

846 윙윙 : 【攷證 卷8 于喁】《장자》〈제물론(齊物論)〉에 "앞에서 '우'하고 노래하면 뒤에서 따르는 자가 '우'하고 노래한다.〔前者唱于而隨者唱喁〕"라고 하였다.

KBP0731(詩-別卷1-313)

청주 목사 이강이[847] 정 가《연평답문》[848]을 간행하여 부쳐 준 데 답례하다 【갑인년(1554, 명종9, 54세) 12월 추정. 서울】

謝淸州李剛而楨印寄延平答問書

빙호추월의 마음 전한 한 부의 책[849]	壺月傳心一部書
그대 덕분에 해동에서 처음 간행되었네.	因君東海印行初
병든 이 몸도 오히려 터럭 만한 힘 책에 쏟아	病夫尙著絲毫力
남은 생애 끝내 헛되이 보내지 않아야겠네	生世終須不作虛

847 이강이 : 【譯注】 이정(李楨, 1512~1571)으로 본관은 사천(泗川), 자는 강이(剛而), 호는 구암(龜巖)이다. 문과에 장원급제하여 경주 부윤, 병조참의, 대사간 등을 역임하였다.

848 연평답문 : 【譯注】 연평(延平)은 송(宋)나라 주희(朱熹)의 스승 이통(李侗)의 호로, 주희와 이통이 유가 경전의 내용에 관한 문답을 주고받은 서신을 모아 편찬한 책이다.

849 빙호추월의……책 : 【譯注】 '빙호추월'은 주희의 스승 이통의 정신을 표상한 말이고, 책은《연평답문》을 가리킨다.

KBP0732(詩-別卷1-314~316)

동짓날 감회를 읊다[850] 3수 【갑인년(1554, 명종9, 54세) 11월 18일 추정. 서울】

至日有感 三首

(詩-別卷1-314)

소리 없는 땅 밑 우레 소리 들을 수 있으니	聽得無聲地下雷
현묘한 기운 막 닫혔다가 곧 다시 열리누나[851]	玄機纔翕便能開
이 몸 차마 어찌 길을 멀리 헤매게 하리오	此身忍使行迷遠
삼자부 명심하고 공부에 매진하여 그만두지 않으리[852]	三字加工莫輟來

(詩-別卷1-315)

장락궁[853]에 종 울리니 그 소리 우레 같아	長樂鐘鳴響似雷

850 동짓날 감회를 읊다 : 【攷證 卷8 至日有感】 살펴보건대 이 시는 주자의 시를 차운한 것이다. 【校解】 주자의 시라고 한 것은 《주자대전》 권9 〈원기중이 《역학계몽》을 논한 것에 답하다〔答袁機仲論啓蒙〕〉이다.

851 소리……열리누나 : 【譯注】 서서히 봄의 기운이 태동함을 의미한다. 《주역》 64괘 중에 지뢰 복괘(地雷復卦)는 오음(五陰)의 아래에서 일양(一陽)이 처음 생기는 상(象)으로 이때부터 양이 점차 왕성해지는데, 우레가 음력 8월에 땅속으로 들어갔다가 11월에 다시 나온다고 한다.

852 이……않으리 : 【譯注】 학문의 길에서 언제나 멀어지지 않겠다는 말이다. 삼자부(三字符)는 '세 글자 부적'으로, 송(宋)나라 주희의 초년 시절 스승인 병산(屛山) 유자휘(劉子翬)가 주희에게 "내가 《주역》에서 입덕(入德)의 문을 얻었으니, 이른바 '멀지 않아 되돌아온다〔不遠復〕'라는 것이 바로 나의 세 글자 부적이다."라고 하였다. 《心經 卷1》

853 장락궁(長樂宮) : 【譯注】 원래 한나라 때의 궁궐 이름이나, 흔히 궁궐을 의미하는 일반명사로 쓰인다.

백관들 구름처럼 모여들고 구중궁궐 문 열리겠네　百官雲擁九門開
병든 신하 홀로 동지 조하에 나아가지 못하노니　病臣獨未趨朝賀
성상의 양덕이 잘 보존되길 깊이 축원하노라　陽德惟深祝聖來

(詩-別卷1-316)

두자미는 초 땅에서 우레가 세 번째 숨는 것 슬퍼하였는데[854]　子美悲三蟄楚雷
나는 서울 와서 땅속의 우레 또 세 번 열렸어라　我來雷蟄又三開
처량도 하여라 고향의 산소와 사당　凄凉壟墓兼祠宇
동지를 만나 밀려드는 감개를 어이 견디랴　遇節何勝感慨來

---

854 두자미는……슬퍼하였는데 : 【攷證 卷8 子美悲三蟄楚雷】 당(唐)나라 두보(杜甫)의 〈가을날 형남에서 30운으로 감회를 서술하다〔秋日荊南述懷三十韻〉 시에 "아홉 번 남파가 뚫어서 끈 불을 비벼 일으켰고, 초나라 사당에서 섬기던 우레의 신 3번 땅속에 숨었어라.〔九鑽巴噀火, 三蟄楚祠雷.〕"라고 하였다.

KBP0733(詩-別卷1-317)

〈이른 봄의 감회를 말하다〉 시에 재차 화답하다 【을묘년(1555, 명종10, 55세) 1월 추정. 서울】

再和早春言懷

임대수(林大樹)[855]에게 화답하다.

나그네 마음은 봄날에 더욱 괴롭고　羈心春更苦
세상 사는 맛은 늙을수록 더욱 쓰라려라　世味老無甘
기러기 짝지어 부르며 북쪽으로 돌아가고　鴈侶聲回北
매화 가지에는 봄소식 남쪽 고향에 이르렀으리　梅枝信到南
한평생 농부처럼 살고 싶으니　生涯農者慕
해 놓은 일 옛사람에게 부끄럽네　事業古人慚
시구 지어 자주 서로 안부 물으니　有句頻相問
한가한 중에 이야기 실컷 하는 것보다 낫다오　閒中勝劇談

855 임대수(林大樹) : 【譯注】 임억령(林億齡, 1496~1568)으로 본관은 선산(善山), 자는 대수, 호는 석천(石川)·하의(荷衣)이다.

KBP0734(詩-別卷1-318~319)

용수사에 있을 때 농암 선생[856]이 반도단[857]에서 주고받은 절구를 부쳐서 보여주시기에 운을 따라 지어 올리다 【을묘년(1555, 명종10, 55세) 3월 4일 추정. 예안(禮安)】

寓龍壽寺 聾巖先生寄示蟠桃壇唱酬絶句 依韻拜上

(詩-別卷1-318)

신선이 노니시는 경치 좋은 곳 있으니	仙遊有勝地
즐거운 일 금년 안에 있기를 기다렸어라	樂事待今年
하물며 아름다운 시편 보여주시니	況示瓊瑤什
청전[858]으로 몇 천 냥은 나가겠네	青錢價幾千

(詩-別卷1-319)

오늘이 바로 청명절이니	正是淸明節
올해가 예년과 같아라	今年似昔年
꽃 구경 위해 흔쾌히 약속에 달려가니	爲花欣赴約
술잔 세는 산가지[859] 몇천 개인가 묻지 마소	莫問酒籌千

---

856 농암(聾巖) 선생 : 【譯注】 이현보(李賢輔, 1467~1555)로, 본관은 영천(永川), 자는 비중(棐仲), 호는 농암·설빈옹(雪鬢翁)이다.

857 반도단 : 【譯注】 농암 이현보가 만년에 우거하였던 임강사(臨江寺) 옆에 큰 복숭아나무가 있었던 둔덕을 말한다. 《聾巖先生年譜 卷1》

858 청전 : 【攷證 卷8 青錢】 《신당서(新唐書)》 〈장작열전(張鷟列傳)〉에 "장작은 문사(文詞)가 청동전처럼 정교하여 만 번을 뽑아도 만 번이 똑같이 좋다고 하여 '청전학사(青錢學士)'라고 일컬었다."라고 하였다.

859 술잔 세는 산가지 : 【攷證 卷8 酒籌】 당(唐)나라 백거이(白居易)의 〈이씨네 열한째

와 함께 취하여 원씨네 아홉째를 그리다〔同李十一醉憶元九〕〉 시에 "꽃 필 무렵 함께 술 취해 봄 시름 달래었으니, 취하면 꽃가지 꺾어 술잔 세는 산가지 삼았지.〔花時同醉破春愁, 醉折花枝當酒籌.〕"라고 하였다. 《白氏長慶集 卷14》

KBP0735(詩-別卷1-320)

송기촌[860] 순 의 면앙정 【을묘년(1555, 명종10, 55세) 7~9월 추정. 예안(禮安)】

宋企村純俛仰亭

송공(宋公)이 살던 집이 담양(潭陽)에 있었는데, 정자의 뛰어난 경치가 호남에서 단연 으뜸이었다. 공이 이때 선산(善山) 부사로 있다가 사직하고 돌아가려 하면서 편지를 부쳐 시를 구하였기에 조경양(趙景陽)[861]의 운자를 써서 짓다.

덧없는 영화 헌신짝 버리듯 진정 어려워 않으시니　脫屣浮榮諒不難
북산에 이문 온들 어찌 종산에 돌아가기 부끄러우랴[862]　移文寧使愧鍾巒
서가에 꽂힌 백천 권 서책은 예전 그대로요　百千架插書依舊
스물네 기둥에 쓴 글자[863]도 아직 남아있으리　卄四楹題字未漫
흰 명주 같은 하늘 잇닿아 서리 내리려 하고　素練極天霜欲落

---

860 송기촌 : 【譯注】 송순(宋純, 1493~1582)으로 본관은 신평(新平), 자는 수초(遂初) 또는 성지(誠之), 호는 기촌(企村) 또는 면앙정(俛仰亭)이다.

861 조경양 : 【譯注】 조욱(1498~1557)으로 자는 경양(景陽), 호는 용문(龍門)·보진재(葆眞齋)이다. 1516년 문과에 급제하였으나 기묘사화 이후 용문산에 은거하며 후학을 가르쳐 '용문 선생'으로 불렸다. 【攷證 卷8 趙景陽】 이름이 욱(昱)으로 호는 용문당, 본관은 평양이다. 유일(遺逸)로 주부에 임명되었으며 정암 조광조의 문인이다.

862 북산에……부끄러우랴 : 【譯注】 벼슬에 나갔다가 고향으로 돌아가는 것이 송순의 절의에 부끄러운 점이 없다는 말이다. 남조(南朝) 송나라 공치규(孔稚圭)가 북산에서 함께 은자 생활을 하다가 변절하고 벼슬길에 나선 주옹(周顒)을 풍자한 〈북산이문(北山移文)〉을 원용한 표현이다.

863 스물네 기둥에 쓴 글자 : 【攷證 卷8 卄四楹題】 미상이다.

누런 벼밭 들판 가득 비가 막 그쳤네라. 黃雲彌野雨初乾
공께선 진정 돌아가고픈 흥 있음을 알지만 知公正有思歸興
손가락 꼽아 보니 임기 아직 약간 남았어라 屈指瓜期尙若干

KBP0736(詩-別卷1-321)

금문원[864] 난수 의 동계 성성재[865] 【을묘년(1555, 명종10, 55세) 7~9월 추정. 예안(禮安)】

琴聞遠蘭秀東溪惺惺齋

《주역》곤괘를 찬한 것은 경의의 공부요[866] 易贊坤爻敬義功
당실에 건 이름은 자양옹의 말일세[867] 揭名堂室紫陽翁
만약 동과 정이 다 하나임을 안다면 若知動靜皆爲一
주염계 〈태극도설〉의 말[868]과 같음을 믿게 되리 始信濂溪太極同

---

864 금문원 : 【譯注】 금난수(琴蘭秀, 1530~1604)로 본관은 봉화(奉化), 자는 문원(聞遠), 호는 성성재(惺惺齋)·고산주인(孤山主人)이다.

865 동계 성성재 : 【譯注】 동계(東溪)는 지금의 경상북도 안동시 예안면 부포리(浮浦里)로, 금난수는 1554년 2월에 이곳에 서실을 지었다.

866 주역……공부요 : 【譯注】 경(敬)과 의(義)는 도학(道學) 공부의 가장 중요한 요결로, 《주역》〈곤괘(坤卦) 문언전(文言傳)〉에서 "군자는 경으로 내면을 곧게 하고 의로써 외면을 바르게 한다.〔君子敬以直內, 義以方外.〕"라고 하였다.

867 당실에……말일세 : 【譯注】 금난수의 당호 '성성(惺惺)'은 '스스로 마음을 항상 경계하여 늘 깨어있다'는 뜻이다. 《심경부주(心經附註)》〈경이직내장(敬以直內章)〉에서, 사양좌(謝良佐)가 말하기를 "경은 바로 늘 성성하는 법이다.〔敬是常惺惺法〕"라고 한 데 대해, 주희가 이르기를 "서암의 중은 매일 항상 스스로 '주인옹은 성성한가?'라고 묻고는 '성성하다.'라고 스스로 대답하곤 했다.〔瑞巖僧, 每日間, 常自問主人翁惺惺否, 自答曰惺惺.〕"라고 하였다. 자양은 안휘성 흡현(歙縣) 남쪽에 있는 산 이름으로 본래 주희의 부친 주송(朱松)이 독서를 한 곳인데 주희를 지칭하는 호로 쓰인다.

868 태극도설의 말 : 【譯注】 마음을 고요히 가라앉혀 외물의 유혹을 받지 않게 하는 것을 말한다. 송(宋)나라 주돈이(周敦頤)의 〈태극도설(太極圖說)〉에 "성인은 중·정·인·의로써 정하되 고요함을 주장하시어 사람의 극을 세우셨다.〔聖人定之以中正仁義而主靜, 立人極焉.〕"라고 하였다.

KBP0737(詩-別卷1-322)

영천 신잠[869] 의 대나무 그림에 쓰다 【을묘년(1555, 명종10, 55세) 7~9월 추정. 예안(禮安)】

題靈川申潛畫竹

대나무와 영천자는 본래 한 몸이니	竹與靈川本一身
한 몸으로 변화함에 참으로 정신이 통하였어라	一身變化儘通神
어여뻐라 한 폭 가득 맑고 빈 그림자	可憐滿幅淸虛影
영천자가 자신의 참모습 그린 것 아닌가 하여라	疑是靈川自寫眞

869 신잠 : 【譯注】 1491~1554. 본관은 고령, 자는 원량(元亮), 호는 영천자(靈川子) 아차산인(峨嵯山人)이다. 상주 목사(尙州牧使)를 지냈으며 서화에 능하였는데, 특히 포도와 대나무를 잘 그렸다고 한다.

KBP0738(詩-別卷1-323)

신령 현감 황중거[870]의 시에 차운하다 【을묘년(1555, 명종10, 55세) 7~9월 추정. 예안(禮安)】

次韻黃仲擧新寧

평소에 참으로 병을 달고 살았으니	平生眞與病相謀
이날 자유롭게 나다닌들 무슨 상관있으리오	此日何妨得自由
늘그막의 새로운 공부 하룻저녁에 이룰 수 없으니	老境新功非一夕
고인의 학문 끊어진 지 어찌 천년일 뿐이랴	古人墜緖豈千秋
시는 선보의 거문고 울리는 당[871]에서 왔건만	詩傳單父鳴琴閣
흥취는 눈 내리는 산음의 배에서 막혔어라[872]	興阻山陰泛雪舟
출처가 같지 않음은 그저 그러할 뿐이니	出處未同聊爾耳
청컨대 마음속의 일을 깊이 탐구해 보시길[873]	請將心事爲深求

870 황중거 : 【譯注】 황준량(黃俊良, 1517~1563)으로 본관은 평해(平海), 자는 중거(仲擧), 호는 금계(錦溪)이다.

871 선보의……당 : 【譯注】 황준량이 신령에 부임하여 선정을 베풀고 있다는 뜻이다. 공자의 제자 복자천(宓子賤)이 선보(單父) 고을의 수령이 되었을 적에, "거문고만 연주할 뿐 마루 아래로 내려오는 일이 없었는데도 잘 다스려졌다.〔彈鳴琴, 身不下堂而單父治.〕"라고 하였다. 《呂氏春秋 察賢》

872 흥취는……막혔어라 : 【譯注】 금문원이 시를 보내 왔는데, 자신은 그쪽으로 찾아가질 못한다는 말이다. '산음'은 중국 회계산(會稽山) 북쪽에 있는 지명으로, 진(晉)나라 왕휘지(王徽之)가 살았던 곳이다. 왕휘지가 눈이 개어 달빛이 환한 밤에 갑자기 섬계(剡溪)에 살고 있는 벗 대규(戴逵)가 보고 싶어 즉시 조각배를 타고 밤새도록 찾아갔었는데, 정작 문 앞에 이르러 대규를 만나보지 않고 그냥 돌아왔다. 이에 어떤 사람이 그 까닭을 묻자, "나는 애초 흥을 타고 갔다가 흥이 다해 돌아왔다. 대규를 만날 필요가 뭐가 있겠는가."라고 하였다. 《世說新語 任誕》

873 출처가……보시길 :【譯注】 황준량이 신령 현감으로 재임 중이나 출처가 어떻든 상관없으니 마음속의 학문을 깊이 탐구해 보라는 뜻이다.

KBP0739(詩-別卷1-324)

10월 4일 월란암[874]에 노닐다 【을묘년(1555, 명종10, 55세). 예안(禮安)】

十月初四日 遊月瀾庵

오 년 만에 돌아보니 강 물결이 놀란 듯한데	五年回首若波驚
다시 높은 누대 오르니 절로 정겨움 이누나	重上高臺自感情
아 속진에서 꿈 깨어난 것만도 다행인데	夢覺塵氛嗟已幸
한가로이 구름 골짝 찾으니 걸릴 것 아예 없어라	閒尋雲壑絶無攖
개울 빛에 해 떨어지니 새로 흰 빛 생기고	溪光日暮生新白
들 빛에 서리 차니 예전의 푸른 빛 사라지네	野色霜寒失舊靑
선방의 작은 글씨 참으로 색다른 맛 있으나	小字禪窓眞有味
나이 들어 노쇠하니 눈 더 밝아질 수 있으랴	衰齡那得眼增明

874 월란암(月瀾庵) : 【譯注】 안동시 도산면 원촌리(遠村里) 내살미 왕모산(王母山) 기슭에 있다. 월란사(月瀾寺), 월란정사(月瀾精舍) 등으로 불렸으며 후대에 개건되어 현재 '월란정사'로 되어 있다.

KBP0740(詩-別卷1-325)

금계 황중거[875]에게 하도낙서[876]를 논하여 주다 【병진년(1556, 명종11, 56세) 1월 추정. 예안(禮安)】

贈錦溪黃仲擧 論圖書

하도낙서의 이치 전하면서 의심나는 곳 접어두고[877]	傳得圖書且闕疑
돌아와 홀로 완미하며 한가히 쉬노라	歸來獨自玩栖遲
그대와 깊은 이치 탐구하면 더욱 좋으리니	從君更好探幽賾
지금 이 시대가 복희 때와 멀다 말하지 마소	莫道今時遠伏羲

875 황중거 : 【譯注】 황준량(黃俊良, 1517~1563)으로 본관은 평해(平海), 자는 중거(仲擧), 호는 금계(錦溪)이다.

876 하도낙서(河圖洛書) : 【譯注】 복희씨(伏羲氏) 때에 황하에서 8척 용마(龍馬)가 등에 지고 나왔다는 55점의 그림을 하도(河圖)라고 하고, 하(夏)나라의 우(禹)임금 때 낙수(洛水)에서 나온 거북이〔神龜〕 등에 있었던 45점의 글씨를 낙서(洛書)라고 한다.

877 하도낙서의……접어두고 : 【譯注】 이황이 송(宋)나라 주희의 《역학계몽(易學啓蒙)》을 풀이하여 《계몽전의(啓蒙傳疑)》를 저술한 것을 말한 것으로 보인다.

KBP0741(詩-別卷1-326)

응순 김명원[878]에게 증별하다 병진년(1556, 명종11, 56세) 【10월 10일경 추정. 예안(禮安)】

贈別應順金命元 ○丙辰

천고 전 복희와 문왕의 뜻[879] 어떠했던가　　羲文千古意何如
숲 아래서 소요하니 즐거움 넘쳐라　　林下婆娑樂有餘
오늘 그대 보내며 짧은 시[880] 읊조리니　　此日送君吟細律
훗날 내 생각나거든 긴 편지 부쳐주게나　　他年思我寄長書
궁달은 성쇠의 이치 안 지 오래이나　　窮通久識盈虛妙
학문은 경의[881]의 공부 소홀한 점 매우 부끄럽네　　學問多慚敬義疎
대업은 반드시 애써 노력해야 얻어지나니　　大業必從勤苦得
차마 시속과 함께 일생을 허비하리오　　忍同流俗一生虛

---

878 김명원(金命元) : 【譯注】 1534~1602. 본관은 경주, 자는 응순(應順), 호는 주은(酒隱)이다. 1589년(선조22) 정여립(鄭汝立) 모반사건 수습의 공으로 평난 공신(平難功臣) 3등이 되어 경림군(慶林君)에 봉해졌다.

879 복희와 문왕의 뜻 : 【譯注】 복희씨(伏羲氏)와 주 문왕(周文王) 두 사람이 역(易)의 이치를 발명한 것을 말한다. 복희는 황하에서 나온 용마(龍馬)의 등에 그려진 하도(河圖)를 취해 팔괘(八卦)를 만들고, 문왕은 여기에 괘사(卦辭)를 지었다고 한다.

880 짧은 시 : 【攷證 卷8 細律】 당(唐)나라 두보(杜甫)의 〈답답한 마음 풀고자 장난삼아 노십구 조장에게 올리다〔遣悶戲呈路十九曹長〕〉 시에 "늘그막에 점점 시의 율격 정밀해지니, 누구 집에 자주 가서 술잔 실컷 기울일꼬.〔晩節漸於詩律細, 誰家數去酒杯寬?〕"라고 하였다.

881 경의(敬義) : 【譯注】 경(敬)은 마음을 바르게 하는 것이고, 의(義)는 행실을 바르게 하는 것으로, 《주역》 〈곤괘(坤卦) 문언전(文言傳)〉에서 "군자는 경으로 내면을 곧게 하고 의로써 외면을 바르게 한다.〔君子敬以直內, 義以方外.〕"라고 하였다.

KBP0742(詩-別卷1-327)

삼가 남시보[882] 언경 이 부쳐온 시에 화답하다 【병진년(1556, 명종11, 56세) 7월 추정. 예안(禮安)】

奉酬南時甫彦經見寄

성문에서는 달을 말하고 오를 말하지 않았으니[883] 聖門言達不言悟
공부는 차근차근 오래 쌓아나감에서 이룩된다네 功在循循積久中
이미 무위는 곧 허황하고 잘못된 것이라 말했거늘 旣道無爲便脫誤
어찌하여 스스로 불교의 공에 떨어지는 말을 하시는가[884] 如何自說落禪空

882 남시보 : 【譯注】 남언경(南彦經, 1528~1593)으로 본관은 의령(宜寧), 자는 시보(時甫), 호는 동강(東岡)이다.

883 성문에서는……않았으니 : 【譯注】 공자는 천리에 통달하기 위해 노력할 뿐, 불교의 돈오(頓悟)처럼 어느 순간 깨달음에 이르는 길에 대해서는 말하지 않았다는 뜻이다. 《논어》 〈헌문(憲問)〉에 "나는 아래로 인간의 일을 배우면서 위로 하늘의 이치를 체득하는 사람이다.〔下學而上達〕"라고 하였다.

884 이미……하시는가 : 【譯注】 아마도 남언경이 부쳐 온 시에서 '돈오' 비슷한 말을 하여 '그대가 허황하고 잘못된 것이라 말해놓고 어찌 불교의 공에 빠지는 말을 하시는가?'라고 한 듯하다.

KBP0743(詩-別卷1-328)

그믐날 밤에 읊다. 김응순[885]의 시에 차운하다 【병진년(1556, 명종11, 56세) 8월 29일 추정. 예안(禮安)】

晦日夜吟 次應順韻

긴 밤 외딴 마을 빗기운에 잠기고	永夜孤村雨氣沈
멀리서 서객이 가을 감흥에 잠긴 것을 사랑한다오	遙憐書客感秋襟
사나이 할 일 원래 적지 않고	男兒事業元非少
역학의 연원은 참으로 깊어라	易學淵源儘自深
옛 성인도 오히려 위편삼절[886]의 독서를 하였으니	古聖尙資三絶讀
〈선천음〉 한 편을 뉘라서 화답하리오[887]	先天誰和一篇吟
나는 이제 노쇠하고 그대 바야흐로 건장하니	我今衰老君方壯
바람과 우레 몰 듯 다시금 마음을 면려하시게	驅駕風霆更勵心

885 김응순 : 【攷證 卷2 金應順】《정본 퇴계전서》 권10 〈김응순에게 보내는 답장〔答金應順〕(KNL1582)〉에 이름이 보인다. 김명원(金命元, 1534~1602)은 본관이 경주(慶州), 자가 응순(應順), 호가 주은(酒隱)이고, 서울에 살았다. 명(明)나라 세종(世宗) 가정(嘉靖) 갑오년(1534, 중종29)에 태어났다. 일찍부터 선생의 문하에서 수학하여 농운정사(隴雲精舍)에서 글을 읽었는데 선생이 큰 그릇이라 인정했다. 임진왜란 때 도원수가 되어, 버티고 적을 막아서 나라 회복의 바탕을 마련했다. 경자년(1600, 선조33)에 좌의정에 제수되었다. 졸한 뒤 시호는 충익(忠翼)이다.

886 위편삼절(韋編三絶) : 【譯注】 책이 다 떨어질 때까지 부지런히 읽는 것을 말한다. 공자가 만년에 《주역》을 좋아하였는데, '죽간(竹簡)을 묶은 가죽끈이 세 번이나 떨어질' 정도로 탐독하면서, 십익(十翼)을 저술했다고 한다. 《史記 孔子世家》

887 선천음……화답하리오 : 【攷證 卷8 先天一篇吟】 소자(邵子)의 《격양집(擊壤集》에 〈선천음(先天吟)〉 시가 있다.

KBP0744(詩-別卷1-329~330)

도담의 이이성[888]에게 부치다 【병진년(1556, 명종11, 56세) 10월 추정. 예안(禮安)】

寄島潭李而盛

(詩-別卷1-329)

지난 일 생각하니 그대 와서 우리 집에 들러　憶昨君來過我門
가을바람에 연하 낀 산 바라보며 술잔 마주하였지　西風霞峀對雙尊
이제 홀로 누워 그대 있는 곳 그려 보니　如今獨臥思君處
시월의 누런 국화 온 동산에 가득하리　十月黃花滿一園

(詩-別卷1-330)

구담의 아름다운 경치 도담보다 나으니　形勝龜潭勝島潭
그곳으로 옮겨 띠 집 한 채 지을 수 있겠소　可能移就結茅庵
훗날 나 또한 그대 있는 곳 찾아가서　他年我亦尋君去
흰 돌과 푸른 구름 실컷 즐겨 보리라[889]　白石青雲飽共參

888 이이성 : 【譯注】 이지번(李之蕃, 1508~1575)으로 본관은 한산 자는 이성, 호는 성암(省菴)·사정(思亭)·구옹(龜翁)이다. 《토정비결》을 지은 이지함(李之菡)의 형이며, 선조 때 영의정을 지낸 이산해(李山海)의 아버지이다.

889 흰……보리라 : 【攷證 卷8 白石青雲飽共參】 진(晉)나라 갈홍(葛洪)의 《신선전(神仙傳)》에 "초선(焦先)이 흰 돌을 구워 먹었는데 맛이 토란 같고, 포정(鮑靜) 또한 배가 고프면 흰 돌을 구워서 먹었다."라고 하였다. 그 뜻은 이이성과 함께 돌을 굽고 구름을 밟으며 실컷 즐기고 싶다는 말이다. 《韻府羣玉 夾注》

KBP0745(詩-別卷1-331)

구담[890] 【정사년(1557, 명종12, 57세) 6~7월 추정. 예안(禮安)】

龜潭

구담 골짜기 양쪽 벼랑 사이 깊고 휑한데　　潭洞谽呀壁兩邊
적성[891] 남쪽 아래로 구름안개 널리 깔렸네　　赤城南下浩雲烟
그 당시 나는 구지의 암혈[892] 꿈꾸었더니　　當年我夢仇池穴
근자에 그대는 한 줄기 하늘[893] 엿보았어라　　昨日君窺一線天
도연명과 육수정[894]을 술 모임에 불러도 무방하고　　陶陸不妨邀酒社
얼마나 다행인가 주진촌[895]에 세금 면제 받는 신선 있으니
朱陳何幸免租仙

890 구담 : 【譯注】 단양군의 서쪽 단성면 장회리와 제천시 수산면 괴곡리에 걸쳐 있는 산봉우리로, 단양팔경 중 제5경이다.

891 적성 : 【譯注】 단양군 적성면이다.

892 구지(仇池)의 암혈 : 【譯注】 감숙성(甘肅省) 성현(成縣) 서쪽에 있는 구지산(仇池山)으로 들어가는 작은 바위 구멍이다. 당(唐)나라 두보(杜甫)의 〈진주잡시(秦州雜詩)〉 중 제14수에 "만고라 옛적부터 구지의 암혈이, 작은 별천지와 몰래 통했지.〔萬古仇池穴, 潛通小有天.〕"라고 하였다. 《杜詩詳註 卷7》

893 한 줄기 하늘 : 【譯注】 동굴이나 암벽 사이 틈으로 보이는 하늘을 말한다.

894 도연명과 육수정 : 【譯注】 '호계 삼소(虎溪三笑)'의 고사에 나오는 두 인물로 유자인 진(陳)나라 도연명(陶淵明)과 도사인 남조(南朝) 송(宋)나라 육수정(陸修靜), 승려 혜원(慧遠)이 여산(廬山) 기슭에서 백련사(白蓮社)를 맺은 것으로 유명하다. 【攷證 卷8 陶陸】 도연명과 육수정이다.

895 주진촌(朱陳村) : 【譯注】 순박하고 인심 좋은 고장 또는 혼인 관계를 지칭한다. 당(唐)나라 때 서주(徐州) 고풍현(古豐縣)에 있던 외딴 마을로 주씨(朱氏)와 진씨(陳氏) 두 집안만이 살면서 대대로 서로 혼인하여 화목하고 순박하게 살았다고 한다. 당(唐)나라 백거이(白居易)의 〈주진촌〉이라는 시로 인해 널리 알려졌다.

훗날 혹시라도 함께 은둔하여 살 수 있다면　他時儻許俱栖遯

골짝의 달빛 암혈의 바람 한 푼도 들지 않으리　壑月巖風不要錢

-이때 조정에서 단양군(丹陽郡)에 10년 동안 세금을 면제하도록 명하였는데, 이이성(李而盛)이 관직을 버리고 와서 구담(龜潭) 가에 자리 잡고 살았다.-

KBP0746(詩-別卷1-332)

9월 29일 계당에서 읊은 즉흥시 【병진년(1556, 명종11, 56세). 예안(禮安)】

九月二十九日 溪堂卽事

차가운 비 싸늘한 안개 온 산이 어둑하고 冷雨寒烟暝一山
동산 숲은 스산하고 국화 알록달록하여라 園林蕭索菊花斑
꽃은 진다 해도 향기 남을 것이니 但知抵死芳香在
바람서리 밤마다 차가와도 아랑곳하지 않으리 不管風霜夜夜寒

KBP0747(詩-別卷1-333)

태자산[896] 반석에 노닐다 정사년(1557, 명종12, 57세) 【4월 9일 추정. 예안(禮安)】

遊太子山盤石 丁巳

천 겁 세월 모래가 갈고 물결에 뚫렸으니[897] 千劫沙磨與溜穿
빙옥보다 매끄럽고 털 담요보다 희다오 滑於冰玉白於氈
내 와서 종일토록 돌아갈 생각 잊고 我來盡日忘歸去
자연과 합치되는 냇물 소리 듣노라 聽取宮商合自然

896 태자산 : 【譯注】 안동시 도산면 태자리(太子里)의 뒷산이다.

897 물결에 뚫렸으니 : 【攷證 卷8 溜穿】 송(宋)나라 소식(蘇軾)의 〈장전도가 부쳐 온 시에 차운하여 화답하다〔次韻答章傳道見贈〕〉 시에 "망아지가 틈을 지나는 빠른 세월에, 앉아서 물방울이 바위 뚫기를 기다리누나.〔欲將駒過隙, 坐待石穿溜.〕"라고 하였다.

KBP0748(詩-別卷1-334)

탄식하다 【정사년(1557, 명종12, 57세) 4~6월 추정. 예안(禮安)】

有歎

누굴 위해 평생의 일판향[898]을 올릴까	誰爲平生一瓣香
문헌 연구 못 하고 뜻만 허황되게 컸다오	失稽文獻意空長
어떡하면 지란 향기 같은 벗들과 모여	盍簪安得如蘭臭
밤낮으로 함께 지내며 학문을 연마할거나	日夕研磨共對牀

898 일판향(一瓣香) : 【譯注】 본래 불가에서 남을 축복할 때 쓰는 오이씨 비슷하게 생긴 향으로, 존경하는 어른을 흠앙(欽仰)할 때 사용한다.

KBP0749(詩-別卷1-335~336)

김돈서[899]의 시에 차운하다 【정사년(1557, 명종12, 57세) 4~6월 추정. 예안(禮安)】

次韻金惇叙

(詩-別卷1-335)

사람은 옷깃 바르게 하고 창가 책상 마주하며	人正虛襟對窓几
풀은 생의를 머금고 온 뜰에 가득하여라[900]	草含生意滿庭除
만물과 내가 원래 일체임을 알고자 한다면	欲知物我元無間
진과 정이 처음부터 묘하게 합쳐있음[901]을 보시게나	請看眞精妙合初

(詩-別卷1-336)

달은 긴 긴 밤을 진정 둥글고 밝으니	冰輪遙夜正圓明
어느새 인간 세상이 옥 세계가 되었나 하여라	坐覺人間玉界成

---

899 김돈서 : 【譯注】 김부륜(金富倫, 1531~1598)으로, 본관은 광산(光山), 자는 돈서(惇叙), 호는 설월당(雪月堂)이다.

900 풀은……가득하여라 : 【譯注】 천지가 끊임없이 생생(生生)하는 기운을 본다는 뜻이다. 송나라 주돈이(周敦頤)는 그가 살던 곳의 창 앞에 풀이 무성하게 자라도 베지 않았다. 정호(程顥)가 그 까닭을 물었더니 "저 풀도 나의 의사와 마찬가지이다.〔與自家意思一般〕"라고 하였다. 이는 풀이 살아가려는 뜻〔生意〕도 인간이 살려는 뜻과 같다는 의미로, 천지 생생지기(生生之氣)는 모두 같다는 뜻이다. 《近思錄 卷14 觀聖賢》

901 진과……합쳐있음 : 【譯注】 무극의 참된 이치〔眞〕와 음양오행의 깨끗한 기운〔精〕이 묘하게 합치되어 있음을 말한다. 송(宋)나라 주돈이(周敦頤)의 〈태극도설(太極圖說)〉에서 "무극의 참된 이치와 음양오행의 깨끗한 기운이 묘하게 합하고 응결되어 건도는 남기(男氣)를 이루고 곤도는 여기(女氣)를 이룬다.〔無極之眞, 二五之精, 妙合而凝, 乾道成男, 坤道成女.〕"라고 하였다.

모종의 맑은 뜻[902] 홀로 터득한 이는	獨得一般淸意味
오동나무 깊은 집의 소 선생[903]이라오	梧桐深院邵先生

902 모종의 맑은 뜻 : 【譯注】 송(宋)나라 소옹(邵雍)의 〈청야음(淸夜吟)〉 시에 "모종의 맑은 뜻, 아마도 아는 사람이 적으리.〔一般淸意味, 料得少人知.〕"라고 하였다. 《擊壤集 卷12》

903 오동나무……선생 : 【譯注】 송나라 소옹의 〈달이 오동나무 위로 떠오르는 것을 읊다〔月到梧桐上吟〕〉 시에 "달은 오동나무 위에 이르고, 바람은 버드나무 가로 불어오네. 집이 깊숙하고 사람 없어 조용하니, 이 경치 누구와 함께 말하리오.〔月到梧桐上, 風來楊柳邊. 院深人復靜, 此景共誰言.〕"라고 하였다.

KBP0750(詩-別卷1-337)

세밑에 금문원·금훈지 응훈 ·김자후 전 등[904] 제생이 장차 돌아가기에 시를 보여 권면하고 또한 나 자신을 경계하고 손자 안도[905]도 경계하다 【정사년(1557, 명종12, 57세) 12월 하순 추정. 예안(禮安)】

歲終 齋生琴聞遠琴壎之應壎金子厚坱將歸 示詩相勉 亦以自警 警安道

과거 공부에 붕우들이 다 휩쓸려 가버리니　科目掀飜失友朋
쓸쓸히 숲 아래서 중처럼 앉았어라　寂寥林下坐如僧
하물며 그대들 힘쓰는 공부 내 잘하는 것 아니니　況君所業非吾長
오가면서 나를 좇으나 부끄러움 이기지 못하겠네　來往相從愧莫勝

---

904 금문원……등 : 【譯注】 금문원은 금난수(琴蘭秀, 1530~1604)로, 본관은 봉화(奉化), 자는 문원(聞遠), 호는 성성재(惺惺齋)이다. 금응훈(1540~1616)은 본관이 봉화, 자는 훈지(壎之), 호는 면진재(勉進齋)이다. 김전(金坱, 15381575)은 본관이 광산(光山), 자는 자후(子厚), 호는 구봉(九峰)이며, 김부륜의 형 김부인(金富仁)의 아들로 문학으로 명망이 있었다.

905 안도 : 【譯注】 이황의 적손이자 준(寯)의 아들인 이안도(李安道, 1541~1584)로, 본관은 진성(眞城), 자는 봉원(逢原), 호는 몽재(蒙齋)이다.

KBP0751(詩-別卷1-338~341)

산중에서 우연히 쓰다 【정사년(1557, 명종12, 57세) 12월 하순 추정. 예안(禮安)】
山中偶書

(詩-別卷1-338)

금옥 소리 졸졸 울리는 샘물 멀리서 끌어와 鏘鳴金玉引泉長
비탈 논 그득히 물 대니 은하수가 빛나네 滿注陂田銀漢光
번지처럼 외람되이 성인에게 묻지[906] 않더라도 不待樊遲猥問聖
농사일 오래 하다 보니 절로 방법 알겠어라 老於農圃自知方

(詩-別卷1-339)

병든 몸으로 암혈에 산다고 어찌 대뜸 쉬리오 抱病巖居豈便休
늦게야 도를 들은 하등의 선비[907]라 용렬한 무리될까 부끄럽네 晩聞下士恥庸流
가난한 살림에도 산 남쪽에 집[908] 하나 얽고서 拔貧擬結山南舍
다시 책을 넣어두려 작은 다락[909] 만들려 하네 更爲藏書作小樓

---

906 번지처럼……묻지 : 【譯注】 제자 번지(樊遲)가 공자에게 농사일을 배우기를 청하자, 공자가 "나는 늙은 농부만 못하다.〔吾不如老農〕"라고 한 일화를 말한다. 《論語 子路》

907 하등의 선비 : 【譯注】 《도덕경》 41장에서 "상등의 인물은 도를 들으면 부지런히 실천한다. 중등의 인물은 도를 들으면 긴가민가하고 반응한다. 하등의 인물은 도를 들으면 크게 비웃는다.〔上士聞道, 勤而行之. 中士聞道, 若存若亡. 下士聞道, 大笑之.〕"라고 하였다.

908 산 남쪽에 집 : 【攷證 卷8 山南舍】 도산(陶山)을 가리킨다.

909 작은 다락 : 【要存錄 別集 권1】 바야흐로 도산서원을 짓고 있을 때로, 농운정사(隴雲精舍)를 마련하고 암서헌(巖栖軒)이라는 작은 다락방을 만들었다.

(詩-別卷1-340)

예로부터 은일들이 아름다운 향기 퍼뜨렸으나　古來隱逸播芬香
현묘 공허한 황노[910]에 떨어짐을 누가 면할 수 있었나　誰免玄虛墮老黃
가장 훌륭한 일은 미치광이 엄광이 인의를 실천하여　最是狂奴服仁義
천추에 빛나는 한 마디로 군방을 감동시킨 것이라오[911]　千秋一語動君房

(詩-別卷1-341)

물정에 어둡고 교활함은 사마귀와 매미에 비유하고[912]　物情癡黠喩螳蟬

---

910 황노(黃老) : 【譯注】 황제(黃帝)와 노자(老子)를 교조로 하는 도가를 가리킨다.

911 가장……것이라오 : 【譯注】 한(漢)나라 엄광(嚴光)과 군방(君房)은 모두 후한 광무제(光武帝) 때 인물이다. 엄광은 자가 자릉(子陵)인데 어릴 때부터 광무제 유수와 친한 사이였다가 유수가 황제가 되자 성명을 바꾸어 은둔하였다. 이에 광무제가 그를 찾아내어 세 차례나 사신을 보낸 끝에 그를 불러 관사에 머물게 하며 극진히 우대했다. 이때 사도(司徒)인 군방이 그와 평소 친분이 있었던 터라 사람을 시켜 서찰을 보내 초청하였다. 엄광은 그 서찰에 답장도 쓰지 않고 구두로 답하기를 "군방 족하. 지위가 삼공(三公)에 이르렀으니 매우 좋소. 인을 품고 의를 보필함에 천하가 기뻐하지만 아부하여 뜻을 따르느라 허리와 목이 끊어지겠구려.〔君房足下, 位至鼎足甚善, 懷仁輔義天下悅, 阿諛順旨要領絶.〕"라고 하였다. 이 말을 적어서 광무제에게 보이니 광무제가 웃으며 말하기를 "미치광이의 옛 모습이다.〔狂奴故態〕"라고 하였다. 《後漢書 卷83 嚴光列傳》

912 물정에……비유하고 : 【攷證 卷8 物情癡黠喩螳蟬】 《장자(莊子)》 〈산목(山木)〉에 "장주(莊周)가 조릉(雕陵)에 노닐다가 이상하게 생긴 까치 한 마리가 남쪽에서 날아오는 것을 보고는 탄궁(彈弓)을 잡고 기다렸다. 이때 한 마리 매미가 좋은 나무 그늘에서 자신을 망각하고 있었는데, 사마귀가 몸을 숨긴 채 잡으려고 하다가 먹이가 눈에 띄자 자신의 형체를 망각해 버렸다. 그러자 이상하게 생긴 까치가 기회를 틈타 이롭게 여기다가 이익에 탐닉되어 진성(眞性)을 잃어버렸다. 장주가 그 광경을 보고 탄식하며 말하기를 '아, 동물이 서로 해치는 것은 양쪽이 서로 불러들여 이익을 탐하는 소치이다.' 하고 활을 버리고 달아났다."라고 하였다.

심지의 맑고 더러움은 샘물에 견주네[913] 心地淸汙比水泉

홀로 산 높고 물 깊은 곳에 가서 獨向山高澗深處

갠 하늘 향기로운 풀 한가로이 마주하고 잔다오 晴雲芳草對閒眠

913 심지의……견주네 :【攷證 卷8 心地淸汚比水泉】"맑기는 염천(廉泉)과 양수(讓水) 같고 더럽기는 탐천(貪泉)과 도천(盜泉) 같다."라고 하였다.【校解】위는 출전이 표시되어 있지 않은데, 아마도 몇 곳에 나오는 말을 조합한 것으로 보인다. 염천은 중국 강서성에 있는 샘으로 당시의 군수가 청렴했기 때문에 붙은 이름이고, 양수는 섬서성 포성현(褒城縣)에 있는 물 이름이며, 탐천은 광주(廣州), 도천은 산동성 사수현(泗水縣)에 있는 샘 이름이다.

KBP0752(詩-別卷1-342)

침류정[914] 무오년(1558, 명종13, 58세) 【1~2월 추정. 예안(禮安)】

枕流亭 戊午

강가 정자에서 봄바람에 술 마시자니	江亭綠酒泛東風
흰 새들 짝지어 날고 강물에는 하늘 비치누나	白鳥雙雙水映空
취한 뒤에 계상의 집으로 돌아갈 일 몽땅 잊고	醉後渾忘返溪舍
꿈속의 넋은 푸른 창 속에서 그지없이 맑았어라	夢魂淸切碧窓中

914 침류정(枕流亭) : 【譯注】 안동시 와룡면 오천리(烏川里) 아래쪽의 낙동강 가에 있다.

KBP0753(詩-別卷1-343~344)

이 수재 이이, 자는 숙헌[915]가 계상을 방문하였다가 비로 사흘을 머무르다 【무오년(1558, 명종13, 58세) 2월 9일 추정. 예안(禮安)】

李秀才珥字叔獻見訪溪上 雨留三日

(詩-別卷1-343)

젊은 나이에 명성 떨친 그대는 서울에 있고	早歲盛名君上國
늘그막에 병 많은 나는 먼 시골에 있네	暮年多病我荒村
어이 알았으랴 오늘 이렇게 찾아와	那知此日來相訪
오래 그리워한 회포를 정답게 말할 수 있을 줄	宿昔幽懷可款言

(詩-別卷1-344)

재자와 2월 봄날에 반가이 만났는데	才子欣逢二月春
사흘을 만류하니 마음 서로 통한 듯	挽留三日若通神
은빛 대나무 같은 비는 냇물 바닥을 훑고[916]	雨垂銀竹捎溪足
구슬 꽃 피운 눈은 나무줄기 감쌌어라[917]	雪作瓊花裹樹身
말이 빠지는 진창길이라 갈 길이 막혔는데	沒馬泥融行尙阻

915 이이(李珥) : 【譯注】 1536~1584. 본관은 덕수(德水), 자는 숙헌(叔獻), 호는 율곡(栗谷)·석담(石潭)이다.

916 냇물 바닥을 훑고 : 【攷證 卷8 捎溪足】 당(唐)나라 두보의 〈절구〉 6수 중 제4수에서 "소낙비는 냇물 바닥을 훑고, 비낀 햇살 나무 허리 둘렀어라.〔急雨捎溪足, 斜暉轉樹要.〕"라고 하였다.

917 나무줄기 감쌌어라 : 【攷證 卷8 裹樹身】 송(宋)나라 왕안석의 〈창숙의 세모에 차운하다〔次韻昌叔歲暮〕〉 시에 "성의 구름은 해 질 무렵 새어들고, 언 나무는 봄을 깊이 감쌌어라.〔城雲漏日晚, 樹凍裹春深.〕"라고 하였다.

날 개어 지저귀는 새소리 경치가 막 산뜻하여라　　喚晴禽語景纔新
한잔 술 다시 권하노니 내 어찌 술을 얕게 따르랴　　一杯再屬吾何淺
이제부터 망년의 정의 더욱 친밀해 보세　　從此忘年義更親

KBP0754(詩-別卷1-345)

이인중[918]에게 화답하다 【무오년(1558, 명종13, 58세) 6월 9일경 추정. 예안(禮安)】

和仁仲

집 건너로 찰랑찰랑 한 줄기 맑은 물 흐르니 居隔粼粼一水淸
구름 속에서 닭 울고 개 짖는 소리 들릴 만도 하여라[919]
雲中雞犬可聞聲
네 글자 쓰고자[920] 하는 생각 없지 않지만 欲書四字非無意
어찌 다시 정미한 이치 강명하는 일 없어서야 되겠는가
那復精微欠講明

918 이인중 :【譯注】이명홍(李命弘, ?~1560)으로, 본관은 영천(永川), 자는 인중(仁仲), 호는 곤재(坤齋)이다.

919 구름……하여라 :【譯注】마치 신선 세상에 온 듯하다는 뜻이다. 한나라 회남왕(淮南王) 유안(劉安)이 신선술을 터득하여 온 가족을 데리고 백일(白日)에 승천하였는데, 이때 그릇에 남아 있던 단약을 개와 닭이 핥아먹고 함께 하늘로 올라가서 닭은 천상에서 울어대고 개는 구름 속에서 짖어대었다는 전설이 있다.《神仙傳 劉安》

920 네 글자 쓰고자 :【譯注】아마도 이인중이 자신이 사는 곳에 선부(仙府) 임을 표시하는 네 글자를 써 달라고 이황에게 부탁한 것이 아닐까 짐작되나 자세한 것은 미상이다. 이인로(李仁老)의 제목 미상 시에 "이끼 낀 네 글자로 선부를 표시하였으니, 구름으로 잠그고 연기로 봉하여 신이 보호하였네.〔蘚書四字標仙府, 雲鎖煙封神物護.〕"라고 하였다.《新增東國輿地勝覽 卷5 開城府下 日月寺條》【攷證 卷8 欲書四字】미상이다.

KBP0755(詩-別卷1-346~347)

관물재 민경열[921]의 시에 차운하다 【무오년(1558, 명종13, 58세) 6~9월 추정. 예안(禮安)】

次觀物閔景說韻

나와 친고가 있는 이웃 사람이 문득 관물옹(觀物翁)이 지난 을묘년(1555)에 나의 귀향을 전송하는 시 2편을 부쳐 보여주었는데, 어떻게 얻은 것인지를 말해주지 않아서 끝내 어디서 온 것인지를 알지 못하였으나 마음에 위로를 받은 것은 깊었다. 그 시에 차운하여 뜻을 펼쳐 보았으니 훗날 관물옹이 보게 된다면 그 감흥이 지금의 나와 다르지 않을 것이다.

(詩-別卷1-346)

늙고 병들어 대궐을 사직하고	老病辭丹闕
돌아와 고향 산골에 은거하노라	歸來隱舊丘
친구들은 소식 끊어진 지 오래요	親交長鴈斷
산수가 사람을 붙들기에 충분하여라	山水足人留
술 마실 때는 동호에 배 띄워 이별하던 날[922] 떠올리고	酒憶湖船別

921 민경설 : 【譯注】 민기(閔箕, 1504~1568)로 본관은 여흥(驪興), 자는 경열(景說), 호는 관물재(觀物齋)이다.

922 동호에……날 : 【譯注】 병오년(1546) 3월 잠시 귀향할 때 동호(東湖)에서 민경열과 이별한 것을 말한다. 《정본 퇴계전서》 권1 〈동호에서 참의 민경열을 유별하다〔東湖留別閔景說參議〕〉 2수 중 첫 번째 시에 "병오년 동호의 배에서 한 이별 생각하니, 어느덧 지금 벌써 10년이 지났구려.〔因思丙午湖船別, 倏忽如今已十年.〕"라고 하였다.

시 지을 때는 옥부의 노닐던 곳을 찾노라 詩尋玉府遊
오늘 아침 참으로 뜻밖에 今朝眞不意
편지 뜯어보고 물가에서 웃음 짓네 披翰笑臨流

(詩-別卷1-347)

어느 곳에서 시를 전해 왔을까 何處傳詩札
그대 일찍이 내가 떠날 때 전송하였지[923] 君曾送我行
돌이켜 생각하니 삼 년이나 되었는데 事追三歲久
이별의 말이 만금보다 무거웠어라 言覺萬金輕
거울 잡으니 서리는 귀밑까지 내렸고 把鏡霜侵鬢
책을 보니 뿌연 안개가 눈을 막네 看書霧隔明
요사이 배움이 퇴보함을 느끼니 近來知學退
깊은 정 부치기에 부끄럽기만 하다오 慚愧寄深情

---

923 그대……전송하였지 : 【譯注】 을묘년(1555) 2월 동호에서의 일이다. 《정본 퇴계전서》 권1 〈동호에서 참의 민경열을 유별하다〔東湖留別閔景說參議〕〉에 해당 내용이 보인다.

KBP0756(詩-別卷1-348~355)

종질 빙[924]이 정원의 화훼를 읊어주기를 청하다. 8수 【무오년(1558, 명종13, 58세) 6~9월 추정. 예안(禮安)】

從姪憑 索詠園中花卉 八首

(詩-別卷1-348)

소나무 松

용 꿈틀대듯 일산 모양 소나무 늙을수록 기이한데　騰龍偃蓋老逾奇
선인께서 손수 심은 것 언제인지 알 수 없어라　不見先人手植時
유독 후손들이 공경하는 마음 있으니　獨有諸孫桑梓感
천년 만에 깃든 학[925]이 응당 그 마음 알리라　千秋巢鶴故應知

(詩-別卷1-349)

국화 菊

가을 되니 뭇 꽃들은 찾을 곳이 없는데　秋來無處問羣芳
홀로 서리 내린 정원에서 꽃과 향 자랑하누나　獨向霜園擅色香
참으로 알아줄 이 도연명 이후 드물다 뿐이지　只爲眞知陶後鮮
뉘라서 국화 잡고 중양절 기분 내지 않으리오[926]　何人不把作重陽

924 종질 빙 : 【譯注】 이빙(李憑, 1520~1591)으로, 본관은 진성(眞城), 자는 보경(輔卿), 호는 만취헌(晩翠軒)이다. 숙부 송재(松齋) 이우(李堣)의 장손이다.

925 천년……학 : 【譯注】 돌아가신 조상이 학이 되어 고향 집 소나무로 돌아왔다는 말이다. 진(晉)나라 도연명(陶淵明)의 《수신후기(搜神後記)》 권1에 정영위(丁令威)가 영허산(靈虛山)에서 도를 배운 뒤에 학이 되어 요동(遼東)에 돌아와서 공중에서 배회하며 말하기를, "새가 되었다. 새가 되었다. 정영위는 집을 떠난 지 천년 만에 지금 돌아왔네."라고 하였다.

(詩-別卷1-350)

매화 梅

순백의 참된 향기 속세 밖의 자태라서　眞白眞香世外姿
저자거리[927]와 관가는 모두 마땅한 곳 아니라오　市橋官閣總非宜
두보는 부질없이 좋은 시구로만 읊었을 뿐이니　杜陵枉費天工句
다만 포선을 기다려서 지기로 삼았어라[928]　直待逋仙作己知

(詩-別卷1-351)

대나무 竹

대나무의 높은 절개 겨울 추위에도 푸른데　竹君高節歲寒青
이곳은 추위 심해 여러 번 생장이 꺾였네　此地寒多屢挫生
참으로 추위에서 지켜 줄 계책 잘 세웠으니[929]　儘把護寒深作計

---

926 참으로……않으리오 : 【譯注】 국화와 술을 유독 사랑하여 이와 관련된 여러 명구를 남긴 도연명처럼 누구나 음력 9월 9일 중양절이 되면 국화를 감상하고 술에 국화를 띄워 마시곤 하며 이날을 기념한다는 말이다.

927 저자거리 : 【攷證 卷8 市橋】 당(唐)나라 두보(杜甫)의 〈서쪽 교외〔西郊〕〉 시에 "저자 다리에 있는 관가의 버드나무 가늘고, 강가에 있는 들판의 매화 향기로워라.〔市橋官柳細, 江路野梅香.〕"라고 하였다.

928 포선을……삼았어라 : 【譯注】 매선(梅仙)으로 불리는 송(宋)나라 임포(林逋, 967~1028)만이 매화의 지기가 되었다는 뜻이다. 그의 〈정원의 작은 매화나무〔山園小梅〕〉 시에, "성긴 그림자는 맑고 얕은 물 위에 비껴 있고, 은은한 향기는 황혼의 달빛 아래 떠도누나.〔疎影橫斜水淸淺, 暗香浮動月黃昏.〕"라고 한 시구가 천고의 절창으로 회자되었다. 【攷證 卷8 逋仙】 임포(林逋)이다.

929 참으로……세웠으니 : 【譯注】《정본 퇴계전서》 권1 〈일상 속에서〔端居〕〉의 자주(自註)에서 "사는 곳이 추워서 대나무는 움에 넣었고 매화는 늦봄에야 피었다.〔所居地寒, 藏竹以窨, 梅至暮春乃發.〕"라고 하였다.

해마다 죽순이 다투어 솟아남 구경하리라　年年看取籜龍爭

(詩-別卷1-352)

모란 牧丹

요씨네와 위 재상집 모란[930] 아니더라도　不是姚家與魏家
통실한 살과 빼어난 색 찬란하게 빛나네　豐肌秀色炫光華
세상 사람들 제멋대로 요염하게 꾸미고서　世人自作妖淫過
화왕[931]도 맘껏 사치 부렸었다 잘못 말하누나　錯道花王逞許奢

(詩-別卷1-353)

철쭉 躑躅

예전에 들으니 숭산 서쪽은 철쭉이 천 겹으로 핀다는데[932]
舊聞嵩少映千層
동국에는 드물기 때문에 가치 또한 더하여라　東國緣稀價亦增
이는 천지가 똑같이 조화를 베푼 것이니　等是乾坤施造化

---

930 요씨네와……모란 : 【攷證 卷8 姚家魏家】 송(宋)나라 구양수(歐陽修)의 《낙양모란기(洛陽牧丹記)》 화석명편(花釋名篇)에 "요황(姚黃)이라는 것은 수많은 잎이 포개어진 누런 꽃으로 민간의 요씨(姚氏) 집에서 나온 것이고, 위자(魏紫)라는 것은 수많은 잎이 통실하게 포개어진 붉은 꽃으로 재상 위인부(魏仁溥)의 집에서 나온 것이다."라고 하였다. 【校解】《고증》에는 '魏紫'가 '魏黃'으로 되어 있는데, 원문에 의거하여 수정하였다.

931 화왕(花王) : 【譯注】 송나라 구양수의 《낙양모란기(洛陽牡丹記)》에서 전사공(錢思公)이 말하기를 "지금 사람들은 모란을 화왕이라 하는데, 요황이 진짜 왕이고 위자는 왕후일 뿐이다."라고 하였다.

932 숭산……핀다는데 : 【攷證 卷8 嵩少映千層】 당(唐)나라 한유(韓愈)의 "3월에 숭산 서쪽 걸으니, 붉은 철쭉 천 겹이나 피었어라.〔三月嵩少步, 躑躅紅千層.〕"라고 하였다. 그 주석에 "숭산의 동쪽이 태실(太室)이고 서쪽이 소실(少室)이다."라고 하였다.

술 불러 붉은 노을 같은 광경 감상한들 어떠리　　不妨呼酒賞霞蒸

(詩-別卷1-354)

작약 芍藥

양주에는 천 종[933]의 작약이 다투어 꽃 피우나니　　楊州千品鬭芳華
고운 비단 같은 교객[934]은 세상에 와전된 말이라오　　羅綺嬌遊俗轉訛
어찌 후원에서 환하게 핀[935] 작약 아래　　何似後園糀爍爍
한 병 술 마주하며 꾀꼬리 소리 듣는 것만 하랴　　一尊相對聽鸎歌

(詩-別卷1-355)

사계화[936] 四季

비취 잘라 잎 만들고 옥 베어 가지 만드니　　翠裁爲葉玉爲枝
꽃은 붉은 노을과 어우러져 사철에 핀다오　　花映丹霞趁四時
규방의 여인에다 그 정숙한 빛을 비유한다면　　若把閨房比貞色
한나라 궁실의 수레 사양했던 반첩여가 있다오[937]　　漢宮辭輦有班姬

---

933 양주에는 천종 : 【攷證 卷8 楊州千品】 송(宋)나라 호자(胡仔)의 《어은총화(漁隱叢話)》에서 "양주의 주씨(朱氏)네 동산에는 작약 5~6만 그루 심어 놓았네."라고 하였다.

934 교객 : 【譯注】 교객(嬌客)은 작약의 별칭이다. 원문에서는 교객을 '교유(嬌遊)'로 표현한 것으로 보인다.

935 반짝반짝 : 【攷證 卷8 爍爍】 당(唐)나라 한유(韓愈)의 〈작약(芍藥)〉 시에 "큼직한 자태 찌를듯한 향기 예전에 본 적 없으니, 꽃은 붉은 등불 빛나듯 잎은 푸른 등롱 두른 듯하여라.〔浩態狂香昔未逢, 紅燈爍爍綠盤龍.〕"라고 하였다.

936 사계화(四季花) : 【譯注】 장미과의 낙엽 관목으로, 줄기에 가시가 있고 겹잎으로 되어 있다. 붉은 꽃이 네 계절의 마지막 달인 3월·6월·9월·12월에 피기 때문에 사계화라고 하며 월계화(月季花), 장춘화(長春花), 월월홍(月月紅) 등의 명칭이 있다.

937 한나라……있다오 :【譯注】 한(漢)나라 성제(成帝)가 일찍이 후정(後庭)에서 노닐다가 자신이 총애하던 반첩여(班婕妤)에게 수레를 함께 타자고 하였는데, 반첩여가 "옛날의 그림을 보니 거룩한 임금들은 모두 명신들이 곁에 있었고, 삼대(三代) 말기의 임금들은 첩들이 곁에 있었습니다. 지금 제가 함께 연을 타고자 한다면 삼대 말기의 임금과 같게 되지 않겠습니까?" 하니, 성제가 그 말을 선하게 여겨 그만두었다. 또 태후가 이 말을 듣고 기뻐하며 말하기를, "옛날에는 번희(樊姬)가 있었고 오늘날에는 반첩여가 있도다." 하였다.《漢書 外戚傳》

KBP0757(詩-別卷1-356)

배를 타고 동쪽으로 돌아가다가 대탄[938]에 이르러 남시보[939]가 뒤쫓아 와서 함께 가면서 절구를 지었기에 차운하다

기미년(1559, 명종14, 59세)【3월 2일 추정. 양근(楊根)】

舟行東歸 南時甫追至大灘 同行有絶句 次韻 己未

학문하여 고정[940]의 실마리 찾는데 이르고 보니	學到能尋考亭緖
이제야 하백이 헛되이 황화 자랑한 줄[941] 알겠어라	方知河伯謾誇河
내 일찍이 노력하였건만, 아 소득도 없이	我曾用力嗟無得
간절한 노파심에 도리어 부끄럽기만 하다오[942]	心切還堪愧老婆

938 대탄(大灘) :【譯注】양근(楊根) 남쪽 10리 지점의 여강(驪江) 하류로 용진강(龍津江)과 합쳐지는 곳이다.

939 남시보 :【譯注】남언경(南彦經, 1528~1594)으로, 본관은 의령(宜寧), 자는 시보(時甫), 호는 동강(東岡)이다.

940 고정(考亭) :【譯注】중국 복건성 건양(建陽) 서남쪽에 있는 정자로, 주희가 만년에 거처했던 곳이다. 여기서는 주희의 학문을 뜻한다.

941 하백이……자랑한 줄 :【譯注】모든 물이 황하로 흘러 들어오자 황하의 신 하백(河伯)이 천하의 아름다움이 모두 자기에게 갖추어져 있다고 생각해서 흐름을 따라 동쪽으로 가 바다에 도착하였는데, 그곳에서 바다를 바라보니 물가가 보이지 않았다. 이에 바다의 신인 해약(海若)을 우러러보면서 자신의 소견이 작은 것을 탄식하자, 해약이 말하기를, "우물 안의 개구리에게 바다에 대해 이야기하여도 알지 못하는 것은 공간의 제약을 받고 있기 때문이고, 여름 벌레에게 겨울에 대해 이야기해도 이해하지 못하는 것은 시간의 제약을 받고 있기 때문이다."라고 하였다.《莊子 秋水》

942 마음……하다오 :【攷證 卷8 心切老婆】송나라 도원(道源)이 저술한《전등록(傳燈錄)》에 임제(臨濟) 의현(義玄) 선사가 황벽(黃蘗)에게 묻기를, "조사(祖師)께서 서쪽에서 오신 뜻은 무엇입니까?"하고 물으니 황벽이 갑자기 선사를 때렸다. 이렇게 3번을 묻고 3번을 때리고 나서 마침내 황벽에게 하직 인사를 하자 황벽이 대우(大愚)에게 가라고 지시하였다. 대우가 말하기를, "저렇게 간절한 노파심으로 너를 위해 피곤함을 무릅썼

는데〔恁麽老婆心切, 爲汝得微困〕, 너는 오히려 무엇이 잘못되었는지 보지 못하고 있구나."라고 하자, 선사가 크게 깨닫고는 "황벽의 불법이 별것 아니군요……"라고 하였다.

퇴계선생문집

외집 권1

KWP0758(詩-外卷1-1)

전일에 김유지[1]의 집에서 우연히 좋은 일[2]이 있었는데 문을 나서자 곧 지난 일이 되어 버렸기에 한마디 말로 그때의 일을 기록하지 않을 수 없었다. 어제 김공과 이공 두 분의 시[3]를 보니, 그 일이 또한 상당히 비슷하기에 감히 한 편을 화답하여 삼가 책상머리에 올리고 시편이 이어지기를 기대하며 나중에 김유지께 잇달아 부쳐서 한번 웃을 수 있기를 바란다 【연월 미상(46세 이전 추정). 예안(禮安)】

前日 綏之家偶成勝事 出門便爲陳迹 不可無一語以記一時之事 昨見金李兩公詩 其事又頗相類 敢和一篇 奉呈案下 伏冀賡章 庶幾他日聯寄綏之 以發一笑

우연히 서로 만나 문득 좋은 모임 이루었으니　　偶然相値便成奇
못가 정자에 봄이 들어 자태 유별났어라　　春入池亭別樣姿
어저께 홀로 온 것은 나의 병 때문이요　　昨日獨來因我病
오늘 아침 함께 모인 것은 하늘이 안 듯하여라　　今朝共會似天知
냇가에 빗줄기 어둑하니 저녁까지 사람 머물고　　溪頭雨暗留人夕

1 김유지 : 【譯注】 김유(金綏, 1491~1555)로 본관은 광산(光山), 자는 유지, 호는 탁청정(濯淸亭)이다. 퇴계가 그를 위해 묘지명을 썼다.

2 좋은 일 : 【譯注】 침류정에서 술자리를 열고 노닐었던 일을 가리킨 것으로 보인다. 김유가 호협하고 손님 맞기를 좋아하여 부친 김만조(金萬釣)가 지은 침류정을 허물고 새로 중건하였다. 《정본 퇴계전서》 권3 〈침류정에 노닐며 정자에 걸린 시에 차운하다〔遊枕流亭, 次亭韻〕〉의 서문 참조.

3 두 분의 시 : 【譯注】 모재(慕齋) 김안국(金安國, 1478~1543)과 회재(晦齋) 이언적(李彦迪, 1491~1553)을 가리킨다. 《정본 퇴계전서》 권3 〈문경 경운루의 서각은……〔聞慶慶雲樓西閣〕……〉에 해당 시가 보인다.

담 모퉁이 구름 낮은데 수시로 술을 보내 주누나[4] 墻角雲低送酒時
전현[5]을 잘 이어서 좋은 모임 가지노니 好繼前賢爲勝事
그대가 비녀장 던지건[6] 말건 흉금 털어 놓노라 從君投轄寫襟期

4 담……주누나 : 【攷證 卷8 墻角送酒】 당(唐)나라 두보(杜甫) 시의 주석에서 도간(陶侃)의 이웃 사람이 말하기를 "그대의 문 앞에 높은 사람들의 수레가 있는데, 어째서 그들을 맞아들이지 않는가?"라고 하니, 도간이 말하기를, "예를 갖출 수가 없어서 이웃 사람이 담장 모퉁이로 탁주와 닭을 보내 주어〔隣人墻頭, 送以濁醪隻雞.〕 마침내 종일 동안 즐겁게 놀 수 있었다."라고 하였다. 【校解】 당나라 두보의 〈여름날 이공께서 찾아주시다〔夏日李公見訪〕〉 시에 "지붕 너머로 술집 주인 불러, 술이 있느냐 물었더니, 담장 모퉁이로 탁주를 넘겨주어, 자리 펴고 시냇물 굽어보며 마시네.〔隔屋喚酒家, 借問有酒否. 墻頭過濁醪, 展席俯長流.〕"라고 하였다.

5 전현 : 【攷證 卷8 前賢】 김안국과 이언적을 가리킨다.

6 비녀장 던지건 : 【譯注】 주인이 자기 집에 온 손님을 못 가게 막는 것을 말한다. 【攷證 卷8 投轄】 《어정패문운부(御定佩文韻府)》 권56에서 "진준(陳遵)이 매번 빈객들과 술을 많이 마셨는데 그때마다 문을 닫아걸고 손님이 타고 온 수레의 비녀장을 뽑아서 우물에 던져버렸다."라고 하였다.

재차 시판을 보내어[7] 군이 정밀하게 다듬은 시를 구하니 참으로 일을 좋아한다고 할 만하다. 다만 졸작이 두터운 기대에 부족할까 두려울 뿐이다. 그러나 후편에서는 어려울 '난'을 응할 '응'으로 고치고[8] 스스로 깊이 의취를 얻었다고 생각되니 그대가 다시 보내 주지 않았다면 어찌 가능한 일이겠는가? 옛사람이 말하기를 시 한 구를 얻는 것이 벼슬 얻는 것보다 기쁘다 하였는데 어찌 맞는 말이 아니겠는가? 게다가 그대는 문장에 마음을 두어서 정밀하게 조탁하는 것이 이와 같으니 만약 병법에도 이처럼 할 수 있다면 재목을 깎아서 어찌 정자 하나를 짓는 데 그치겠는가?[9] 그래서 이 뜻으로 장난삼아 절구를 지었으니 아

7 재차 시판을 보내어 : 【攷證 卷8 再送詩板云云】 생각해 보건대, 이 시는 마땅히 〈탁청정 김유지에게 지어서 부치다. 2수〉 아래에 와야 한다.

8 어려울……고치고 : 【攷證 卷8 改難爲應】《정본 퇴계전서》 권2 〈김유지의 탁청정에 부쳐 제하다. 2수〔寄題金綏之濯淸亭 二首〕〉 중 2번째 시에서 "심어 놓은 호숫가 귤 응당 다 자랐을 테고, 전대의 돈 남겨 두어 마음껏 기울여 쓰는구려.〔種來湖橘應成長, 留得囊錢任倒傾.〕"라고 한 구절을 가리킨다.

9 재목을……그치겠는가 : 탁청정 주인 김유가 병법에도 뛰어나게 될 것이라는 말이다. 제나라의 군사(軍師) 손빈(孫臏)이 조(趙)나라를 구원하기 위해 위(魏)나라로 쳐들어가면서 마릉(馬陵)에 이르러 나무를 깎아 하얀 면이 드러나게 한 다음 그 나무에 "방연(龐涓)이 이 나무 밑에서 죽을 것이다."라는 글을 써 놓고 좌우에 궁노수(弓弩手)를 매복시켜 두었다. 제가 위로 쳐들어왔다는 소식을 들은 위의 장군 방연은 조나라 공격을 포기하고 급히 위로 달려와 저물녘에 마릉에 당도하여 나무에 글이 쓰여 있는 것을 보고 불을 비추어 읽으려 하는데 채 읽기도 전에 매복한 궁노수들의 기습을 받아 패사(敗死)하였다. 《史記 卷65 孫子吳起列傳》【攷證 卷8 斫樹】 생각해 보건대, 김유지가 무예에 종사하였으므로 손빈(孫臏)의 고사를 차용한 것이다. 〈탁청정 김유지에게 지어서 부치다. 2수〉 중 첫 번째 수에 나오는 구절이다.

울러 올려서 한 번 웃게 하노라 【갑진년(1544, 중종39, 44세) 4~6월 추정, 서울】

再送詩板 必求至精 眞可謂好事 但恐拙句不足以副厚望耳 然後篇改難字爲應字 自謂深得意趣 非君再送 何得此耶 古人云 得句喜於得官 豈不信哉 且君於文雅留意致精如此 若於兵法亦能如此 則其斫樹 何止構一亭而已 故以此戱爲絶句 幷上博一笑

탁청정(濯淸亭)의 율시 2수는 아래에 보인다.

그대 검술 배웠으나 오래도록 성취 없었는데[10]	知君學劒久無成
문장을 지금 정밀하게 공부하고자 하니	文雅如今要極精
손자와 오기를 배워 이와 비슷할 수 있다면	若學孫吳能似此
기이한 계책 어찌 냇가 정자 짓는 데 그치리오	奇謀何止構溪亭

10 그대……없었는데 : 【譯注】《정본 퇴계전서》 권15 〈성균생원김공묘지명(成均生員金公墓誌銘)〉에서 "공은 활쏘기에 더욱 뛰어나서 무과에서 함께 응시하였는데, 거의 붙을 뻔한 적이 여러 번이었으나 끝내 합격하지 못하였다."라고 하였다.

KWP0760(詩-外卷1-3~4)

탁청정 주인이 내게 편지를 부쳐 임시로 강가 언덕을 빌려서 산다고[11] 조롱하기에 재미 삼아 보내다. 절구 2수

【병오년(1546, 명종1, 46세) 3월 추정. 예안(禮安)】

濯淸主人寄余書 有假寓江皐之嘲 戱贈 二絶

(詩-外卷1-3)

월란암의 병들어 한가한 사람	月瀾庵裏病閒人
병을 피함이지 원래 속진을 피한 것 아니라오	避病元非避俗塵
우스워라, 잘못 주옹[12]을 나와 비겨서	可笑錯將周子比
안개를 치달려 부질없이 봄의 푸른 등라를 흔드누나[13]	馳烟空擺碧蘿春

(詩-外卷1-4)

강가 언덕 향하여 임시로 우거한다 조롱하지 말지니	莫向江皐嘲假寓

11 임시로……산다고 : 【譯注】 낙동강 가에서 은자처럼 살려고 하나 마음은 벼슬에서 떠나지 않고 있다는 뜻이다. 중국 남조 제나라의 공치규(孔稚珪)가 〈북산이문(北山移文)〉에서 주옹(周顒)을 비웃기를 "비록 강가 언덕에서 은자의 모습 빌렸으나 마음은 좋은 벼슬에 있다.〔雖假容於江皐, 乃纓情於好爵.〕"라고 하였다.

12 주옹 : 【攷證 卷8 周子】 주옹(周顒)이다.

13 잘못……흔드누나 : 【譯注】 퇴계 자신을 주옹처럼 기롱한다는 뜻으로, 남제(南齊) 때 공치규(孔稚圭)가 〈북산이문(北山移文)〉을 지어 북산에 은거하다가 변절하여 벼슬길에 나간 주옹을 몹시 책망한 일이 있다. 【攷證 卷8 馳烟碧蘿春】 〈북산이문〉에서 "종산의 영화와 초당의 신령이 안개로 하여금 역로를 치달려 북산 마당에 공문을 새기게 하였다.〔鍾山之英, 草堂之靈, 馳煙驛路, 勒移山庭.〕"라고 하였다. 또 가을 계수나무는 바람을 보내고 봄의 담쟁이는 달을 떨쳐 올려 서산의 은일에 대한 논의를 선포하고 동고의 청빈한 사귐을 고하였다.〔秋桂遣風, 春蘿擺月, 騁西山之逸議, 馳東皐之素謁.〕"라고 하였다.

나는 지금 병 때문에 한가한 시간 얻었다오 吾今因病得閒時

탁청정에 참으로 유거의 맛 있건만 濯淸儘有幽居味

곁의 사람이 실에 물드는 것 보고 울게 될까 되려 걱정일세[14] 還恐傍人泣染絲

14 곁의……걱정일세 : 【譯注】 이황이 장차 벼슬에 나가게 되면 탁청정 주인도 거기에 영향을 받아 벼슬에 나가게 될까 염려된다는 뜻이다. 《회남자(淮南子)》에서 "묵자가 실을 마전하는 것을 보고서 슬퍼하였으니, 노랗게도 될 수 있고 검게도 될 수 있기 때문이었다.〔墨子見練絲而泣之, 爲其可以黃可以黑.〕"라고 하였다.

KWP0761(詩-外卷1-5~6)

다시 차운하다. 2수 【병오년(1546, 명종1, 46세) 3월 추정. 예안(禮安)】

再次 二首

(詩-外卷1-5)

필마로 돌아와서 친구 찾으니　　匹馬歸來訪故人
하얀 옷에 오히려 낙양의 티끌 띠었어라[15]　　素衣猶帶洛陽塵
술 단지 열고 장차 꽃 앞에서 취하리니　　開樽且作花前醉
산중의 첫 번째 봄을 저버리지 마시라[16]　　莫負山中第一春

(詩-外卷1-6)

꽃은 난간에 어우러지고 버들은 못물에 씻겨　　花映欄干柳拂池
냇물과 산은 온통 그 옛날과 흡사하구나　　溪山渾似昔年時
응당 비웃을테지 여기 다시 온 내가　　只應笑我重來客
병 많고 얼굴 수척하며 귀밑머리 희었음을　　多病顔衰鬢雪絲

15 하얀……띠었어라 : 【譯注】 당(唐)나라 유종원(柳宗元)의 〈매우(梅雨)〉 시에 "하얀 옷이 지금 다 변하게 될지라도, 낙양 티끌은 되지 않으리.〔素衣今盡化, 非爲帝京塵.〕"라고 하였다.

16 산중의……마시라 : 【譯注】 봄이 처음 왔을 때 약속을 어기지 말고 오라는 뜻이다.

KWP0762(詩-外卷1-7~8)

탁청정에서 주인 김유지[17]에게 주다. 2수 【신해년(1551, 명종6, 51세) 3월 18일경 추정. 예안(禮安)】

濯淸亭贈主人金綏之 二首

(詩-外卷1-7)

한 그루 배꽃은 눈꽃을 뿌리고 一樹梨花潑雪花
봄바람은 불어 발 가득 향기 풍겨라 東風吹動滿簾香
한껏 머무르면서 술을 마실 터이니 十分且作留連飮
꽃 앞에서 다시 술잔을 어찌 사양하리오 何用花前更訴觴

(詩-外卷1-8)

밤에 일어나서 술병과 잔 가져올 필요 없으니 夜起壺觴不用揮
이 모종의 맑은 경치를 알아야 하리 一般淸景要須知
배꽃은 뜰에 져서 은빛 바다 같으니 梨花院落如銀海
바로 지금이 방당에 달 찍힐 때라오 正是方塘月印時

---

17 김유지 : 【譯注】 김유(金綏, 1491~1555)로 본관은 광산(光山), 자는 유지, 호는 탁청정(濯淸亭)이다. 퇴계가 그를 위해 묘지명을 썼다.

KWP0763(詩-外卷1-9~11)

재미 삼아 김유지[18]에게 주다. 3수 【신해년(1551, 명종6, 51세) 6월 추정. 예안(禮安)】

戲贈金綏之 三首

(詩-外卷1-9)

작고 기운 나의 서재 남쪽 향해 열렸는데 　矮傾書屋面陽開
술 싣고 반가이 만나니 적적함 달래 주려 오셨네 　載酒欣逢慰寂來
수참이니 군포[19] 같은 것 자꾸 따지지 말고 　水站軍鋪休更辨
쓰러지도록 한번 취해 창 모퉁이에 누워보세 　頹然一醉臥窓隈

(詩-外卷1-10)

좋은 산이 많은 곳에 작은 집 열어놓고 　好山多處小莊開
어느 분이 고요한 곳 즐기러 오시려나 눈여겨보는구려 　著眼何人賞靜來
주신 시구에서 나를 기롱한 것은 자기 허물 못 본 것이니 　美句含譏還自蔽
그대의 집도 역시 매우 깊은 물굽이에 있는 것을 　君家亦在最深隈

---

18 김유지 : 【譯注】 김유(金綏, 1491~1555)로 본관은 광산(光山), 자는 유지, 호는 탁청정(濯淸亭)이다. 퇴계가 그를 위해 묘지명을 썼다.

19 수참이니 군포 : 【譯注】 수참(水站)은 충청·전라·경상 3도의 세곡(稅穀)을 서울로 운송하는 도중에 배가 쉬는 곳이며, 군포(軍鋪)는 조선 시대에 대궐 밖에서 순라군(巡邏軍)이 머물러 있던 곳이다. 김유가 무예에 관심이 많았기 때문에 이렇게 말한 것으로 보인다. 【攷證 卷8 水站軍鋪】 참(站)은 차(次)와 감(感)의 반절이며 역참[驛]을 말한다. 포(鋪)는 펼쳐놓는 것이니 장사하는 가게를 민간에서 '포'라고 한다.

(詩-外卷1-11)

자하봉 빼어난 경치 하늘이 열어주었으니　　霞峯形勝得天開
수석정[20] 자리 벌써 점찍어 놓았다네　　漱石亭基已卜來
우암[21]을 가지고 이보다 낫다 못하다 논하지 말고　　莫把愚巖論勝負
어부들 물굽이 놓고 다투건 말건 내버려 두시라[22]　　從他漁父兩爭隈

---

20 수석정 : 【譯注】 예안의 자하봉 아래 광뢰(廣瀨)에 지은 정자이다.

21 우암 : 【譯注】 김유(金綏)의 침류정(枕流亭)이 있던 낙동강 가의 우암(愚巖)을 가리키는 것으로 보인다.

22 어부들……말건 : 【攷證 卷8 漁父爭兩隈】《회남자 남명훈(覽冥訓)》에 "농부는 밭두둑을 침범하지 않고, 어부는 물굽이를 다투지 않는다.〔田者不侵畔, 漁者不爭隈.〕"라고 하였다. 황정견(黃庭堅)의 〈소식의 무창서산 시에 차운하다〔次韻子瞻武昌西山〕〉 시에 "누가 문장으로 고금을 비교할 줄 알리오, 시골 늙은이 자리 다투고 어부들은 낚시터 다투네.〔誰知文章照今古, 野老爭席漁爭隅.〕"라고 하였다.

KWP0764(詩-外卷1-12~13)

김유지[23]에 대한 만사. 2수 【을묘년(1555, 명종10, 55세) 윤11월 16~30일 추정. 예안(禮安)】

挽金綏之 二首

(詩-外卷-12)

비녀장 뽑아 던진 진준[24]은 예법의 검속 없었고 投轄陳無檢
생업에 힘썼던 마원[25]은 가난하지 않았어라 治生馬不貧
연방(蓮榜)[26]에서는 작은 성취 이루었으나 蓮花雖小捷
버들잎 뚫기[27]에서는 끝내 신통치 못하였네 楊葉竟空神

23 김유지 : 【譯注】 김유(金綏, 1491~1555)로 본관은 광산(光山), 자는 유지, 호는 탁청정(濯淸亭)이다. 퇴계가 그를 위해 묘지명을 썼다.

24 비녀장……진준 : 【譯注】 주인이 자기 집에 온 손님을 못 가게 막는 것을 말한다. 《한서(漢書)》 〈진준전(陳遵傳)〉에서 "진준이 매번 빈객들과 술을 많이 마셨는데 그때마다 문을 닫아걸고 손님이 타고 온 수레의 비녀장을 뽑아서 우물에 던져버렸다."라고 하였다.

25 생업에 힘썼던 마원 : 【攷證 卷8 治生馬不貧】 《후한서》 〈마원전(馬援傳)〉에서 "마원이 젊어서 북쪽의 경작지로 갔는데 말 수천 마리를 기르고 곡식 수천 휘를 거두어들였다."라고 하였다.

26 연방(蓮榜) : 【譯注】 생원과 진사의 소과에 급제한 것을 '연방'이라 하고 대과에 급제한 것을 '계방(桂榜)'이라고 한다. 【攷證 卷8 蓮花小捷】 김유지는 사마시(司馬試)에 급제하였다.

27 버들잎 뚫기 : 【譯注】 '버들잎을 활로 쏘아 뚫는 것'으로 무과(武科) 급제를 의미한다. 【攷證 卷8 楊葉】 《전국책(戰國策)》에서 "양유기(養由基)가 활을 잘 쏘았는데 버들잎에서 백 보 떨어진 곳에서도 백발백중하였다."라고 하였다. 《史記 周本紀》 《戰國策 西周策》 당(唐)나라 두보(杜甫)의 〈취가행(醉歌行)〉 시에 "옛날에 백발백중 버들잎 맞힌 솜씨 내 참으로 알고 있으니, 잠시 헛디딘 준마 발굽은 과실이 아니라네.〔舊穿楊葉眞自知, 暫蹶霜蹄未爲失.〕"라고 하였다.

음덕이 쌓여 세 아들 두었고	積慶遺三子
고희에서 다섯 해가 모자라네	稀年失五春
가성[28]에는 밝은 해 없으니	佳城無白日
누구와 더불어 서로 친하게 즐길런가	誰與樂相親

(詩-外卷-13)

우리 고을은 유달리 장수하는 이 많은데	壽耈吾鄕美
올해는 애통함을 견딜 수 없어라	今年痛不任
침류정의 물결 번개처럼 사그라들고[29]	枕流波電謝
애일당[30]의 햇살 구름에 잠겼네	愛日景雲沈
쓸쓸하여라 즐겁게 놀던 곳	索寞歡娛地
처량하여라 옛 친구의 마음	凄涼故舊心
바람맞으며 해로가[31] 써 내려가자니	臨風寫薤露

28 가성(佳城) : 【譯注】 무덤을 뜻한다. 한(漢)나라 등공(滕公)이 말을 타고 가다가 동도문(東都門) 밖에 이르자 말이 울면서 앞으로 나아가지 않으며 발로 오랫동안 땅을 구르기에 사졸(士卒)을 시켜 땅을 파 보니, 깊이 석 자쯤 들어간 곳에 석곽(石槨)이 있고 거기에 "아름다운 성〔佳城〕이 답답하니, 3천 년 만에 해를 보도다. 아! 등공이여, 이 실(室)에 거처하리라."라는 글이 새겨져 있었다 한다. 《西京雜記 卷4》

29 침류정의……사그라들고 : 【譯注】 침류정(枕流亭)은 김유의 정자로, 인생이 번개처럼 짧다는 뜻이다. 【攷證 卷8 波電謝】 남조(南朝) 양(梁)나라 소통(蕭統)의 《문선(文選)》 권43 유준(劉峻)의 〈말릉령 유소에게 다시 답함〔重答劉秣陵沼書〕〉 시에 "빠르게 달리는 말을 붙잡아 둘 수 없고 한 척 물결 번개처럼 사그라드네.〔隙駟不留, 尺波電謝.〕"라고 하였다.

30 애일당(愛日堂) : 【譯注】 농암(聾岩) 이현보(李賢輔)가 부모님을 봉양하기 위해 고향인 예안의 영지산(靈芝山) 귀먹바위〔耳塞巖〕옆에 지었던 건물이다.

31 해로가(薤露歌) : 【譯注】 만사(挽詞)를 뜻한다. 【攷證 卷8 薤露】 진(晉)나라 최표

늙은이 눈물 절로 옷깃에 가득하여라 老淚自盈襟

(崔豹)의 《고금주 중(古今註中)》에서 "사람의 목숨은 염교 위의 이슬처럼 쉽게 말라 없어진다."라고 하였다. 《사물기원(事物紀原)》 권9에 "이연평(李延平, 이통(李侗))이 곡을 지었는데, 해로(薤露)는 왕공과 귀인들을 보내는 곡이고 호리(蒿里)는 사대부와 일반 백성을 보내는 곡이니 '만가(挽歌)'라고도 한다."라고 하였다.

KWP0765(詩-外卷1-14)

강릉 통판 김백영[32]이 보내 준 〈유경포대도〉에 적다 【연월 미상, 50~60세 추정. 예안(禮安)】

題江陵通判金伯榮所送遊鏡浦臺圖

내 몸이 학 타고 영주와 봉래[33] 간 것도 아닌데	身非騎鶴向瀛蓬
기이한 신선의 섬이 눈 안에 들어오누나	怪底仙洲入眼中
맑게 대를 두른 호수는 거울을 닦아놓은 듯	澹澹環臺湖拭鏡
아스라이 바다 가로지른 언덕은 무지개를 둘렀어라	迢迢截海岸圍虹
자랑스레 전하는 목란 뱃놀이 다투어 사모하나니[34]	誇傳競慕蘭舟戲

32 김백영 : 【譯注】 김부인(金富仁, 1512~1584)으로 본관은 광산(光山), 자는 백영(伯榮), 호는 산남(山南)이다. 예안 출신으로 김부신과 김부륜의 형이다. 1549년 무과에 급제하여 1557년에서 1560년 사이 강릉 판관을 지냈으며 저서로 《산남집》이 있다.

33 영주와 봉래 : 【譯注】 전설상의 삼신산(三神山) 중 방장(方丈)을 제외한 영주(瀛洲)와 봉래(蓬萊)의 합칭이다.

34 자랑스레……사모하나니 : 【攷證 卷8 誇傳競慕蘭舟戲】 서거정(徐居正)의 《동인시화(東人詩話)》에서 "혜숙공(惠肅公) 박신(朴愼)이 강원도 안렴사가 되어 강릉의 기생 홍장(紅粧)을 사랑하였는데 임기가 차서 돌아가려고 하자 부윤 석간(石澗) 조운흘(趙云仡)이 '홍장이 이미 죽어 신선이 되어 떠났다.'고 속이자 박신이 애도하며 생각에 잠겼다. 강릉부에 경포대가 있는데 부윤이 안렴사를 맞이하여 뱃놀이하면서, 몰래 홍장에게 이쁘게 화장하고 고운 옷을 입게 하고는 별도로 배 한 척을 준비하여 늙은 관인(官人) 한 사람을 뽑아서 홍장을 배에 싣고 노를 저어 포구로 들어와서 물가를 배회하도록 하였는데, 거문고와 피리 소리가 맑고 또렷하여 마치 하늘 가운데 떠 있는 듯하였다. 부윤이 안렴사에게, '이 지역에는 신선들이 무리 지어 오가는데, 바라볼 수는 있어도 가까이 갈 수는 없습니다.'라고 하니, 박신이 말하기를, '풍경이 기이하나 마침 감상할 정황이 없소.'라고 하면서 눈에 눈물이 가득하였다. 조금 있으니 배가 순풍을 타고 눈 깜빡할 사이에 바로 앞에 다다랐고, 노인이 배를 대고 배 안에는 홍장이 타고서 노래하며 춤을 추었는데 박신이 자세히 바라보니 바로 홍장이었다. 자리에 있던 사람들이 모두 손바닥

칙명으로 내린 섬곡의 풍류 누군들 사랑하지 않으리오[35]

敕賜誰憐剡曲風

요지[36]에서 이 잔치 끝나면 진정 한바탕 꿈이니　　宴罷瑤池眞一夢

서둘러 상의하여 좋은 화공에게 맡겨야 했구나　　急須商略付良工

을 치고 크게 웃으며 실컷 즐기고는 놀이를 마쳤다."라고 하였다.

35 칙명으로……않으리오 : 【譯注】 중국의 감호(鑑湖)를 강릉의 경포호에 빗대어 읊은 것이다. 당(唐)나라 시인 하지장(賀知章)이 80이 넘어 귀향을 청하자, 현종(玄宗)이 이를 허락하며 감호(鑑湖)와 섬천(剡川) 일대의 땅을 하사하였는데, 감호는 일명 경호(鏡湖)라고도 한다. 당(唐)나라 이백(李白)의 〈술을 마주하여 하 비서감을 생각하다〔對酒憶賀監〕〉 시에 "칙명으로 경호의 물 하사하니, 그대 덕분에 누대와 못이 영광스럽게 되었도다.〔勅賜鏡湖水, 爲君臺沼榮.〕"라고 하였다. 《李太白集 卷22》

36 요지(瑤池) : 【譯注】 중국 곤륜산(崑崙山) 꼭대기에 있다는 신화 속의 못 이름으로 선경(仙境)을 의미한다.

KWP0766(詩-外卷1-15)

김백영[37]이 청석연을 보내 준 것에 감사하다 【연월 미상[38]. 예안(禮安)】

謝伯榮送靑石硯

청석 벼루 요동 땅에서 나는데[39] 靑石硯從遼地産

인산[40]에서 먼 곳의 보물을 도산으로 부쳤구려 麟山遠寶寄陶山

노건한 필력 신이 도운 것 같음을 이제야 알겠으니 方知老筆如神助

요동 바다[41]의 하늘 바람이 자리에 서늘하게 들어오는 듯 鶴海天風入座寒

---

37 김백영 : 【譯注】 김부인(金富仁, 1512~1584)으로 본관은 광산(光山), 자는 백영(伯榮), 호는 산남(山南)이다. 예안 출신으로 김부신과 김부륜의 형이다. 1549년 무과에 급제하여 1557년에서 1560년 사이 강릉 판관을 지냈으며 저서로 《산남집》이 있다.

38 연월 미상 : 【譯注】 《퇴계시대전(退溪詩大全)》 '김부인이 1561년 2월 평안도 창성(昌城) 부사로 부임하였을 때 청석연(靑石硯)을 선물하였다'라고 하였다. 《권오봉, 退溪詩大全, 포항공과대학, 1992, 890쪽》

39 청석……나는데 : 【攷證 卷8 靑石硯從遼地産】 인재(訒齋) 최현(崔晛)의 《조천록(朝天錄)》에 "청석령(靑石嶺)은 요동에 있는데 온 골짜기가 모두 청석(靑石)으로 되어 있어, 그것을 가져다가 벼루를 만드는데 푸른 윤기가 도는 것이 매우 아름답다."라고 하였다.

40 인산 : 【攷證 卷8 麟山】 의주에 있다. ○ 살펴보건대, 김백영이 이때 정주 목사(定州牧使)로 있었다.

41 요동 바다〔遼海〕 : 【譯注】 중국 요하(遼河) 동쪽으로부터 바다에 이르는 지역으로, 요동(遼東)을 말한다. 원문에서 학해(鶴海)라고 한 것은 요해학(遼海鶴)의 뜻으로, 요동 사람인 정영위(丁令威)가 신선술을 닦아 학으로 화신(化身)했다는 고사를 염두에 둔 것이다. 《搜神後記》

KWP0767(詩-外卷1-16)

상사 김가행[42]에 대한 만사 【병인년(1566, 명종21, 66세) 10월~윤10월 추정. 예안(禮安)】

挽金上舍可行

이름은 부용의 방[43]에 올랐고　名薦芙蓉榜
세상에서 마흔 네 해를 살았네　人間卌四年
일신이 영달하지 못함은 개의치 않았으나　不嫌身晦約
병마가 휘감는 것은 견딜 수 없었지.　叵耐病纏綿
형제와의 단란한 즐거움 영영 저버리고　棣萼長辭樂
자제들은 아직 혼인을 다 마치지 않았네.　芝蘭未畢緣
가장 마음 아프기는 세상 영결하며 남긴 말　最傷終訣語
역력하게 사람들 입으로 전하누나　歷歷在人傳

42 김가행 : 【譯注】 김부신(金富信, 1523~1566)으로, 본관은 광산(光山), 자는 가행(可行), 호는 양정당(養正堂)이다. 김유(金綏)의 아들로 1558년 생원시에 합격하였다.

43 부용(芙蓉)의 방 : 【譯注】 연방(蓮榜)과 마찬가지로 생원과 진사의 소과에 급제한 것을 말한다.

KWP0768(詩-外卷1-17)

김돈서[44]를 보내다 【연월 미상. 예안(禮安)】

送金惇敍

그대는 바다를 가리켜 보는데 나는 거북 등이나 긁고[45] 君指望洋我刮龜
그대가 온 날이 바로 내가 돌아오는 때로세 君來正值我歸時
장부의 사업이란 먼 길 가는 것과 같으니 丈夫事業如行遠
첫 출발부터 모름지기 바른길로 가야 하리 發軔須從正路馳

---

44 김돈서 : 【譯注】 김부륜(金富倫, 1531~1598)으로, 본관은 광산(光山), 자는 돈서(惇敍), 호는 설월당(雪月堂)이다.

45 거북 등이나 긁고 : 【譯注】 거북은 본래 털이 나지 않아서 아무리 등을 긁어 봐도 털을 취할 수 없으므로, '헛수고만 할 뿐 공효를 거두지 못함'을 비유한다. 소식(蘇軾)의 〈동파팔수(東坡八首)〉중 1수에서, "거북의 등에서 털을 긁어 보았자, 어느 때에 모전을 이룰 수 있으랴.〔刮毛龜背上, 何時得成氈.〕"라고 하였다.

KWP0769(詩-外卷1-18~19)

제군들이 찾아 줌을 기뻐하다. 2수 【연월 미상. 예안(禮安)】

喜諸君見訪 二首

(詩-外卷1-18)

험한 길 지나 그윽한 곳 찾아 냇가의 문 두드리니 歷險尋幽打磵門
주인이 놀라 기뻐하며 근심과 번민 사라졌네 主人驚喜失愁煩
처마 앞은 햇살 받아 갯버들이 길을 따라 자라고 簷前負日蒲隨地
골짝 안은 봄을 막아 눈빛이 술잔에 어렸어라 洞裏禁春雪映樽
일의 기미 보는 것 몹시 더디니 세상에 쓰이기에 맞지 않고 見事苦遲非適用
글을 연구하여 배우려는 것은 세상에 맞지 않는 말일세 鑽書欲學是狂言
그대들은 지저귀는 꾀꼬리 소리 들어보라[46] 請君聽取嚶嚶鳥
우리 도가 어찌 지금 여기 있지 않으랴 此道如今詎不存

(詩-外卷1-19)

암혈에 사는 게 꼭 세상에 뜻이 없어서가 아니니 巖居不必爲無求
편협한 내 성품 본래 깊은 산골에 사는 게 제격이지 褊性從來合置幽
험한 길에 종과 말 힘들게 하는 것 진작 애처로웠으니 已怵崎嶇勞僕馬

46 그대들은……들어보라 : 【譯注】《시경》〈소아(小雅) 벌목(伐木)〉에 "나무 베는 소리 쩡쩡 울리거늘 새 우는 소리 꾀꼴꾀꼴 들리도다.〔伐木丁丁, 鳥鳴嚶嚶.〕 깊은 골짜기에서 나와 높은 나무로 옮겨 가도다. 꾀꼴꾀꼴 꾀꼬리 울음이여, 벗을 찾는 소리로다. 저 새를 보건대 오히려 벗을 찾아 우는데, 하물며 사람이 벗을 찾지 않는단 말인가."라고 하였다.

적막하게 산과 언덕에서 늙어간들 무엇이 나쁘리오　何妨寂寞老山丘
바로 변변찮은 술 가져다 못 만났던 아쉬움을 씻고　旋將薄酒澆深恨
넉넉하게 한가로움 즐기며 좋은 유람 하고자 하네　擬把長閒作勝遊
병든 다리로 경치 구경 못 다닐까 걱정하지 말라　病脚莫愁難逐景
아직도 지팡이 짚고 함께 배에 오를 수 있다오　猶能携杖與乘舟

KWP0770(詩-外卷1-20~21)

김돈서[47]가 이비원[48]·권장중[49]과 함께 눈 온 뒤에 주고받은 시에 차운하다 【연월 미상. 예안(禮安)】

次韻惇敘與庇遠章仲雪後唱酬之作

(詩-外卷1-20)

그대 일념에 응답하여 눈이 내렸으니	雪應吾君一念餘
천심이 인애하다는 것 참으로 허튼 말이 아닐세	天心仁愛信非疎
내년 보리 풍년들 징조 먼저 나타나고	明年麥熟徵先見
오늘 겨울 따뜻하니 나쁜 기운 말끔히 사라졌네	此日冬溫沴已虛
사람들은 산을 찾아와도 길을 잃을 터이고	有客尋山迷失路
그대는 문을 나설래야 탈 나귀 없을테지[50]	知君扃戶出無驢
신발에 구멍 나고[51] 병 많은 계당의 늙은이는	履穿多病溪堂叟

47 김돈서 : 【譯注】 김부륜(金富倫, 1531~1598)으로, 본관은 광산(光山), 자는 돈서(惇叙), 호는 설월당(雪月堂)이다.

48 이비원 : 【譯注】 이국량(李國樑, 1517~1554)으로, 본관은 영천(永川), 자는 비원(庇遠), 호는 양곡당(暘谷堂)이다.

49 권장중 : 【譯注】 권호문(權好文, 1532~1587)으로, 본관은 안동(安東), 자는 장중(章仲), 호는 송암(松巖)이다.

50 그대는……없을테지 : 【譯注】 사람들과 교제를 끊고 집안에서 혼자 즐기고 있다는 뜻이다. 당나라 한유(韓愈)의 〈위 중행에게 준 편지〔與衛中行書〕〉에 "황량한 시골에 곤궁히 사노라니 풀과 나무가 무성하고, 나가자니 당나귀가 없어 사람들과 내왕을 끊어 버리고, 방 안에 들어앉아 스스로 즐길 수 있게 되었다.〔窮居荒涼, 草樹茂密, 出無驢馬, 因與人絶, 一室之內, 有以自娛.〕"라고 하였다.

51 신발에 구멍 나고 : 【攷證 卷8 履穿】 《장자》 산목(山木)에서 "옷 해지고 신발 구멍 난 것은 가난 때문이지 병이 아니다."라고 하였다. 《사기》 〈골계열전〉에서 "동곽(東郭)

오히려 훈훈한 화로 안고 뱃속의 책[52] 데우노라　猶擁熏爐煖腹書

(詩-外卷1-21)

긴 밤 서재에 차가운 등잔 빛나는데　淸齋遙夜耿寒燈
눈 읊은 싯구 찾아 벗에게 화답하노라　雪句搜尋和友朋
늙고 병들어 글 짓는 일[53] 그만두려 했더니　老病欲抛鉛槊事
그대가 시로 도발하여 흥취 불현듯 일어나누나　因君挑撥意飜興

선생은 신발이 위는 있으나 아래는 없어 눈길을 가면 발로 땅을 다 밟고 다녔다."라고 하였다.【校解】《고증》에는 《사기》가 《세설신어》로 되어 있는데, 원문에 의거하여 수정하였다.

52 뱃속의 책 :【譯注】진(晉)나라 때 학륭(郝隆)이 일찍이 7월 7일에 마당 가운데 나가서 드러누웠으므로, 어떤 이가 그 까닭을 묻자 대답하기를 "나는 배 속에 가득 찬 책을 말리고 있을 뿐이다.〔我曬腹中書耳〕"라고 하였다.《世說新語 排調》

53 글 짓는 일 :【攷證 卷8 鉛槊】아마도 '연참(鉛槧)'과 같은 단어일 것이다. 혹은 '삭(槊)'은 '참(槧)'의 오류이다.

KWP0771(詩-外卷1-22~23)

조사경[54]이 병으로 청량산에 가기로 한 약속을 지키지 못하였는데 금협지[55]와 화운한 시가 있기에. 2수 【갑자년(1564, 명종19, 64세) 4월 17~30일 추정. 예안(禮安)】

士敬以病未遂淸凉之約 有作夾之所和韻 二首

(詩-外卷1-22)

옥처럼 선 천 길 낭떠러지 울긋불긋 꽃 섞여 피었으니 玉立千崖間碧紅
구름이 많이 끼어 선경을 못 보는 것은 아닐세 雲遮仙賞不多重
아마도 그대는 세속의 취미 조금 남아서 恐君結習餘些子
나는 듯한 걸음으로 낭원[56]에 갈 수 없는 것이겠지 飛步無緣閬苑中

-위는 김돈서(金惇叙)[57]를 놀린 것이다.-

(詩-外卷1-23)

다행히도 서로 좇아 홍진에 들지 않고 幸未相隨入軟紅
함께 선악에 오르기로 거듭거듭 약속했었지 同攀仙嶽約重重
중간에 다른 일 생긴 부용봉 주인[58]은 有他中路芙蓉主

---

54 조사경 : 【譯注】 조목(趙穆, 1524~1605)으로, 본관은 횡성, 자는 사경(士敬), 호는 월천(月川)·동고(東皐)이다.

55 금협지 : 【譯注】 금응협(琴應夾, 1526~1589)으로, 본관은 봉화, 자는 협지(夾之), 호는 일휴당(日休堂)이다.

56 낭원(閬苑) : 【譯注】 신선이 산다는 '낭풍원(閬風苑)'을 줄인 말로, 낭풍'은 전설 속의 신녀 서왕모(西王母)가 산다는 곤륜산 꼭대기의 산 이름이다.

57 김돈서 : 【譯注】 김부륜(金富倫, 1531~1598)으로, 본관은 광산(光山), 자는 돈서(惇叙), 호는 설월당(雪月堂)이다.

술잔 들어 진정 벌주 한 번 마셔야겠네　　　　　擧白眞堪罰一中

-위는 조사경(趙士敬)을 놀린 것이다.-

김돈서는 혼자 찾아올 수 없었던 것이 아니었고 조사경은 병이 나기는 하였으나 애써 찾아올 수 있었는데도 모두 그렇게 하지 않았다. 조사경은 또 시 한 수도 보내지 않은 것이 더욱 온당치 않으므로 이렇게 말한 것이다. 조사경은 이제 말을 하지 않을 수 없고 금협지는 시 한 수로는 너무 적으므로 추징하지 않을 수 없다.

58 부용봉 주인 : 【譯注】 조목(趙穆)을 가리킨다. 그가 부용봉 남쪽 월천(月川)에 살고 있었기 때문에 이렇게 말한 것이다.

KWP0772(詩-外卷1-24)

중양절, 병중에 제군들에게 보이다 【연월 미상. 예안(禮安)】

重陽 病中示諸君

삼 년 동안 등고[59]의 모임 갖지 못했는데	三年不作登高會
이날은 게다가 국화 아직 피지 않았을 때를 만났네.	此日兼逢未播香
내년을 잘 기다려 모자 떨어짐[60]을 자랑할 것이요	好待明年誇落帽
검은 머리 온통 서리처럼 되게 하지 말아야지	莫敎玄鬢總如霜

59 등고(登高) : 【譯注】 음력 9월 9일 중양절에 높은 산에 올라가 국화주(菊花酒)를 마시며 가족들을 그리워하고 재액(災厄)을 물리치는 일을 말한다.

60 모자 떨어짐 : 【譯注】 용산낙모(龍山落帽)의 준말이다. 진(晉)나라 맹가(孟嘉)가 중양절에 환온(桓溫)이 베푼 용산(龍山)의 주연(酒宴)에 참석했다가, 술에 흠뻑 취한 나머지 바람에 모자가 날아가는 것도 알아차리지 못했다는 고사가 있다. 《世說新語 識鑒》

KWP0773(詩-外卷1-25)

산을 나오다 【을묘년(1555, 명종10, 55세) 윤11월 14일 추정. 예안(禮安)】

出山韻

날개 펴서 함께 세속을 초탈하려 했으나	矯翮同超世
구름과 작별하고 홀로 속진에 떨어졌어라	辭雲獨墮塵
이제부터 달뜨는 맑은 밤이면	從今淸夜月
선경을 노니는 꿈에서 자주 산을 맴돌겠네	仙夢繞山頻

KWP0774(詩-外卷1-26)

들의 못[61] 【무인년(1518, 중종13, 18세) 1~3월 추정. 예안(禮安)】

野池

이슬 젖은 풀 곱게 푸른 언덕 둘러싸고	露草夭夭繞碧坡
작은 못물 맑고 싱그러워 모래 한 점 없어라	小塘淸活淨無沙
구름 날고 새 지나감은 원래 있는 일이지만	雲飛鳥過元相管
다만 때때로 제비가 물결 찰까 두려워라[62]	只恐時時燕蹴波

61 들의 못 : 【要存錄 外集 권1】 이 시는 송(宋)나라 주자의 〈책을 보다가 감응이 일어〔觀書有感〕〉 시에 감발하여 지은 것이다. 주자의 시는 용(用)이면서 체(體)에 이르는 것을 말하였고, 이 시는 체(體)이면서 용(用)을 미루어 헤아린 것이다. ○ 선생이 일찍이 말씀하기를, "내가 18세 때 지은 것이다. 그때는 내가 터득한 것이 있다고 생각했지만, 지금 와서 생각해 보니 가소롭기 짝이 없는 것이다. 앞으로 다시 진일보한다면 반드시 지금 전날을 가소롭게 여기는 것과 마찬가지일 것이다."라고 하였다.

62 구름……두려워라 : 【譯注】 김부륜(金富倫)의 〈퇴계선생언행차록(退溪先生言行箚錄)〉에서 "선생이 젊었을 때 우연히 제비실〔燕谷〕에 노닐었는데, 그 골짜기에 작은 못이 있었고 물이 매우 맑고 깨끗하였다. 이에 시를 짓기를 위와 같이 하였으니, 천리가 유행하는데 인욕이 끼어들까 두렵다는 말이다."라고 하였다. 《雪月堂集 卷4》

KWP0775(詩-外卷1-27)

회포를 읊다 【기묘년(1519, 중종14, 19세). 예안(禮安)】

詠懷

홀로 숲속 집의 만권 책 사랑하여　獨愛林廬萬卷書
이러한 마음으로 10여 년을 보냈어라　一般心事十年餘
근래에는 리(理)의 근원을 만난 듯하니　邇來似與源頭會
내 마음 모두 가지고서 태허로 간주하노라[63]　都把吾心看太虛

63 내……간주하노라 : 【譯注】 나의 마음과 태허(太虛), 즉 우주 만물의 근원이 되는 실체가 그 본체는 같다는 뜻이다.

KWP0776(詩-外卷1-28)

용수사[64]에 제하다 【연월미상. 예안(禮安)】

題龍壽寺

저물녘 용수사 들러 흠뻑 취하여[65]	晩過龍門醉似泥
승방에 쓰러지니 나는 누구인가[66]	頹然僧榻我爲誰
깨어나니 정신과 뼛속이 이토록 맑으니	覺來神骨淸如許
마침 동산에 달 떠 오를 때라오	政是東山月上時

64 용수사 : 【譯注】 안동시 도산면 운곡리와 녹전면 매정리의 경계인 용두산(龍頭山)에 있는 절이다. 그곳의 승려였던 법련(法蓮)과 정일(靜一)이 이어서 도산서당을 완성하였다.

65 흠뻑 취하여 : 【攷證 卷8 醉似泥】 당(唐)나라 이백(李白)의 〈양양가(襄陽歌)〉에 대한 주석에서 "남해에 벌레가 있는데 뼈가 없으니 이름을 '니(泥)'라고 한다. 물에 있을 때는 살아있다가 물이 없어지면 취하여 한 무더기 진흙처럼 된다."라고 하였다.

66 나는 누구인가 : 【攷證 卷8 我爲誰】 당(唐)나라 백거이(白居易)의 〈취음선생전(醉吟先生傳)〉에서 "취음 선생은 그 성과 자, 고향과 관작을 잊었으며 흐릿하여 내가 누구인지 알지 못한다."라고 하였다. 송나라 소동파(蘇東坡, 소식(蘇軾))의 〈정혜사의 흠 장로께서 부쳐주신 시에 차운하다〔次韻定慧欽長老見寄〕〉의 8수 중 3번째 시에 "우리 서로 만나더라도 묻지 마세나, 나도 내가 누구인지 기억하지 못하니.〔相逢莫相問, 我不記吾誰〕"라고 하였다.

KWP0777(詩-外卷1-29~30)

김유지[67]의 탁청정에 부쳐 제하다. 2수 【갑진년(1544, 중종39, 44세), 3월 23일 추정. 서울】

寄題金綏之濯淸亭 二首

(詩-外卷1-29)

산이 안고 시내 감돌아 정자 하나 품었으니	山擁溪回抱一亭
그곳의 주인 가난한 서생 아니라오	主人非是冷書生
팔백 리 진수성찬[68] 종 시켜 가져오게 하여	珍羞八百叱奴取
만금의 맛 좋은 술 비녀장 던져두고[69] 기울이네	美酒十千投轄傾
나무 찍는 기이한 꾀[70] 사람들은 알지 못하니	斫樹奇謀人未識

67 김유지 : 【譯注】 김유(金綏, 1491~1555)로 1555년(명종10) 식년 생원시에 입격하고 유일(遺逸)로 천거되어 동복 현감을 지냈으며, 1541년(중종36) 낙동강 인접한 곳에 탁청정을 건립하였다.

68 팔백 리 진수성찬 : 【攷證 卷8 珍羞八百】 진(晉)나라 왕개(王愷)에게 소가 있어서 이름이 '팔백리(八百里)'였는데, 소를 걸고 왕제(王濟)와 활쏘기 내기를 하였다. 왕제가 이기고는 소리치기를, "어서 소의 심장을 꺼내어 구워 오라."고 하였다. 《晉書 王愷列傳》

69 비녀장 던져두고 : 【譯注】 손님을 만류하여 못 가게하고 질펀하게 술을 마신다는 뜻이다. 한(漢)나라 진준(陳遵)이 술을 좋아해서 주연을 크게 벌이곤 하였는데, 그때마다 손님들의 수레바퀴에서 비녀장을 빼내어 우물 속에 던져 넣었으므로, 아무리 급한 일이 있어도 끝내 가지 못했다고 한다. 《漢書 陳遵傳》

70 나무……꾀 : 【譯注】 탁청정 주인 김유가 병법과 무예에 뛰어났다는 말이다. 제나라의 군사(軍師) 손빈(孫臏)이 조(趙)나라를 구원하기 위해 위(魏)나라로 쳐들어가면서 마릉(馬陵)에 이르러 나무를 깎아 하얀 면이 드러나게 한 다음 그 나무에 "방연(龐涓)이 이 나무 밑에서 죽을 것이다."라는 글을 써 놓고 좌우에 궁노수(弓弩手)를 매복시켜 두었다. 제가 위로 쳐들어왔다는 소식을 들은 위의 장군 방연은 조나라 공격을 포기하고 급히 위로 달려와 저물녘에 마릉에 당도하여 나무에 글이 쓰여 있는 것을 보고 불을

버들 꿰뚫는 신묘한 기술[71] 누가 다투리오　　穿楊妙技客誰爭
탁청정에 참으로 풍류가 있으니　　濯淸儘有風流在
대자리 앉은 빙옥 같은 여인 뼛속까지 맑아라　　竹簟冰肌到骨淸

(詩-外卷1-30)

우스워라, 천지간에 한 칸 초가집뿐이라는　　堪笑乾坤一草亭
두보의 싯구[72]가 나의 평소 모습이라　　杜陵詩句我平生
심어 놓은 호숫가 귤[73]은 응당 자랐을 것이요　　種來湖橘應成長
전대의 돈 남겨 두어 마음껏 기울여 쓰는구려　　留得囊錢任倒傾
꿈속에선 늘 시냇가 벗과의 약속을 찾고　　夢裏每尋溪友約
자리에선 장차 농부들의 다툼을 보게 되리라[74]　　席間行見野人爭

비추어 읽으려 하는데 채 읽기도 전에 매복한 궁노수들의 기습을 받아 패사(敗死)하였다. 《史記 孫子吳起列傳》

71 버들……기술 : 【譯注】 춘추 시대 초(楚)나라의 장군 양유기(養由基)가 백 보 떨어진 거리에서 버들잎을 활로 쏘아 백발백중했다는 고사가 있다. 《史記 周本紀》

72 두보의 싯구 : 【譯注】 당(唐)나라 두보(杜甫)의 〈늦봄에 양서의 새로 세낸 초가집에 적다〔暮春題瀼西新賃草屋〕〉의 5수 중 제3수에 "내 신세 양쪽 귀밑머리 쑥대 같고 천지간에 한 칸 초가집뿐이라.〔身世雙蓬鬢, 乾坤一草亭.〕"라고 하였다.

73 심어……귤 : 【譯注】 김유의 치산 방법을 삼국 시대 오(吳)나라의 단양 태수(丹陽太守) 이형(李衡)이 무릉(武陵) 용양(龍陽)의 범주(氾洲) 가에 감귤 천 그루를 심어 놓았던 것에 빗대어 표현한 것이다.

74 장차……되리라 : 【譯注】 김유가 시골 사람들과 잘 어울리게 될 것이라는 말이다. 《장자》 〈우언(寓言)〉에서 "춘추 시대에 양자거(陽子居)라는 사람이 여관에 묵을 적에 처음에는 그가 지나치게 예절을 갖추자 다른 사람들 모두 그를 두려워하여 매우 조심스러워했다. 그런데 노자(老子)의 '정말로 충실한 덕은 부족한 것처럼 보인다.'라는 가르침을 받고 소탈한 태도를 보인 이후, 다른 사람들이 그와 더불어 좋은 자리를 서로 다툴 정도로 친숙해졌다"라고 하였다.

그 언제나 맑은 물가에 내 집을 지어　何當結屋淸泉上
그대 집이 맑은 경치 독차지하지 못하게 할꼬　不使君家獨占淸

KWP0778(詩-外卷1-31~34)

현풍으로 가는 김돈서[75]를 보내다. 4수 【연월 미상. 예안(禮安)】

送金惇敍之玄風 四首

(詩-外卷1-31)

아 그대는 세상 사람과 취향이 달라서 嗟君與世異酸鹹
며칠씩 이곳 시냇가 내 집에 와서 어울렸지. 數日來從此澗庵
부끄러워라, 나는 조금도 아는 것이 없고 愧我空虛無寸益
도리어 함께 강학하는 도움만 받았네 卻資麗澤好相參

(詩-外卷1-32)

어찌 차마 스스로 소장부가 되리오 何忍身爲小丈夫
한창때 노력하여 앞길을 향해야지 盛年努力指前途
나처럼 병들고 못난이야 어찌 말할 것 있으리 如吾病劣那容說
뜻은 두었으나 끝내 한 구석도 채우지 못했어라[76] 有志終成不滿隅

(詩-外卷1-33)

세밑에 헤어지고는 각별한 시름 있었나니 歲暮分攜別有愁

---

75 김돈서 : 【譯注】 김부륜(金富倫, 1531~1598)으로, 본관은 광산(光山), 자는 돈서(惇敍), 호는 설월당(雪月堂)이다.

76 한……못했어라 : 【譯注】 연약하고 무능하다는 뜻이다. 송(宋)나라 황정견(黃庭堅)의 〈양명숙의 시에 차운하다〔次韻楊明叔〕〉 시에 "한 사람의 선비가 나라를 빛내고, 못난 사람들은 한 구석도 못 채운다오.〔匹士能光國, 三孱不滿隅.〕"라고 하였다. 《黃山谷詩集 卷13》

자네들과 떨어져 누구와 함께 강학 하리오　　離羣誰與事探搜
이번에 가면 마침 매화 필 때를 만나리니　　此行正値梅花發
옥 가지 마주하여 함께 노닐던 일 떠올리리　　應對瓊枝憶共遊

(詩-外卷1-34)

들으니 현풍은 유풍이 성한 곳이라　　玄風見說盛儒風
그곳 수령 이제 촉 땅 교화시킨 문옹[77]과 같을지라　　邑長今同化蜀翁
학문은 모름지기 의리와 이치[78]를 밝혀야 하니　　學問要須明義利
훗날 혹시 나의 어리석음 깨우쳐 주게 되리　　他年儻得發吾蒙

---

77 촉……문옹 : 【譯注】 김부륜이 현풍 현감이 되어 한(漢) 나라 경제(景帝) 때 문옹(文翁)처럼 유풍(儒風)을 크게 일으킬 것이라는 말이다. 문옹은 촉군 태수(蜀郡太守)로 있으면서 크게 교화를 일으켰는데, 이 영향을 받아 무제(武帝) 때 군국(郡國) 모두에다 학교를 세우게 되었다고 한다. 《漢書 循吏傳》

78 이치 : 【譯注】 원문의 '리(利)'는 상계본(上溪本) 《퇴계전서》를 참조하여 리(理)로 번역하였다.

KWP0779(詩-外卷1-35)

김돈서[79]의 시에 차운하여 답하다 【연월 미상. 예안(禮安)】

次韻答金惇敘

인정과 물리는 하늘의 이치 따르는 이 드문데[80] 人情物理鮮能天
그대 강피[81]는 본래 스스로 이어져 있는 줄 알리라 姜被知君本自連
나무를 나누려다 견디지 못하고 오히려 다시 합쳤나니[82] 分樹不堪猶復合
한 뿌리에서 나와서 어쩌다 서로 볶아대는가[83] 同根何事或相煎

---

79 김돈서 : 【譯注】 김부륜(金富倫, 1531~1598)으로, 본관은 광산(光山), 자는 돈서(惇敘), 호는 설월당(雪月堂)이다.

80 하늘의……드문데 : 【譯注】 사람들을 감화시켜 신망을 얻는 것과 같은 것은 하늘의 뜻에 따르는 것인데 이러한 일은 잘하고, 조정에서 높은 벼슬에 오르고 편안히 작록을 누리는 것과 같은 것은 인위적인 것인데 이러한 일은 잘하지 못한다는 뜻이다. 송(宋)나라 소식(蘇軾)의 〈조주한문공묘비(潮州韓文公廟碑)〉에 "공이 능한 것은 하늘이요 능하지 못한 것은 사람이다.〔公之所能者天也, 不能者人也.〕"라고 하였다. 《古文眞寶 後集 卷8》

81 강피(姜被) : 【譯注】 형제간의 우애가 돈독함을 뜻하는 말로 '강굉공피(姜肱共被)'라는 고사가 있다. 【攷證 卷8 姜被】 《후한서》 〈강굉열전(姜肱列傳)〉에 "강굉은 둘째 동생 강해(姜海)와 막내 동생 강강(姜江)과 같은 이불을 덮고 잤다."라고 하였다.

82 나무를……합쳤나니 : 【譯注】 역시 형제간의 우애를 뜻하는 말이다. 남조(南朝) 양(梁)나라 오균(吳均)이 지은 《속제해기(續齊諧記)》에 "전진(田眞)의 삼 형제가 재산을 분배하면서, 집 앞에 있는 자형 나무〔紫荊樹, 박태기나무〕까지 3등분하여 나누어 갖기로 했더니, 그 나무가 갑자기 말라 죽었다. 이것을 본 전진이 뉘우치면서, 사람이 나무만도 못한 짓을 하였다고 흐느꼈고, 형제들이 서로 감동하여 재산을 분배하지 않기로 하자, 그 나무가 다시 살아났다."라고 하였다.

83 한……볶아대는가 : 【譯注】 김부륜이 형제간에 어떤 일이 있었던 것으로 짐작되나 자세한 것은 미상이다. 【攷證 卷8 同根相煎】 삼국 시대 위(魏)나라 조자건(曹子建 조식(曹植))의 〈일곱 걸음 만에 지은 시〔七步詩〕〉에 "본래 같은 뿌리에서 났는데, 볶아대는 것이 어쩜 이리 다급한가.〔本是同根生, 相煎何太急.〕"라고 하였다.

KWP0780(詩-外卷1-36)

경포대에 걸린 시의 미자 운에 차운하다[84] 【경신년(1560, 명종15, 60세). 예안(禮安)】

次鏡浦臺微字韻

시를 보고 그림 보니 희미하지 않고	看詩看畫不熹微
경포대 강어귀에 온통 대숲 에워쌌네.	鏡浦江門玉一圍
게다가 그대 집 형제간에 사이좋아	況是君家好兄弟
목란 배 함께 오르니 흰 갈매기 날아라	蘭舟同上白鷗飛

84 경포대에……차운하다 : 【譯注】 이 시는 김부인(金富仁)이 강릉 판관으로 있을 때 김부필(金富弼)·김부륜(金富倫) 형제가 그곳을 방문하여 읊은 시를 보고 쓴 것으로 짐작된다. 김부륜의 시는 〈경포대 배 안에서 경포대 정자에 걸린 시를 차운하다〔鏡浦舟中, 次臺亭韻〕〉로 원문은 "從他暮色正熹微, 船外銀波幾匝圍. 千里還鄉寥落處, 夢魂應向此中飛."이다. 《雪月堂集 卷1》

KWP0781(詩-外卷1-37)

구산서원[85] 시에 차운하다 【경신년(1560, 명종15, 60세). 예안(禮安)】

次丘山書院韻

그림 보니 아름다운 이름 서원에 걸맞는 줄 알겠으니 看圖知院稱嘉名
병으로 기문을 사양한 것 인정에 아닌 게 부끄러웠지. 病謝鋪張愧不情
여러분께 한 말씀 부치나니 자리 잘 지키시라 寄語諸君好堅坐
예로부터 들락거림은 공부에 좋지 않았다오 從來出入害工程

지난해 서울에 있을 때 함군(咸君) 가중(可中)[86]이 〈구산서원도(丘山書院圖)〉와 서원을 창건하게 된 시말을 가지고 와서 보여주면서, 한사코 기문을 짓기를 권하였다. 내가 바야흐로 병중이라 부응할 수 없었는데, 지금까지 유감스럽게 생각하고 있었다. 이제 김돈서(金惇敍)[87]가 서원을 방문하여 지은 절구를 보니 더욱 나로 하여금 감회를 일으키게 하였다. 또 시구 가운데 "제생들 모두 흩어져 떠나니 서원이 비었네〔諸生皆散去院空〕"라고 하였으므로, 마지막 구에서 이렇게 말하였을 뿐이다.

---

85 구산서원 : 【譯注】 오봉서원의 옛 이름으로 명종 때 삼척 부사 함헌(咸軒)과 지방 유림의 공의로 강릉에 건립하였으며, 함헌이 서장관으로 명나라를 다녀올 때 가져온 공자의 진영을 봉정하였다.

86 함군 가중 : 【譯注】 함헌(咸軒, 1508~?)으로, 본관은 강릉, 자는 가중(可中), 호는 칠봉(七峯)이다.

87 김돈서 : 【譯注】 김부륜(金富倫, 1531~1598)으로, 본관은 광산(光山), 자는 돈서(惇敘), 호는 설월당(雪月堂)이다.

KWP0782(詩-外卷1-38~39)

김돈서[88]가 내가 금협지[89]가 산에 노닐며 지은 여러 편에 화답한 시[90]에 화답하였기에 그중에 다시 2수를 화답하여 도로 두 사람에게 부치다 【신유년(1561, 명종16, 61세), 5~6월 추정. 예안(禮安)】

金惇敘和余所和琴夾之遊山諸作 就其中復和二首 卻寄二君

(詩-外卷1-38)

만물이 내게 갖추어 있다[91]고들 말하지만	雖云萬物備吾身
늙어가며 헛되이 산 인간될까 늘 걱정하노라	老去常憂虛作人
다행히 성현 말씀[92]에 이 이치 밝혀 놓은 것 있으니	賴有前言明此理
어찌 궁벽한 시골에서 여생을 즐기지 않으리오	豈無窮巷樂餘春
청운의 옛 벗은 옛것을 의심할 때가 많고	青雲舊友多疑舊

88 김돈서 : 【譯注】 김부륜(金富倫, 1531~1598)으로, 본관은 광산(光山), 자는 돈서(惇敘), 호는 설월당(雪月堂)이다.

89 금협지 : 【譯注】 금응협(琴應夾, 1526~1589)으로, 본관은 봉화, 자는 협지(夾之), 호는 일휴당(日休堂)이다.

90 금협지가……화답한 시 : 【譯注】《정본 퇴계전서》 권3 〈금협지가 청량산에 노닐고 돌아와 시를 가져와서 보여주기에, 그중 몇 수에 화답하다〔琴夾之遊淸涼山回, 攜詩來示, 就和其若干首〕〉 중 제4수 〈산중에서 독서 하다가 느낌이 있어〔山中讀書有感〕〉, 제5수 〈집으로 돌아와 글의 뜻을 반복해서 익히다가 절로 탄식하다〔歸家溫繹自歎〕〉 시에 다시 화답한 것이다.

91 만물이……있다 : 【譯注】 맹자가 말하기를 "만물의 이치가 모두 내 몸 안에 갖추어져 있으니, 자기 몸을 돌이켜 보아 참되다면 이보다 더 큰 즐거움이 없고 서(恕)를 힘써 행하면 인(仁)을 구함이 이보다 가까울 수 없다."라고 하였다. 《孟子 盡心 上》

92 성현 말씀 : 【譯注】 바로 위 《맹자 진심 상》의 구절을 가리킨다.

백면의 새 지인은 새것을 믿는 경우가 드물어라[93] 白面新知少信新
듣자 하니[94] 그대 산속에 숨어 깊이 공부에 힘쓴다 하니 問子隱功深策勵
문득 마주 앉아서 학문을 강론함과 같아라 忽如對榻講論親

-위는 〈산중에서 글을 읽다가 느낌이 있어〉에 화답한 것이다.[95]-

(詩-外卷1-39)

긴 여름 그윽한 거처 냇물 가에 있으니 長夏幽居澗水濱
온 뜨락 이끼 푸르고 풀은 새로 돋았어라 一庭苔綠草生新
시 보내와 내 마음을 깊이 감발하니 詩來濬發吾心感
빈 몸으로 벼슬 구하는 사람 아니라오 不是空身覓擧人

-위는 〈찬찬히 따져보다 느낌이 있어〉에 화답한 것이다.[96]-

---

93 청운의……드물어라 : 【譯注】 벼슬길의 벗은 옛 학문을 의심하고, 글만 읽은 벗은 새 학문을 믿지 않는다는 뜻이다.

94 듣자 하니 : 【譯注】 원문은 '問'으로 되어 있으나 번남본(樊南本)과 상계본(上溪本) 《퇴계전서》를 참조하여 '문(聞)'으로 번역하였다.

95 위는……것이다 : 【譯注】 위는 김부륜의 〈외사촌 형 협지 금응협이 청량산에서 글을 읽다가 시를 읊어 선생께 바쳤는데, 선생의 화답시 약간 수를 얻었기에 내가 그 시에 삼가 차운하여 질정을 구하다〔琴夾之應夾表兄讀書淸涼, 賦詩進溪堂, 得和敎略干首以來, 敬次其韻求正〕〉의 7수 중 제4수로, 그 주석에서 선생이 평하기를 "이와 같이 스스로 권면하여 글을 읽는다면 마음이 열리고 눈이 밝아질 것이다.〔能自勵如此, 讀之, 使人心開眼明.〕"라고 하였다. 《雪月堂集 卷1》

96 위는……것이다 : 【譯注】 위는 김부륜의 앞의 시 7수 중 제7수로, 그 주석에서 선생이 평하기를 "협지가 암송할 만한 시이다.〔可爲夾之誦之〕"라고 하였다.

KWP0783(詩-外卷1-40)

김돈서[97]에게 보이다 【연월 미상. 예안(禮安)】

示金惇敍

증점의 즐거움은 따르기 어려운 것 우선 안연을 배울지니[98]　點樂難從且學淵
땅 밑이나 하늘 저편에서 찾을 것은 아니라오　非求地底與天邊
그대 화급히 공부 더 하시고　勸君火急添功用
부질없이 이십 년 전의 일일랑 생각하지 말게나[99]　莫慢追思卄載前

97 김돈서 : 【譯注】 김부륜(金富倫, 1531~1598)으로, 본관은 광산(光山), 자는 돈서(惇叙), 호는 설월당(雪月堂)이다.

98 증점의……배울지니 : 【譯注】 증점의 즐거움이란 《논어》〈선진(先進)〉에서 공자가 제자들에게 각자 자신의 뜻을 말해보라고 하자, 증점이 "늦은 봄에 봄옷이 완성되면 어른 대여섯 명과 어린이 예닐곱 명과 함께 기수(沂水)에서 목욕하고 무우(舞雩)에서 바람 쐬고서 노래하며 돌아오겠습니다."라고 대답한 사실을 말한다. 【攷證 卷8 點樂難從且學淵】 송(宋)나라 주자의 《요자회에게 답한 편지〔答廖子晦書〕》에서 "배우는 자들은 모름지기 증점이 본 것을 볼 수 있어야 하고 증점이 간직했던 것을 간직할 수 있어야 하지만, 일상에서 자신의 욕구를 이기고 예를 회복하는 공부에 있어서는 도리어 안자를 스승으로 삼아야 합니다."라고 하였다. 《悔菴集 卷45》

99 부질없이……말게나 : 【譯注】 김부륜이 이십 년 전에 있었던 공부, 예를 들어 불교에 빠졌던 일 등을 후회한 것에 대해 이렇게 말한 것으로 보이나 자세한 것은 미상이다.

KWP0784(詩-外卷1-41)

홍매 【연월 미상. 예안(禮安)】

紅梅韻

옥골에 단사 같은 모습으로 조금 단장했으니 玉骨丹砂略試裝

-골(骨)은 모(貌)가 되어야 한다.-

뭇 꽃들 기꺼이 봄 경치를 양보하였다오 羣芳甘與讓韶光

이쁜 묘목 얻어다 절우사(節友社)[100]에다 심어 놓으니 嘉栽已得來同社

그대 집에서 홀로 향기 독차지하는 것이 얄미웠다오 不分君家獨擅香

부내〔汾川〕의 홍매(紅梅)에서 작년에 접붙일 가지를 가져와서 접붙였더니 살지를 못하였다. 이제 안동(安東)에서 묘목을 얻어와서 심었으므로, 공이 읊고 감상한 절구를 보고서 아울러 언급하였다.

100 절우사(節友社) : 【譯注】 도산서당 왼편에 석축으로 조그만 단(壇)을 만들고 거기에 매(梅)·죽(竹)·송(松)·국(菊)을 심어 놓고 절우사라고 이름한 것이다.

KWP0785(詩-外卷1-42)

김돈서[101]가 서쪽으로 가며 여러 벗에게 준 유별시에 뒤미처 차운하다 【계해년(1563, 명종18, 63세), 2월 1~15일 추정. 예안(禮安)】

追次金惇敍西行留別諸友韻

남쪽을 도모하여 그대 떠남은 구만리 붕새를 사모함이니[102]
圖南君去慕鵬遊
출처를 고민하여 홀로 누대에 기대는 것[103]과는 다르다오
事異行裝獨倚樓
나 또한 지금은 관직에서 놓여난 사람이건만　　我亦今爲天放客
고개 돌리면 도리어 근심 생겨남을 어찌하리오　　回頭何柰卻生愁

---

101 김돈서 : 【譯注】 김부륜(金富倫, 1531~1598)으로, 본관은 광산(光山), 자는 돈서(惇叙), 호는 설월당(雪月堂)이다.

102 남쪽을……사모함이니 : 【譯注】 원대한 포부를 품는 것을 의미한다. 《장자》 〈소요유(逍遙遊)〉에 "붕새가 남쪽 바다로 옮겨 갈 때는 물결을 치는 것이 3,000리요, 회오리바람을 타고 9만 리를 올라가 여섯 달을 가서야 쉰다."라고 하였다.

103 출처를……것 : 【譯注】 누각에 기대어 고향을 그리워한다는 말이다. 삼국 시대 위(魏) 나라 왕찬(王粲)이 형주 자사 유표(劉表)에 의탁해 있으면서 지은 〈등루부(登樓賦)〉에 "참으로 아름답지만 나의 땅이 아니니, 어찌 잠시인들 머물 수 있으리오.〔雖信美而非吾土兮, 曾何足以少留?〕"라고 하였다. 【攷證 卷8 行裝獨倚樓】 두보(杜甫)의 시구 전체를 사용하였다. 【校解】 당(唐)나라 두보(杜甫)의 〈강가에서(江上)〉 시에 "훈업을 세우지 못했는데 자꾸만 거울 보고, 오도가도 못하고 홀로 누대에 기대어 섰노라.〔勳業頻看鏡, 行藏獨倚樓.〕"라고 한 구절을 가리킨다. 《杜少陵詩集 卷15》

KWP0786(詩-外卷1-43~44)

집승정 시에 차운하다.[104] 2수 【연월 미상. 예안(禮安)】

次集勝亭韻 二首

(詩-外卷1-43)

평평한 땅 넓은 강 그림으로도 그리기 어려운데 地平江闊畫難成
창에는 신선 구름 마주하여 바다 빛 선명하여라 窓對仙雲海色淸
속세의 인간 몇이나 여기에 이를 수 있을까 塵世幾人能到此
푸른 물결과 흰 새들 한가한 정 나누는구나 滄波白鳥共閒情

(詩-外卷1-44)

빼어난 경치 내려보는 높은 정자 명승으로 이름났으니 攬秀高亭擅勝名
먼 산봉우리 풍경들 눈 속으로 들어오누나 遙岑景物眼中生
긴 강은 바다 가까워 평평하게 갈수록 넓어지고 長江近海平逾闊
굽은 섬은 백사장이 휘감아 멀수록 분명하여라 曲島縈沙逈更明
발에 흔들리는 금빛 물결 떠오르는 달을 맞이하고 蕩箔鎔金延月上
뱃전에 뛰어오르는 물고기[105]는 맑은 안개 띠었어라 跳舟活玉帶烟橫
세속의 사람이 어찌 알리오 강호의 경치를 世人豈識江湖事
나의 말 실정에 맞지 않다 되레 의아해하리 飜訝吾言太不情

104 집승정 시에 차운하다 : 【攷證 卷8 次集勝亭韻】 집승정은 영해(寧海)에 있는 성헌(惺軒) 백현룡(白見龍)의 별장이다. 성헌은 일찍부터 퇴계의 문하에 노닐며 학문하는 방법을 들었으며, 선생이 〈경잠(敬箴)〉을 써서 그에게 주었다.

105 뱃전에……물고기 : 【譯注】《정본 퇴계전서》 권1 〈청음석 시에 차운하다〔淸吟石〕〉에 붙인 《고증》에서 "활옥(活玉)은 물고기〔魚〕를 말한다."라고 하였다.

KWP0787(詩-外卷1-45)

계장[106]에서 병중에 정직재[107]의 내방을 받고 기뻐하다 【연월미상. 예안(禮安)】

溪莊病中 喜鄭直哉來訪

그대가 술을 절제하고 건강 보살피길 바라면서도 節飮期君善養身
그대 오면 자꾸 술 권하는 것 이상하게 여기지 마오 君來莫怪勸頻頻
어찌 오십 년 전에 만난 얼굴[108]을 가지고서 那將五十年前面
다시 만난 자리에서 술 마시는 일 또 저버릴 수 있으랴 更負逢場酒入脣

106 계장(溪莊) : 【譯注】 상계에서 2㎞ 쯤 내려와 하계마을 동암(東岩) 곁에 지은 양진암(養眞庵)을 가리킨다. 《퇴계선생연보》에 의하면 병오년(1546, 명종1) 46세 되던 11월에 지은 것이다.

107 정직재 : 【譯注】 정이청(鄭以淸, 1498~1579)으로 본관은 청주(淸州), 자는 직재. 호는 죽사(竹舍)이며, 강계 교수(江界敎授)를 역임하였다. 【攷證 卷8 鄭直哉】 이름은 '이청'이다.

108 오십……얼굴 : 【譯注】 《정본 퇴계전서》 권3 〈권 사또가 정직재에게 준 근체시 1수를 정직재가 부쳐 보여주고 매우 간절히 화답해 달라고 하기에 효빈하여 드리니 한번 웃으실 듯하다〔鄭直哉寄示權使君贈渠近體詩一首 索和甚勤 效顰呈似 可發一笑〕〉 시에 "50년 전에는 죽마 같이 탔더니, 지금은 함께 백발 늙은이 되었어라.〔五十年前竹馬同, 如今同作白頭翁.〕"라고 하였다.

KWP0788(詩-外卷1-46)

왕모성[109] 【연월 미상. 예안(禮安)】

王母城

선부로 오히려 귀신의 농간 막을 수 있거늘[110]	仙符猶足禦神姦
아스라이 보이는 성과 해자를 어디에 쓰리오	底用城池縹緲間
응당 이 고을은 복된 땅일 터이니	應是此鄉爲福地
일부러 영험한 성벽 남겨 높은 산 누르게 하였으리	故留靈壁鎭高山

109 왕모성 :【譯注】 경북 안동시 도산면 하계리(下溪里) 건너편 원촌(遠村)의 동남쪽에 있는 성으로, 1361년 고려 공민왕이 안동으로 피난 왔을 때 쌓았다고 전한다. 또 공민왕의 어머니가 이곳에 피난 왔기 때문에 이름을 '왕모(王母)'라고 하였다고도 한다. 【攷證 卷8 王母城】 고세대(高世臺) 위에 있다.

110 선부로……있거늘 :【譯注】 선부(仙符)란 선가(仙家) 즉 도가(道家)에서 잡신을 쫓고 재앙을 물리치기 위해 사용하는 부적을 말한다. 【攷證 卷8 仙符猶足禦神姦】 한(漢)나라 응소(應劭)가 찬한 《풍속통의(風俗通義)》에 "동해의 선도 복숭아〔蟠桃〕는 낮은 가지가 북쪽을 향한 곳이 귀문(鬼門)인데, 신다(神荼)와 울루(鬱壘) 두 신이 있으며 뭇 귀신들을 주관하여 다스린다. 황제(黃帝)가 이 때문에 도판문(桃板門)을 세우고 두 신을 그려놓아 흉악한 귀신을 막았는데 이것이 복숭아나무 부적〔桃符〕이다."라고 하였다.

KWP0789(詩-外卷1-47)

옥당에서 매화를 생각하다 【임인년(1542, 중종37, 42세) 3월 1~18일 추정. 서울】

玉堂憶梅

한 그루 뜰의 매화 눈송이가 가지에 가득한 듯	一樹庭梅雪滿枝
풍진과 호해가 꿈속에 멀리 어긋났어라[111]	風塵湖海夢差池
옥당에서 마침 봄 밤에 달 마주하고 있자니	玉堂坐對春宵月
기러기 우는 소리에 그 모습 생각나누나	鴻鴈聲中有所思

---

111 풍진과……어긋났어라 : 【譯注】 '풍진(風塵)'은 서울을 뜻하고 '호해(湖海)'는 고향을 뜻한다. 서울에서 고향의 매화를 그리워하고 있으므로 이렇게 표현한 것이다.

KWP0790(詩-外卷1-48~51)

이숙헌[112]에게 주다. 4수 【무오년(1558, 명종13, 58세) 2월 9일 추정. 예안(禮安)】

贈李叔獻 四首

(詩-外卷1-48)

병든 나는 문 굳게 닫고 봄을 보지 못했는데 病我牢關不見春
공이 와서 흉금을 터놓으니 심신이 깨는구려 公來披豁醒心神
명성 아래 허망한 선비 없음을 이미 알았으니 已知名下無虛士
연전에 내 할 도리 못한 것이 몹시 부끄럽구나 堪愧年前闕敬身
좋은 곡식은 돌피가 잘 익는 것을 용납하지 않고 嘉穀莫容稊熟美
작은 먼지도 새로 닦은 거울에 오히려 흠이 되는 법 纖塵猶害鏡磨新
실정에 지나친 시어는 모름지기 깎아내 버리고 過情詩語須删去
공부에 힘쓰는 것 각자 날마다 친히 해보세 努力工夫各日親

(詩-外卷1-49)

사흘 동안 내리던 비 흰 눈으로 변하니 三日霪霖變玉華
허공 가득 버들 솜 날리고[113] 땅에는 새싹이 돋았어라 滿空飄絮地滋芽

112 이숙헌 : 【譯注】 이이(李珥, 1536~1584)로, 본관은 덕수(德水), 자는 숙헌(叔獻), 호는 율곡(栗谷)·석담(石潭)·우재(愚齋)이다.

113 허공……날리고 : 【譯注】 진(晉)나라 사안(謝安)이 눈 내리는 광경을 비유해 보라고 했을 때, 조카인 사랑(謝朗)이 "공중에다 소금을 흩뿌려 놓은 것 같다."라고 하자, 질녀인 사도온(謝道韞)이 "그것보다는 버들개지가 바람에 날린다고 하는 것이 좋겠다.〔未若柳絮因風起〕"라고 하였다. 《世說新語 言語》

동군[114]이 시인의 감상거리 부족함을 부끄러워하여　東君愧乏詩人賞
원림을 단장해서 만송이 꽃을 대신했네　粧點園林替萬花

(詩-外卷1-50)

뭉게뭉게 삽시간에 구름 일어 먼 산을 가리니　靄靄斯須失遠山
배고파 울어대는 까막까치 절로 날아 돌아오네　噪飢鴉鵲自飛還
도리어 싫어라, 날이 개고 햇살이 밝아서　飜嫌不共晴妍日
푸른 물 방초 우거진 들판을 눈 씻고 보지 못하는 것이[115]
綠水芳郊洗眼看

(詩-外卷1-51)

구름 속 집에서 나와 헤어져　別我雲中屋
바닷가 산을 지나 갈 테지　行穿海上山
어려울 때에 마음을 참고　忍心艱險際
객지를 다니는 중에 세상을 알리라　諳俗旅遊間
뿌리 깊으면 꽃은 응당 빛나고　本厚華應曄
근원 깊으면 물은 절로 물결 이는 법　源深水自瀾
번거로워도 그대는 때때로 편지 부쳐서　煩君時寄札
천리 밖 게으르고 한가한 나를 위로해 주시게　千里慰慵閒

---

114 동군(東君) : 【譯注】 봄을 맡은 신 이름이다. 동제(東帝)·동황(東皇)·청황(靑皇)·청제(靑帝)라고도 한다.

115 도리어……것이 : 【譯注】 이는 율곡이 떠나는 것을 멀리까지 보지 못하는 게 아쉽다는 뜻을 표현한 말이다.

KWP0791(詩-外卷1-52~53)

지산와사. 2수[116] 【신묘년(1531, 중종26, 31세) 추정. 예안(禮安)】

芝山蝸舍 二首

(詩-外卷1-52)

높은 집 소쇄하게 푸른 산 곁에 있는데	高齋瀟灑碧山傍
다만 도서 만권을 갈무리해 두었을 뿐	祇有圖書萬軸藏
동쪽 시내 문 앞을 돌아서 서쪽 시내와 합쳐지고	東澗遶門西澗合
남산은 푸른 빛 접하여 북쪽 산에 길게 이어지네	南山接翠北山長
흰 구름 밤새 머무니 처마에 습기가 남고	白雲夜宿留簷濕
맑은 달 때때로 와서 방에 서늘한 기운 채우네	淸月時來滿室涼
산에 거처하니 아무 일 없다고 말하지 말게나	莫道山居無一事
평생의 뜻과 바람 다시 헤아리기 어려우니	平生志願更難量

(詩-外卷1-53)

지산의 끊어진 산기슭 곁에 터 잡아 집 지으니	卜築芝山斷麓傍
그 모습 달팽이 뿔 같아 겨우 몸만 감추네	形如蝸角祇身藏
북쪽으로는 촌락을 굽어보니 마음이 한적하지 않지만[117]	北臨墟落心非適

116 지산와사 2수 : 【攷證 卷8 芝山蝸舍二首】 살펴보건대, 《정본 퇴계전서》 권2 〈김돈서 부륜이, 이비원이 화답해준 시에 화답했던 '방' 자 운 율시에 차운하다〔次金惇叙富倫所和李庇遠見和傍字韻律詩〕〉 시의 소서(小序)에, 위의 시는 병술년(1526, 중종21) 서재(西齋)에서 지은 것이고, 아래 시는 신묘년(1531, 중종26) 지산(芝山)에 집을 지을 때 지은 것이라고 하였다.

남쪽으로는 연하와 가까워 흥취 절로 유장하다　　南挹烟霞趣自長
다만 조석으로 원근의 경치가 좋으니　　但得朝昏宜遠近
어찌 향배에 따라서 염량을 가리리오　　那因向背辨炎凉
달구경 산구경할 계책 이미 이루었으니　　已成看月看山計
이 밖에 굳이 더 얻으려 따져 무엇 하리오　　此外何須更較量

117 북쪽으로는……않지만 : 【譯注】《퇴계선생연보》 권1 병오년(1546, 명종1) 11월 조에 "퇴계의 동쪽 바위에 양진암(養眞菴)을 지었다. 이에 앞서 온계(溫溪)의 남쪽 지산의 북쪽에 작은 집을 지었는데, 인가가 조밀하여 자못 그윽하고 고요하지가 않았다."라고 하였다.

KWP0792(詩-外卷1-54)

선준 상인이 풍악산을 유람하려 하기에 다시 절구 한 수를 드리다 【연월미상. 예안(禮安)】

禪峻上人將遊楓岳 再贈一絶

표연하여 매이지 않는 들녘 구름 같은 자취	飄然不繫野雲蹤
지팡이 하나로 이만 봉우리 오르려 하누나	一錫將凌二萬峯
만약 참된 불법을 많이 얻지 못한다면	若得無多眞法妙
돌아와 옛 산속에 들어앉는 것만 못하리라	不如歸坐舊山中

KWP0793(詩-外卷1-55)

원 스님을 봉정사[118]에서 만난 적이 있는데, 이제 김후조[119]의 시를 가지고 와서 보여주기에 절구 한 수에 차운하다

【연월미상. 예안(禮安)】

源師曾見於鳳停寺 今携金後凋詩來示 次一絶云

스님이 소매 속에 시 가져와 내게 보여 주니 白足袖詩來見我
오 년을 한결같이 꿈꾸며 천등산[120]을 생각했다네 五年一夢憶天燈
앉아서 옛 일 이야기하니 골짜기의 배[121] 같은데 坐談舊事如舟壑
늙어 여윈 이 모습을 괴히 여기지 마시게 莫怪衰顏露骨層

118 봉정사(鳳停寺) : 【譯注】 경상북도 안동시 서후면 천등산(天燈山)에 있으며, 남북국시대 통일신라의 승려 능인 대사(能仁大師)가 창건하였다.

119 김후조 : 【譯注】 김부필(金富弼, 1516~1577)로, 본관은 광산(光山), 자는 언우(彦遇), 호는 후조당(後彫堂)·후조당(後凋堂), 시호는 문순(文純)이다.

120 천등산 : 【譯注】 경상북도 안동시 서후면 태장2리에 있는 산으로, 이곳에 봉정사가 있다.

121 골짜기의 배 : 【譯注】 남이 모르게 꼭꼭 감추어둔 것을 뜻한다. 《장자》 〈대종사(大宗師)〉에 "골짜기에 배를 숨기고〔藏舟於壑〕 못 속에 산을 숨겨 두고서 안전하다고 여긴다."라고 하였다.

KWP0794(詩-外卷1-56)

이 상사 극검[122] 에 대한 만사 【연월미상. 예안(禮安)】

挽李上舍 克儉

옥 같은 자품은 연성의 가치[123]라 자랑할 만했으나　玉詑連城價
붕새의 포부는 만 리의 기약 어그러졌었지[124]　鵬愆萬里期
사람들 모두 말 잃었다[125] 탄식하였으나　人皆嗟失馬
공은 홀로 실이 물드는 것 슬퍼함을 비웃었네[126]　公獨哂悲絲
그날 저녁에도 여전히 농담을 하시더니　一夕仍諧謔
중년에 갑자기 세상을 버리셨구나　中身遽化遺
병든 이 몸은 장례에 달려가기 어려워　病□難赴葬
눈물 섞어 애도의 글 쓰노라　和淚寫哀詞

122 이 상사 극검: 【譯注】 이극검(李克儉, 1508~1560)으로, 본관은 공주(公州), 자는 약이(約而)이며, 영천(榮川)에 살았다.

123 연성의 가치 : 【譯注】 화씨벽(和氏璧)을 말한다. 전국 시대 때 조(趙)나라 혜문왕(惠文王)이 소장하고 있었는데, 진(秦)나라 소왕(昭王)이 15개의 성(城)과 맞바꾸자고 청한 데에서 유래한 이름이다. 《史記 廉頗列傳》

124 붕새의……어그러졌었지 : 【譯注】 포부가 꺾인 것을 뜻한다. 붕(鵬)은 곤(鯤)이 변하여 되었다는 전설상의 큰 새로, 붕이 남명(南冥)으로 갈 때는 물길 3천 리를 치고 바람을 타고 9만 리를 오른다. 《莊子 逍遙遊》

125 말 잃었다 : 【譯注】 새옹지마(塞翁之馬) 또는 전화위복(轉禍爲福)을 뜻한다.

126 공은……비웃었네 : 【譯注】 전국 시대 묵자(墨子)는 실을 염색하는 사람을 보고 "푸른 물을 들이면 푸르게 되고, 누런 물을 들이면 누렇게 되니, 넣는 곳에 따라 그 색이 변하는구나."라며 탄식하였다. 《淮南子 說林訓》 여기서는 이극검이 주변 환경에 따라 선한 심성이 변하는 사람이 아니었음을 뜻한다.

KWP0795(詩-外卷1-57)

숙인 김씨[127]에 대한 만사 【무신년(1548, 명종3, 48세) 10~12월 추정. 단양(丹陽) 또는 풍기(豐基)】

挽淑人金氏

예로부터 규수는 문미가 되었으니[128] 從來閨秀作門楣
선을 쌓은 그 음덕이 복의 터전일세 積善陰功是福基
유중영의 어머니처럼 아이 가르칠 때 늘 쓸개 맛보였고[129] 柳母敎兒常試膽
양홍의 아내처럼 밥상을 들면 반드시 눈썹에 맞추셨지[130] 梁妻擧案必齊眉
잇따라 섬궁의 계수나무 꺾는 것 보았고[131] 聯翩見折蟾宮桂

---

127 숙인 김씨 : 【攷證 卷8 淑人金氏】 곧 박소고(朴嘯皐 박승임(朴承任))의 모부인(母夫人)이다. 【校解】 숙인 김씨(1483~1548)의 본관은 예안(禮安)이다.

128 문미가 되었으니 : 【譯注】 '문미'는 본래 문 위에 가로대어서 그 윗부분의 벽의 무게를 받쳐주는 나무를 말하는데, 전하여 가문을 빛내는 존재를 뜻한다. 【攷證 卷8 作門楣】 〈양비외전(楊妃外傳)〉에 "사내는 봉후 못 되고 딸은 왕비가 되었으니, 그대는 딸을 도리어 문미로 봐야겠네.〔男不封侯女作妃, 君看女却作門楣.〕"라고 하였다. 《古今事文類聚 前集 卷7 天時部》

129 유중영의……맛보였고 : 【攷證 卷8 柳母敎兒常試膽】 유중영(柳仲郢)의 어머니 한씨(韓氏)는 일찍이 쓴 삼과 황련(黃連), 웅담(熊膽)을 가루로 만들어 섞어서 환으로 만들게 하여, 아들에게 주고는 긴 밤에 공부를 할 때마다 그것을 입에 넣고 부지런히 노력하는 바탕으로 삼게 하였다. 《唐書 柳仲郢列傳》

130 양홍의……맞추셨지 : 【譯注】 남편을 공경하는 마음으로 섬기는 아내를 뜻한다. 후한(後漢)의 현사(賢士)인 양홍(梁鴻)의 처 맹광(孟光)은 밥상을 들고 올 때 늘 이마 위에까지 들어 올려 공경을 표하였다. 《後漢書 逸民列傳 梁鴻》

131 섬궁의……보았고 : 【譯注】 섬궁(蟾宮)은 달의 별칭이다. 현량 대책(賢良對策)에

우뚝한 행실은 부덕비에 새겨졌도다	突兀行銘婦德碑
오직 효성스런 까마귀[132] 풍수의 슬픔[133]만이 있어	唯有慈烏風樹怨
하늘까지 닿고 땅에 쌓여서 다할 날 없으리라	極天蟠地盡無期

서 장원을 한 극선(郤詵)에게 진 무제(晉武帝)가 소감을 묻자, 극선이 "계수나무 숲의 가지 하나를 꺾고, 곤륜산(崑崙山)의 옥돌 한 조각을 쥐었습니다."라고 답변하였는데, 섬궁 즉 월궁에 계수나무가 있다는 전설을 여기에 덧붙여서, 과거 급제를 '섬궁절계(蟾宮折桂)'로 비유하곤 한다.《晉書 郤詵列傳》 여기서는 박승임을 비롯한 숙인 김씨의 아들들이 연달아 과거에 급제하였음을 뜻한다.

132 효성스런 까마귀 : 【譯注】 까마귀가 처음 태어나면 어미가 60일 동안 먹이를 물어다 먹이는데, 이 새가 자라서는 늙은 어미에게 먹이를 물어다 준다.《本草綱目 慈烏》

133 풍수의 슬픔 : 【譯注】 풍수지탄(風樹之歎), 즉 어버이가 세상을 떠나 다시는 봉양할 수 없는 자식의 슬픔을 비유한 것이다.

KWP0796(詩-外卷1-58)

박 상사 형[134] 에 대한 만사 【기유년(1549, 명종4, 49세) 6~8월 추정. 풍기(豐基)】

挽朴上舍 珩

대절이라 반남[135]공의 후손이시니　大節潘南後
맑고 빼어난 기운 모였어라　冲然秀氣鍾
겉치레 거두어 외양을 사모하는 일 없었고　斂華無慕外
도를 지키며 참으로 곤궁함 편안히 여기셨네　守道儘安窮
사씨의 보배 나무[136] 뜰의 섬돌에 늘어섰고　謝寶庭階列
우씨의 대문[137]에 사마 수레 드나들었다오　于門駟駕通

---

134 박 상사 형: 【攷證 卷8 朴上舍珩】 곧 박소고(朴嘯皐 박승임(朴承任))의 부친이다. 【校解】 박형(朴珩, 1479~1549)은 71세로 작고하였는데, 아들 박승임의 현달로 이조참판(吏曹參判)에 추증되었다.

135 반남 : 【攷證 卷8 潘南】 나주(羅州)의 폐현(廢縣)으로 주(州) 남쪽 40리 지점에 있다. ○ 살펴보건대, 박상충(朴尙衷)은 신라 사람으로, 호가 반남(潘南)이며, 관직은 직제학(直提學)에 이르렀다. 공민왕(恭愍王) 때에 북원(北元)을 섬기는 것이 잘못되었음을 간쟁하다가 귀양 가서 죽었는데, 조선에서 '문정(文正)'이라는 시호를 추증하였다.

136 사씨의 보배 나무 : 【譯注】 '보(寶)'는 '보수(寶樹)' 또는 '옥수(玉樹)'이며, 훌륭한 자손을 뜻한다. 진(晉)나라 때 사안(謝安)이 그의 조카 사현(謝玄)에게 어떤 자제가 되고 싶으냐고 묻자, 그가 "비유하자면, 지란(芝蘭)과 옥수가 뜰에 나게 하고 싶습니다."라고 하였다. 《晉書 卷79 謝玄列傳》

137 우씨의 대문 : 【譯注】 후손이 홍성한 집안을 뜻한다. 우정국(于定國)의 아버지 우공(于公) 집의 대문이 부서져서 부로(父老)들이 함께 그것을 고치게 되었다. 우공은 그들에게 "대문을 조금 높고 크게 만들어서 네 마리 말이 끄는 높은 덮개의 수레가 드나들 수 있게 하라.〔令容駟馬高蓋車〕 내가 옥사를 다스릴 때 음덕이 많아 원한 살 일을 한 적이 없으니, 자손 중에 반드시 홍기하는 자가 있으리라."라고 하였다. 《漢書 于定國傳》

갑자기 마렵봉 무덤[138] 소식 들으니	忽聞封馬鬣
늙은이 눈물 가을바람에 떨어지누나	衰淚落秋風

138 마렵봉 무덤 : 【攷證 卷8 封馬鬣】 자하(子夏)가 "예전에 부자(夫子)께서 '나는 봉분이 도끼 같은 것을 보았다.'라고 하셨는데, 마렵봉(馬鬣封)을 말한 것이다."라고 하였다. 《禮記 檀弓 上》 주자(朱子)의 〈적계 호 선생에 대한 만사〔挽籍溪胡先生〕〉 시 중 제2수에 "문인들 말갈기 같은 봉분 만드니, 추운 날 함께 옷깃을 적시네.〔門人封馬鬣, 寒日共沾襟.〕"라고 하였다.

KWP0797(詩-外卷1-59)

종수[139] 상인에게 주다 【연월미상. 예안(禮安)】

贈宗粹上人

만사는 끝내 한 손가락 섶[140]으로 돌아가나니	萬事終歸一指薪
삶을 수고롭게 하여 정신을 소모할 필요 있으랴	勞生何用敝精神
석 잔 술 마시면 오히려 도에 통하지만[141]	三杯飮酒猶通道
다섯 말의 파 삼키는 건 매운맛 견디지 못하리[142]	五斗呑葱不耐辛
누런 책 속에서 하늘 밖의 즐거움 예전에 들었더니	黃卷舊聞天外樂
흰 구름 속에서 마음속의 사람을 이제 보누나[143]	白雲今見意中人

139 종수 : 【譯注】 이황(李滉)이 풍기 군수(豐基郡守)로 재직할 때 종수 상인을 만났는데, 그는 이때 소백산에 묘봉암(妙峯庵)을 지어놓고 그곳에 거처하고 있었다. 《퇴계선생문집》 권3에 이황이 종수 상인에게 지어준 〈묘봉암팔경(妙峯庵八景)〉 시가 있다. 【攷證 卷8 宗粹】 《정본 퇴계전서》 권14 〈유소백산록(遊小白山錄)〉에 보인다.

140 한 손가락 섶 : 【攷證 卷8 一指薪】 《장자》 〈제물론(齊物論)〉에 "천지는 하나의 손가락이다.〔天地一指〕"라고 하였고, 〈양생주(養生主)〉에 "손가락이 장작 지피는 일을 다 하면〔指窮於爲薪〕 불은 계속 탄다."라고 하였는데, 진(晉)나라 곽상(郭象)의 주석에 "장작을 지핀다는 것은 장작을 앞으로 내민다는 것과 같다. 손가락으로 장작을 앞으로 밀어내니, 손가락은 장작을 앞으로 밀어내는 이치를 극진히 하므로 불꽃이 전해져 꺼지지 않는다. 마음에 숨을 받아들여 양생하는 중도(中道)를 터득하므로 생명이 이어져 끊어지지 않는다."라고 하였다.

141 석……통하지만 : 【攷證 卷8 三杯通道】 당(唐)나라 이백(李白)의 〈달 아래서 홀로 마시다〔月下獨酌〕〉 시 중 제2수에 "석 잔 술에 대도와 통하고, 한 말 술에 자연과 부합하네.〔三杯通大道, 一斗合自然.〕"라고 하였다.

142 다섯……못하리 : 【譯注】 세상을 살아가는 것이 신산하다는 뜻이다. 《신당서》 〈굴통열전(屈通列傳)〉에 "차라리 쑥 석 되를 먹을지언정 굴돌개(屈突蓋)는 만나보지 않을 것이고, 차라리 파 서 말을 먹을지언정〔寧食三斗葱〕 굴돌통(屈突通)은 만나지 않겠다." 라고 하였다.

묘봉암에 편안히 앉아 참선하는 곳에서　　妙峯宴坐觀空處
인간세상 한 줌의 티끌[144]임을 진실로 깨달으리라　　眞覺人間一聚塵

143 흰……보누나 : 【攷證 卷8 白雲今見意中人】 살펴보건대, 종수 상인은 이때 운암(雲庵)에서 거처했던 듯하다.

144 한 줌의 티끌 : 【攷證 卷8 一聚塵】 송(宋)나라 황정견(黃庭堅)의 〈성을 나와 객을 보내고 친구인 동평후 조경진의 묘에 들르다〔出城送客過故人東平侯趙景珍墓〕〉 시에 "고운 사람 떠나가서 어느 집의 첩이 되었나, 의기는 모두 한 줌의 티끌 되었네.〔嬋娟去作誰家妾, 意氣都成一聚塵.〕"라고 하였다.

KWP0798(詩-外卷1-60)

정자중[145]에게 부치다 【연월미상. 예안(禮安)】

寄子中

내 나이 그대와 같았을 때 오히려 마음 갈고 닦았는데
我齒如君尙礪心

중도에 좋은 세월 헛되이 저버렸구나　中間虛負好光陰

수레를 돌림에 길을 잃고 멀리 왔다[146] 스스로 탄식하고
回車自嘆迷途遠

고기 먹고서야 좋은 맛 깊다는 것[147]을 비로소 알았지
食豢方知悅味深

일을 만나면 그 자리에서 곧바로 행하여 남에게 구애받지 말고
當處便行無物礙

세상에 쓰일 때에는 비록 재능을 감추더라도 속진의 침노 끊어야 하리
用時雖晦絶塵侵

몸을 검속함이 뛰어난 것[148]은 누가 그대와 같으리오　檢身不及其如子

---

145 정자중 : 【譯注】 정유일(鄭惟一, 1533~1576)로, 본관은 동래(東萊), 자는 자중(子中), 호는 문봉(文峯)이다.

146 길을……왔다 : 【譯注】 벼슬길에 잘못 들어서서 귀거래하지 못했다는 뜻이다. 진(晉)나라 도연명(陶淵明)의 〈귀거래사(歸去來辭)〉에 "실로 길을 잃어 더 멀어지기 전에, 지금이 옳고 지난날이 잘못되었음을 깨달았노라.〔實迷途其未遠, 覺今是而昨非.〕"라고 하였다.

147 고기……것 : 【譯注】 의리가 사람의 마음을 즐겁게 하는 것을 뜻한다. 《맹자》 〈고자 상(告子上)〉에 "의리가 우리의 마음을 즐겁게 하는 것은 마치 가축의 고기가 우리의 입을 즐겁게 하는 것과 같다고 할 것이다.〔猶芻豢之悅我口〕"라고 하였다.

148 몸을……것 : 【譯注】 《서경》 〈이훈(伊訓)〉에 "아랫사람이 되어서는 충성을 다하였

돌아가서 할 공부는 다만 경(敬)에 있으리라　　　　歸去工夫只在欽

으며, 남들에게는 다 갖추기를 바라지 않으셨고, 자신을 단속할 때는 미치지 못할 듯이 하였습니다.〔檢身若不及〕"라고 하였다.

KWP0799(詩-外卷1-61)

산을 나와서 가던 도중에[149] 눈을 만나 정자중[150]에게 부치고 아울러 여러 조카들에게 보이다 【을묘년(1555, 명종10, 55세) 윤11월 14일 추정. 예안(禮安)】

出山半途遇雪 寄鄭子中 兼示諸姪

천암만학을 아름다운 옥이 싸고 있으니	千巖萬壑裹瓊瑤
흰빛 일색의 옥 꽃이 눈앞에서 어지러이 날리누나	一色琪花亂眼飄
병 때문에 홀로 신선 산을 나오니	獨出仙山緣一病
그대 그리워 고개 돌림에 더욱 아득하여라	思君回首更迢迢

149 산을……도중에 : 【譯注】 이때 청량산(淸凉山)을 유람하였다. 《퇴계선생연보》 권1에 "을묘년(1555, 명종10) 겨울, 청량산으로 들어가 한 달 넘게 있다가 돌아왔다."라고 하였다.

150 정자중 : 【譯注】 정유일(鄭惟一, 1533~1576)로, 본관은 동래(東萊), 자는 자중(子中), 호는 문봉(文峯)이다.

KWP0800(詩-外卷1-62)

이날 박석촌[151] 촌가에 묵으면서 밤에 일어나 달을 구경하다

【을묘년(1555, 명종10, 55세) 윤11월 14일 추정. 예안(禮安)】

是日宿博石村舍 夜起看月

천 길 아름다운 벼랑 옥 같은 시내가 감싸고 있으니 千丈瓊崖抱玉溪
밤 쌀쌀하고 이슬이 찬데 달 높이 떴다 낮아지네 夜寒霜冷月高低
다른 해에 이곳으로 와 은거의 반려로 삼는다면 他年此地來幽伴
반드시 구름 창 열어젖히고 밭 한 이랑에 깃들리라 會闢雲窓一畝棲

151 박석촌 : 【攷證 卷8 博石村】 청량산(淸涼山) 골짜기 입구에 있다.

KWP0801(詩-外卷1-63~64)

산에서 나온 다음날, 차운하여 황중거[152]에게 답하다. 2수

【을묘년(1555, 명종10, 55세) 윤11월 15일 추정. 예안(禮安)】

出山明日 次韻答黃仲擧 二首

(詩-外卷1-63)

병든 사람 애오라지 산에 들어갈 작정을 하니	病人聊作入山謀
곁의 사람에게 가는 길을 말하기 어려워라	難與傍人說所由
절경은 구름 속에 숨어 몇 리나 서려 있는가	絶境隱雲盤幾里
높은 꼭대기 은하수 받쳐 들고 천추에 서 있네	高標擎漢立千秋
요대는 일순간에 귀신의 환영처럼 변하였고	瑤臺頃刻如神幻
옥궐은 태고 시대 골짜기 속 배[153]와 같구나	玉闕鴻荒類壑舟
고요히 푸른 창 마주하고 《주역》의 이치 보니	靜對碧窓看易理
이 몸이나 조리할 뿐 다시 무엇을 구하리오	平章軀體更何求

-자주(自註)에 "요대는 눈을 말하고, 옥궐은 산성[154] 성궐의 옛 터를 가리킨다."라고 하였다.-

위는 산에 들어갈 때이다.

152 황중거 : 【譯注】 황준량(黃俊良, 1517~1563)으로, 본관은 평해(平海), 자는 중거(仲擧), 호는 금계(錦溪)이다.

153 골짜기 속 배 : 【譯注】 산성과 성궐이 사라졌음을 뜻한다. 《장자》〈대종사(大宗師)〉에 "골짜기 속에 배를 숨겨 두고〔夫藏舟於壑〕 못 속에 산을 숨겨 두고서 안전하다고 여긴다. 하지만 한밤중에 힘센 자가 등에 지고 달아나도 어리석은 사람은 알아채지를 못한다."라고 하였다.

154 산성 : 【攷證 卷8 山城】 축융봉(祝融峯) 아래에 있으니, 곧 고려 공민왕(恭愍王)이 살았던 곳이다.

(詩-外卷1-64)

가파른 산 구름에 묻혀 눈이 내릴 듯하니 崔崒雲埋雪意沈
산에 사는 병든 사람 마음속이 근심스럽다 山居病客悄中心
천 개의 벼랑 얼어붙어 영양의 뿔 꺾이겠고 千崖凍合摧羚角
방에는 한기 스며들어 금부처도 동상 입겠구나 一室寒侵瘃佛金
내 골격은 오히려 옥가루 먹은 듯한데 骨法尙疑餐玉屑
견여 타고 옥 나무 숲 나오니 도리어 부끄러워라 肩輿還愧出瓊林
친구가 난초 같은 시 보내주지 않았다면 故人不有如蘭贈
궁벽한 마을에서 어떻게 울적한 심사 풀 수 있었으랴 窮巷何緣寫鬱襟

위는 산을 나와서이다.

KWP0802(詩-外卷1-65)

계재에서 정자중[155]에게 부치다 【연월미상. 예안(禮安)】

溪齋 寄鄭子中

띳집 깊은 곳에 바위틈 시냇물이 차고	茅齋深處石溪寒
소슬한 가을바람 백옥 같은 물굽이에 부누나	蕭瑟金風白玉灣
종일토록 그대 기다렸으나 그대는 오지 않고	盡日待君君不到
푸른 구름만 빛 머금고 험준한 산에 둘러 있네	碧雲銜照帶孱顏

155 정자중 : 【譯注】 정유일(鄭惟一, 1533~1576)로, 본관은 동래(東萊), 자는 자중(子中), 호는 문봉(文峯)이다.

KWP0803(詩-外卷1-66~67)

전날 이정존[156]의 편지[157] 말미에 “고개의 매화가 향기 내뿜을 때 가지 하나 보내 주시길”이라는 말이 있었다. 올해 이곳에는 절물이 다른 때와는 매우 달라서, 4월에 여러 꽃들이 비로소 만개했는데 매화도 그들과 동시에 피었다. 사람들 가운데는 혹 이것이 매화로서는 매우 유감이라고 하는 이도 있는데, 이는 참으로 매화를 아는 자가 아니니, 곧 처한 곳과 만난 때가 그러했을 뿐이다. 마침 이정존에게 답장하면서 그 편에 매화 꽃잎을 부치고, 아울러 이 절구 2수를 또한 좌우[158]에 보여주지 않을 수 없다. 원컨대 정존과 함께 답장을 나에게 보내주면 매형을 위해 그 비웃음을 해명하게 될 것이다 【신유년(1561, 명종16, 61세) 4월 추정. 예안(禮安)】

前日靜存書末 有嶺梅吐芬時寄一枝之語 今年此間 節物甚異 四月羣芳始盛而梅發與之同時 人或以是爲梅恨 是非眞知梅者 乃所處之地 所遇之時然耳 適答靜存書 因寄梅片 兼此二絶 亦不可不示左右 願與靜存共惠瓊報 庶幾爲梅兄解嘲也

(詩-外卷1-66)

매화가 너무 외로울까 하늘이 안타깝게 여겨 梅花天惜太孤絶

156 이정존 : 【譯注】 이담(李湛, 1510~1574)으로, 본관은 용인(龍仁), 자는 중구(仲久), 호는 정존재(靜存齋)·후봉(後峯)이다.

157 편지 : 【譯注】 이담이 보낸 편지는 《정본 퇴계전서》 권5에 실려 있다.

158 좌우 : 【攷證 卷8 左右】 정자중(鄭子中 정유일(鄭惟一))인 듯하다.

또한 뭇 꽃들과 함께 하얀 꽃 피웠구나　　且並羣芳發素葩
국향을 두고 이르다 늦다 논하지 마시게　　莫與國香論早晚
참으로 곧음은 원래 세월을 다투지 않는 법이니　　眞貞元不競年華

(詩-外卷1-67)

남북으로 선후를 구분하지 않았다면　　不將南北分先後
어찌 처음과 끝에 다름이 있었으랴　　肯把初終有異同
가지 꺾어 멀리 옥 같은 이에게 보낸다는　　折寄遙憐人似玉
회암의 시 구절[159]이 깊은 마음 표현했다오　　晦庵詩句表深衷

159 회암의 시 구절 : 【攷證 卷8 晦庵詩句】 살펴보건대, "가지 꺾어 멀리 옥 같은 이에게 보낸다"는 곧 주자(朱子 주희(朱熹))가 유수야(劉劉秀 유온(劉韞))의 〈눈 온 뒤〔雪後〕〉 시에 차운한 것이다. 【校解】 송(宋)나라 주희의 〈'눈 온 뒤의 일을 쓰다' 시에 차운하다〔次韻雪後書事〕〉 시 중 제1수에 "가지 꺾어 멀리 옥 같은 이에게 보내니, 그리움에 영겁의 시간 재가 될까 한스러우리.〔折寄遙憐人似玉, 相思應恨劫成灰.〕"라고 하였다.

KWP0804(詩-外卷1-68~98)

신해년(1551, 명종6) 이른 봄에 수재 조사경[160]이 퇴계로 나를 찾아왔는데, 상사 구경서[161]와 수재 김수경[162]이 권경수[163]에게 화답한 절구 60수와 경서의 오언율시를 언급하였다. 내가 간절히 그 시들을 보고 싶어 하니, 사경이 돌아가자마자 부쳐서 보여주기에 차운하여 회포를 달랜다

【신해년(1551, 명종6, 51세) 1월 하순 추정. 예안(禮安)】

辛亥早春　趙秀才士敬訪余於退溪　語及具上舍景瑞金秀才秀卿所和權景受六十絶幷景瑞五律　余懇欲見之　士敬歸卽寄示　因次韻遣懷

(詩-外卷1-68)

셋씩 둘씩 집들이 마을 이루었으니	三三兩兩屋成村
해 뜨면 아침이요 해 지면 저녁이라네	日出爲朝日入昏
산 속이라 너무 쓸쓸하다고 비웃지 마오	莫笑山中牢落甚
인가의 연기 오히려 태평시대의 흔적 띠고 있으니	人烟猶帶太平痕

160 조사경 : 【譯注】 조목(趙穆, 1524~1606)으로, 본관은 횡성(橫城), 자는 사경(士敬), 호는 월천(月川)·동고(東皐)이다.

161 구경서 : 【譯注】 구봉령(具鳳齡, 1526~1586)으로, 본관은 능성(綾城), 자는 경서(景瑞), 호는 백담(柏潭)이다.

162 김수경 : 【譯注】 김팔원(金八元, 1524~1569)으로, 본관은 강릉(江陵), 자는 순거(舜擧)·수경(秀卿), 호는 지산(芝山)이다. 【攷證 卷8 秀卿】 곧 김순거이다.

163 권경수 : 【譯注】 권대기(權大器, 1523~1587)로, 본관은 안동(安東), 자는 경수(景受), 호는 인재(忍齋)이다.

(詩-外卷1-69)

추운 산골에 봄이 왔는데 아직 따뜻하진 않아　寒谷春回尙未暄
문 닫고 베개에 기대어 원기를 지키노라　閉門攲枕護眞元
오늘 아침 날 찾아온 그대를 기쁘게 만났으니　今朝喜見君來訪
서책을 뒤적이며 함께 논할 수 있었네　繙閱遺編得共論

(詩-外卷1-70)

아, 나는 평생토록 모든 일이 더디었으니　嗟我生平百事遲
고루한 채로 귀밑머리 희어진 것이 스스로 부끄럽다　自慙孤陋鬢成絲
영가[164]의 몇 사람은 비록 일찍이 알았으나　永嘉數子雖曾識
오늘 그대 통해 더 잘 알게 되었구나　今日因君更得知

-구경서·김수경·권경수는 모두 안동(安東) 사람이다.-

(詩-外卷1-71)

수심은 마치 누에고치 하나[165]에서 길게 실을 뽑듯 하니　愁緖如抽獨繭長
동양[166] 태수처럼 파리하고 야윈 것 견딜 수 없어라　不堪羸瘦似東陽

164 영가(永嘉) : 【譯注】 안동(安東)의 옛 지명이다.

165 누에고치 하나 : 【攷證 卷8 獨繭】 한(漢)나라 사마상여(司馬相如)의 〈상림부(上林賦)〉에 "독견으로 된 겉옷의 소매를 끈다.〔曳獨繭之褕絏〕"라고 하였는데, 당(唐)나라 이선(李善)의 주석에 "독견은 한 누에고치에서 나온 실이다.〔獨繭, 一繭之絲也.〕"라고 하였다. 【校解】《고증》에는 한나라 양웅(揚雄)의 〈장양부(長楊賦)〉에 대한 주석이라고 하였는데, 이는 오류이다.

166 동양 : 【攷證 卷8 東陽】 살펴보건대, 남조 양(梁)나라의 심약(沈約)이 일찍이 동양 태수가 되었는데, 몸이 너무 수척해져서 헐거워진 의대(衣帶)를 이기지 못하였다. 《梁書

시 읊으면 깊은 근심의 병 씻을 수 있어　　吟詩可滌幽憂疾
입가에 물결 뒤집히듯[167] 백 삼십 수를 읽었다오　　口角瀾飜百卅章
-구경서·김수경의 시가 모두 합쳐 130수이다.-

(詩-外卷1-72)

늙어갈수록 번화한 도성 곧잘 싫어지니　　老覺繁華意易闌
담박한 삶이 참된 즐거움임을 모름지기 알겠어라　　須知淡泊是眞歡
가련하다 중도에 갈팡질팡 심하여　　可憐中道倀倀甚
스스로 몸 거두고 일찍 돌아오지 못한 것이　　不自收身及早還

(詩-外卷1-73)

그 당시에 과분한 은총으로 높은 벼슬에 오르려 하다가
濫恩當日偶將通
분수 따라 지금 곤궁한 생활로 돌아왔다　　隨分如今得返窮
우스워라 남들에게 전혀 미치지도 못하는데　　自笑於人都不逮
뜻만 커서 옛사람 끌어다 자취 좇으려 한 것이[168]　　嘐嘐援古欲追蹤

沈約列傳》

167 입가에 물결 뒤집히듯 : 【譯注】 입가에 침이 흐를 정도로 쉼 없이 읽었다는 뜻이다. 당나라 이상은(李商隱)의 〈한유의 비문〔韓碑〕〉 시에 "원하노니 이 비문 만 부씩 쓰고 만 번을 외워서, 입가에는 침이 흐르고 오른손에는 굳은 살 박히기를.〔願書萬本誦萬遍, 口角流沫右手胝.〕"이라고 하였다. 또 당나라 한유(韓愈)의 〈꿈을 기록하다〔記夢〕〉 시에 "천지사방의 것들 가져와 입가에 물결 뒤집히듯 이야기하니, 하루 밤낮의 시간이 순식간일세.〔挈攜陬維口瀾翻, 百二十刻須臾間.〕"라고 하였다.

168 뜻만……것이 : 【譯注】 맹자(孟子)는 증점(曾點)을 공자(孔子)가 말한 광자(狂者)의 대열에 포함시키고는 "그 뜻이 높고 커서 말하기를 '옛사람이여, 옛사람이여.'라고

(詩-外卷1-74)

나는 어리석어 예전부터 정말 책만 믿어왔으니　　愚戇從來苦信書
하물며 훌륭한 벗들 만나 유풍을 사모함에랴　　況逢佳友慕塵餘
구군은 전후로 세 번을 만났지만　　具君前後雖三見
별안간 또 헤어지니 한바탕 꿈 같구나　　瞥地還分一夢如

(詩-外卷1-75)

기산에서 처음 보고 놀란 듯 기뻐하여　　初見基山喜若驚
아침 내내 동헌에서 마주한 자리 맑았었지　　終朝鈴閣對筵淸
이별하고 나 역시 전원으로 돌아오니　　別來我亦歸田畝
아득히 멀리 바라보며 그저 그리워할 뿐　　相望悠悠但係情

-구경서가 풍기(豐基)로 찾아왔었다.-

(詩-外卷1-76)

청량산[169] 다녀간 어진 이 그 얼마나 많은가　　淸凉遊歷幾多賢
예부터 전해오길 선경이라 하였지　　自古流傳是洞天
벗을 맺어 이 산중에 와서 공부를 더하였으니　　結友來攀增所養
가슴 속 오묘한 경지 누가 알 수 있으랴　　襟靈要妙孰窺焉

-구경서가 청량산에서 글을 읽었다.-

하지만, 평소에 그 행실을 살펴보면 행실이 말을 덮지 못하는 자이기 때문이다.〔其志嘐嘐然曰, 古之人古之人! 夷考其行而不掩焉者也.〕"라고 하였다. 《孟子 盡心下》

169 청량산(淸凉山) : 【譯注】 경상북도 봉화군 명호면에 있다.

(詩-外卷1-77)

누추한 집에 어찌 감히 어진 이 찾아오길 바라리오만 蓬門何敢望來賢

홀연히 소유천[170]으로부터 나를 찾아온 그대를 보았노라 忽見君從小有天

소매에 바람 안개 가득해 만류할 수 없었으니 滿袖風烟留不得

병든 나는 여전히 비린한 생각만 싹튼다오[171] 病夫依舊吝萌焉

-산을 나와서는 퇴계로 나를 찾아왔다.-

(詩-外卷1-78)

그대 떠나가 표연히 학 탄 사람[172] 되었으니 去作飄然鶴背人

그리워하는 마음 슬프지만 만나볼 길 없어라 停雲悁悵見無因

그 사이의 온갖 일 어찌 말로 할 수 있으랴 中間萬事何容說

죽지 않고 지금 또 이 한 봄을 맞았구려 不死如今又一春

-구경서는 또 학가산(鶴駕山)[173]으로 갔는데, 이때 나는 집안의 화를 만났다.[174]-

---

170 소유천(小有天) : 【譯注】 신선이 사는 곳으로, 도가(道家)의 삼십육동천(三十六洞天) 중 첫째이다.

171 비린한 생각만 싹튼다오 : 【譯注】 좋은 사람들을 만나지 못하고 있어 아쉬운 마음을 표현한 것이다. 후한의 황헌(皇憲)은 자가 숙도(叔度)인데, 자품이 청수하고 총명하여 당시 사람들로부터 안자(顔子)에 비유되기까지 하였다. 같은 고을 사람인 진번(陳蕃)과 주거(周擧)는 항상 "두어 달만 황생을 보지 못하면 비린한 생각이 마음속에 다시 싹튼다.〔時月之間不見黃生, 則鄙吝之萌, 復存乎心.〕"라고 하였다. 《後漢書 黃憲列傳》

172 학 탄 사람 : 【譯注】 원래는 신선을 뜻하는데, 구봉령이 학가산(鶴駕山)으로 갔기 때문에 이런 표현을 쓴 것이다.

173 학가산 : 【譯注】 경상북도 예천군 보문면, 안동시 북후면, 서후면의 경계에 위치해 있다.

(詩-外卷1-79)

고요한 중에 시냇물 소리 크게 들려도 싫지 않으니　　靜裏泉鳴不厭喧
구름집[175] 지어놓고 아침저녁 지내본다네　　試營雲屋度朝曛
어찌 알았으랴 뭇사람들이 버린 나를 다시 잊지 않고서
寧知衆棄還收錄
언 땅 밟고 추위 무릅쓰며 내 집에 찾아올 줄을　　蹋凍衝寒到小軒

(詩-外卷1-80)

천고의 옛 서적에서 의심은 풀지 못하고　　羣疑未析千年上
온갖 세상 걱정은 몇 잔 술에 녹는구나　　萬慮纔消數盞中
변변찮은 집이라 밤에 누울 곳이 없으니　　巢拙夜床無處著
저물녘 바람에 끌리며 돌아가는 그대 옷소매 아쉬워라
暮天歸袂恨牽風

-계당(溪堂)을 처음 지었을 때 온돌방이 없어서, 구경서가 위험을 무릅쓰고 밤에 돌아갔다.-

(詩-外卷1-81)

나는 늦게 성균관에 들어가 의혹 깨치지 못하고　　晩入芹宮惑未開
꿈속에서 고향 산 푸른 솔과 이끼 보곤 했지　　夢魂時惹碧松苔
듣건대 그대 이미 서울에서 유학할 계책 세웠다 하니
聞君已作西遊計

174 이때……만났다 : 【譯注】《퇴계선생연보》 권1에 의하면, 경술년(1550, 명종5) 8월에 넷째 형 이해(李瀣)의 부음을 들었다.

175 구름집 : 【譯注】 은자의 거처를 뜻한다.

박문약례 모름지기 양쪽 다 익혀야 하리　博約應須兩極來

-이때 구경서는 반궁(泮宮)에 들어가려던 참이었다.-

(詩-外卷1-82)

부끄럽게도 풍기 고을 수령 노릇 잘하지 못하였으니　吏職基山愧不任

일 년 만에 근심과 병이 모두 깊어졌네　一年憂與病俱深

그 가운데 여러 재자들 없었더라면　箇中不有羣才子

흉금 터놓고 어디에서 이 마음 위로했으랴　披豁何從慰此心

-김수경은 풍기(豐基)에서 처음 보았다.-

(詩-外卷1-83)

수경의 시 흡사 갠 봄날의 들판 같으니　秀卿詩似野晴春

풀빛이며 산 빛이 모두 눈에 새롭구나　草色山光盡眼新

자득한 곳이 지극한 오묘함에 이르지 않았다면　得處若非臻妙極

어떻게 내놓은 시구마다 사람을 놀라게 할 수 있으랴　何能吐句便驚人

(詩-外卷1-84)

백운동서원[176]에서 지난봄에 있었던 일 생각해보니　白雲院裏憶前春

숲처럼 많은 작자들 중에 새롭기가 독보적이었지　作者如林獨步新

---

176 백운동서원 : 【譯注】 1543년(중종38) 주세붕(周世鵬)에 의해 지어진 최초의 서원으로, 경상북도 영주(榮州)에 있다. 1548년(명종3) 풍기 군수(豐基郡守)로 부임한 이황이 조정에 백운동서원에 대한 사액과 국가 지원을 요청하였고, 1550년 '소수서원(紹修書院)'이라 사액되었다.

준마가 끝내 넘어진 것[177] 참으로 괴이한 일이나　竟蹶霜蹄眞怪事

하늘 탓이지 어찌 다시 사람 탓이겠는가　由天寧復更由人

-서원 제생의 과예(課藝)에서 김수경이 가장 뛰어났는데, 그해 가을에 끝내 예조[178]의 과거시험에서 낙방하였다.-

(詩-外卷1-85)

한 치 풀의 마음으로 삼춘 햇볕에 보답하기 어려우니[179]　草心難得報三春

득실로 그대의 한이 더욱 새로워짐을 알겠도다　得失知君恨益新

견디지 못하겠네 하늘은 어찌 더욱 납득할 수 없는가　叵耐天何滋見惑

차라리 뜻을 더욱 가다듬고 사람의 할 도리 하느니만 못하지　不如堅志更修人

-이 아래의 시들은, 두 사람이 모두 집이 가난하고 어버이가 연로하신데도 벼슬을 얻어 봉양하지 못하는 것을 한스럽게 여겼기에, 이것은 바른 도리이지만 시의 뜻이 모두 벼슬을 지나치게 구하는 미혹이 있는 것 같아서, 자못 나의 뜻을 서술하여 그것을 풀어 주었다.-

---

177 준마가……것 : 【攷證 卷8 竟蹶霜蹄】 당나라 두보의 〈취가행(醉歌行)〉에 "옛날에 버들잎 맞힌 솜씨 내 참으로 알고 있으니, 잠시 준마가 넘어진 것은 과실이 아니라네.〔舊穿楊葉眞自知, 暫蹶霜蹄未爲失.〕"라고 하였다.

178 예조 : 【攷證 卷8 禮闈】 당나라 유우석(劉禹錫)의 〈이어서 화답하다〔繼和〕〉 시에 "예부에 새로 붙은 방이 장안을 울리니, 도성 거리에서 사람마다 말 달리며 보네.〔禮闈新榜動長安, 九陌人人走馬看.〕"라고 하였다.

179 한……어려우니 : 【譯注】 보잘것없는 효심으로 부모님의 사랑에 보답하기 어려움을 뜻한다. 당나라 맹교(孟郊)의 〈유자음(游子吟)〉 시에 "한 치의 풀과 같은 자식의 마음으로, 봄날의 햇볕 같은 어머니의 사랑 보답하기 어려워라.〔難將寸草心, 報得三春暉.〕"라고 하였다.

〈詩-外卷1-86〉

나도 진즉에 과거에 급제하였는데　如我曾偸桂樹春
벼슬 얻어 봉양하지 못하니 더욱 근심만 새로웠었지　未能榮養轉憂新
잠깐 사이에 산소의 나무[180] 바람에 슬피 흔들리니　俄然宰木風悲撼
눈물이 황천에 이르러도 아무 소용이 없어라[181]　淚到重泉不補人

〈詩-外卷1-87〉

어버이께 효도하여 온 집이 봄인 것을 일찍이 보았으니
孝親曾見一家春
콩죽과 물로도 심히 기쁘고[182] 색동옷[183]도 산뜻했지　菽水深歡彩服新

---

180 산소의 나무 : 【攷證 卷8 宰木】《춘추공양전(春秋公羊傳)》 희공(僖公) 33년 조(條)에 "묘 위의 나무가 이미 한 아름이나 되었다.〔宰上之木拱矣〕"라고 하였는데, 한나라 하휴(何休)의 주석에 "재(宰)는 무덤〔冢〕이다."라고 하였다. 【校解】《고증》에 《춘추공양전》을 《춘추좌씨전(春秋左氏傳)》이라고 한 것은 오류이다.

181 나무……없어라 : 【譯注】 풍수지탄(風樹之歎)을 의미한다. 공자가 주(周)나라 구오자(丘吾子)에게 슬피 통곡하는 이유를 묻자 "나무가 조용하고자 하나 바람이 그치지 않고, 자식이 봉양하고자 하나 어버이가 기다려 주시지 않는다.〔夫樹欲靜而風不停, 子欲養而親不待.〕 한번 가면 오지 않는 것은 세월이요, 다시 뵐 수 없는 것은 어버이이다."라고 대답하고는 강물에 몸을 던져 죽었다. 《孔子家語 卷2 致思》 이황이 34세에 식년문과에 을과로 급제한 후 중앙 관직을 역임하였는데, 37세에 모친 박씨(朴氏)의 상을 당하였으므로 이렇게 말한 것이다.

182 콩죽과……기쁘고 : 【譯注】 가난한 중에도 부모를 잘 섬기는 즐거움을 뜻한다. 자로(子路)가 "슬프도다! 가난한 것이. 어버이가 살아서는 봉양할 것이 없고, 죽어서는 예를 행할 것이 없구나."라고 하자, 공자가 "콩을 씹어 먹고 물을 마실지라도 기쁘게 해 드리는 일을 극진히 행한다면, 이것을 효라고 한다.〔啜菽飮水, 盡其歡, 斯之謂孝.〕"라고 하였다. 《禮記 檀弓下》

183 색동옷 : 【譯注】 춘추 시대 초(楚)나라의 은사(隱士)인 노래자(老萊子)가 효성이 지극하여 일흔이 훨씬 넘은 나이에도 양친을 즐겁게 해드리기 위해 오색이 영롱한 색동옷

한번 부질없는 이름 좇아 끝내 두 가지 다 잃는다면　一逐浮名終兩失
오히려 사람인 것이 까마귀[184]에게 영영 부끄러우리　永慙烏鳥尙爲人

(詩-外卷1-88)

우거진 자형수[185] 본래 한 기운 봄빛이니　荊樹夭夭一氣春
이어진 가지 붙은 잎들이 신록처럼 우거졌었지　連枝接葉藹如新
지금은 시들어서 먼저 진 것 많으니　只今憔悴多先謝
비바람 처연하여 매양 사람을 느껍게 하누나　風雨悽然每感人

-두 사람의 시에 의거하여 형제간의 정을 말하였다.-

(詩-外卷1-89)

산림 어느 곳인들 왕춘[186]이 아니리오　山林何地不王春
병든 몸 온화하게 살펴 주심에 감개가 새로워라　病骨溫存感慨新

을 입고 춤을 춘 일을 가리킨다.《初學記 卷17 引 孝子傳》

184 까마귀 : 【譯注】 까마귀는 자란 뒤에 늙은 어미에게 먹을 것을 물어다 먹인다고 하여 효조(孝鳥) 또는 자오(慈烏)라고도 불린다. 진(晉)나라 장화(張華)의 《금경(禽經)》에 "자오는 효조라고도 하는데, 자라면 그 어미에게 먹이를 되물어다 준다. 다른 까마귀보다 더 작은데 먹이를 되물어다 주는 소리를 들을 수 있다."라고 하였다.

185 자형수 : 【譯注】 형제간의 우애를 상징하는 나무이다. 남조(南朝) 양(梁)나라 전진(田眞)의 세 형제가 모든 재산을 공평하게 나누고 나니 집 앞의 자형수(紫荊樹) 한 그루만 남았으므로 이것마저 쪼개서 나누기로 하였다. 다음 날 자형수를 베려고 가보니 자형수가 마치 불에 탄 것처럼 말라 죽어 있었다. 이를 본 세 형제가 서로 크게 뉘우치자 그 나무가 금세 다시 살아났다.《續齊諧記 紫荊樹》

186 왕춘 : 【譯注】 《춘추좌씨전(春秋左氏傳)》 은공(隱公) 원년의 "원년 봄 왕의 정월〔元年春, 王正月〕"이라는 기록에 대한 《춘추공양전(春秋公羊傳)》의 해설에서 연유하여 천하를 통일한 제왕의 봄을 뜻하는데, 보통은 새해의 봄을 가리키는 말로 쓰인다.

견마 같은 이내 몸 피곤하여 정성 올릴 힘도 없으니 犬馬身疲無力展
이 심사 마음속 사람에게 호소하기 어려워라 此心難訴意中人

-두 사람의 시에 의거하여 군신간의 의리를 말하였다.-

(詩-外卷1-90)

시인들 예로부터 부질없이 슬퍼하면서 騷人從古謾悲哀
뜻을 군친에 두고 돌리려 하지 않았지 志在君親不要回
괴이하여라 제군들은 한갓 이것을 사모할 뿐 却怪諸君徒慕此
과거급제에만 관심을 두니 무어라 하겠는가 關心得失謂何哉

-구경서·김수경 두 사람의 시는 모두 과거에 급제하여 관직을 얻어 어버이를 봉양하고자 한 소원을 이루지 못한 것을 탄식하였다. 처음에는 모두 권경수의 시로부터 이러한 뜻이 나왔으므로, 여기서는 제군을 가리켜 합하여 그것을 말하였다.-

(詩-外卷1-91)

작사에서 그대 만나고 늦은 만남 이미 한탄했는데 鵲寺逢君已恨遲
이별의 수심이 빗속의 풀처럼 불어나누나 離愁如草雨中滋
지금 비록 그대의 얼굴 보지 못해도 只今縱未看君面
노쇠한 나를 위로하도록 그대의 시 보게 해 주오 思見君詩慰拙衰

-권경수는 일찍이 작암(鵲庵)[187]에서 만난 적이 있다.-

(詩-外卷1-92)

나는 비록 못 보고 두 분은 보았지만 吾雖不見兩君見

187 작암 : 【攷證 卷8 鵲庵】《정본 퇴계전서》 권14 〈증조병조참의공사적(曾祖兵曹參議公事蹟)〉에 보인다.

그대 시 또한 어버이 봉양을 위한 것인 줄 알겠노라 知得君詩亦爲親
다만 먼저 현재 할 일을 해야 할 것이니 但可先修時命地
오색구름 대궐은 결코 멀리 떨어져 있는 게 아니라오 五雲曾不隔淸宸

-나는 권경수의 시를 아직 보지 못했는데, 두 사람의 시를 통하여 권경수가 지은 시의 뜻을 알게 되었다.-

(詩-外卷1-93)

하늘은 사람이 속히 이루려 함[188]을 용납하지 않나니 天不容人苟速成
나의 말 오히려 경서에서 증명할 수 있다오 吾言猶可質諸經
탐하지 않아도 얻는 것이 참된 충과 효이니 不貪而得眞忠孝
화락한 군자는 신명이 실로 그의 뜻을 들어주는 법[189] 愷悌神明實爾聽

(詩-外卷1-94)

선비들이 대다수 풍진 속에 들어갔으니 儒林多是混風塵
이 도에서 지금 나루를 물을 자 그 누구랴 此道今誰肯問津

---

188 속히 이루려 함 : 【譯注】《논어》〈자로(子路)〉에 "속히 하려고 하지 말고〔無欲速〕, 작은 이익을 보려 하지 말아야 한다. 속히 하려다 보면 목적을 달성하지 못하고〔欲速則不達〕, 작은 이익을 보려다 보면 큰일을 이루지 못한다."라고 하였다.

189 화락한……법 : 【譯注】《시경》〈대아(大雅) 한록(旱麓)〉에 "화락한 군자는 신명이 위로하는 바로다.〔豈弟君子, 神所勞矣.〕"라고 하였고, 당나라 한유(韓愈)의 〈장 복야께 올리는 두 번째 편지〔上張僕射第二書〕〉에 "비록 화락한 군자는 신명이 도와주는 법이지만〔雖愷悌君子, 神明所扶持〕 넓게 고려하고 깊게 생각하는 것이 또한 수명을 기르는 일단(一端)입니다."라고 하였다.

옥금으로 창수하며 서로 학문에 힘쓰니 玉唱金酬相勉學
나를 뛸 듯이 기쁘게 하고 기운 더욱 새롭게 하네 令人踊躍氣增新

(詩-外卷1-95)

자못 무산을 보며 운우의 정에 심란하니[190] 頗向巫山惱雨雲
예로부터 요망한 여인은 사람의 마음 현혹하지 從來此物眩人魂
거친 재주의 두목[191]을 어찌 굳이 사모하랴 麤才杜牧何須慕
부군[192]의 술 한 동이 두는 것이 마땅하리라 合置浮君酒一樽

-두 사람의 시에서 권경수가 눈길을 주는 기녀가 있다고 말하였으므로, 아래의 세 절구에서 그것을 언급하였다.-

190 무산을……심란하니 : 【攷證 卷8 巫山惱雨雲】 전국 시대 초(楚)나라 송옥(宋玉)이 초나라 양왕(襄王)에게 "선왕께서 고당(高唐)에서 노니실 때 꿈에 한 부인이 나와 '첩은 무산(巫山)의 여자인데, 아침에는 아침 구름이 되고 저녁에는 비가 되어 내립니다.〔旦爲朝雲, 暮爲行雨.〕'라고 하였습니다."라고 하였다. 《文選 卷19 高唐賦》 【校解】 《고증》에서는 〈고당부〉를 〈이소(離騷)〉라고 하고, '旦爲朝雲'을 '朝爲行雲'이라고 하였는데, 오류이다.

191 거친 재주의 두목 : 【譯注】 당나라 두목(杜牧)이 어사(御史)로 낙양(洛陽)에서 근무할 때 자주 출입하던 이원(李愿)의 집에 자운(紫雲)이라는 기생이 있었다. 두목이 다짜고짜 이 기생을 찾고는 그녀를 달라고 하자, 이원은 고개를 숙인 채 웃고 여러 기생들도 고개를 돌리고 파안대소하였다. 《唐詩紀事 杜牧》 【攷證 卷8 麤才杜牧】 살펴보건대, 두목은 뛰어난 절개가 있었으나, 작은 일에 매달리지 않았고 근엄함이 적었다. 일찍이 〈금루의곡(金縷衣曲)〉을 지어서 기녀 두추랑(杜秋娘)에게 보내주었다.

192 부군 : 【譯注】 임금을 벌한다는 뜻으로 벌주를 뜻한다. 【攷證 卷8 浮君】 《예기》 〈투호(投壺)〉에 "이러한 자는 벌을 주리라.〔若是者浮〕"라고 하였는데, 한나라 정현(鄭玄)의 주석에 "'부'도 벌을 이른다.〔浮亦罰也〕"라고 하였다. 《禮記註疏 卷58》 위 문후(魏文侯)가 대부(大夫)들과 술을 마시는데, 공승불인(公乘不仁)을 시켜 주법(酒法)을 시행하게 하면서 "술을 단번에 다 마시지 않은 사람에게는 큰 술잔으로 벌주를 내리라.〔浮之太白〕"라고 하였다. 문후가 다 마시지 못하자 큰 술잔을 들어 임금에게 벌주를 내렸다.〔擧白浮君〕 《說苑 卷11 善說》

(詩-外卷1-96)

예로부터 타락하기 쉬운 것이 인심이라[193] 由來陷溺是人心
나 역시 선현을 따르는 일 감당치 못함이 부끄럽구나 我亦追前愧莫任
늙어가며 지금은 이런 꿈[194] 없어졌으니 老去只今無此夢
우산은 어느 날에나 숲이 울창하게 될거나[195] 牛山何日秀穹林

(詩-外卷1-97)

고생을 마다 않고 학업에 열중한다 하니 聞君爲業不辭勞
뜻을 세움은 헌 솜옷 부끄러워하는 것과는 상관없지[196] 立志非關恥縕袍
근자에 집안이 몹시 쇠락하였으니 近日門闌衰替甚
그대 덕에 이 가문이 높아짐을 장차 보리라 藉君行見里門高

-권경수는 나의 재종질 이제(李濟)[197]의 사위이다.-

193 예로부터……인심이라 : 【譯注】 명(明)나라 정민정(程敏政)의 〈심경부주서(心經附註序)〉에 "성리학이 밝지 못하므로 인심이 타락해서〔人心陷溺〕 성명(性命)의 올바름을 귀와 눈의 욕망에 맡겨두고, 입과 혀로만 이치를 말하고 있습니다."라고 하였다.

194 이런 꿈 : 【譯注】 운우지몽(雲雨之夢)을 뜻한다.

195 우산은……될거나 : 【譯注】 본래 타고난 인의(仁義)의 성품이 잘 보양(保養)되는 것이 어렵다는 말이다. 《맹자》 〈고자 상(告子上)〉에 "우산의 나무는 일찍이 무성하였는데〔牛山之木嘗美矣〕, 대국(大國)의 교외에 있어서 큰 도끼와 작은 도끼로 마구 찍어대니, 아름답게 될 수 있겠는가."라고 하였다. 이 시의 뜻과 시어는 주희(朱熹)의 〈재거감흥〔齋居感興〕〉 시 중 19수의 내용에서 많이 가져왔다.

196 헌……상관없지 : 【譯注】 《논어》 〈자한(子罕)〉에 "해진 옷을 입고서〔衣敝縕袍〕 여우와 담비 가죽옷을 입은 자와 나란히 서 있으면서도 부끄러워하지 않을 사람은 아마 중유(仲由)일 것이다."라고 하였다. 여기서는 자신이 호의호식하려는 것이 아니라 어버이 봉양을 하기 위해 벼슬하려는 뜻이 있음을 말한다.

(詩-外卷1-98)

한 마디 말로 지혜롭지 못하게 되는 것[198]이 지난 편지에 있었으니 一言非智頃書中

다 읽고 나자 이 사람 부끄러워 얼굴 붉어지게 하였네 讀罷令人面發紅

가령 아첨도 아니고 장난도 아니라 할지라도 假曰非諛亦非劇

질박 성실한 고인의 풍모와 비교해 어떠한가 何如質慤古人風

-지난번 조사경의 편지를 받았는데, 나를 비겨서 말하는 것이 걸맞지 않아 감히 내가 받아들일 수 없는 것이 있었으니, 이는 말을 삼가는 도리와 질박 성실한 풍모가 아니다. 조사경이 생각하지 못한 것이 심하므로 이를 꾸짖는다.-

197 재종질 이제 : 【攷證 卷8 再從姪濟】 선생의 종조형(從祖兄) 이감(李堪)의 아들로, 군자감 정(軍資監正)이다.

198 한 마디……것 : 【譯注】 진자금(陳子禽)이 자공(子貢)을 공자보다 훌륭하다고 평하자, 자공이 "군자는 한마디 말로 지혜로운 사람이 되기도 하고, 한마디 말로 지혜롭지 못한 사람이 되기도 하니, 말은 신중하게 하지 않으면 안 된다.〔君子一言以爲知, 一言以爲不知, 言不可不愼也.〕"라고 꾸짖었다. 《論語 子張》

KWP0805(詩-外卷1-99~102)

《심경절구》를 읊은 금문원[199]의 시에 차운하다 【계축년(1553, 명종8, 53세) 12월 27~28일경 추정. 서울】

心經絶句 次琴聞遠韻

(詩-外卷1-99)

인재들 시문에 무너지는 것 탄식할 만하니	人才堪嘆壞時文
누가 성현의 경전에서 한 근원을 찾을거나	誰向遺經討一源
금군이 새로 깨달은 바 있어 몹시 기뻐하노니	絶喜琴生新有得
경전의 이치 지남 삼아 문을 찾는구나	指南經理爲求門

(詩-外卷1-100)

청량산에 나의 글 새긴 것 오랫동안 부끄러워했는데	久愧淸凉勒我文
그대가 이 산에 깃들어서 깊은 산 속에 들어갔구려	容君棲息度靈源
어느 때나 나 또한 참된 은자 되어	何時我亦成眞隱
산골짝에 달 뜨고 바람 불 제 조용히 문을 잠그려나	壑月嵒風靜鎖門

-한번 서울에 와서 2년 동안 돌아가지 못하였는데, 문원이 나의 계당(溪堂)을 찾아 그 벽 위에 있는 시의 운자를 사용하여 시를 쓰고 아울러 내가 옛날에 승려 승천(勝天)에게 준 구절에 화답하여 보내왔다. 읽어보니 나로 하여금 서글피 감흥을 일으키기에 차운하여 다시 부친다. 가정 계축년 섣달 그믐 며칠 전에 계옹(溪翁)이 쓰다.-

199 금문원 : 【譯注】 금난수(琴蘭秀, 1530~1604)로, 본관은 봉화(奉化), 자는 문원(聞遠), 호는 성재(惺齋)·고산주인(孤山主人)이다.

(詩-外卷1-101)

서울에 오래 머물 줄 내 어찌 생각했으랴 濡滯京城豈我圖
꿈속에서 늘 돌아가는 길 찾아가곤 한다오 夢魂長繞去歸途
반쯤 허물어진 시냇가 집만이 속절없이 나를 기다리고 있으니
半殘溪屋空延佇
산중에서 보내온 편지에 몹시 부끄러워라 慙愧山中尺素書

(詩-外卷1-102)

산승이 가져온 시권(詩卷) 속 나의 시구 山僧卷裏吾詩句
지난 날 승려를 만났으나 그 해는 기억나지 않네 舊日逢僧不記年
오랜 객지 생활에 그대가 뒤미처 화답해 부친 시 받으니
久客蒙君追和寄
그대 있는 옥호 속 별천지[200]를 함께 찾은 듯하여라 恍如同訪玉壺天

200 옥호 속 별천지 :【譯注】신선세계를 가리킨다. 동한(東漢) 때 비장방(費長房)은 시장을 관리하는 사람이었는데, 어떤 노인이 시장에서 효험이 뛰어난 신기한 약을 팔고는 밤이 되면 남모르게 가게 앞에 걸어 놓은 병 속으로 들어간다는 것을 알게 되었다. 비장방이 이 노인을 찾아가 여러 날 동안 극진히 시중을 들자, 그의 진정성을 알게 된 노인이 어느 날 그를 병 속으로 데리고 들어갔다. 노인은 선궁(仙宮)과 수십 명의 시종들이 있는 병 속 세상을 비장방에게 보여 준 뒤 자신이 신선이라는 것을 알려 주었다. 《後漢書 方術列傳下 費長房》

KWP0806(詩-外卷1-103~110)

영천자의 대나무 그림에 제하다. 절구 8수 【연월미상. 예안(禮安)】

題靈川畫竹 八絶

신잠(申潛) 공은 자호(自號)가 영천(靈川)인데, 매화와 대나무 그림을 잘 그렸다.

(詩-外卷1-103)

섬계의 등나무로 만든 한 폭 종이[201] 溪藤一幅牋
달빛 비친 뜰 만 척의 대나무 그렸어라 月庭萬尺影
전체 모습 반은 넘었으니 已超半全形
대나무 길고 짧은 것을 어찌 논하랴 寧論長短境

(詩-外卷1-104)

줄기 꺾였으나 가지는 역시 펼쳐졌으니 竿摧枝亦披
맹렬한 기세 늠름하게 아직 그대로 있구나 烈氣凜猶在
빽빽한 숲에 서너 줄기 솟아 있으니 森森抽四三
또한 구름을 뚫을 듯한 자태 지녔네 亦有凌雲態

(詩-外卷1-105)

이끼 끼고 그늘진 오랜 벼랑에 苔蘚陰崖古
풍상 속의 굳은 대나무 절개도 새로워라 風霜苦節新
쓸쓸한 서재에서 덕분에 눈요기 하니 寒齋資目擊

201 섬계의……종이 : 【譯注】 중국 절강(浙江)의 섬계(剡溪)는 종이 생산지로 유명한 곳이다. 그곳의 등나무로 만든 종이는 질이 좋기로 유명하다.

대나무의 정신이 생동하는 듯　　颯爽動精神

(詩-外卷1-106)

저녁 안개 낀 소쇄한 모습　　飄蕭帶暮烟
쏴아쏴아 차가운 비에 대나무 울리누나　　淅瀝鳴寒雨
시상이 이는 것을 더욱 느끼노니　　更覺攪騷腸
서늘한 바람 상수의 포구[202]에 일렁이누나　　凄風動湘浦

(詩-外卷1-107)

예전에 심은 대나무는 키 작아도 굳세어　　舊竹短而勁
모진 바람에도 오히려 힘껏 싸운다네　　饕風猶力戰
새 대나무는 다 자라지 못했으니　　新竹挺未成
바람에 흔들림을 어찌 감당할 수 있으랴　　何以當撼顫

(詩-外卷1-108)

일찍이 노두의 착각[203]에 웃었으니　　嘗笑老杜錯

---

202 상수의 포구 : 【譯注】 중국 호남성(湖南省) 동정호(洞庭湖) 남쪽에 있는 상강(湘江)은 대나무 산지로 유명하다. 소상강(瀟湘江) 일대에 자라는 자줏빛 반점이 있는 대를 소상반죽(瀟湘斑竹)이라고 부른다. 전설에 의하면 순(舜) 임금이 승하하자 두 비(妃)인 아황(娥皇)과 여영(女英)이 슬피 울다가 강물에 몸을 던져 죽었는데, 그들의 눈물이 대나무에 떨어져 얼룩이 생겼다고 한다. 《博物志 卷8》

203 노두의 착각 : 【譯注】 노두(老杜)는 당(唐)나라 두보(杜甫)를 가리킨다. 그의 〈장차 성도의 초당에 가려 하면서 도중에 시를 지어 엄정공에게 먼저 부치다〔將赴城都草堂途中有作先寄嚴鄭公〕〉 시 중 제4수에 "새로 심은 소나무 높이가 천 자 못 되는 것 한스럽고, 나쁜 대나무는 응당 만 줄기라도 베어야 하리.〔新松恨不高千尺, 惡竹應須斬萬竿.〕"

대나무 많다고 어찌 나쁠 것 있겠는가 竹多安有惡
온 땅이 다 바람과 서리이니 滿地盡風霜
오래 볼수록 더욱 즐겁구나 看看久愈樂

(詩-外卷1-109)

본래 굳고 곧은 절개 지녔으니 自有堅貞節
굽은 몸인들 무슨 상관이랴 何妨偃蹇身
엄자릉은 한나라 임금 만나 子陵逢漢帝
다리 걸쳐 별자리 움직였었지[204] 橫足動星辰

(詩-外卷1-110)

푸른 대나무 어찌 그리도 여위었는지 綠竹何太瘦
꼿꼿한 모습 세한의 자태일세[205] 亭亭歲寒姿

라고 하였는데, 《구가집주두시(九家集注杜詩)》의 주석에 "두보는 옛 숲으로 돌아가 대나무 중에 나쁜 것은 베어내고, 새롭고 아름다운 것은 보호하였다."라고 하였다.

204 엄자릉은……움직였었지 : 【譯注】 자릉(子陵)은 후한의 은사(隱士)인 엄광(嚴光)의 자이다. 그는 후한 광무제(光武帝)와 동학(同學)한 사이였는데, 광무제가 황제가 된 뒤에 성명을 바꾸고 숨어 살았다. 광무제가 엄광을 찾아내어 조정으로 불렀으나 오지 않다가 세 번을 부른 다음에야 겨우 나왔다. 광무제와 엄광이 함께 잠을 자던 중에 엄광이 광무제의 배에 다리를 올려놓았다. 그 다음 날 태사(太史)가 "객성이 어좌(御座)를 범하였습니다."라고 아뢰니, 광무제가 웃으면서 "짐이 옛 친구인 엄자릉과 함께 잤을 뿐이다."라고 하였다. 그 후 광무제가 조정에 머물러 있기를 권하였으나, 엄광은 절강성(浙江省)에 있는 부춘산(富春山)으로 들어가 엄릉뢰(嚴陵瀨)에서 낚시질을 하며 지냈다. 《後漢書 逸民列傳 嚴光》

205 세한의 자태일세 : 【譯注】《논어》〈자한(子罕)〉에 "날씨가 추워지고 나서야 소나무와 측백나무가 뒤늦게 시듦을 알게 된다.〔歲寒然後, 知松柏之後彫也.〕"라고 하였다. 대나무는 소나무·매화와 더불어 '세한삼우(歲寒三友)'로 일컬어진다.

목숨 내놓고 눈을 먹던[206] 날이요 捐生餐雪日
나라 양보하고 고사리 먹던[207] 때로다 讓國食薇時

206 목숨……먹던 : 【譯注】 소무(蘇武)는 무제(武帝)의 명령으로 흉노 지역에 사신으로 갔다가, 그곳에 억류되어 복속할 것을 강요당했으나 굴복하지 않고 절개를 지켜 귀국했다. 그가 흉노 땅에 있을 때 선우(單于)가 그를 더욱 항복시키고 싶어서 큰 구덩이 속에 가두고 물과 음식을 먹지 못하게 했다. 그때 하늘에서 눈이 내리자 소무가 누워서 눈과 양탄자의 털을 씹어 먹었다.《漢書 蘇武傳》【攷證 卷8 捐生餐雪】 한(漢)나라 소무를 가리킨다.

207 나라……먹던 : 【譯注】 백이(伯夷)·숙제(叔齊)의 고사를 가리킨다. 두 사람은 고죽국(孤竹國) 임금의 아들이었다. 아버지는 숙제를 후사(後嗣)로 세우려 했으나 아버지가 죽자 숙제는 백이에게 양위(讓位)했다. 무왕(武王)이 은(殷)나라의 난리를 평정하고 나니 천하는 주(周)나라를 종주국으로 받들었다. 그러나 백이와 숙제는 그것을 부끄럽게 여기고 의리를 지켜 주나라의 곡식을 먹지 않았고, 수양산(首陽山)에 숨어서 고사리를 캐 먹고 살았다.《史記 伯夷傳》

KWP0807(詩-外卷1-111)

청량산[208]을 유람하러 갈 즈음 말 위에서 짓다 【갑자년(1564, 명종19, 64세) 4월 14일 추정. 예안(禮安)】

將遊淸凉 馬上作

왕모성[209] 앞에서 갈선대[210]를 찾아가노니　　王母城前問葛仙
붉은 벼랑 푸른 절벽 옥호 속 별천지[211]로다　　丹崖靑壁玉壺天
응당 신선이라 화식을 하지 않을 터이니　　不應口腹資烟火
인간세상 세금 바치는 전답도 갖지 않으리　　莫占人間有稅田

위는 단사협(丹砂峽)[212]을 지나면서 지은 시이다.

---

208 청량산(淸凉山) : 【譯注】 경상북도 봉화군 명호면에 있는 산이다.

209 왕모성(王母城) : 【譯注】 안동시 도산면 하계 마을 건너편 원촌(遠村) 마을의 동남쪽에 있는 성으로, 고려 공민왕(恭愍王)이 홍건적(紅巾賊)의 난을 피하여 안동에 왔을 때 쌓았다고 전한다.

210 갈선대(葛仙臺) : 【譯注】 단사협(丹砂峽) 남쪽에 왕모성산(王母城山)이 있고 산이 서쪽으로 향하여 북쪽으로 안은 곳에 갈선대가 있다.

211 옥호 속 별천지 : 【譯注】 동한(東漢) 때 비장방(費長房)은 시장을 관리하는 사람이었는데, 어떤 노인이 시장에서 효험이 뛰어난 신기한 약을 팔고는 밤이 되면 남모르게 가게 앞에 걸어 놓은 병 속으로 들어간다는 것을 알게 되었다. 비장방이 이 노인을 찾아가 여러 날 동안 극진히 시중을 들자, 그의 진정성을 알게 된 노인이 어느 날 그를 병 속으로 데리고 들어갔다. 노인은 선궁(仙宮)과 수십 명의 시종들이 있는 병 속 세상을 비장방에게 보여 준 뒤 자신이 신선이라는 것을 알려 주었다. 《後漢書 方術列傳下 費長房》

212 단사협(丹砂峽) : 【譯注】 안동시 도산면 단천리 대세〔丹砂〕 마을의 동쪽에 있는 지명으로, 벼랑이 병풍처럼 둘러쳐져 있고 낙동강이 그 밑을 활처럼 둘러 흘러서 경치가 아주 아름다운 곳인데, 퇴계가 이렇게 명명하였다고 한다. 그 남쪽에는 왕모성(王母城), 갈선대(葛仙臺), 고세대(高世臺)가 있다.

KWP0808(詩-外卷1-112)

메내[213]를 건너며 산을 바라보다 【갑자년(1564, 명종19, 64세) 4월 14일 추정. 예안(禮安)】

渡彌川望山

굽이굽이 여러 번 맑고 맑은 여울 건너니	曲折屢渡淸淸灘
우뚝하게 높고 높은 산 비로소 보이네	突兀始見高高山
맑고 맑은 내 높고 높은 산 숨었다 보였다 하니	淸淸高高隱復見
끝없이 변하는 광경 안장 위에서 시로 읊노라	無窮變態供吟鞍

213 메내 : 【譯注】 미천장담(彌川長潭)으로 안동시 도산면 단천리와 가송리 사이의 강물이다. 우리말로는 '메내긴소'라고 한다. 《정본 퇴계전서》 권3 〈이비원(이국량 (李國樑))이 부쳐준 시에 차운하다〔次韻李庇遠見寄〕〉 시 소주(小註)에 "백운동(白雲洞) 위에 장담이 있는데, 세속에서 '미천'이라 하며 배를 띄울 만하다. 그 위가 월명담(月明潭)으로 더욱 기이한 경계이다."라고 하였다.

KWP0809(詩-外卷1-113~114)

김신중[214]이 금협지[215]와 김태화[216]의 시에 차운한 시에 화답하다 【갑자년(1564, 명종19, 64세) 4월 14~17일 추정. 예안(禮安)】

和愼仲所次夾之泰和之韻

(詩-外卷1-113)

밝고 깨끗한 천 개의 바위 희고	皎潔千嵒白
텅 비고 밝은 방은 서늘하구나	虛明一室凉
그대 그리워하나 볼 수 없으니	思君不可見
달을 보며 아쉬운 마음 한량 있으랴	對月恨何量

(詩-外卷1-114)

제군들 이름난 산 흠모하니	諸君慕名山
좋은 벗들 함께 오르기로 기약했어라	好友期同陟
애달프게 바라보아도 끝내 오지 않아	悵望終不來
몹시도 일에 얽매였는가봐	苦被何纒縛

214 김신중 : 【譯注】 김부의(金富儀, 1525~1582)로, 본관은 광산(光山), 자는 신중(愼仲), 호는 읍청정(挹淸亭)이다.

215 금협지 : 【譯注】 금응협(琴應夾, 1526~1596)으로, 본관은 봉화(奉化), 자는 협지(夾之), 호는 일휴당(日休堂)이다.

216 김태화 : 【譯注】 김낙춘(金樂春, 1525~1586)으로, 본관은 순천(順天), 자는 태화(泰和), 호는 인백당(忍百堂)이다.

KWP0810(詩-外卷1-115)

곽경정[217] 현감을 삼가 그리워하다 【갑자년(1564, 명종19, 64세) 4월 14~17일 추정. 예안(禮安)】

奉懷景靜城主

전일의 약속은 내가 스스로 그만두었는데	前約我自停
후일의 약속은 공이 일 때문에 못 지켰네	後約公有掣
사흘을 산 속에서 지내자니	三日遊山中
그대 그리워하는 마음 그지없어라	思君心不歇

217 곽경정 : 【譯注】 곽황(郭趪, 1530~1569)으로, 본관은 현풍(玄風), 자는 경정(景靜), 호는 탁청헌(濯淸軒)이다. 예안 현감(禮安縣監)을 지냈다.

KWP0811(詩-外卷1-116)

조사경[218]을 그리워하다 【갑자년(1564, 명종19, 64세) 4월 14~17일 추정. 예안(禮安)】

懷士敬

이 사람이 때가 되도 오지 않으니	若人期不來
응당 나귀와 종이 없기 때문이리라	應坐無驢僕
그대 아끼지만 궁한 처지 도와주지 못하니	愛君莫資窮
난향 같은 마음 저버림이 부끄러워라	愧負心蘭馥

218 조사경 : 【譯注】 조목(趙穆, 1524~1606)으로, 본관은 횡성(橫城), 자는 사경(士敬), 호는 월천(月川)·동고(東皐)이다.

KWP0812(詩-外卷1-117)

박생 지화[219] 에게 주다 【갑자년(1654, 명종19, 64세) 4월 14~17일 추정. 예안(禮安)】

屬朴生枝華

손님이 먼 곳으로부터 왔건만　客從遠方來
산을 유람하자 해도 공교롭게 재계할 때라　遊山值變食
홀로 산방에서 유하게 되었으니[220]　獨留山舍中
책 보기를 응당 그쳐서는 안 되리　看書應不輟

219 박생 지화 : 【攷證 卷8 朴生枝華】 박지화(朴枝華, 1514~1592)는 자가 군실(君實), 본관은 정선(旌善), 호가 수암(守庵)이다. 수학에 정통하였으며 시에 뛰어났고, 학관(學官)이 되었다. 임진왜란 때 바위를 품에 안고 물에 투신하여 죽었다.

220 홀로……되었으니 : 【譯注】《정본 퇴계전서》 권8의 〈정자중에게 보내다〔與鄭子中〕〉 편지에 의하면, 이때 박지화는 도산서당으로 이황을 방문한 후 명산을 두루 유람하고서 돌아오는 길에 다시 도산서당을 찾았는데, 이때는 이황을 만나지 못하고 혼자 그곳에 남아 있었다.

KWP0813(詩-外卷1-118)

김돈서[221]의 〈산을 유람하기로 한 약속〉 시에 차운하다

【갑자년 (1564, 명종19, 64세) 4월 14~17일 추정. 예안(禮安)】

次惇叙遊山約韻

홀로 지내자니 깊어지는 울적한 마음 풀기 어려워	塊居難遣鬱懷濃
작정하고 산에 올라 가슴을 한 번 씻어내리	作意登山一盪胸
하물며 좋은 벗과 함께 가기로 약속했으니	況有好朋相赴約
하늘을 찌를 듯한 호기로 천 개의 봉우리 넘으리라	凌雲豪氣跨千峯

221 김돈서 : 【譯注】 김부륜(金富倫, 1531~1598)으로, 본관은 광산(光山), 자는 돈서(惇敍), 호는 설월당(雪月堂)이다.

KWP0814(詩-外卷1-119)

내가 먼저 갔다는 소식을 듣고 지은 시에 차운하다 【갑자년(1564, 명종19, 64세) 4월 14~17일 추정. 예안(禮安)】

次聞余先行作韻

화급하게 산 찾아 붉은 안개 속으로 들어가니 火急尋山入紫烟
늦게 그대가 쫓아왔기에 따를 수 없었지 遲君相逐故無緣
다만 이날 서로 맞이하며 웃으리니 只應當日相迎笑
뒤에 채찍 잡은 사람 어찌 먼저 채찍 잡은 사람[222]을 싫어하랴 後著何嫌先著鞭

222 먼저……사람 : 【攷證 卷8 先著鞭】 송(宋)나라 소식(蘇軾)의 〈건주팔경도(虔州八境圖)〉 시 중 제5수에 "성불하려면 사영운보다 뒤처지지 말도록 하고, 채찍 잡는 건 조적이 앞서도록 내버려두게.〔成佛莫敎靈運後, 着鞭從使祖生先.〕"라고 하였다. 유곤(劉琨)이 조적(祖逖)이 등용되었다는 소식을 듣고 "나는 항상 조적이 나보다 채찍을 먼저 잡게 될까 걱정했다."라고 하였다. 《晉書 劉琨列傳》【校解】《고증》에는 소식의 시 가운데 '從使'가 '常恐'으로 되어 있는데, 《동파전집(東坡全集)》에 의거하여 수정하였다.

KWP0815(詩-外卷1-120)

〈반야대〉[223] 시에 차운하다[224] 【갑자년(1564, 명종19, 64세) 4월 14~17일 추정. 예안(禮安)】

次般若臺韻

다른 경치들은 결국 한 걸음 양보해야 하리니	諸勝終須讓一頭
산승이 손가락으로 가리키며 내게 머물라 권하네	山僧指點勸人留
훌륭하여라 그대 학문을 잘하여 경계할 줄 알아	多君善學能知戒
골짜기 걸으며 허물 적을 것을 생각하였구나	履谷因思少過尤

223 반야대 : 【攷證 卷8 般若臺】 청량산(淸涼山) 금탑봉(金塔峯) 아래에 있다.

224 반야대 시에 차운하다 : 【譯注】《설월당집(雪月堂集)》 권1에 김부륜(金富倫)이 쓴 원운시 〈반야대(般若臺)〉가 실려 있다.

KWP0816(詩-外卷1-121)

주경유[225]의 〈유산〉 시의 운자를 사용하여 짓다 【갑자년(1564, 명종19, 64세) 4월 14~17일 추정. 예안(禮安)】

周景遊遊山韻

무릉의 유록[226]은 필치가 분방하니	武陵遊錄筆奔騰
척안과 붕새를 말한 장주[227]를 배우고자 했네	要學莊周說鷃鵬
도리어 남악에서 낭랑히 읊던[228] 날을 말하였으니	還道朗吟南嶽日
어찌 호기로 인하여 근거 없는 말을 하려 하리오[229]	肯因豪氣說無憑

225 주경유 : 【譯注】 주세붕(周世鵬, 1495~1554)으로, 본관은 상주(尙州), 자는 경유(景游), 호는 신재(愼齋)·남고(南皐)·무릉도인(武陵道人)·손옹(巽翁)이다.

226 무릉의 유록 : 【譯注】 '무릉'은 무릉도인 주세붕을 가리킨다. 《무릉잡고(武陵雜稿)》 권7에 〈유청량산록(遊淸涼山錄)〉이 실려 있다.

227 척안과……장주 : 【譯注】 《장자》 〈소요유(逍遙遊)〉에 겨우 몇 길 높이로 쑥대나 느릅나무 사이를 나는 메추라기를 구만리 장천(長天)을 나는 대붕(大鵬)과 대비시켰다.

228 남악에서 낭랑히 읊던 : 【攷證 卷8 朗吟南嶽】 주자(朱子 주희(朱熹))의 〈취하여 축융봉을 내려오며 짓다〔醉下祝融峯作〕〉 시에 "탁주 석 잔에 호기가 일어, 낭랑히 시 읊으며 축융봉을 날듯이 내려온다.〔濁酒三盃豪氣發, 朗吟飛下祝融峯.〕"라고 하였다.

229 어찌……하리오 : 【譯注】 주세붕이 쓴 〈유청량산록〉의 문체는 전체적으로 장자풍에 가깝지만, 그 내용에서는 궁극적으로 주자학 이야기를 했기 때문에 이렇게 말한 것이다. 호기로 인한 근거 없는 말이란 노장풍의 언설을 뜻한다.

KWP0817(詩-外卷1-122~123)

뜰의 매화. 절구 2수 【병진년(1556, 명종11, 56세) 3월. 예안(禮安)】

庭梅 二絶

(詩-外卷1-122)

손수 심은 뜰 앞의 작디작은 매화 手種庭前小小梅
올해 가지 하나에 꽃 핀 것을 막 보았노라 今年初見一枝開
듬성한 꽃이 다른 꽃 필 때 자태 다투지 않으니 疎英不鬭芳菲節
복사꽃 오얏꽃이 어찌 굳이 시샘을 부릴 필요 있으랴 桃李何須與作猜

(詩-外卷1-123)

세한에 피는 얼음과 옥 같은 매화가 剪冰裁玉歲寒姿
이 저물어 가는 봄에 피었어라 開向青春欲暮時
본래 매화의 천향 피는 철 늦고 빠름이 없으니 自是天香無早晩
심겨진 곳에 따라 변하는 일은 응당 없으리라 不應因地有遷移

KWP0818(詩-外卷1-124~126)

조사경[230]에게 부치다. 3수 【병진년(1556, 명종11, 56세) 12월 9일. 예안(禮安)】

寄趙士敬 三首

(詩-外卷1-124)

옥 같은 흰 눈길 밟고 와 시를 전해주시니 踏破瓊瑤詩使來
길게 세 번 반복해 읊조리며 덮었다가 다시 펼친다 長吟三復掩還開
이 시 속의 운치 함께할 사람 없어 箇中有趣無人共
일어나 처마 앞으로 가서 웃으며 매화를 찾노라 起向簷前笑索梅

(詩-外卷1-125)

세모라 산중에는 얼음과 눈이 환한데 歲暮山中冰雪明
문 닫고 외로이 앉아 그대를 생각한다 閉門孤坐憶君情
글 속에 있는 맛 현주와 같으니 書中有味如玄酒
입을 기쁘게 함이 어찌 꼭 큰 솥의 진미여야만 하랴 悅口何須大鼎烹

(詩-外卷1-126) 【정사년(1557, 명종12, 57세) 2월 13일. 예안(禮安)】

처음에는 시통의 시를 보니 좋았고 筒製初看好
게다가 신선한 강 물고기까지 보냈구려 江珍復餉鮮
금군[231]은 무슨 병이 심하여 琴君何病甚

---

230 조사경 : 【譯注】 조목(趙穆, 1524~1606)으로, 본관은 횡성(橫城), 자는 사경(士敬), 호는 월천(月川)·동고(東皐)이다.

나를 이토록 애태우게 하는가　　　　使我劇憂煎

---

231 금군 : 【譯注】 금난수(琴蘭秀, 1530~1604)로, 본관은 봉화(奉化), 자는 문원(聞遠), 호는 성재(惺齋)·고산주인(孤山主人)이다.

KWP0819(詩-外卷1-127)

조사경[232]이 '명' 자 운으로 지은 시에 답하다 【무오년(1558, 명종13, 58세) 6월 9일. 예안(禮安)】

酬趙士敬明字韻

흰 구름 깊은 곳에 조촐한 집 한 채	白雲深處一庵淸
집 아래 긴 강에는 만고의 소리 울리누나	庵下長江萬古聲
근일에 그대는 나의 즐거움을 알겠는가	近日君能知我樂
눈앞에 분명히 보이는 칠대 삼곡[233] 구경하노라	七臺三曲玩分明

232 조사경 : 【譯注】 조목(趙穆, 1524~1606)으로, 본관은 횡성(橫城), 자는 사경(士敬), 호는 월천(月川)·동고(東皐)이다.

233 칠대 삼곡(七臺三曲) : 【譯注】 '칠대'는 초은대(招隱臺)·월란대(月瀾臺)·고반대(考槃臺)·응사대(凝思臺)·낭영대(朗詠臺)·어풍대(御風臺)·능운대(凌雲臺)이고, '삼곡'은 석담곡(石潭曲)·천사곡(川沙曲)·단사곡(丹砂曲)이다. 《정본 퇴계전서》 권1에 〈장난삼아 칠대와 삼곡을 읊은 시〔戲作七臺三曲詩〕〉가 있다.

KWP0820(詩-外卷1-128)

이인중[234]이 '명' 자 운으로 쓴 시에 답하다 【무오년(1558, 명종13, 58세) 6월 9일경 추정. 예안(禮安)】

答李仁仲明字韻

산의 우뚝한 모습 사랑하고 물의 맑음 사랑하니　　山愛嵬嵬水愛淸
내가 여기에 제영하여 새 시를 지었었지　　我曾題詠發新聲
알지 못하겠네 그대는 이것을 베껴 가서 어디에 쓰려는가　　不知寫取君何用
눈 밝은 식자의 기롱을 초래할까 두려워라　　只恐來譏識者明

234 이인중 : 【譯注】 이명홍(李命弘, ?~1560)으로, 본관은 영천(永川), 자는 인중(仁仲), 호는 곤재(坤齋)이다.

KWP0821(詩-外卷1-129~137)

조사경[235]의 유거에 제하다. 절구 9수 【기미년(1559, 명종14, 59세) 9월 29일. 예안(禮安)】

題士敬幽居 九絶

(詩-外卷1-129)

다래[236]에는 서리 차갑고 물빛은 하늘과 같은데	月川霜冷水如空
드넓은 물결 위로 기러기 떼 날고 단풍잎은 붉어라	浩蕩羣鷗楓葉紅
여기가 바로 학과 거북이 사는 곳임을 알겠으니	知是鶴龜棲息處
푸른 이끼 낀 오솔길이 구름 속으로 들어가누나	蒼苔一徑入雲中

(詩-外卷1-130)

한 칸의 띳집 풍경이 좋은데	一間茅舍好風烟
누런 나뭇잎이 분분하게 술자리에 떨어지네	黃葉紛紛落酒筵
뉘 알았으랴 천공이 장난을 좋아하여	誰道天公多戲劇
가난 벗어나 부자 되라고 더욱 맑고 곱게 할 줄을[237]	拔貧爲富更晴姸

235 조사경 : 【譯注】 조목(趙穆, 1524~1606)으로, 본관은 횡성(橫城), 자는 사경(士敬), 호는 월천(月川)·동고(東皐)이다.

236 다래 : 【譯注】 안동시 도산면 동부리에 있다.

237 누런……줄을 : 【譯注】 조목이 부자가 되라고 천공(天公)이 장난치듯이 누런 나뭇잎을 떨어지게 했다는 뜻이다. '황엽(黃葉)'은 돈을 상징한다. 【要存錄 外集】 살펴보건대, 월천 조목의 《사문수간(師門手簡)》 등본(謄本)의 표지(標識)에 "내가 허참연(許參宴)을 차렸는데 여러 벗들이 사정이 있어서 못 오고, 전날에는 또 비까지 내렸다. 그래서 마침내 김언우(金彦遇 김부필(金富弼))에게 편지를 보내 '하늘이 내가 가난에서 벗어나 부자가 되는 꼴을 미워하여 이렇게 마(魔)가 많이 끼도록 한 것이다.'라고 하였다."는

〔詩-外卷1-131〕

술상은 오히려 인간 세상의 일 배우고서[238] 杯盤猶自學人間
이름이 성균관 유생에 들었다고 말하네 云被名參大學關
훗날 계수나무 굴에 기어오르게 된다면 若到他年攀桂窟
인간 세상의 일 배움이 더욱 다단하리라 學人間事更多端

〔詩-外卷1-132〕

다단한 인간사 다투어 서로 자랑하니 多端人事競相誇
구참이라 으스대며 신참을 괴롭히는 짓 더욱 잘못이지 挾舊侵新轉益訛
한 그릇 밥과 만종 녹봉에는 응당 분별이 있어야 하거늘[239] 簞食萬鍾應有辨
도도하게 온 세상 사람들 같은 물결에 뒤섞여 버렸네 滔滔擧世混同波

〔詩-外卷1-133〕

숙수로 봉양하는 여가[240]에 옛 책을 실컷 읽었으니 菽水歡餘飽古書

내용이 있다. 그래서 선생이 이 시에서 그것을 언급하였는데, 이날 천일(天日)이 매우 맑았다.

238 술상은……배우고서 : 【攷證 卷8 杯盤猶自學人間】 술자리를 마련하는 것은 세속에서 하는 것을 배웠다고 말하는 것과 같다. 이때 조사경(趙士敬)이 사마연(司馬宴)을 마련하고 선생을 청하였다고 한다.

239 한……하거늘 : 【譯注】《심경부주(心經附註)》〈심경찬(心經贊)〉에 "한 손가락과 어깨와 등 중에 무엇이 귀하고 무엇이 천한가. 한 그릇 밥과 만종에 대해서도 사양하고 받음을 반드시 분별해야 하네.〔一指肩背, 孰貴孰賤, 簞食萬鍾, 辭受必辨.〕"라고 하였다.

240 숙수로 봉양하는 여가 : 【譯注】 가난한 생활 속에서도 어버이를 극진히 봉양하는

한가롭게 지낸 세월 즐거움이 비할 데 없었지.　婆娑歲月樂無如
궁달은 모두 천명에 기인함을 알고자 한다면　欲知窮達皆緣命
맑은 날 구름 낀 날이 태허에 있는 것을 보게나　看取晴雲在太虛

(詩-外卷1-134)

아, 나는 평소에 자신의 역량 헤아리지 못하여　嗟我平生不量斟
부질없이 이 몸으로 부침하는 벼슬길에 들어갔네.　謾將身去試升沈
이제는 쇠하여 백발로 장수 가[241]에 누웠으니　至今衰白漳濱臥
바다처럼 깊은 임금의 은혜 저버린 것 부끄러워라　慙負君恩似海深

(詩-外卷1-135)

내게 술 많이 따르지 말게나 내가 광자가 될 수 있으니
毋多酌我我能狂
실수 하지 않는다면 향원에 가까울까 두려워라[242]　若不狂時怕近鄕

자식의 기쁨을 말한다. 공자의 제자 자로(子路)가 집안이 가난해서 효도를 제대로 못한다고 탄식하자, 공자가 "콩죽을 끓여 먹고 물을 마시더라도 기쁘게 해 드리는 일을 극진히 행한다면, 그것이 바로 효이다.〔啜菽飮水盡其歡, 斯之謂孝.〕"라고 하였다.《禮記 檀弓下》

241 장수 가 : 【譯注】 장수(漳水)는 복건성(福建省)에 있는 물 이름으로, 여기서는 은거하며 요양하는 곳을 의미한다. 한(漢)나라 유정(劉楨)의 〈오관 중랑장께 드리다〔贈五官中郎將〕〉 시 중 제2수에 "나는 고질병이 깊이 들어서, 맑은 장수 가에 몸져 누워 있노라.〔余嬰沈痼疾, 竄身淸漳濱.〕"라고 하였다.

242 향원에 가까울까 두려워라 : 【譯注】 공자에게 '덕의 적'이라는 평가를 받은 향원(鄕原)이 뜻은 크나 실행이 부족한 광자(狂者)를 두고 "어찌하여 이처럼 말과 뜻이 큰가? 말은 행실을 돌아보지 못하고 행실은 말을 돌아보지 못하면서, 입만 열면 '옛사람이여, 옛사람이여!' 부르고 다니지만 행실은 어찌하여 이처럼 외롭고 쓸쓸하게 하는고?"라고

해야 할 일[243]은 따르기 어려워 잘못된 일[244]만 했으니

可可難追成左左

쉬고 쉬는 것이 바삐 허둥대는 것보다 나은 줄 참으로 알겠네

休休眞覺勝遑遑

(詩-外卷1-136)

듣자하니 부용봉[245]은 반공에 솟아　聞說芙蓉出半天

한 줄기 냇물이 손바닥만 하고 사방은 끝이 없다네　一川如掌四無邊

그 속에서 무궁한 즐거움 찾고자 하여　欲尋箇裏無窮樂

집 짓고 경서 읽으며 인생 백년을 마치려 하누나　結舍研經了百年

(詩-外卷1-137)

가을바람 불어 나를 쓸쓸한 시냇가 고향으로 돌아오게 하니

秋風吹我返寒溪

비판하였다.《孟子 盡心下》 여기서는 자신이 취하면 광자가 될까 두렵고, 취하지 않으면 광자를 비판하는 향원에 가까울까 두렵다는 뜻이다.【攷證 卷8 怕近鄕】 살펴보건대, '향(鄕)'은 향원(鄕原)의 '향'일 듯하다.

243 해야 할 일 :【攷證 卷8 可可】 송(宋)나라 소옹(邵雍)의 〈사가음(四可吟)〉 시에 "힘써야 할 것은 행실이요, 믿음 있게 해야 할 것은 말이며, 맡겨야 할 것은 운명, 의탁해야 할 것은 하늘이라네.〔可勉者行, 可信者言, 可委者命, 可託者天.〕"라고 하였다.【校解】《고증》에는 '四可吟'이 '可可吟'으로, '委'가 '諉'로, '託'이 '托'으로 되어 있는데, 통행본 《격양집(擊壤集)》에 의거하여 수정하였다.

244 잘못된 일 :【攷證 卷8 左左】《운옥(韻玉)》에 "인도(人道)는 우측을 숭상하므로 바르지 않은 학문을 좌도(左道)라 하고, 벼슬에서 폄적되는 것을 좌천(左遷)이라 하고, 일의 마땅함에 맞지 않는 것을 좌계(左計)라 한다."라고 하였다.《古今韻會擧要 卷15》

245 부용봉(芙蓉峯) :【譯注】 다래의 부근에 있는 산봉우리 이름이다.

드넓은 들에는 해가 서쪽으로 넘어가네 曠野蒼茫日向西
취중이라 이내 몸이 어디쯤 있는지 모르겠는데 醉裏不知身遠近
어지러운 봉우리 곳곳에 푸른 구름 드리웠어라 亂峯多處碧雲低

KWP0822(詩-外卷1-138~139)

조사경[246]이 찾아와 지은 시에 차운하여 답하다. 절구 2수

【기미년(1559, 명종14, 59세) 10월 9일. 예안(禮安)】

次謝士敬相訪 二絶

(詩-外卷1-138)

그대 집에 술 있어 마음껏 따르니	有酒君家滿意斟
띳집은 속세와 멀고 또한 전망이 드넓어라	茅齋逈絶亦平臨
그대 참으로 한거의 멋이 있는 줄 아노니	知君儘有閒居趣
게다가 산천이 평소의 마음에 흡족함에랴	況復山川愜素心

(詩-外卷1-139)

세간에 드문 지음이 있다는 게 얼마나 다행인가	知音何幸世間稀
옥이 산에 감추어져 있으니 초목이 빛나는 듯[247]	玉蘊山中草木輝
만약 우리들이 노년을 헛되이 보낸다면	若使吾儕虛送老
멋진 풍경 보여주는 산수를 저버릴까 두렵다오	恐孤山水巧呈奇

246 조사경 : 【譯注】 조목(趙穆, 1524~1606)으로, 본관은 횡성(橫城), 자는 사경(士敬), 호는 월천(月川)·동고(東皐)이다.

247 옥이……빛나는 듯 : 【譯注】 송(宋)나라 주희(朱熹)의 《재거감흥(齋居感興)》 시 중 제3수에 "진주가 들어 있기에 못이 절로 아름답고, 옥이 묻혀 있기에 산이 빛을 머금었어라.〔珠藏澤自媚, 玉韞山含輝.〕"라고 하였다.

KWP0823(詩-外卷1-140~146)

조사경[248]이 부용봉[249]에 대해 지은 시들에 차운하다 【기미년(1559, 명종14, 59세) 10월 9일 추정. 예안(禮安)】

次韻士敬芙蓉峯諸作

(詩-外卷1-140)

운산에 있는 즐거움 어찌 끝이 있으랴 樂在雲山詎有窮
절에서 북 치고 종치는 산중 생활과는 상관없어라 非關擊鼓與撞鐘
은거하는 사람 띳집을 짓고자 하니 幽人準擬營茅棟
속된 선비는 응당 이 집에 오기 어려우리 俗士應難躡徑蹤

(詩-外卷1-141)

누가 태화산의 옥부용[250]을 가져다가 誰將太華玉芙蓉
신선 봉우리의 높고 빼어난 모습으로 바꾸어 놓았나 化作仙峯峭秀容
좋구나, 구름 속에 푸른 못을 파 놓고 好向雲間開碧沼
깨끗하고 가운데가 텅 빈 꽃 친구[251]를 앉아서 보노라 坐看花友淨通中

248 조사경 : 【譯注】 조목(趙穆, 1524~1606)으로, 본관은 횡성(橫城), 자는 사경(士敬), 호는 월천(月川)·동고(東皐)이다.

249 부용봉(芙蓉峯) : 【譯注】 안동시 도산면 동부리 다래 부근에 있는 산봉우리 이름이다.

250 태화산의 옥부용 : 【譯注】 태화산(太華山)은 곧 중국 오악(五嶽)의 하나인 서악(西嶽) 화산(華山)이고, 옥부용(玉芙蓉)은 화산에 있는 봉우리 이름이다.

251 깨끗하고……친구 : 【譯注】 연꽃을 말한다. 송(宋)나라 주돈이(周敦頤)의 〈애련설(愛蓮說)〉에 "속은 비어 있고 겉은 곧으며〔中通外直〕……꼿꼿이 깨끗하게 심겨져〔亭亭淨植〕"라고 하였다.

(詩-外卷1-142)

유람하는 것은 정자를 자랑하려는 게 아니니　　遊觀非是詫亭臺
매양 산머리에 오르면 돌아가는 것을 잊는다　　每上山頭忘却回
나도 한서암[252] 짓고서 비바람 가리고 있으니　　試作寒棲庇風雨
물빛과 산 빛을 그대 위해 열어 놓으리라　　水光山色爲君開

(詩-外卷1-143)

평소에 늘 칠조개를 흠모했는데[253]　　平生爲慕漆雕開
속진에 잘못 떨어지니 누가 재촉한 것인가　　誤落塵埃誰所催
늦게야 산중에서 함께 공부할 벗 얻었으니　　晩得山中同社友
함께하는 풍류가 술자리 일삼는 것만은 아니라오　　風流非爲事罇杯

(詩-外卷1-144)

부용산의 푸른빛이 도산까지 이어졌으니　　芙蓉山翠接陶山
두 곳에 마침내 물외의 즐거움 똑같이 있구나　　兩處終同物外歡
하물며 요금의 여운 남아 있으니　　矧是瑤琴餘韻在
경전이 잔결한 탓에 현이 끊어지진 않으리[254]　　不應絃絶坐經殘

---

252 한서암(寒棲菴) :【譯注】이황은 1550년(명종 5) 2월에 퇴계(退溪)의 서쪽에 거처를 정하고 한서암을 지었다.

253 평소에……흠모했는데 :【譯注】벼슬할 마음이 없었음을 뜻한다. 공자께서 칠조개(漆彫開)에게 벼슬하라고 하시자, 칠조개가 "저는 이 일에 대하여 아직 자신이 없습니다."라고 대답하니, 공자께서 기뻐하셨다.《論語 公冶長》

254 요금의……않으리 :【譯注】성현의 가르침이 여전히 이어져 오고 있다는 뜻이다. 송(宋)나라 주희(朱熹)의 〈재거감흥(齋居感興)〉 시 중 제12수에 "요금이 공연히 보갑에 있건만, 줄이 끊어졌으니 장차 어쩌랴. 여운 찾아 다시 정리해야겠으니, 정자(程子) 살았

(詩-外卷1-145)

물 가까이에 있으면 늘 물새 구경 즐기고　近水常耽玩水禽
산에서 지내면 오직 맞은편 산봉우리 사랑한다네　居山偏愛對山岑
나의 성벽이 진실로 이러하니　爲人性癖誠如許
도성에서 쫓기듯 사는 마음 말할 것이 있으랴　朝市何論逐逐心

(詩-外卷1-146)

산에서 죽장을 따르고 안개 낀 물에서 배를 타니　山追竹杖水烟篷
끝내 좋은 만남 약속 헛되이 하지 않았구려　不使佳期竟墮空
나 또한 내년에는 고깃배를 마련하여　我亦明年辦漁艇
표연히 밝은 달빛 속에서 왕래하리라　飄然來往月明中

-조사경이 권경수(權景受)[255]와 부용봉을 찾아가기로 약속했는데, 누차 약속을 어기다가 마침내 함께 놀 수 있었고 또 강어귀에서 만났다고 한다. 나도 천연대(天淵臺)[256] 아래에 작은 배를 마련해놓기로 했으니, 이미 계상(溪上)의 벗들과 내년 봄을 약속하였다.-

---

던 용문에는 아직도 남겨진 노래 있다네.〔瑤琴空寶匣, 絃絶將如何? 興言理餘韻, 龍門有遺歌.〕"라고 하였다.

255 권경수 : 【譯注】 권대기(權大器, 1523~1587)로, 본관은 안동(安東), 자는 경수(景受), 호는 인재(忍齋)이다.

256 천연대(天淵臺) : 【譯注】 경상북도 안동시 도산서원 앞, 낙동강이 바라다 보이는 곳에 있다.

KWP0824(詩-外卷1-147~148)

접때 절구 2수를 정자중[257]에게 부치고 다행히 화답시를 받았는데, 매 운마다 절구 한 수씩이었다. 그냥 답을 안 하고 말 수는 없어서 다시 절구 두 수를 뒤미처 부친다

【연월미상. 예안(禮安)】

頃以兩絶寄子中 幸蒙酬和 每韻每一絶 不可闕然無報 復用兩絶追寄云

(詩-外卷1-147)

마음을 토로하는 편지를 몇 번이나 주고받았던가　尺紙論心幾往還
고개 돌려보니 운산에 막혀 못 만남에 오히려 한스럽다　回頭猶恨隔雲山
다만 부지런히 공부하는 뜻 폐하지 않는다면　但能不廢乾乾意
책상을 마주하고 함께 공부하는 것과 어찌 다르랴　何異交修對案間

(詩-外卷1-148)

과부의 근심[258]만 홀로 품고서 향리를 벗어나지 않은 채　獨抱嫠憂不出鄕
세모의 추운 겨울 눈 쌓여 산집 문을 닫았노라　窮陰積雪掩山堂
어느 때나 눈에 가득 따뜻한 봄 풍경 펼쳐져　何時滿目陽春景
낙동강 물에 그대와 함께 작은 배 띄울거나　洛水同君泛小航

---

257 정자중 : 【譯注】 정유일(鄭惟一, 1533~1576)로, 본관은 동래(東萊), 자는 자중(子中), 호는 문봉(文峯)이다.

258 과부의 근심 : 【譯注】 나라를 걱정하는 것을 뜻한다. 《춘추좌씨전》 소공(昭公) 24년 조에 "과부는 씨줄을 근심하지 않으며 종주국인 주(周)나라가 멸망할까 근심하니〔嫠不恤其緯而憂宗周之隕〕 그 영향이 장차 자신에게 미칠 것이기 때문이다."라고 하였다.

KWP0825(詩-外卷1-149)

유이득[259]의 소 두 마리를 그린 그림에 제하다 【병진년(1556, 명종11, 56세) 7월 추정. 예안(禮安)】

題柳而得畫二牛圖

코뚜레하고 사람 따르며[260] 멀리 수레 끄니	穿鼻隨人遠服車
어찌 자유롭게 누워서 맘껏 자는 것만 하랴	何如天放臥眠餘
어여뻐라, 사리를 아는 양나라 천자	可憐解事梁天子
모산의 도은거를 부르지 않았다네[261]	不致茅山陶隱居

259 유이득 : 【譯注】 유운룡(柳雲龍, 1539~1601)으로, 본관은 풍산(豐山), 자는 이득(而得)·응현(應見), 호는 겸암(謙菴)이다.

260 코뚜레하고 사람 따르며 : 【攷證 卷8 穿鼻隨人】《장자》〈추수(秋水)〉에 "말머리에 고삐를 달고 쇠코에 구멍을 뚫는 일〔穿牛鼻〕, 이것의 사람의 작위(作爲)요."라고 하였다.

261 사리를……않았다네 : 【譯注】 도은거(陶隱居)는 양(梁)나라의 은자 도홍경(陶弘景)을 말한다. 그가 모산(茅山)에서 살며 여러 차례 무제(武帝)의 초빙을 받았어도 응하지 않은 채 단지 소 두 마리를 그려서 벽에 걸었는데, 하나는 수초(水草) 사이에서 한가로이 풀을 뜯고 있었고 하나는 머리에 금롱(金籠)을 덮어 쓴 채 채찍을 맞고 있는 그림이었다. 무제가 이 말을 듣고 웃으면서 "이 사람이 장자(莊子)처럼 진흙탕 속에서 꼬리를 끌고 다니는 거북이가 되고 싶어 하니 어떻게 불러올 수 있겠는가."라고 하였다.《南史 陶弘景列傳》

KWP0826(詩-外卷1-150~151)

차운하여 한사형[262]·남시보[263]에게 답하다 【갑인년(1554, 명종9, 54세) 4월 추정. 서울】

次韻答士炯時甫

(詩-外卷1-150)

입각이 견고하여 흔들리지 않으니 立脚能堅不轉機
허한 노장을 빌려서 실한 오도를 비유한 것이 잘못은 아닐세 借虛喩實未爲非
그대 아직 정주의 영역에도 이르지 못했으니 恐君未到程朱域
이단을 공부하다 보면 끝내 길을 잘못 들까 걱정일세 欲攻異端終誤歸

-내가 일찍이 남시보가 학문을 논하는데 누차 《남화경(南華經)》의 말을 끌어다가 증명하는 것을 규간(規諫)하였다. 지금 보내온 편지에서 "노장(老莊)의 이치에 맞는 말은 정주도 꺼리지 않은 것입니다."라고 하였으므로 이렇게 말하였다.-

(詩-外卷1-151)

옛날 구곡을 묘사하느라 한갓 수고만 했고 筆追九曲徒勤了
시로 쌍청[264]을 읊지만 물은 부질없이 굽이돌 뿐 詩詫雙淸亦謾迴
어찌 온갖 경치 비친 서호에 배를 띄우고서 何似西湖凌萬景

---

262 한사형 : 【譯注】 한윤명(韓胤明, 1526~1567)으로, 본관은 청주(淸州), 자는 사형(士炯), 호는 형암(炯菴)이다.

263 남시보 : 【譯注】 남언경(南彦經, 1528~1594)으로, 본관은 의령(宜寧), 자는 시보(時甫), 호는 동강(東岡)이다.

264 쌍청(雙淸) : 【譯注】 풍월 또는 산수가 둘 다 맑음을 말한 듯하다.

늘어선 천 점 산봉우리를 웃으며 구경하는 것만 하리오

笑看千點綠螺排

-보내온 시에 "무이산은 높이 솟은 종남산과 같고, 한강물은 감돌아 흐르는 구곡과 같아라. 풍월이 하늘에 가득해 살아 있는 그림 같으니, 군이 묘사하여 안배할 필요는 없으리라.〔武夷山似終南矗, 漢水波如九曲迴. 風月滿天供活畫, 不須描寫著安排.〕"라고 하였고, 또 말하기를 "어떤 사람이 무이도(武夷圖)를 묘사하였는데 그 기교를 지극히 다하였기에, 이 시를 써서 장난삼아 주었는데 이 뜻이 어떠한지요."라고 하였다. 이때 이이성(李而盛)[265]이 편지를 보내와 다음날 서호(西湖)에서 유람할 것을 약속하였는데, 보내온 시가 마침 도착하니 우연이 아닌 듯하였다. 그래서 위와 같이 구절에 화답하였으니 삼가 청하여 함께 감상하며 유람하고자 한다. 가정(嘉靖) 갑인년(1554, 명종9) 맹하(孟夏)에 청량산인(淸凉山人)이 쓰다.-

265 이이성(李而盛) : 【譯注】 이지번(李之蕃, ?~1575)으로 본관은 한산(韓山), 자는 형백(馨伯), 호는 성암(省菴)·사정(思亭)·구옹(龜翁)이다.

KWP0827(詩-外卷1-152~159)

남시보[266]의 시에 차운하다. 절구 8수 【무오년(1558, 明宗13, 58세) 1~2월 추정. 예안(禮安)】

次時甫韻 八絶

(詩-外卷1-152)

세상 사람들 어지러이 명리를 추구하지만	擾擾馳名利
남군은 일찍부터 은거할 생각 지녔지	南君夙抱幽
나를 만나니 쌍조[267]와 같고	得吾侔兩鳥
세상 살아감에는 빈 배[268]와 같았어라	行世若虛舟
꿈속에서 찾아갈 때는 천리를 멀다 않고	夢去輕千里
편지 오면 온갖 근심을 잊지	書來失百憂
그 언제나 이곳에서 같이 은거하며	何當同此隱
함께 강학하면서 학문의 원류 토론할거나	麗澤討源流

266 남시보 : 【譯注】 남언경(南彦經, 1528~1594)으로, 본관은 의령(宜寧), 자는 시보(時甫), 호는 동강(東岡)이다.

267 쌍조 : 【譯注】 여기서는 이황과 남언경을 뜻한다. 당(唐)나라 한유(韓愈)의 〈쌍조시(雙鳥詩)〉 시에 "두 마리의 새가 바다 밖으로부터 와서, 날고 날아서 중국에 이르렀어라. 한 새는 도시에 내려앉아 살고, 한 새는 그윽한 바위 속에 둥지 틀었다네. 서로 친구 삼아 울지 못한 지, 벌써 삼천 년이 되었네. …… 삼천 년이 지난 뒤에 다시 일어나서 울며 서로 수작하리."라고 하였다.

268 빈 배 : 【譯注】 남언경을 비유한 말이다. 《장자》 〈산목(山木)〉에 "배를 타고 강을 건널 때 빈 배〔虛船〕가 다가와서 부딪칠 경우에는, 비록 마음이 편협한 사람일지라도 성을 내지 않는 법이다."라고 하였다.

(詩-外卷1-153)

높고 깊은 이치를 샅샅이 다 찾아다니고	遊陟窮遐峻
깊이 생각하여 드러나고 숨은 이치를 다 찾으니	探思極顯幽
이치를 볼 때는 붕새가 바다에서 나온 것[269] 같고	觀時鵬出海
이치를 알 때는 물이 배를 띄우는 것[270] 같아라	得處水浮舟
쇠하고 게으른 나를 일깨웠고[271]	起我衰仍懶
병과 근심이 없어진 그대를 기뻐하노라	欣君病去憂
훗날 닭 잡고 기장밥 지을 것을 약속하니	他年雞黍約
내 집에 와 함께 시내 굽어보길 원하노라	長願共臨流

(詩-外卷1-154)

생각해 보니 예전 그대를 만났을 때	憶曾見君日
지초와 난초 있는 방에 들어간 듯하였지[272]	如入芝蘭室

269 붕새가……것 : 【譯注】 이치를 통찰하는 것이 구만리 하늘 위로 날아가는 대붕(大鵬)처럼 차원이 높다는 뜻이다. 《장자》 〈소요유(逍遙遊)〉에 "붕의 등짝은 몇 천 리인지 모른다. 기운차게 떨쳐 날아오르면 그 날개가 마치 하늘에 드리운 구름과 같다.〔鵬之背, 不知其幾千里也. 怒而飛, 其翼若垂天之雲.〕"라고 하였다.

270 물이……것 : 【譯注】 물이 불어나서 자연스럽게 배가 뜨는 것〔水到船浮〕으로, 치지(致知)의 공부가 쌓여서 모든 일이 인위적인 힘을 쓰지 않아도 절로 이치에 맞게 됨을 뜻한다. 《朱子語類 訓門人》

271 쇠하고……일깨웠고 : 【譯注】 공자가 《시경》을 가지고 자하(子夏)와 문답하면서 자하를 칭찬하여, "나를 일깨운 자는 상이로다. 비로소 더불어 시를 말할 만하구나.〔起予者商也. 始可與言詩已矣.〕"라고 하였다. 《論語 八佾》

272 지초와……듯하였지 : 【譯注】 어진 벗과 사귀면서 자기도 모르는 사이 그 영향을 받아 어질게 되었다는 뜻이다. 《공자가어(孔子家語)》에 "선(善)한 사람과 함께 지내면 마치 지란(芝蘭)이 있는 방에 들어간 것과 같아 그 향기는 못 맡더라도 오래 지나면

즐거운 만남 단란하지도 못했는데 　 驩會未可摶
그대는 서쪽으로 가고 나는 동쪽으로 왔구려 　 君西我東出

(詩-外卷1-155)

천암만학의 깊은 산 　 千巖復萬壑
그 숲속에 서실을 열었노라 　 林下開書室
어떡하면 유익한 벗 셋을 얻어서[273] 　 安得益者三
연마하여 도의를 밝혀낼거나 　 研劘道義出

(詩-外卷1-156)

마음 같은 사람은 말도 또한 같은 법[274] 　 同人言亦同
천리 떨어져 있어도 응당 한집에 사는 듯하구나 　 千里應居室
의리를 알 뿐 어찌 운명을 논하겠는가 하는 말은 　 義理寧論命
참으로 내 입에서 나온 것 같구나 　 眞如吾口出

(詩-外卷1-157)

충막하여 비록 조짐 없지만[275] 　 沖漠雖無眹

동화된다."라고 하였다.

273 유익한……얻어서 : 《논어》〈계씨(季氏)〉에 "유익한 것이 세 벗이요, 해로운 것이 세 벗이니, 정직한 이를 벗하고 진실한 이를 벗하고 식견이 많은 이를 벗하면 유익할 것이다.〔益者三友, 損者三友, 友直, 友諒, 友多聞, 益矣.〕"라고 하였다.

274 마음……법 : 【譯注】 마음과 말에 있어서 남언경과 이황 자신이 똑같다는 뜻이다. 《주역》〈계사 상(繫辭上)〉에 "두 사람이 마음을 함께하면〔二人同心〕 그 날카로움은 쇠를 끊고, 같은 마음에서 나온 말은〔同心之言〕 그 향기가 난초와 같다."라고 하였다.

275 충막하여……없지만 : 【譯注】 '충막'은 현상으로 드러나지 않아 아무런 표시나 흔적

날마다 집에서 볼 수 있다네[276] 日見在家室
참된 앎은 고인도 어려워했으니 眞知古所難
글을 읽어 새로운 앎을 얻는 이는 드물지 鮮能由新出

(詩-外卷1-158)

부처와 노자가 말한 극치는 佛老談極致
공색[277]과 허실[278]이지 空色與虛室
실제 이치의 근원 아직 알지 못하니 未識實理源
어찌 이단이 되는 것을 면할 수 있겠는가 焉能免橫出

(詩-外卷1-159)

공명은 왕을 보좌할 재주 지니고[279] 孔明王佐才

이 없는 상태를 표현한 말로 본연지성(本然之性)을 뜻한다. 송(宋)나라 정이(程頤)는 "충막하여 아무런 조짐이 없는〔沖漠無朕〕 가운데 만상(萬象)이 이미 삼연(森然)히 갖추어져 있으니, 외물에 감응하지 않았을 때가 먼저가 아니고, 감응한 뒤가 나중이 아니다." 라고 하였다. 《近思錄 卷1》

276 날마다……있다네 : 【譯注】 집에서의 행동거지를 통해서 본연지성(本然之性)을 볼 수 있다는 뜻이다. 《주역》 〈건괘(乾卦) 문언(文言)〉에 "군자는 덕을 이룸을 행실로 삼으니, 날마다 볼 수 있는 것이 행실이다.〔日可見之行也〕"라고 하였다.

277 공색 : 【攷證 卷8 空色】 《반야심경(般若心經)》에 "색이 즉 공이다.〔色卽是空〕"라고 하였다.

278 허실 : 【攷證 卷8 虛室】 《장자》 〈인간세(人間世)〉에 "아무것도 없는 텅 빈 방에 햇빛이 비쳐 환히 밝아진다.〔虛室生白〕"라고 하였다.

279 공명은……지니고 : 【譯注】 공명(孔明)은 삼국 시대 촉한(蜀漢)의 승상 제갈량(諸葛亮, 181~234)으로, 자는 공명, 시호는 충무후(忠武侯)이다. 송나라 장여우(章如愚)의 《군서고색(群書考索)》 속집 권43 〈병제문(兵制門) 삼국양병(三國養兵)〉에 "애석하도다! 공명을 늦게 얻은 것이. 공명은 왕을 보좌할 인재였다.〔孔明王佐才〕"라고 하였다.

갓끈만 매고서 같은 집 사람의 위급함을 구했네[280] 纓冠救同室
잘못 나온 이가 어찌 융중[281]에만 있었겠는가 誤出豈隆中
상산에서도 진실로 잘못 나왔지[282] 商山眞誤出

---

280 갓끈만……구했네 : 【譯注】 자신의 처지를 돌아보지 않고 급히 가서 구원했다는 뜻이다. 《맹자》 〈이루 하(離婁下)〉에 "지금 한 집에 사는 사람 중에 다투는 자가 있다면〔今有同室之人鬭者〕 그것을 말려야 하는데, 비록 머리를 풀어헤치고 갓끈만 매고서 말리더라도〔雖被髮纓冠而救之〕 괜찮을 것이다."라고 하였다.

281 융중(隆中) : 【譯注】 삼국 시대 때 유비(劉備)를 보필하여 촉한(蜀漢)을 건국한 제갈량이 출사(出仕)하기 전에 농사를 지으며 은거하던 곳이다.

282 상산에서도……나왔지 : 【譯注】 '상산'은 상산사호(商山四皓)로, 진(秦)나라의 폭정을 피하여 상산에 은거했던 동원공(東園公)·녹리선생(甪里先生)·기리계(綺里季)·하황공(夏黃公)을 가리킨다. 한 고조(漢高祖) 유방(劉邦)이 태자를 폐하려고 했을 때 여태후(呂太后)가 장량(張良)의 계책을 써서 상산사호를 불러내어 저지하였다.

KWP0828(詩-外卷1-160~161)

도산에서 관동의 막부로 부임하는 정자중[283]을 보내다 【을축년(1565, 명종20, 65세) 6월 2일 추정. 예안(禮安)】

陶山 送鄭子中赴關東幕

이때 정자중은 진보 현감(眞寶縣監)에서 승진되어 임명되었다.

(詩-外卷1-160)

가시나무에 깃드는 게[284] 어찌 나쁘리오　枳棘棲何病
고을 맡아 다스리는 일 본래 어버이 위해서일세　專城本爲親
조정에서는 인재를 급히 쓰려 하고　朝家急才用
외직은 뛰어난 인물 뽑으려 했네　幕職要英掄
그대는 산과 바다에서 신선놀음이 좋겠지만　嶺海仙遊好
나는 구름 덮인 암혈에서 이별의 한 새롭구려　雲巖別恨新
가는 길에 언덕과 습지 조심하고　驅馳愼原隰
가는 곳마다 몸가짐 가벼이 하지 마시게　到處莫輕身

(詩-外卷1-161)

생각해 보면 예전 재상어사로 갔을 때　憶忝搜災史

---

283 정자중 : 【譯注】 정유일(鄭惟一, 1533~1576)로, 본관은 동래(東萊), 자는 자중(子中), 호는 문봉(文峯)이다.

284 가시나무에 깃드는 게 : 【譯注】 현사(賢士)가 낮고 천한 지위에 있음을 비유한다. 후한의 고성 영(考城令) 왕환(王渙)이 구람(仇覽)을 주부(主簿)로 임명하려다가 그의 그릇이 워낙 큰 것을 보고서 "가시나무는 봉황이 깃들 곳이 못 된다.〔枳棘非鸞鳳所棲〕 백 리의 작은 고을이 어떻게 대현(大賢)이 근무할 곳이겠는가?"라고 탄식하고는 한 달치 월급을 구람의 태학(太學) 학자금으로 내주었다. 《後漢書 循吏列傳 仇覽》

관동은 다만 영서와 가까웠지　　關東只傍西
영주[285]에는 가 볼 인연이 없었으니　　瀛洲無夙分
꿈속에 늘 길을 헤매는 것을 어찌하리오　　魂夢奈長迷
설악[286]은 요해를 굽어보고　　雪嶽臨瑤海
은호[287]는 옥계를 띠고 있다지　　銀湖帶玉溪
와유[288]는 내 만년의 흥취이니　　臥遊吾晩興
그대가 시를 잘 지어 보내주시게　　憑子好評題

–지난 임인년(1542, 중종37)에 어명을 받들고 관도(關道)에서 재해를 조사하였는데 조사한 다섯 고을이 모두 영서(嶺西) 지방에 있어서 마침내 왕희지(王羲之)로 하여금 민령(岷嶺)의 한을 오래도록 품게 하였으므로[289] 이렇게 말하였다. 을축년(1565, 명종20) 계하(季夏)에 도산의 병들어 은둔하는 늙은이 쓰다.–

---

285 영주(瀛洲) : 【譯注】 동해에 있다는 삼신산의 하나인데, 여기서는 정유일이 부임하게 된 관동 지역을 가리킨다.

286 설악 : 【攷證 卷8 雪嶽】 금강산(金剛山)을 가리키며, 혹은 설악산(雪岳山)이라고도 한다.

287 은호 : 【攷證 卷8 銀湖】 경포대(鏡浦臺)이다.

288 와유(臥遊) : 【譯注】 직접 가볼 수 없어서 산수화(山水畫)를 감상하는 것으로 유람을 대신하는 것을 뜻한다. 금(琴), 서(書), 화(畫) 삼절(三絕)로 유명한 남조 송(宋)나라의 은자(隱者) 종병(宗炳)이 명산대천을 유람하는 것을 좋아하였는데 늙어서 병이 들자 자기가 유람하였던 산수를 벽에 그림으로 그려 두고 누워서 구경하였다. 《宋書 宗炳列傳》

289 왕희지(王羲之)로……하였으므로 : 【譯注】 정자중이 관동에 있어도 이황 자신은 가볼 수 없어 아쉽다는 것을 비유한 말이다. 민령(岷嶺)은 사천성 북쪽에 있는 산으로 문령(汶嶺)이라고도 한다. 진(晉)나라 주무(周撫)가 서진이 동진으로 바뀌는 혼란기에도 40여 년 동안 촉군(蜀郡) 태수를 지냈는데, 고을이 자못 안정되어 있었다. 왕희지는 주무에게 편지를 보내 "그대가 그곳에 있을 때 문령과 아미산(峨眉山)에 올랐다가 돌아온다면 정말 불후(不朽)의 성사(盛事)가 되겠소이다."라고 하였는데, 끝내 그 일을 실행하지 못하였다. 《蜀中廣記 卷7 成都府》

KWP0829(詩-外卷1-162)

정자중[290]의 《관동행록》에 제하다 【을축년(1565, 명종20, 65세) 10월 8일. 예안(禮安)】

題子中關東行錄

공맹이 바다 구경하고 태산에 올랐다는 말 들었으니[291] 觀海登山聞孔孟
일생의 오랜 소원 관동에 있었지. 一生長願在關東
그대가 붓으로 산수를 자세히 묘사해준 덕분에 因君筆下森融結
내 가슴속에 웅장한 마음 일으켰다오 發我胸中浩壯雄
정신은 삼대를 맴돌며 아스라한 세계에 노닐고 神遶三臺遊縹緲
기운은 쌍악[292]을 뛰어넘어 홍몽을 올라탔어라 氣淩雙嶽跨鴻濛
이제부터 장수의 즐거움 참으로 얻으리니 從今壽樂應眞得
어찌 가난한 생활 때문에 운수가 궁하다 탄식하리오 肯爲虀鹽嘆道窮

290 정자중 : 【譯注】 정유일(鄭惟一, 1533~1576)로, 본관은 동래(東萊), 자는 자중(子中), 호는 문봉(文峯)이다.

291 공맹이……들었으니 : 【譯注】 맹자가 "공자가 동산에 올라가서는 노(魯)나라를 작게 여겼고, 태산에 올라가서는 천하를 작게 여겼으니, 그러므로 바다를 본 사람에게는 웬만한 물은 물이 되기 어렵고, 성인의 문하에서 배운 자에게는 웬만한 사람의 말은 말이 되기 어려운 것이다.〔孔子登東山而小魯, 登太山而小天下, 故觀於海者, 難爲水, 遊於聖人之門者, 難爲言.〕"라고 하였다. 《孟子 盡心上》

292 삼대를……쌍악 : 【攷證 卷8 三臺雙嶽】 살펴보건대, 선생의 수본(手本)에 경포대(鏡浦臺)·허이대(許李臺)·능파대(淩波臺)가 삼대(三臺)이고, 풍악산(楓岳山)·치악산(雉岳山)이 쌍악(雙嶽)이다.

KWP0830(詩-外卷1-163~164)

김이정[293]에게 보이다. 2수 【경신년(1560, 명종15, 60세) 12월경 추정. 예안(禮安)】

示金而精 二首

(詩-外卷1-163)

계상에서 다시 만나니 마음이 어떠한가 溪上重逢意若何
그대 얼굴은 아직 젊은데 나는 머리가 세었구나 君顔如渥我顚華
몇 년이나 꿈속에서 멀리 떨어져 있는 것 아파했는데 幾年魂夢傷迢遞
오늘 서로 만나보니 또한 너무 다행이구려 今日相看亦已多

(詩-外卷1-164)

산 마주하니 어찌 인간세상을 다시 말하랴 對山那復說人間
병을 물으니 오직 약을 보내줄 뿐이라 問疾唯輸藥裹看
옛날에 읽은 글은 모름지기 거듭 읽어야 하고 舊學正須重理緖
새로 안 것은 그대와 더불어 다시 단서를 찾아야겠네 新知還與更求端

293 김이정 : 【譯注】 김취려(金就礪, 1527~?)로, 본관은 경주(慶州), 자는 이정(而精), 호는 잠재(潛齋)·정암(整庵)이다.

KWP0831(詩-外卷1-165)

내가 병으로 도산을 떠난 뒤로 가을이 지나 겨울에 접어들었다. 이제 살펴보니 날이 따뜻하여 김이정[294]과 함께 찾아왔는데 자못 왕희지의 "잠깐 사이에 묵은 자취가 되었다"는 탄식[295]이 있기에 절구 한 수를 지어 김이정에게 보인다 【경신년(1560, 명종15, 60세) 12월경 추정. 예안(禮安)】

余病去陶山 秋涉冬矣 今察日溫 與而精來尋 頗有羲之俛仰陳迹之歎 得一絶以示而精云

병이 와서 나를 내몰아 계장으로 들어갔더니	病來驅我入溪莊
구름이 산방을 가리고 새가 집에 내려와 있네	雲掩山房鳥下堂
오늘 그대와 함께 와서 보니	今日與君來寓目
산은 더욱 우뚝우뚝하고 물은 넘실넘실 흐르누나	山增嶷嶷水洋洋

294 김이정 : 【譯注】 김취려(金就礪, 1527~?)로, 본관은 경주(慶州), 자는 이정(而精), 호는 잠재(潛齋)·정암(整庵)이다.

295 왕희지의……탄식 : 【攷證 卷8 羲之…之歎】 진(晉)나라 왕희지(王羲之)의 〈난정기(蘭亭記)〉에 "지난번에 기뻐하던 것이 고개를 숙였다 드는 사이에 이미 옛 자취가 되어 버리니〔俛仰之間以爲陳迹〕, 더더욱 이 때문에 감회가 일지 않을 수 없다."라고 하였다.

KWP0832(詩-外卷1-166)

김이정[296]의 〈서재에서 우연히 읊다〉 시에 차운하다 【경신년(1560, 명종15, 60세) 12월경 추정. 예안(禮安)】

次韻而精書齋偶吟

그대 오니 내 정신이 맑게 씻긴 듯해　　君來如濯我神淸
경계가 절실하니 어찌 좌우명 필요하랴　　警切何須座右銘
시내의 한기가 병든 뼈에 스미는 것 겁내지 않고　　不怕溪寒侵病骨
나란히 앉아 밤낮으로 시냇물 소리 듣노라　　聯床日夕聽溪聲

---

296 김이정 : 【譯注】 김취려(金就礪, 1527~?)로, 본관은 경주(慶州), 자는 이정(而精), 호는 잠재(潛齋)·정암(整庵)이다.

KWP0833(詩-外卷1-167)

동애 허 상공[297]에게 사자[298]가 있는데 평소에 그 지행이 고매하다는 것을 들었다. 지금 김이정[299]이 그의 절구를 외우니, 또 그 문아하기가 이와 같음을 알게 되어 가탄한 나머지 그 운자를 사용하여 시를 지어서 뜻을 드러내 보인다 【경신년(1560, 명종15, 60세) 12월경 추정. 예안(禮安)】

東厓許相公有嗣子　素聞其志行高峻　今而精誦其絶句　又知其文雅如此　嘉歎之餘　用其韻見意云

사람 떠난 빈 집에 옥 같은 물만 흐르고 있으니　人去堂空帶玉淵
아드님이 읊은 시구에서 그곳 강산을 상상하노라　嗣賢佳句想江山
훌륭한 아드님이 동화문의 먼지 뒤집어쓰지 않았으니[300]　典刑不受東華沒
어찌 아버님의 물외의 한가로운 삶[301]을 저버리리오　肯負當年物外閒

---

297 동애 허 상공 : 【攷證 卷8 東厓許相公】 허자(許磁, 1496~1551)로, 본관은 양천(陽川), 자는 남중(南仲), 호는 동애(東厓)이다.

298 사자 : 【攷證 卷8 嗣子】 이름은 강(橿)이고, 자는 사아(士牙)이다. 천거되어 별제(別提)를 제수 받았으나 출사하지 않고 강호(江湖)를 방랑하니, 그를 서호처사(西湖處士)라 불렀다.

299 김이정 : 【譯注】 김취려(金就礪, 1527~?)로, 본관은 경주(慶州), 자는 이정(而精), 호는 잠재(潛齋)·정암(整庵)이다.

300 동화문의……않았으니 : 【譯注】 관직에 나아가지 않았다는 뜻이다. 동화문(東華門)은 송(宋)나라 궁성의 동쪽 문 이름인데, 입조(入朝)할 때 이 문을 이용했다. 이로 인해 조정을 나타내기도 하고 조정에서 벼슬하는 것을 가리키기도 한다.

301 아버님의……삶 : 【攷證 卷8 當年物外閒】 살펴보건대, 허공(許公)이 이미 녹훈(錄勳)을 사절하고 권간(權奸)에게 거슬려서 다시 임용되지 못하자, 서호의 이우정(二憂亭)에 거처하면서 시사에 관여하지 않았다.

KWP0834(詩-外卷1-168)

병중에 새해를 축하하는 좋은 시구를 받고 차운하여서 사의를 표하니, 여러분들이 웃으며 보아주시기를 바란다[302]

【경신년(1560, 명종15, 60세) 12월 30일 추정. 예안(禮安)】

病中 承惠慶歲佳句 次韻謝意 冀一僉賜笑覽

그대가 천리 밖에서 공부하러 잘못 오게 하였으니	誤君千里學求全
내가 맹모삼천에 합당한 이웃이 못 되는 게 부끄럽네	愧我鄰非合孟遷
시 갖고 와서 새해를 축하하지 마시게	莫把瓊章來賀歲
병으로 예순 살 지나 부질없이 나이만 먹고 있으니	病過六十枉增年

302 병중에……바란다 : 【要存錄 外集】 이때 김이정(金而精 김취려(金就礪))이 도산의 서재에서 설을 지냈다.

KWP0835(詩-外卷1-169)

정자중[303]에게 부치다 【연월미상. 예안(禮安)】

寄子中

그대 벼슬 그만두고 돌아와 좋으리니 得罷歸來好
이제는 한가로워져서 공부할 일이 새롭겠지 因閒事業新
나는 흰 머리로 거취를 알지 못하니 白頭迷去就
오직 몸에 병만 더 생겼음을 깨달았다오 唯覺病添身

303 정자중 : 【譯注】 정유일(鄭惟一, 1533~1576)로, 본관은 동래(東萊), 자는 자중(子中), 호는 문봉(文峯)이다.

KWP0836(詩-外卷1-170)

부내[304]의 이대성[305]에게 부치다 【연월미상. 예안(禮安)】

寄汾川李大成

들의 경치 천 가지 모양으로 아름답고　野色千般媚
산의 꽃은 백 가지 모습으로 피었어라　山花百態濃
좋은 벗들 우연히 모인다는데　良朋偶然集
반가운 비가 아직도 부슬부슬 내리누나　佳雨尙餘濛
늙어감에 시사를 잘 알고　老去諳時事
시름이 올 때는 술의 힘[306]을 빌린다오　愁來得酒功
바람 모질게 불어　莫教風作惡
내일 떨어진 꽃들을 읊게 하지 말라　明日詠殘紅

---

304 부내〔汾川〕 : 【譯注】 경상북도 안동시 도산면에 있다.

305 이대성 : 【譯注】 이문량(李文樑, 1498~1581)으로, 본관은 영천(永川), 자는 대성(大成), 호는 벽오(碧梧)·녹균(綠筠)이다.

306 술의 힘 : 【攷證 卷8 酒功】 당(唐)나라 백낙천(白樂天 백거이(白居易))의 글에 〈주공찬(酒功贊)〉이 있다. 【校解】 백거이의 〈주공찬〉에 "신령함을 낳는 것은 무엇인가. 청주 한 잔이면, 이별한 사람 귀양 온 나그네도, 근심이 즐거움으로 바뀐다네.〔產靈者何? 淸醑一酌, 離人遷客, 轉憂爲樂.〕"라고 하였다.

KWP0837(詩-外卷1-171)

죽각[307]에 예전에 내가 지은 두 수의 시를 판각하여 걸어놓았으니 이미 부끄러움을 이길 수 없는데, 지금 또 시를 지어달라고 하니 혹 거듭 더럽히는 것이 아닐까 하여 지난번에 사양하였다. 편지를 보내와 재차 독촉하기에 다만 절구 한 수로써 색책하니, 부디 다른 사람들 눈에 띄는 곳에 걸지 않는다면 매우 고맙겠다 【연월미상. 예안(禮安)】

竹閣曾有二刻 已不勝愧 今又索題 恐或重浼 故前者辭之 書來再督 只以一絶塞責 千萬勿掛他眼 幸甚

두 황씨 서로 이어 정사가 신명처럼 잘 다스렸으니 二黃相繼政如神
시냇가 누각 일찍이 새로웠는데 또 일신하였네 溪閣曾新又一新
멀리서 생각하노니 천 가닥 푸른 옥이 에워싼 가운데 遙想碧圍千挺玉
거문고 타며[308] 만물이 다 봄인 것을 앉아서 보겠지 鳴琴坐見物皆春

-황중거(黃仲擧 황준량(黃俊良))와 황임로(黃任老)[309]이다.-

307 죽각 : 【攷證 卷8 竹閣】 황중거(黃仲擧 황준량(黃俊良))가 신녕 현감(新寧縣監)으로 있을 때 지은 것이다.

308 거문고 타며 : 【譯注】 수령으로 부임하여 선정(善政)을 베푸는 것을 뜻한다. 공자의 제자인 복자천(宓子賤)이 선보(單父) 고을을 다스리는데, 거문고만 연주하며 대청을 내려오지 않아도 선보가 잘 다스려졌다.〔彈鳴琴, 身不下堂而單父治.〕《呂氏春秋 察賢》

309 황임로 : 【攷證 卷8 黃任老】 알려지지 않았다.

KWP0838(詩-外卷1-172~176)

이비원[310]이 부쳐온 시에 차운하다. 5수 【己酉年(1549, 명종4, 49세) 12월 추정. 풍기(豐基)】

次韻李庇遠見寄 五首

(詩-外卷1-172)

어제는 퇴계 시냇가의 띳집 찾아갔는데　昨訪茅廬退澗濱
돌아오니 예전처럼 풍진 속에 있구나　歸來依舊在風塵
산을 찾아 가는 길에 우연히 지나다 나를 생각해주어　偶過見憶尋眞路
이렇게 시를 보내주니 벗에게 부끄럽구려　佳句相投愧故人

(詩-外卷1-173)

들의 흥취 산의 정취 절로 내 맘에 흡족하니　野興山情自愜人
이곳에서 청진함 지킬 수 있기를 길이 원하노라　此間長願葆淸眞
듣자니 그대 또한 고산의 승경 속에 터 잡았다는데　聞君又卜孤山勝
이웃이 되어 적막한 물가에서 함께 노닐기를 기약하세　鄰契同期寂寞濱

-위는 퇴계를 지나다가 내 생각을 해 준 것에 대해 읊은 것이다.-

(詩-外卷1-174)

짙푸른 죽령 고개 함곡관과 비슷한데　蒼蒼竹嶺似函關

310 이비원 : 【譯注】 이국량(李國樑, 1517~1554)으로, 본관은 영천(永川), 자는 비원(庇遠), 호는 양곡당(暘谷堂)이다.

관리가 되어 두 해 동안 동서로 다녔어라[311] 作吏東西兩載間
홀연히 나는 갈매기 있어 서신을 전하니 忽有飛鴻傳尺素
외로운 학처럼 선산에 들어간 그대 멀리서 사랑하노라 遙憐孤鶴入仙山
푸른 창에서 도를 맛봄은 고요한 곳이 좋고 碧窓味道偏宜靜
누런 서책에서 고인(古人)을 찾는 일은 한가로울 때가 가장 좋으리 黃卷尋人最在閒
만일 이 중에서 참으로 즐거움을 얻는다면 若使箇中眞得樂
한 번 바로잡았던 제 환공이 부럽지 않으리라[312] 一匡應不羨齊桓

-위는 청량산(清凉山)의 청량사(清凉寺)로 들어가 독서한다는 소식을 듣고 기뻐서 지은 것이다.-

(詩-外卷1-175)

가는 길에 읊는 시구 더욱 좋은 줄 알 뿐이니 但覺行吟句轉奇
산으로 가는 나귀 걸음 느린들 어떠리 不妨驢脚傍山遲
뉘라서 그려 내리오 이 고산 속에 誰能畫出孤山境
시인을 맞아 주인을 삼은 때를 迎得騷人作主時

-위는 〈고산을 찾았다가 비를 만나다〔尋孤山遇雨〕〉 시에 차운한 것이다.-

311 관리가……다녔어라 : 【攷證 卷8 作吏東西】 풍기(豐基)와 단양(丹陽)의 군수를 말한다.

312 한……않으리라 : 【譯注】 마음을 고요히 바로잡는 것이 제(齊)나라 환공(桓公)이 천하를 바로잡았던 것보다 낫다는 뜻이다. 《논어》 〈헌문(憲問)〉에 "관중(管仲)이 환공을 도와 제후의 패자(霸者)가 되게 하여, 한 번 천하를 바로잡았다.〔一匡天下〕"라고 하였다.

(詩-外卷1-176)

늘 생각하노니 메내는 마음을 비출 정도로 물이 맑고 長憶彌川可鑑心
월명담 골짜기는 더욱 그윽하고 깊지 月明潭洞更幽深
인간 세상의 빼어난 경치는 얻기 어려운 법이거늘 人間絶境應難得
물외에서 오직 그대만이 홀로 가서 찾았구나 物外唯君獨去尋
손수 쟁기와 호미 들고서 생계 꾸리고 手把犁鋤爲活計
동산에서 삼과 백출 캐어 신령한 마음 기르네 園挑參朮養靈襟
거울 속 백발이 돌아갈 흥을 재촉하는데 鏡中白髮催歸興
섣달 눈 내리는 찬 등불 앞에서 새벽까지 시 읊노라 臘雪寒燈到曉吟

-위는 백운동(白雲洞) 위에 긴 못이 있는데 속칭 그곳을 메내〔彌川〕라 하니 배를 띄울 만하고, 또 그 위의 월명담은 더욱 경치가 좋은 곳이라고 하기에 읊은 것이다.-

KWP0839(詩-外卷1-177)

이공간[313]의 시에 차운하다 【임술년(1562, 명종17, 62세) 7월 하순 추정. 예안(禮安)】

次李公幹韻

임술년 초가을 기망에 壬戌初秋月既望
적벽에 노닐기로 한 약속[314] 어긋나 한스러워라 將遊赤壁恨乖逢
높은 정취 내 어찌 진실로 남에게 뒤지겠는가마는 高情我豈眞多讓
좋은 일은 하늘이 다시 용납함을 응당 아낀 게지[315] 好事天應惜再容
세찬 비에 미친 듯한 물결 갑자기 이와 같으니 劇雨狂瀾遽如許
청풍명월 구경할 일이 허사가 되고 말았구나 淸風明月坐成空
마침내 업무가 바쁜 서주의 원님으로 하여금 終令鞅掌西州牧
도리어 동쪽의 이 쓸쓸한 늙은이를 비웃게 했구나 牢落漁樵却笑東

313 이공간 : 【譯注】 이중량(李仲樑, 1504~1582)으로, 본관은 영천(永川), 자는 공간(公幹), 호는 하연(賀淵)이다.

314 임술년……약속 : 【譯注】 '기망(既望)'은 16일을 뜻한다. 송(宋)나라 소식(蘇軾)의 〈전적벽부(前赤壁賦)〉에 "임술년 가을 7월 기망에〔壬戌之秋七月既望〕 나는 객과 함께 배를 띄우고 적벽 아래에서 놀았는데〔遊於赤壁之下〕 맑은 바람이 천천히 불어오고 물결은 일지 않았다."라고 하였다. 이 시를 지은 때가 마침 임술년 7월이었으므로 〈전적벽부〉의 이 부분을 가져와서 쓴 것이다.

315 좋은……게지 : 【譯注】 옛날에 소식이 이미 적벽에서 노닐었으므로 지금 또 그 즐거움을 누리는 것은 하늘이 용납하지 않는다는 뜻이다.

KWP0840(詩-外卷1-178~179)

강 장군의 못가 정자[316]에서 권사우[317]의 시에 차운하다. 2수

강희철 【갑자년(1564, 명종19, 64세) 윤2월 15일경 추정. 안동(安東)】

康將軍池亭 次權士遇韻 二首 康希哲

(詩-外卷1-178)

청명의 절기 꽃 피려는 마을에서 淸明時節欲花村
때마침 장군의 경치 빼어난 동산을 감상하노라 會賞將軍絶勝園
달 아래 정자는 높고 환해 물가의 대나무 굽어보고 月榭敞明臨水竹
구름 속 관문은 멀리 시끄러운 속세와 떨어져 있네 雲關迢遞隔塵喧
창 사이로 그림자 움직이니 물고기 못에서 헤엄치는 게고
窓間影動魚游沼
좌중에 봄기운 무르익으니 술이 동이에 가득하구나 座上春融酒滿樽
늙은 내가 억지로 훌륭한 시 따라 읊으니 老我强吟追盛作
내 이름자가 문미 곁에 걸리는 것 부끄럽도다 愧將名字傍楣門

이는 함경당(涵鏡堂)을 두고 읊은 것이다.

---

316 강……정자 : 【攷證 卷8 康將軍池亭】 강 장군은 강희철(康希哲, 1492~1583)로, 본관은 신천(信川), 자는 원명(原明), 호는 함경당(涵鏡堂)이며, 관직이 절충장군(折衝將軍)에 이르렀다. 젊었을 때 무예를 배웠고, 만년에는 안동부(安東府) 서쪽 가야촌(佳野村)으로 물러나 쉬었으며, 나이가 90을 넘었다. ○ 살펴보건대, 못가 정자는 곧 장군이 물러나 쉬던 곳이다. 권공(權公) 응정(應挺)이 부사였을 당시의 이름은 함경당(涵鏡堂)이었는데, 그 당이 지금은 함벽당(涵碧堂)이 되었고 유경시(柳敬時)의 별장이다.

317 권사우 : 【譯注】 권응정(權應挺, 1498~1564)으로, 본관은 안동(安東), 자는 사우(士遇), 호는 묵암(默菴)이다.

(詩-外卷1-179)

정자 산기슭에 있는데 그윽하고 또 깊으며	亭在山阿窈復深
정자 앞의 긴 대나무 옥이 숲을 이룬 듯하여라	亭前脩竹玉成林
맑은 못 작은 섬 서로 형세 얽혀 있고	淸池小島相縈勢
어린 버들 예쁜 복사꽃 절로 그늘이 닿아 있네	嫩柳夭桃自接陰
동이 술로 사람들 대접하니 후의에 감사하고	樽酒向人堪荷意
연하가 눈에 드니 더욱 마음에 든다	烟霞入眼更關心
어느 해에나 다시 이 좋은 동산의 손님 되어	何年重作名園客
남당 십오음[318]에 두루 화답할거나	徧和南塘十五吟

이는 서은암(棲隱庵)[319]을 두고 읊은 것이다.

318 남당 십오음 : 【攷證 卷8 南塘十五吟】 미상이다.

319 서은암 : 【攷證 卷8 棲隱庵】 역시 미상이다. 【要存錄 外集】 지정(池亭)의 방 이름이다.

KWP0841(詩-外卷1-180)

농암[320]의 〈영수가 풍악으로 가는 것을 보내다〉 시에 삼가 화운하다 【신해년(1551, 명종6, 51세) 추정. 예안(禮安)】

奉和聾巖送靈秀之楓嶽韻

승려들은 그들의 도만 도라고 하니 釋子道其道
우리 유교와는 얼음과 숯처럼 다르다네 冰炭於彝訓
우리 유가에 있다면 마땅히 손을 저어 내쫓으리니 在門吾當麾
한 마디 해줄 만큼 숙세의 인연은 아닐세[321] 贈言匪夙分
다만 명산을 유람한다고 하니 祇云遊名山
내 붓이 벌써 떨쳐 일어나려 하네 吾筆已可奮
하물며 우리 연로하신 농암 신선께서 況我老巖仙
아름다운 말씀 먼저 아끼지 않으셨음에랴 瑰辭先不靳
어떡하면 그대[322] 데리고 가서 安得携汝去
붉은 계단[323]으로 하늘 가까이 올라서 丹梯躡天近
바다 가운데 삼신산[324]의 海中三神山

320 농암 : 【譯注】 이현보(李賢輔, 1467~1555)로, 본관은 영천(永川), 자는 비중(棐仲), 호는 농암(聾巖)·설빈옹(雪鬢翁)이다.

321 한……아닐세 : 【譯注】 승려 영수(靈秀)가 시권(詩卷)을 가지고 와서 시를 써달라고 했으나, 이황이 그에게 직접 시를 써주지는 않고 그 시권 안에 있는 이현보(李賢輔)의 시에만 화운을 해 준 것이다.

322 그대 : 【譯注】 승려 영수를 가리킨다.

323 붉은 계단 : 【譯注】 높은 산봉우리 또는 신선이나 도사를 찾아가는 길을 뜻한다. 여기서는 금강산을 가리킨다.

324 삼신산(三神山) : 【譯注】 전설상에서 동해에 있다는 봉래산(蓬萊山)·영주산(瀛洲

뭇 신선들과 웃으며 서로 안부를 물을거나　　　　群仙笑相問

山)·방장산(方丈山) 등 3개의 산을 말한다. 이곳에는 신선이 살고 있는데, 새나 짐승들도 모두 흰 빛을 띠고 있고 황금과 은으로 된 궁궐이 있으며 불사약(不死藥)이 있다고 한다. 《史記 封禪書》

KWP0842(詩-外卷1-181)

웅 스님의 시권에 제하다[325] 【신해년(1551, 명종6, 51세) 2월 16일 추정. 예안(禮安)】

題雄師詩卷

은거해 사니 이월의 풍광 좋기도 한데	幽棲二月風光好
시냇가 푸른 산에 두견화 피려 하네	溪上青山欲杜鵑
묻노니 산사에는 무엇이 있는가	借問禪房何所有
천 봉우리 그림자 속 푸른 덩굴에 안개가 자욱하겠지	千峯影裏綠蘿烟

325 웅……제하다 : 【譯注】 번남본·상계본에는 이 시 뒤에 "당시에 웅(雄) 선사가 청량산(淸凉山) 만월암(滿月庵)의 주지로 있었다."라는 주석이 있다.

KWP0843(詩-外卷1-182~185)

계장에서 백강[326]이 찾아와 준 것에 기뻐하다. 4수 【연월미상. 예안(禮安)】

溪莊 喜伯强見訪 四首

(詩-外卷1-182)

손님 와도 우산 없고 또 마루도 없어 客來無傘又無廳
신발에 진흙 묻히며 비 내린 뜰 밟게 하니 부끄러워라 堪愧靴泥蹋雨庭
반벽에 찬 등불 비치는데 나란히 앉아 이야기하다 半壁寒燈聯榻話
겨울밤 이미 깊은 줄도 알지 못했네 不知冬夜已深更

(詩-外卷1-183)

사는 곳 외지고 산이 깊어 찾아오는 수레 적은데 境僻山深少軼輪
고맙게도 그대가 병들고 늙은 나를 찾아와 주었구려 感君來訪病陳人
슬픔과 기쁨 모였다 흩어짐을 어이 말할 수 있으랴 悲歡聚散那堪說
백주와 닭 내놓으니 뜻이 더욱 진솔하여라 白酒黃雞意更眞

326 백강(伯强) : 【要存錄 外集】 다시 살펴보건대, 선생의 종손(從孫) 중에 이름이 면도(勉道)이고 자를 '백강'이라고 하는 사람이 있다. 그러나 그는 풍기(豐基)에 옮겨가서 산 적이 없고, 또한 시의 뜻을 살펴보면 필시 다른 사람이 따로 있을 것이다. 아마도 이보(李埰)나 이연(李埏) 형제 중에 자가 '백강'인 사람이 있는 듯한데, 또한 확실하게 말하기는 어려우니 마땅히 다시 상고해 보아야 한다. 【校解】《고증》에 실린《요존록》기록에는 "이름은 면도인데 선생의 일족으로 풍기에서 살았다."라고 되어 있으나,《요존록》원문에는 이 내용이 붓으로 지워져 있다.

(詩-外卷1-184)

죽계서원[327]에 글 읽는 소리 성대하니 竹溪書院盛絃歌
조정에서 진작하고 덕을 베푸는 것 많음을 알겠구나 知是朝家振德多
경술 밝히는 것으로 지푸라기 줍는 일[328] 도모한다면 若把明經圖拾芥
뛰어난 인재 키우고 기르는[329] 그 뜻이 어떠하리오 菁莪長育意如何

(詩-外卷1-185)

예전에 무릉이 그대 오기를 몹시 바랐으니[330] 武陵當日望君深
귀갑과 옥 부서질까 걱정하는 마음[331] 어찌 없었으랴 龜玉寧無恐毁心

---

327 죽계서원(竹溪書院) : 【譯注】 백운동서원을 말한다. 1541년(중종36) 풍기 군수(豐基郡守)로 부임한 주세붕(周世鵬)이 이듬해에 이곳 출신의 유학자 안향(安珦)을 추향하기 위해 설립하였는데, 1543년 유생 교육을 겸비하게 되었다. 1548년 풍기 군수로 부임한 이황이 백운동서원에 대한 사액(賜額)과 국가의 지원을 요청하였고, 1550년에 '소수서원'이라 사액되었다.

328 경술……일 : 【譯注】 경술에 밝은 실력으로 존귀한 관직에 나아가는 것을 뜻한다. 한(漢)나라의 하후승(夏侯勝)은 강의를 할 때마다 늘 학생들에게 "선비의 병통은 경술에 밝지 못한 것이다. 경술에 밝기만 하다면〔經術苟明〕 청포(靑袍)와 자포(紫袍)를 취하는 것은 허리를 구부리고 땅에 있는 지푸라기를 줍는 것이나 마찬가지일 뿐이다.〔如俛拾地芥耳〕"라고 하였다. 《漢書 夏侯勝傳》

329 뛰어난……기르는 : 【譯注】 《시경》 〈소아(小雅) 청청자아(菁菁者莪)〉의 모서(毛序)에 "〈청청자아〉는 인재를 기름을 즐거워한 시이니, 군자가 인재를 키우고 기르면 천하가 기뻐하고 즐거워하게 된다."라고 하였다.

330 예전에……바랐으니 : 【譯注】 주세붕이 백강에게 기대가 컸다는 뜻이다. 주세붕은 호를 무릉도인(武陵道人)이라고 하였다. 【要存錄 外集】 신재(愼齋 주세붕)가 일찍이 서원의 일을 그에게 맡겼던 듯하다.

331 귀갑과……마음 : 【譯注】 서원이 잘 운영되지 못할까 걱정하는 마음을 뜻한다. 춘추 시대 노(魯)나라 계씨(季氏)가 전유(顓臾)를 치려는 일을 저지시키지 못한 염유(冉有)에게 공자가 힐난하기를 "범과 들소가 우리 밖으로 나오고 거북의 껍데기와 옥이

다시 바라노니 큰 규범 늘 갈고 닦아　更願宏橅常飭厲
고산을 천고에 길이 사람으로 하여금 흠모하게 하라　高山千古使人欽

궤 속에서 부서지면〔龜玉毁於櫝中〕 이것은 누구의 잘못이겠는가?"라고 하였는데, 즉 관리자의 잘못이라는 것이다.《論語 季氏》

KWP0844(詩-外卷1-186)

구암[332]에게 부치다 【무신년(1548, 명종3, 48세) 4~6월 추정. 단양(丹陽)】

寄龜巖

꼬리 끄는 선생[333] 그 생각이 어떠한가	縮曳先生意若何
지극한 즐거움을 진흙 모래 속에서 온전히 하였네	能全至樂在泥沙
단양의 늙은 군수 참으로 우스우니	丹山老守眞堪笑
관리 되어 신선 구함에 병만 더욱 생겼다오[334]	作吏求仙病更加

-문을 닫아걸고 한가로이 거처하시는 즐거움은 끝이 없을 듯합니다. 늙고 서툰 제가 병 때문에 군수 되기를 구하였다가 또 군수노릇 하느라 시달리는 것과 어찌 같겠습니까. 참으로 병든 사람은 산의 바위 외에는 몸을 둘 만한 곳이 없습니다. 가을이 되어 금대임(琴大任)[335]·박중보(朴重甫)[336]와 함께 찾아와 주신다면 아침에 출발해서 저녁에 이를 것이니 매우 고맙겠습니다.-

---

332 구암 : 【攷證 卷8 龜巖】 황효공(黃孝恭, 1496~1553)으로, 본관은 창원(昌原), 자는 경보(敬甫), 호는 구암이다.

333 꼬리 끄는 선생 : 【譯注】 황효공을 가리킨다. 그가 호를 '구암'이라 했으므로 거북에 빗대어 말한 것이다. 춘추 시대 장주(莊周)가 복수(濮水)에서 낚시질할 때, 초왕(楚王)이 사신을 보내어 장주에게 초나라 정승이 되어달라고 하자, 장주가 돌아본 체도 않으면서 "거북은 죽어서 뼈를 남겨 귀하게 되는 것보다 차라리 살아서 저 진흙 속에 꼬리를 끌고 다니는 것을 좋아하는 것이니, 나 역시 벼슬자리에 속박되지 않고 산 거북처럼 진흙 속에 꼬리를 끌고 다니며 살련다."라고 하였다. 《莊子 秋水》

334 단양의……생겼다오 : 【譯注】 이황이 단양(丹陽)의 군수가 되었기 때문에 갈홍(葛洪)에 빗대어 이렇게 말한 것이다. 진(晉)나라 갈홍은 신선술에 조예가 깊었는데, 교지(交趾)에서 단사(丹砂)가 나온다는 말을 듣고 구루 영(句漏令)을 자청해 나가서 연단(鍊丹)을 하였다. 《晉書 葛洪傳》

335 금대임 : 【譯注】 금축(琴軸, 1496~1561)으로, 본관은 봉화(奉化), 자는 대임(大任), 호는 남계(南溪)이다.

336 박중보 : 【譯注】 박승임(朴承任, 1517~1586)으로, 본관은 반남(潘南), 자는 중보(重甫), 호는 소고(嘯皐)·철진(鐵津)·수서옹(水西翁)·반계병통(蟠溪病侗)이다.

KWP0845(詩-外卷1-187)

남계[337]에게 부치다 【무신년(1548, 명종3, 48세) 4~6월 추정. 단양(丹陽)】

寄南溪

남계에 터 잡고 산 지 삼십 년 卜築南溪三十年

구성[338]에서 한가로이 누운 채 머리는 눈처럼 변했으리 龜城閒臥雪欹顚

내 마음으로 몹시 기다려도 아무 소식 없으니 我心苦待無消息

산 달은 지금 몇 번이나 이지러지고 둥글어졌는지 山月如今幾缺圓

-충주에 가는 것이 언제인지요? 들를 것이라는 말을 듣고 눈이 시린[339] 지가 오래 되었습니다. 다만 상을 맞이하는[340] 일로 조용히 만나지 못할 것으로 생각되니, 초가을에 황경보(黃敬甫)[341]·박중보(朴重甫)[342]와 함께 왕림해 주시기를 더욱 바라고 있습니다.-

---

337 남계 : 【攷證 卷8 南溪】 금축(琴軸, 1496~1561)으로, 본관은 봉화(奉化), 자는 대임(大任), 호는 남계이다.

338 구성(龜城) : 【譯注】 경상북도 영주(榮州)의 옛 이름이다.

339 눈이 시린 : 【攷證 卷8 寒眼】 송(宋)나라 방추애(方秋厓 방악(方岳))의 〈진 시랑의 시에 차운하여 모란을 보내준 데 답하다〔次韻陳侍郎謝送牡丹〕〉 시 중 제2수에 "푸른 이끼 낀 화단의 옥 같은 모란 손수 잘라 보냈으니, 산가에 와서 막 보자 오래 기다려 눈이 시렸어라.〔手劚蒼苔玉一欄, 山家初見眼猶寒.〕"라고 하였다.

340 상을 맞이하는 : 【攷證 卷8 迎喪】 선생의 막내아들의 상이 단성(丹城)에서 있었는데, 혹 이때의 일을 가리키는 것인 듯하다.

341 황경보(黃敬甫) : 【譯注】 황효공(黃孝恭, 1496~1553)으로 본관은 창원(昌原), 자는 경보, 호는 구암(龜巖)이다.

342 박중보(朴重甫) : 【譯注】 박승임(朴承任, 1517~1586)으로, 본관은 반남(潘南), 자는 중보, 호는 소고(嘯皐)·철진(鐵津)·수서옹(水西翁)·반계병통(蟠溪病侗)이다.

KWP0846(詩-外卷1-188)

철진[343]에게 부치다 【무신년(1548, 명종3, 48세) 4~6월 추정. 단양(丹陽)】

寄鐵津

듣자니 그대 말에서 떨어져 누운 지 열흘이 지났다는데 聞君墜馬臥經旬

능히 강건하니 악정자춘 같은 근심 그칠 수 있겠지[344] 能健憂應輟子春

좋은 시구 응당 한가한 중에 많이 지을 터이니 妙處想多閒裏得

새 시로 모름지기 이 노쇠한 사람 일깨워주시게 新詩須警老衰人

-이중임(李仲任)[345]이 내게 들러 말하기를 그대가 말에서 떨어져 매우 고생을 했는데 지금은 이미 나았다고 하네. 나는 근심과 병으로 그럭저럭 지내니[346] 특별히 할 말은 없다네. 그대가 한가한 중에 무슨 공부를 하고 있는지는 모르겠네만, 근래에 지은 시와 더불어 내게 보여주어 나를 일깨워준다면 고맙겠네. 《주자연보》도 보내주기 바라네.-

343 철진 : 【攷證 卷8 鐵津】 박승임(朴承任, 1517~1586)으로, 본관은 반남(潘南), 자는 중보, 호는 소고(嘯皐)·철진·수서옹(水西翁)·반계병통(蟠溪病侗)이다. 영천(榮川)의 진산(鎭山)을 철탄(鐵灘)이라고 한다.

344 악정자춘……있겠지 : 【譯注】 몸이 건강하기 때문에 낙상에서 금방 회복될 것이라는 뜻이다. 【攷證 卷8 憂應輟子春】 악정자춘(樂正子春)이 대청을 내려오다 발을 다쳤는데 석 달이 지난 후에도 여전히 근심스런 얼굴을 하고 있었다. 《禮記 祭儀》 【校解】 부모가 나를 완전하게 낳아주신 것을 자식이 온전히 하여 되돌려주는 것이 효도라고 한 공자의 말을 듣고, 악정자춘은 다리를 다친 상태로 있는 것이 불효라고 생각하여 근심스러운 얼굴을 하고 있었던 것이다.

345 이중임 : 【攷證 卷8 李仲任】 이석간(李碩幹, 1509~1574)으로 본관은 공주(公州), 자는 중임, 호는 초당(草堂)이다. 영천(榮川)에서 살았으며, 의술에 정통하였다.

346 그럭저럭 지내니 : 【攷證 卷8 碌碌】 이 말은 《사기》 〈모수전(毛遂傳)〉에서 나왔다. 《간보(刊補)》에는 무리를 따르는 모습이라고 하였다.

KWP0847(詩-外卷1-189)

황소전을 구암[347]·남계[348]·철진[349]에게 각각 40매씩 부치고 아울러 절구 한 수를 드리며 화답해주기를 구하다 【무신년(1548, 명종3, 48세) 4~6월 추정. 단양(丹陽)】

黃小牋寄龜巖南溪鐵津各四十枚 并呈一絶求和

설도전 흉내 내어 조그맣게 황전을 만드니[350]	小作黃牋效薛牋
그대들에게 부쳐 풍광 읊은 시 받으려 함일세	寄君賭取裹風烟
지금 나는 늙어 아이 잃고 몹시 슬프니	只今我老情鍾甚
풍악 대신 시에 의지하여 울적한 마음 씻고자 하노라	陶寫憑玆替管絃

-금년 봄에 아이를 잃었고[351] 그 전에도 또한 상고(喪故)의 우환이 많았으므로 끝의 두 구절에서 그렇게 말한 것이니, 보고서 의아해하지 말기를 바랍니다.-

347 구암 : 【譯注】 황효공(黃孝恭, 1496~1553)으로, 본관은 창원(昌原), 자는 경보(敬甫), 호는 구암(龜巖)이다.

348 남계 : 【譯注】 금축(琴軸, 1496~1561)으로, 본관은 봉화(奉化), 자는 대임(大任), 호는 남계(南溪)이다.

349 철진 : 【譯注】 박승임(朴承任, 1517~1586)으로, 본관은 반남(潘南), 자는 중보, 호는 소고(嘯皐)·철진(鐵津)·수서옹(水西翁)·반계병통(蟠溪病侗)이다. 영천(榮川)의 진산(鎭山)을 철탄(鐵灘)이라고 한다.

350 설도전……만드니 : 【攷證 卷8 小作黃牋效薛牋】《운옥(韻玉)》에 "당(唐)나라 촉(蜀) 땅의 기생 설도가 짧은 시 짓기를 좋아하였는데, 종이의 폭이 큰 것을 아깝게 여겨 이에 그것을 좁고 작게 만들었다."라고 하였다.《古今事文類聚 別集 卷40》

351 금년……잃었고 : 【攷證 卷8 今春喪兒】 곧 막내아들이다.【要存錄 別集】 무신년(1548, 명종3) 2월에 둘째 아들 채(寀)의 상고(喪故)가 있었다.

KWP0848(詩-外卷1-190)

선몽대[352]에 부쳐 제하다 【계해년(1563. 명종18, 63세) 추정. 예안(禮安)】

寄題仙夢臺

소나무 늙어 있는 높은 누대 창공에 솟아 있으니 松老高臺揷翠虛
푸른 절벽에 백사장이라 그림도 이와 같기 어렵겠지 白沙青壁畫難如
나는 지금 밤마다 신선 꿈을 꾸노니 吾今夜夜憑仙夢
지난 시절 거기 가서 완상하지 못했음을 한스러워 말자
莫恨前時趁賞疎

-우암(遇巖)[353]의 승경은 방해되는 일이 많아서 볼 기회가 없었으니, 지금까지도 꿈속의 생각이 그치질 않는다. 애오라지 절구 한 수를 지어 내 뜻을 부치고, 인하여 그것으로 대(臺)의 이름을 삼는다.-

352 선몽대 : 【攷證 卷8 仙夢臺】 선몽대는 예천군(醴泉郡) 오천(吳川)의 남쪽 언덕 위에 있으니, 선생의 형의 손자인 이열도(李閱道)가 지은 것이다.

353 우암 : 【攷證 卷8 遇巖】 곧 선몽대가 있는 곳이다.

KWP0849(詩-外卷1-191~192)

서쪽 산기슭에 국화가 만개하였는데, 금훈지[354]·유응현[355]이 나에게 함께 보기를 청하다 【연월미상. 예안(禮安)】

西麓黃花盛開 琴壎之柳應見要余共見

(詩-外卷1-191)

서쪽 산기슭의 국화가 유달리 곱게 피었다 하니 西麓黃花別樣開
두 사람 나를 불러 즐거운 마음으로 술잔 들었네 兩君呼取賞心杯
노쇠한 총기로 설사 아름다운 절기 그르친다 해도 老聰縱使佳期誤
다시 감상하다 옥수가 쓰러진들[356] 무슨 상관이랴 轉賞何妨玉樹頹

(詩-外卷1-192)

늙고 병들어 마음 속 시름 흩어버릴 수 없었는데 老病愁懷撥不開
고맙게도 그대들 와서 국화주를 권하네 憑君來勸菊花杯
찬 구름에서 눈 내리려다 비로 바뀌니 冷雲欲雪飜爲雨
해 기울었다고 돌아가는 말을 어찌 꼭 채찍질하랴 歸馬何須策日頹

354 금훈지 : 【譯注】 금응훈(琴應壎, 1540~1616)으로, 본관은 봉화(奉化), 자는 훈지(壎之), 호는 면진재(勉進齋)이다.

355 유응현 : 【譯注】 유운룡(柳雲龍, 1539~1601)으로, 본관은 풍산(豐山), 자는 이득(而得)·응현(應見), 호는 겸암(謙菴)이다.

356 옥수가 쓰러진들 : 【攷證 卷8 玉樹頹】 살펴보건대, 당(唐)나라 두보(杜甫)의 〈음중팔선가(飮中八仙歌)〉 시에 "깨끗하기가 바람 앞의 옥수와 같았어라.〔皎如玉樹臨風前〕"라고 하였으니, 취한 모양을 말한 것이다. 아마도 "즐거운 마음으로 술잔〔賞心盃〕"이라는 구절로 인하여 이렇게 말한 것인 듯하다.

KWP0850(詩-外卷1-193)

침류정[357]에 가서 정자에 걸린 시에 차운하다 병서 【임자년(1552, 명종7, 52세) 2월 2일. 예안(禮安)】

遊枕流亭 次亭韻 幷序

고(故) 단성 현감(丹城縣監) 김공(金公) 만균(萬鈞)[358]은 벼슬을 하지 않던 시절에 우암(愚巖)에다 정자를 지었는데, 동쪽으로 낙수(洛水)를 굽어보니 경치가 아름다웠다. 그것을 '침류정'이라 명명하여 평소의 뜻을 드러내 보이니, 당시의 명사 중에 그 일을 읊은 이가 많았다. 세월이 오래되어 퇴락함에 공의 양자인 상사군(上舍君) 김수지(金綏之)[359]가 철거하고 중건하였는데 예전보다 더욱 넓어졌다. 가형[360]과 나를 불러주기에 그 위에서 술잔을 드니, 상사의 여러 자제들이 모두 따라서 노닐었다. 좋은 때와 즐거운 일은 둘 다 온전하기를 기약할 수 없으니 옛날과 지금을 생각해 봄에 나로 하여금 감개를 그치지 못하게 한다. 집에 돌아온 다음 전술한 오언율시 2수, 칠언율시 1수에 뒤미처 화답하여 삼가 상사군에게 부쳐드려서 당시의 정경(情境)을 기록한다. 오언율시 1수와 칠언율시 1수는 《별집》

---

357 침류정(枕流亭) : 【譯注】 경상북도 안동시 풍산읍 하리리에 있다.

358 김공 만균 : 【攷證 卷8 金萬鈞】 본관은 선성(宣城)이고, 오천(烏川)에 살았다. 문절공(文節公) 김담(金淡)의 아들이다.

359 김수지(金綏之) : 【譯注】 김수(金綏, 1491~1555)로, 본관은 광산(光山), 자는 수지(綏之)이다. 【要存錄 別集】 현감의 부인은 곧 상사군의 종고모이다. 현감이 자식이 없어 상사를 데려다 기르고 가르쳤는데, 자기의 아들과 다름이 없었다. 자세한 내용은 《정본 퇴계전서》 권15 〈성균 생원 김공 묘지명(成均生員金公墓誌銘)〉에 보인다.

360 가형 : 【譯注】 이황의 다섯째 형인 찰방공(察訪公) 이징(李澄)이다.

에 보인다.

우암의 경치 빼어난 곳에	愚巖形勝地
일찍이 은거한 사람 집을 지었다네	曾作隱君家
그대가 다시 중건하여 기쁜데[361]	喜子能重奐
나를 멀리하지 않고 불러주었네	招余尙不遐
시내의 빛은 눈에 들어 산뜻하고	川光迎眼發
산의 뜻은 봄을 만나 자랑하누나	山意得春誇
경치는 지금도 예와 같으니	物色今猶古
올라서서 굽어봄에 탄상할 만하여라	登臨足賞嗟

361 그대가……기쁜데 :【譯注】 진(晉)나라 헌문자(獻文子)가 집을 짓자, 장로가 송축하여 이르기를 "아름답다, 우뚝 높음이여! 아름답다, 훌륭함이여!〔美哉輪焉! 美哉奐焉!〕"라고 하였다. '윤(輪)'은 집이 높고 큰 것을 이르고, '환(奐)'은 물건이 많은 것을 이른다. 대개 '윤환'은 건물이 크고 아름다움을 지칭하는 말로 사용한다.《禮記 檀弓下》

KWP0851(詩-外卷1-194)

중수한 쌍벽정[362]의 시를 부쳐와 보여주기에 삼가 차운하여 드리다 【정미년(1547, 명종2, 47세) 9월 10~14일 추정. 예안(禮安)】

寄示重新雙碧亭詩 謹次韻奉呈

병든 사람 한가로이 시냇가에 누워 病夫閒臥一溪濱
읍정이 차례차례 새로워졌다는 소식 기쁘게 들었다오 邑政欣聞次第新
객사가 찬란하게 완성되니 제비들 일찍이 축하했고[363] 客舍煥成曾賀燕
강가의 정자 날 듯이 지어지니 사람들 더욱 놀랐네 江亭飛構更驚人
풍류 넘치는 강락[364]은 안색이 옥과 같은데 風流康樂顏如玉
쓸쓸한 문원[365]은 귀밑머리 은발 되려 하누나 寂寞文園鬢欲銀
몽초의 시정이 진실로 나를 일깨우니[366] 夢草詩情眞起我

362 쌍벽정 : 【譯注】 경상북도 안동시 도산면 서부리에 있다. 【攷證 卷8 雙碧亭】 쌍벽루(雙碧樓)인 듯하다. 예안현(禮安縣) 남쪽 10리에 있으며 현감 임내신(任鼐臣)이 지었다.

363 제비들 일찍이 축하했고 : 【譯注】 새 집이 낙성된 것을 축하할 때 쓰는 표현이다. 한(漢)나라 유안(劉安)의 《회남자(淮南子)》 〈설림훈(說林訓)〉에 "목욕할 물이 마련되면 서캐와 이가 서로 슬퍼하고, 큰 집이 완성되면 제비와 참새가 서로 축하하니〔大厦成而燕雀相賀〕 근심과 즐거움이 다르기 때문이다."라고 하였다.

364 강락 : 【攷證 卷8 康樂】 사영운(謝靈運)의 자이다. 【校解】 동진(東晉) 때 강락공(康樂公) 봉작을 계승해 '사강락'으로 불렸다.

365 문원 : 【譯注】 이황이 자기 자신을 사마상여에 빗댄 것이다. 【攷證 卷8 文園】 당(唐)나라 두목(杜牧)의 〈남에게 지어 드리다〔爲人題贈〕〉 시 중 제1수에 "문원령 끝내 소갈증 앓았으니, 〈백두음〉 그만 노래하게나.〔文園終病渴, 休詠白頭吟〕"라고 하였는데, 그 주석에 "사마상여(司馬相如)가 효문원령(孝文園令)이 되었다."라고 하였다.

366 몽초의……일깨우니 : 【譯注】 상대방의 시가 훌륭함을 칭찬한 말이다. '몽초의 시정

어느 때나 납극 신고[367] 이 산골 백성 찾아줄거나　　何時蠟屐問山民

〔夢草詩情〕'은 빼어난 시구를 지을 수 있는 시상(詩想)을 뜻한다. 남조 송(宋)나라 사영운이 일찍이 영가(永嘉)의 서당(西堂)에서 온종일 시를 생각했으나 이루지 못했다가, 꿈에 족제(族弟)인 사혜련(謝惠連)을 만나서 "못 둑에 봄풀이 난다.〔池塘生春草〕"라는 시구를 얻고는 대단히 만족해하며 "이 말에는 귀신의 도움이 있었고, 내가 할 수 있는 말이 아니다."라고 하였다. 《南史 謝惠連列傳》 '나를 일깨운다〔起我〕'는 것은 공자의 말이다. 공자가 《시경》을 가지고 자하(子夏)와 문답하면서 자하를 칭찬하여, "나를 일깨운 자는 상이로다. 비로소 더불어 시를 말할 만하구나.〔起予者商也. 始可與言詩已矣.〕"라고 하였다. 《論語 八佾》

367 납극 신고 : 【譯注】 산을 유람하는 것을 뜻한다. '납극(蠟屐)'은 밀랍을 녹여 칠한 나막신을 뜻하는데, 남조 송나라 사영운이 명산을 오르기 좋아하여 매양 납극을 신고 등산하였다. 《宋書 謝靈運列傳》

KWP0852(詩-外卷1-195~196)

갑자년 6월 보름날, 곽 사또를 모시고 여러 사람과 함께 월천정에서 피서를 하다가 풍월담에 배를 띄우다 【갑자년(1564, 명종19, 64세) 6월 15일. 예안(禮安)】

甲子六月望日 陪郭明府 與諸人避暑月川亭 因泛風月潭

(詩-外卷1-195)

간밤의 비가 마른 먼지 씻어내고 아침에 개니　　宿雨朝晴洗旱塵
푸른 산 나를 맞이해 시냇가에 나왔노라　　青山邀我出溪濱
물의 고장에 이미 쌍 오리 날아올랐으니[368]　　水鄕先已雙鳧颺
강가의 헌함에서 여러 번 술잔 도는 걸 어찌 사양하랴　　江檻何辭累爵巡
솔바람 소리 옷깃 가득하니 사람의 운치 시원하고　　松籟滿襟人爽韻
더운 구름 산봉우리로 돌아감에 둥근달이 생겨나네　　火雲歸峀月生輪
호수의 배 위에서 다시 취한 몸 붙들게 하니　　更敎扶醉湖船上
허공이 비친 만경창파 옥거울인 양 새로워라　　萬頃涵空玉鏡新

-이날 사또께서 먼저 오셨으므로 소동파(蘇東坡 소식(蘇軾))의 "수운향에 이미 쌍 오리 날아올랐네〔水雲先已颺雙鳧〕."라는 말을 사용하였다. 주기(酒器)를 뜻

368 쌍 오리 날아올랐으니 : 【譯注】 지방관을 뜻하는 말이다. 한(漢)나라 왕교(王喬)가 섭현(葉縣)의 현령이 되었는데, 그에게는 신술(神術)이 있었다. 매달 삭망(朔望)이면 섭현에서 조정으로 와서 조회에 참여하였는데, 그가 그렇게 자주 오는데도 타고 온 수레나 말이 없었다. 이를 이상하게 여긴 황제가 태사(太史)를 시켜서 몰래 살펴보게 하였더니, 왕교가 올 때에는 항상 오리 두 마리〔雙鳧〕가 동남쪽에서 날아오는 것이었다. 그물을 쳐서 그 오리를 잡아 보니 그물에 걸린 것은 신발 한 짝이었는데, 바로 조정에서 하사한 상서랑(尙書郎)의 신발이었다. 《後漢書 方術傳上 王喬》

하는 '작(爵)' 자는 곧 '작(雀)' 자이므로, 한유(韓愈)의 시에서는 '수작(數爵)'을 '쌍어(雙魚)'의 대구로 삼았다.[369]-

(詩-外卷1-196)

하늘 위 얼음 바퀴는 물 밑에 걸렸는데　天上冰輪水底懸
일엽편주 물결 따라 제 맘대로 빙빙 도네　扁舟一葉任洄旋
석 잔 술 다 마시니 안개가 사라지고　三杯吸盡烟光滅
한 줄기 피리 소리 잦아드니 밤이 선명하구나　一笛吹殘夜色鮮
비 그친 뒤의 좋은 놀이 지난해엔 못했는데[370]　雨罷勝遊前歲恨
하늘이 갚아주어 아름다운 경치에 이 밤 함께 지낸다
　天酬佳賞此宵眠
유두절의 고사[371]를 어찌 꼭 물으리오　流頭故事何須問
다만 우리의 이 호사를 전하기에 적격일 뿐　只合吾儕好事傳

---

369 한유(韓愈)의……삼았다 : 【攷證 卷8 韓詩云云】 당(唐)나라 한유의 〈취중에 양주 이 상공을 유별하다〔醉中留別襄州李相公〕〉 시에 "뚫어져라 보지만 서신이 끊어진 것에 오랫동안 놀라니, 귀 뜨거워졌어도 술잔 수차례 자주 도는 걸 어찌 사양하랴.〔眼穿長訝雙魚斷, 耳熱何辭數爵頻?〕"라고 하였다. 【校解】 《고증》에는 '辭'가 '煩'으로 되어 있으나 《오백가주창려문집(五百家注昌黎文集)》에 의거하여 수정하였다.

370 비……못했는데 : 【攷證 卷8 雨罷前恨】 임술년(1562, 명종17) 16일에 비를 만난 일을 가리킨다.

371 유두절의 고사 : 【攷證 卷8 流頭故事】 《고려사》 권20 〈명종세가(明宗世家)〉에 "나라의 풍속에, 6월 15일에 동쪽으로 흐르는 물에 머리를 감아 상서롭지 못한 것을 깨끗이 제거하고 모여서 술을 마시니, 이를 '유두음(流頭飮)'이라 불렀다."라고 하였다.

KWP0853(詩-外卷1-197~198)

일찍이 상사 홍응길[372]의 《동유록》에 있는 율시 2수에 화답한 적이 있는데, 이제 기록해 드리니 한번 웃어주시길 바란다 【계축년(1553, 명종8, 53세) 9월 추정. 서울】

曾和洪上舍應吉東遊錄中二律 今錄呈以博笑

(詩-外卷1-197)

벗들이 함께 강학하는 깊은 정 절차탁마에 있으니 麗澤深情在琢磨
맑은 유람에서 토론한 말 더욱 서로 높아라 清遊論說互崇加
우리들 만 가지 이치를 끝까지 탐구해야 하니 吾儕萬理須探極
이단 학문 천 갈래 제멋대로 일가를 이루었네. 異學千歧自擅家
하늘은 사람의 수양 기다려 비로소 합일하지만 天待人修方合一
도는 시운의 비색을 따라 몇 번이나 어긋났던가 道從時否幾成差
이 늙은이는 그 당시 한 말들을 미처 듣지 못했으니 老夫不及聞餘緖
화답한 시에서 지극한 화기 부족한 게 공연히 부끄럽다 空愧賡詩損至和

-위는 천도(天道)와 인사(人事)는 같고 다름이 있음을 논한 것이다.-

(詩-外卷1-198)

구담씨[373]는 그 옛날에 또한 부지런히 수양했으나 瞿曇當日亦勤修

372 홍응길 : 【譯注】 홍인우(洪仁祐, 1515~1554)로, 본관은 남양(南陽), 자는 응길(應吉), 호는 치재(耻齋)·경재(敬齋)이다.

373 구담씨 : 【攷證 卷8 瞿曇】 《열반경(涅槃經)》에 "가비라성(迦毗羅城)에 석가(釋迦)족의 자손이 있었으니, 자는 싯달타(悉達多)요, 성은 구담씨였다."라고 하였다.

억만년 동안 홍수 같은 이단의 폐해 극심했어라	禍劇懷襄億萬秋
아직도 승려들[374]은 정진과 고행을 사모하는데	尙有桑門慕精苦
어찌하여 유자들은 경박함을 일삼는가	如何縫掖事輕浮
저들이 몹시 횡행하면 우리 인륜이 다 사라지고	渠功極處彛倫滅
우리 도가 이루어질 때 물아가 넉넉해지네	此道成時物我優
한공[375]에게 한 마디 부치노니 모름지기 자득하라	寄語韓公須自得
예로부터 피와 곡식은 본래 같지 않은 것을	由來稗穀本非侔

-위는 산승(山僧)의 "피도 가을이 있다〔稊稗有秋〕."는 구절을 비유한 것이다.-

374 승려들 : 【攷證 卷8 桑門】《동각요람(同覺要覽)》에 "범어(梵語)로는 '사문(沙門)'이라고 하고 혹은 '상문'이라고도 하며, 당(唐)나라 말로는 '근식(勤息)'이라고 한다.

375 한공 : 【攷證 卷8 韓公】한사형(韓士炯 한윤명(韓胤明))을 가리키는 듯하다. 【校解】한사형(1537~1567)은 본관이 청주(淸州), 자는 사형, 호는 형암(炯菴)이다. 《동유록(東遊錄)》 안에 있는 율시 2수 중 한 수가 한윤명이 지은 것인 듯하다.

KWP0854(詩-外卷1-199)

상사 홍응길[376]에 대한 만사 【갑인년(1554, 명종9, 54세) 11월 추정. 서울】

挽洪上舍應吉

좋은 자품에다 학문의 힘이 넉넉하니 美質仍資學力强
지초와 난초는 캐지 않아도 절로 향기로운 법 芝蘭不采自芬芳
백년지기 나의 벗으로 삼익[377]을 기약했건만 百年我友期三益
한 해 동안 그대의 집에는 여섯 번의 상이 있었네 一歲君家有六喪
귀신은 모질고 하늘은 높아 일일이 따지기 어려운데 鬼惡天高難究詰
아이 울고 어머니 곡하시니 너무 원통하고 가슴 아프다 兒啼慈哭太冤傷
어찌 알았으랴 예전에 여강의 약속 하려 했는데 那知舊擬驪江約
영영 멀어져 지하의 수문랑 될 줄을 永隔修文地下郎

376 홍응길 : 【譯注】 홍인우(洪仁祐, 1515~1554)로, 본관은 남양(南陽), 자는 응길(應吉), 호는 치재(恥齋)·경재(敬齋)이다.

377 삼익(三益) : 【譯注】《논어》〈계씨(季氏)〉에 "유익한 벗이 세 가지요〔益者三友〕, 해로운 벗이 세 가지인데, 정직한 벗을 사귀고 진실한 벗을 사귀고 식견이 많은 벗을 사귀면 유익할 것이다."라고 하였다.

譯註 退溪全書 3

2024년 7월 31일 초판 1쇄 펴냄

지은이 이황
펴낸이 김흥국
펴낸곳 보고사

등록 1990년 12월 13일 제6-0429호
주소 경기도 파주시 회동길 337-15
전화 031-955-9797
팩스 02-922-6990
메일 bogosabooks@naver.com
http://www.bogosabooks.co.kr

ISBN 979-11-6587-749-1 94150
979-11-6587-746-0 (세트)

정가 35,000원